PRae

Kinder- und Jugendliteratur im Sprachenunterricht   8
Herausgegeben von Eva Burwitz-Melzer und Ulrike Titelbach

Die Bände dieser Reihe werden peer-reviewed.
Gutachterinnen und Gutachter der Reihe sind u.a.:

Camilla Badstübner-Kizik (Adam-Mickiewicz-Universität Poznań)
Gerlind Belke (Universität Dortmund)
Svenja Blume (Universität Regensburg)
Klaus-Börge Boeckmann (PH Steiermark)
Daniela Caspari (Freie Universität Berlin)
Sabine Dengscherz (Universität Wien)
Marion Döll (PH Oberösterreich)
Friederike Klippel (Universität München)
Hans-Jürgen Krumm (Universität Wien)
Michael Legutke (Universität Giessen)
Gudula List (Universität Köln)
Hélène Martinez (Universität Giessen)
Claudia Müller-Brauers (Universität Bochum)
Patricia Nauwerck (PH Schwäbisch Gmünd)
Emer O'Sullivan (Leuphana Universität Lüneburg)
Jürgen Quetz (Goethe Universität Frankfurt am Main)
Heidi Rösch (PH Karlsruhe)
Dietmar Rösler (Universität Giessen)
Karen Schramm (Universität Wien)
Anita Schütz (Universität Wien)
Linda Stark (Universität Bochum)
Ivo Steininger (Universität Giessen)
Anke Wegner (Universität Trier)
Petra Wieler (Freie Universität Berlin)

Ulrike Titelbach (Hrsg.)

Mehr Sprachigkeit II

Weitere Unterrichtsvorschläge für die Arbeit
mit mehrsprachiger Literatur in der Sekundarstufe

PRAESENS VERLAG

Gefördert von der Stadt Wien Kultur ▌▌ **Stadt**
▝▌▘ **Wien** Kultur

© 2024 Praesens Verlag | http://www.praesens.at

Cover-Bild: Illustration von Renate Habinger. Aus: Michael Stavarič/Renate Habinger: Gaggalagu © 2006 by kookbooks.

Verlag und Druck: Praesens VerlagsgesmbH. Printed in EU.

ISBN 978-3-7069-1185-6

Das Werk, einschließlich seiner Teile, ist urheberrechtlich geschützt. Jede Verwertung ist ohne Zustimmung des Verlages und der Urheber unzulässig. Dies gilt insbesondere für die elektronische oder sonstige Vervielfältigung, Übersetzung, Verbreitung und öffentliche Zugänglichmachung.

Bibliografische Information der Deutschen Nationalbibliothek
Die Deutsche Nationalbibliothek verzeichnet diese Publikation in der Deutschen Nationalbibliografie; detaillierte bibliografische Daten sind im Internet über
http://dnb.d-nb.de abrufbar.

Inhalt

Ulrike Titelbach
Mehr Mehrsprachigkeit für die Sekundarstufe — 7

Ulrike Titelbach
Hilfe! Help! Aiuto! Language Awareness in einem mehrsprachigen
Bilderbuch von Basil Schader und Jürg Obrist — 13

Isabella Katzenbeisser und Sabrina Melissa Huber
Sanibonani! Kirsten Boies Roman *Thabo – Detektiv und Gentleman.
Der Nashorn-Fall* als Grundlage zur Thematisierung von
Mehrsprachigkeit im Deutschunterricht der Sekundarstufe I — 35

Annette Kliewer
Nicht nur die Tiere sterben aus – auch die Sprachen.
Michael Stavaričs *Gaggalagu* als Herausforderung für den
interkulturellen Literaturunterricht — 47

Heidi Rösch
Migrantisches Deutsch als Literatursprache. Zur Reflexion
von Sprachregistern — 61

Veronika Winter und Hannah Balogh
Reise durch ein Sprachenmeer. Vorschläge zur Didaktisierung
des mehrsprachigen Bilderbuches *Kommt ein Boot* von Heinz Janisch — 95

Martina Schuch
„Worte, die man mir nicht sagt". Funktionen mehrsprachiger
Literatur und ihre Anwendung im Unterricht am Beispiel eines
Jugendbuches in den Sprachen Französisch, Deutsch und
Gebärdensprache — 115

Marlene Schaden
Tim, Struppi und die Spuren des Kolonialismus.
Analyse und Didaktisierung von Hergés *Tintin au Congo* und der
deutschsprachigen Übersetzung *Tim im Kongo* im historischen
Kontext — 145

Jan Theurl
„waun a s nua deidsch xogt hed". Interlinguale Mehrsprachigkeit
und literarische Bildung in der Sekundarstufe II am Beispiel von
H. C. Artmanns *waun zwa oede bem* und Ernst Jandls *calypso*   171

Sabrina Melissa Huber und Isabella Katzenbeisser
Die schreckliche deutsche Sprache. Sprachenbewusster
Unterricht in der Sekundarstufe II auf der Grundlage eines
Essays von Mark Twain   189

Lisa Horak
Wie literarisch kann Sprache brechen? Lernendenvarietät
in der Literatur und im Unterricht am Beispiel von
Tomer Gardis *Broken German*   203

Hannah Balogh
Sprachen und Identität(en) in autofiktionaler Literatur.
Herkunft von Saša Stanišić im diskursiven Literaturunterricht
der Sekundarstufe II   239

„Wasser, das sich im Meer wie ein Fluss bewegt"
Ulrike Titelbach im Gespräch mit dem Schriftsteller und
Literaturvermittler Michael Stavarič   267

Verzeichnis der Abbildungen   281

Über die Autor*innen   283

Liste der Didaktisierungen in beiden Bänden von *Mehr Sprachigkeit*   287

Ulrike Titelbach

Mehr Mehrsprachigkeit für die Sekundarstufe

Es lohnt sich, für *Mehr Sprachigkeit*[1] einzutreten. Das hat sich mittlerweile sogar bis zu den Tieren herumgesprochen. Der frech an einer Mohnblume schnuppernde Hund am Umschlag dieses Buches etwa spricht Tschechisch. Und wenn er nicht gerade für ein Cover posiert, dann wohnt er „haf haf haf (...) in Tschechien bei einem Graf" (Stavarič/Habinger 2006, 7) – oder im Bilderbuch *Gaggalagu* von Renate Habinger und Michael Stavarič. In seinem Essay *Der Autor als Sprachwanderer* erzählt Michael Stavarič, dessen Erstsprache ebenfalls Tschechisch ist, von seinem ersten Kontakt mit der deutschen Sprache:

„Ich erinnere mich an eine Begegnung mit einem österreichischen Mädchen, das einen angeleinten Hund mit sich führte, ich war damals sieben Jahre alt und irgendwie kam es zu einer Interaktion. Das Mädchen realisierte rasch, dass ich kein Wort Deutsch verstand, sie deutete auf den Hund, blickte mich an und verlautbarte feierlich: Wau wau. Und ich selbst dachte noch, komisch, ‚wau wau' muss irgendetwas mit diesem Hund zu tun haben; allerdings, ich vermochte es damals nicht ganz einzuordnen, Sie müssen wissen, in meiner Muttersprache, dem Tschechischen, bellt der Hund haf haf. Ergo war ein Wau wau ein einziges großes Mysterium". (Stavarič 2016, 51)

Dass sich Jahrzehnte später – auf haf! haf! haf! und wau! wau! wau! – zwei Hunde ausgesprochen gut verstehen, ist ein ebensolches Mysterium. Wer es ergründen möchte und zudem wissen will, wie Hunde in China, England, Frankreich, Polen, Spanien, Korea, Indonesien und Thailand bellen, dem empfehle ich die Lektüre des *Gaggalagu* (Stavarič/Habinger 2006). Zu diesem onomatopoetischen Bilderbuch sowie zu fünfzehn weiteren mehrsprachigen Texten gibt es im vorliegenden Sammelband Unterrichtsvorschläge. Die folgende Tabelle bietet einen ersten Überblick.

---

[1] 2021 erschien in unserer Reihe bereits ein erster Band mit diesem Titel.

Mehrsprachige Literatur (Genre)	didaktisiert von ..	für ...	Sprachen[1]
Artmann, H. C. (1958): waun zwa oede bem... (Lyrik)	Theurl	Sek II (10/11)	Deutsch (Wiener Dialekt), Tschechisch
Biondi, Franco (1979): nicht nur gastarbeiterdeutsch. (Lyrik)	Rösch	Sek I (7ff)[2]	Deutsch (incl. Lernendenvarietät)
Boie, Kirsten (2016): Thabo – Detektiv und Gentleman. Der Nashorn-Fall: Band 1. (Jugendroman)	Katzenbeisser/Huber	Sek I (5/6)	Deutsch, siSwati[3]
Çirak, Zehra (1991): Allianz. (Lyrik)	Rösch	Sek I (7ff)	Deutsch, Türkisch
Fresh, Eko (2011): Türken Slang. (Rapsong)	Rösch	Sek I (7ff)	Deutsch (incl. Ethnolekt), Türkisch
Gardi, Tomer (2016): Broken German. (Roman)	Horak	Sek II (11)	Deutsch (Lernendenvarietät)
Hergé (1997): Tim im Kongo. (Comic)	Schaden	Sek II (10)	Deutsch, Französisch
Hergé (1946/1974): Tintin au Congo. (Comic)	Schaden	Sek II (10)	Französisch
Jandl, Ernst (1957): Calypso. (Lyrik)	Theurl	Sek II (10/11)	Deutsch, Englisch

Janisch, Heinz u.a. (2012): Kommt ein Boot ... Ein Gedicht in 11 Bildern und vielen Sprachen. (Bilderbuch)	Winter/ Balogh	Sek I (5/6)	Deutsch, Französisch, Russisch, Slowenisch, Türkisch, Englisch, Kroatisch, Serbisch, Spanisch, Ungarisch, Albanisch, Italienisch, Polnisch, Rumänisch, Arabisch, Bosnisch, Chinesisch, Farsi, Mazedonisch, Suaheli, Tschechisch
Poulain, Véronique (2015): Les mots qu'on ne me dit pas. (Jugendroman)	Schuch	Sek II (9/10)	Französisch, Französische Gebärdensprache
Poulain, Véronique (2015): Worte, die man mir nicht sagt. Mein Leben mit gehörlosen Eltern. (Jugendroman)	Schuch	Sek II (9/10)	Deutsch, Französische Gebärdensprache, Französisch
Schader, Basil/Obrist, Jürg (1999): Hilfe! Help! Aiuto! (Bilderbuch)	Titelbach	Sek I (5)	Deutsch (incl. Schweizer Standardvarietät), Albanisch, Englisch, Italienisch, ...
Stanišić, Saša (2019): Herkunft. (Autofiktionaler Roman)	Balogh	Sek II (8)	Deutsch, Serbisch/ Kroatisch[4], Englisch
Stavarič, Michael/Habinger, Renate (2006): Gaggalagu. (Bilderbuch)	Kliewer	Sek I (5/6)	Deutsch; Tierstimmen in Dänisch, Isländisch, Italienisch, Rumänisch, Russisch, Tschechisch, Türkisch und vielen weiteren Sprachen
Tawada, Yoko (2010): Wortstellung. (Lyrik)	Rösch	Sek I (7ff)	Deutsch, Japanisch

Twain, Mark (1880/2010): Die schreckliche deutsche Sprache. The Awful German Language. (*Essay*)	Huber/Katzenbeisser	Sek II (10/11)	Englisch, Deutsch
Zaimoglu, Feridun (1995): Kanak Sprak. (*fiktionale Reportage*)	Rösch	Sek I (7ff)	Deutsch (incl. Ethnolekt)

1 Die Reihenfolge der hier aufgelisteten Sprachen spiegelt deren Bedeutung im entsprechenden literarischen Text wider.
2 In der Klammer finden sich Hinweise auf die Schulstufe, für welche diese Didaktisierung konzipiert wurde.
3 Eine Bantusprache
4 Der Autor beschreibt seine Erstsprache selbst als Serbisch/Kroatisch (vgl. dazu den Beitrag von Hannah Balogh in diesem Band).

Vielfach knüpfen diese Didaktisierungen an konkrete curriculare Vorgaben zur Förderung von Mehrsprachigkeit an, etwa an das von Hans Reich und Hans-Jürgen Krumm für das österreichische Bildungssystem entwickelte *Curriculum Mehrsprachigkeit* (Reich/Krumm 2013) und an entsprechende Lehrpläne (vgl. Rechtsinformationssystem des Bundes 2022, o.S.). Sie zeigen, wie vielfältig die Möglichkeiten sind, Unterricht mehrsprachig zu gestalten und welche Rolle mehrsprachige Literatur hierbei spielen kann.

Die Genrevielfalt der didaktisierten Texte ist groß. Zahlreiche Beiträge wählen mehrsprachige Lyrik (von H.C. Artmann, Franco Biondi, Zehra Çirak, Ernst Jandl und Yoko Tawada), Bilderbücher (von Heinz Janisch u.a., Basil Schader, Jürgen Obrist und Michael Stavarič) und Romane (von Kirsten Boie, Tomer Gardi, Véronique Poulain und Saša Stanišić) als Basistext. Es werden aber auch ein Rap (von Eko Fresh), ein Comic (von Hergé), ein Essay (von Mark Twain) und eine fiktionale Reportage (von Feridun Zaimoglu) berücksichtigt.

In der rechten Spalte der Tabelle finden sich Informationen zu den Sprachen der mehrsprachigen Texten. Auch hier ist die Auswahl differenziert: Neben der Unterrichtssprache Deutsch sind klassische Schulfremdsprachen (Englisch, Französisch, ...), aber auch seltener gelernte Fremdsprachen (Albanisch, Chinesisch, Isländisch, Japanisch, Tschechisch, Ungarisch, ...) und Migrationsminderheitensprachen (Arabisch, Farsi, Russisch, Türkisch, ...) vertreten. Innere Mehrsprachigkeit, also der Variationsreichtum innerhalb einer Sprache, ist ebenfalls Thema zahlreicher Unterrichtsvorschläge. Die entsprechenden Primärtexte stellen literarische Bezüge zu unterschiedlichen Standardvarietäten (bei Basil Schader und Jürg Obrist), zu Dialekten (bei H.C. Artmann und Ernst Jandl), zum Ethnolekt (bei Eco Fresh und Feridun Zaimoglu) sowie zu den Interimsprachen von Sprachenlernenden (in den Texten von Franco Biondi und Tomer Gardi) her.

Abschließend gibt der eingangs zitierte Autor Michael Stavarič im Rahmen eines Interviews Einblicke in sein literarisches Schaffen, für das Mehrsprachigkeit eine wichtige Rolle spielt. Er berichtet von seinen Experimenten zur Involvierung der Lesenden in den Schreibprozess und von kooperativen Schreibprojekte mit anderen Autor*innen. Neben seiner schriftstellerischen Tätigkeit engagiert sich Michael Stavarič auch auf dem Gebiet der Literaturvermittlung. So wirkte er beispielsweise beim Projekt Weltenschreiber der Bosch-Stifung mit, das junge Menschen dabei unterstützte, sich mit Hilfe künstlerischer Ausdrucksformen aktiv am gesellschaftlichen Leben zu beteiligen.

Ich hoffe, dass Sie auch im zweiten Band von *Mehr Sprachigkeit* dementsprechende Impulse für Ihren mehrsprachigen Unterricht finden. Als Herausgeberin wünsche ich Ihnen bei der Lektüre dieses Buches viel Vergnügen.

Ulrike Titelbach
Wien im Jänner 2024

Literatur

Primärtexte

Artmann, H. C. (1958): waun zwa oede bem... In: Artmann, H. C.: med ana schwoazzn dintn. gedichtar aus bradnsee. – Salzburg: Otto Müller.
Boie, Kirsten (2016): Thabo – Detektiv und Gentleman. Der Nashorn-Fall: Band 1. – Hamburg: Oetinger.
Çirak, Zehra (1991): Allianz. In: Çirak, Zehra: Vogel auf dem Rücken eines Elefanten. – Köln: Kiepenheuer & Witsch, S. 16-17.
Fresh, Eko (2011): Türken Slang. In: SongtexteMania. – https://www.songtextemania.com/turken_slang_songtext_eko_fresh.html (5. Dezember 2023); Musikvideo: https://www.youtube.com/watch?v=eIIDS6D1NOI (5. Dezember 2023).
Gardi, Tomer (2016): Broken German. – München: Droschl.
Biondi, Franco (1979²/1983): nicht nur gastarbeiterdeutsch. In: Ackermann, Irm-

---

2   Erstveröffentlichung in: Biondi, Franco (1979): Nicht nur Gastarbeiterdeutsch. Gedichte. – Klein-Winterheim: Selbstverlag.

gard (Hrsg.): In zwei Sprachen leben. - München: Deutscher Taschenbuchverlag, S. 84-87.
Hergé (1974): Les Aventures de Tintin. Tintin au Congo.[3] - Tournai: Casterman.
Hergé (1997): Tim und Struppi. Tim im Kongo.[4] Aus dem Französischen übersetzt von Jens Roedler. - Hamburg: Carlsen Comics.
Jandl, Ernst (1957/1997): calypso. In: Jandl, Ernst: Laut und Luise. Verstreute Gedichte 2. - München: Luchterhand, S. 98.
Janisch, Heinz u.a. (2012): Kommt ein Boot... Ein Gedicht in 11 Bildern und vielen Sprachen. - St. Pölten/Salzburg/Wien: Residenz.
Poulain, Véronique (2015): Worte, die man mir nicht sagt. Mein Leben mit gehörlosen Eltern. - 2. Auflage. - Aus dem Französischen von Lis Künzli. - Berlin: Ullstein.
Poulain, Véronique (2015): Les mots qu'on ne me dit pas. - Paris: Le Livre de Poche.
Schader, Basil/Obrist, Jürg (Ill.) (1999): Hilfe! Help! Aiuto! - Zürich: Orell Füssli.
Stanišić, Saša (2019): Herkunft. - München: Luchterhand.
Stavarič, Michael/Habinger, Renate (2006): Gaggalagu. - Idstein: kookbooks.
Stavarič, Michael (2016): Der Autor als Sprachwanderer. Salzburger Stefan Zweig Poetikvorlesung, Band 4. — Wien: Sonderzahl.
Tawada, Yoko (2010): Wortstellung. In: Tawada, Yoko: Abenteuer der deutschen Grammatik. - Tübingen: Konkursbuch, S. 18.
Twain, Mark (1880/2010): Die schreckliche deutsche Sprache. The Awful German Language. Aus dem amerikanischen Englisch übersetzt von Kim Landgraf. - Köln: Anaconda.
Zaimoglu, Feridun (1995): Kanak Sprak. 24 Mißtöne vom Rande der Gesellschaft. - Berlin: Rotbuch.

Sekundärliteratur

Rechtsinformationssystem des Bundes (2022): Gesamte Rechtsvorschrift für Lehrpläne - allgemeinbildende höhere Schulen. - Wien: Bundesministerium für Digitalisierung und Wirtschaftsstandort. - https://www.ris.bka.gv.at/GeltendeFassung.wxe?Abfrage=Bundesnormen&Gesetzesnummer=10008568 (15. Dezember 2022)
Reich, Hans H./Krumm, Hans-Jürgen (2013): Sprachbildung und Mehrsprachigkeit. Ein Curriculum zur Wahrnehmung und Bewältigung sprachlicher Vielfalt im Unterricht. - Münster: Waxmann.
Titelbach, Ulrike (Hrsg.) (2021): Mehr Sprachigkeit. Unterrichtsvorschläge für die Arbeit mit mehrsprachiger Literatur in der Sekundarstufe. - Wien: Präsens (Kinder- und Jugendliteratur im Sprachenunterricht 7).

---

3   Nach der überarbeiteten Farbausgabe von 1946.
4   Ebenfalls nach der überarbeiteten Farbausgabe von 1946.

Ulrike Titelbach

Hilfe! Help! Aiuto!
Language Awareness in einem mehrsprachigen Bilderbuch von Basil Schader und Jürg Obrist

Dieser Artikel stellt das Unterrichtsprinzip der Language Awareness vor und präsentiert es anhand eines Bilderbuches, das selbst Erfahrungen mit Sprachaufmerksamkeit und Sprachenbewusstheit in der Grundschule zum Thema macht. Für Schülerinnen und Schüler kann diese literarische Aufarbeitung des Themas ein guter Anhaltspunkt sein, um zu Beginn der Sekundarstufe über ihre bisherigen Erfahrungen mit Language Awareness zu reflektieren und – wenn möglich – an diese anzuknüpfen.

1. Einleitende Überlegungen zum Bilderbuch *Hilfe! Help! Aiuto!*[1]

Das Bilderbuch *Hilfe! Help! Aiuto!* (1999) wurde für Unterrichtskontexte mit Kindern verfasst, für die Deutsch die Zweitsprache darstellt. Es finden sich darin viele Sprachen, die für Kinder in mehrsprachigen Lernkontexten relevant sind: Neben der Unterrichtssprache Deutsch kommen klassische Schulfremdsprachen wie Englisch und Italienisch vor, aber auch diverse Migrationsminderheitensprachen, also die (Erst)Sprachen der Kinder, die Deutsch als Zweitsprache erwerben und lernen. Eine wesentliche Frage, die das Buch sehr explizit zur Diskussion stellt, ist, welchen Platz diese Sprachen im Unterricht einnehmen können und sollen. Innerhalb der Diegese des Bilderbuches setzten auch dessen Figuren sich mit dieser Frage auseinander und sie denken darüber nach, bis ihnen die Köpfe rauchen (vgl. Schader/Obrist 1999, 10f). Das Buch setzt dabei – u.a. mit den Illus-

---

[1] Längere Passagen des vorliegende Beitrag (vor allem in den Kapiteln 1-3) wurden bereits 2016 in einem Themenheft zur *Mehrsprachigkeit in der Kinder- und Jugendliteratur* der Zeitschrift *interjuli. Internationale Kinder- und Jugendliteraturforschung* veröffentlicht (vgl. Eder 2016a). Ich bedanke mich an dieser Stelle bei Marion Rana, der Herausgeberin dieser Zeitschrift, für die Erlaubnis zum Wiederabdruck.

trationen von Jürg Obrist – auch auf formal-ästhetische Qualität. Autor des Buches ist der bekannte Didaktiker Basil Schader, Professor an der PH Zürich mit Schwerpunkt Primarstufe und DaZ. Entsprechend gibt es in diesem Buch unzählige Funktionen, die dem (sprachen)didaktischen Diskursbereich[2] zugerechnet werden können: Beginnend bei der Thematisierung einer transkulturellen Begegnungssituation – verbunden mit der Thematisierung der lebensweltlichen Mehrsprachigkeit von Grundschulkindern. Anregung zur Wortschatzarbeit finden sich sogar schon am Cover des Bilderbuches.

Abbildung 1: Cover des Bilderbuches Hilfe! Help! Aiuto! (Schader/Obrist 1999, U1)

Der Wortschatz der weitgehend deutschsprachigen Rahmenhandlung ist sehr bewusst nach sprachlerntheoretischen Gesichtspunkten ausge-

---

2 Innerhalb meiner Foschungen zum Thema ordne ich die Funktionen der Mehrsprachigkeit in mehrsprachigen Kinder- und Jugendbüchern drei Diskursbereichen zu: dem formal-ästhetischen, dem (sprachen)politischen und dem (sprachen)didaktischen (mehr dazu etwa in Eder 2015a und 2015b sowie in Titelbach 2021).

wählt, die für DaZ-Lernende relevant sind. Er orientiert sich am deutschen Grundwortschatz und beschränkt sich auf ca. 160 verschiedene, in der Alltagssprache der Kinder gebräuchliche Wörter (vgl. Schader 1999). Bei der nun folgenden Analyse werde ich auf *einen* (sprachen)didaktischen Funktionsbereich dieses Buches besonders eingehen: Auf Sprachaufmerksamkeit und Sprachenbewusstheit[3]. Schader betont in seinem didaktischen Begleitheft, dass dieses Unterrichtskonzept seinem Bilderbuch zugrunde liegt (Schader 1999, U4).

Seit den 1990er Jahren bildete sich – basierend auf Erkenntnissen aus der Lernersprachforschung – innerhalb des sprachlehr- und -lerntheoretischen Fachdiskurses ein breites Bewusstsein für die Bedeutung der individuellen Sprachressourcen der Lernenden heraus. Mit der Lerner- und Situationsorientierung des aktuellen (Fremd)Sprachenunterrichts geht vielfach eine bewusste Integration der im Unterrichtskontext vorhandenen Sprachen einher. Im Zusammenhang mit der so genannten ‚kognitiven Wende' wurde in den letzten Jahren innerhalb der fremd- und zweitsprachlichen Fachdidaktik ausführlich über adäquate Unterrichtskonzepte diskutiert. Dabei kam auch das Unterrichtskonzept *Language Awareness* vermehrt in den Fokus der Aufmerksamkeit. Im Folgenden möchte ich auf dieses Unterrichtskonzept etwas genauer eingehen und schließlich zeigen, inwiefern die Arbeit mit dem Bilderbuch *Hilfe! Help! Aiuto!* im Sprachunterricht diesem Unterrichtskonzept gerecht werden kann.

2. Language Awareness

Das Ziel von Language Awareness ist zunächst nicht das Erlernen von (Fremd)Sprachen, sondern ein „Nachdenken über Sprache" (Gnutzmann 1997, 228), also die Förderung der Aufmerksamkeit für die jeweils vorhandene Sprachenvielfalt, für sprachliche Phänomene und für den gesellschaftlichen Umgang mit Sprachen sowie die Reflexion darüber. Wenn Sprachen zueinander in Beziehung gesetzt werden, kann eine solche Bewusstmachung aber zugleich auch Lernprozesse initiieren, die für das Sprachenlernen wichtig sind. Das Konzept Language Awareness bildete sich zunächst in Großbritannien heraus. Vielfältige Formen der Ein-

---

[3] Zum Terminus *Sprach(lern)bewusstheit* im deutschsprachigen Diskurs empfehle ich einführend die Lektüre von Wolff 1997, zur Diskussion der Begriffe Sprachbewusstheit versus Sprachenbewusstheit zudem Burwitz-Melzer/Königs/Krumm 2012.

wanderung führten hier in den 60er- und 70er Jahren zu massiven (u.a. sprachlichen) Problemen der Schülerinnen und Schüler (vgl. Gnutzmann 1997, 229).[4] Einige Pädagogen mit angewandt-linguistischen und sprachdidaktischen Interessen arbeiteten in Großbrittanien seit 1978 im *National Congress on Languages in Education* (NCLE) zusammen und begannen, über die Möglichkeiten von Language Awareness zu diskutieren. Initiativ wirkte hier insbesondere Eric Hawkins' Buch *Language Awareness*, das 1984 in Cambridge veröffentlicht wurde. Hawkins betont, wie wichtig es ist, die sprachliche Neugier von Schülerinnen und Schülern zu wecken. Darüber hinaus soll Language Awareness aber auch eine intercurriculare Verbindung zwischen verschiedenen Sprachunterrichten herstellen und so den Beginn des Fremdsprachenunterrichts erleichtern helfen (vgl. Hawkins 1984, Seite 4). Diese verschiedenen Sprachunterrichte wären in unserem Fall Deutsch, Deutsch als Zweitsprache, der so genannte *Muttersprachliche Unterricht* und die diversen Fremdsprachen. Aus heutiger Sicht ist diese Liste noch durch den Sachfachunterricht in der Fremd- oder Zweitsprache zu ergänzen (vgl. den Ansatz von CLIL – Content and Language Integrated Learning). In der Forschung und in der Praxis des Sprachunterrichts konnten sich in Großbrittanien inzwischen – ergänzend und alternativ zu Language Awarenenss – auch andere Termini etablieren, z. B. der Begriff *Knowledge about Language*, der sich jedoch in erster Linie auf den (englischen) Muttersprachenunterricht und die hier zu entwickelnden Lese- und Schreibkompetenzen bezieht, während der Terminus *Language Awareness* vor allem im Kontext des Fremd- und Zweitsprachenunterrichts Verwendung findet (vgl. Carter 1995, 81ff) und sich auch international etablieren konnte.

Das Konzept der Language Awareness wurde seit den 90er Jahren auch in die deutsche Fremd- und Zweitsprachendidaktik übernommen (vgl. Burwitz-Melzer/Königs/Krumm 2012; FluL – Fremdsprache Lehren und Lernen (1997) 26; Gnutzmann 1997; Hug/Siebert-Ott 2007; Schmidt 2010 u.a.).

Die Vielseitigkeit der hierbei thematisierten und reflektierten Bereiche spiegelt sich in der Diskussion des Konzepts Language Awareness wider.

---

4   Vgl. dazu auch die bekannt Diskussion zur sogenannten Defizithypothese (Halliday), die von Vertretern der Differenzhypothese stark abgelehnt wird (zu einem Vergleich der beiden: Dittmar 1973, 129f), wobei zweitere sich gegen eine Privilegierung der englischen Standardsprache stark machten und alle Sprachen und Varietäten als „funktional äquivalent" und „ausdrucksäquivalent" kolportierten, dabei aber bisweilen nicht berücksichtigten, dass der Gebrauch der Standardsprache eine wichtige Voraussetzung für schulische Qualifikationen darstellt.

Zur Differenzierung der unterschiedlichen Bereiche wird – in Anlehnung an Carl James und Peter Garrett – in der Forschungsliteratur meist auf fünf Bereiche oder Domänen von Language Awareness verwiesen, die zueinander in einer engen Wechselbeziehung stehen: die affektive, die soziale, die sprachkritische, die kognitive und die performative Domäne (vgl. James/Garrett 1991, 12ff).

3. Analyse des Bilderbuches *Hilfe! Help! Aiuto!* im Hinblick auf die unterschiedlichen Domänen von Language Awareness

3.1. Affektive Domäne

Die affektive Domäne von Language Awareness fokussiert auf die Einstellungen der Lernenden zu sprachlichen Phänomenen und auf damit in Zusammenhang stehende Gefühlsäußerungen. Vor allem geht es hier um die emotionale Beteiligung der Lernenden am Sprachlernprozess. Ziel ist es, die Schülerinnen und Schüler für Sprache(n) zu sensibilisieren, z.B. indem ihre Neugierde und ihr Interesse an Sprachlichem gefördert werden. Gleichzeitig sollen die Lernenden hier aber auch erleben, dass jedes sprachliche Verhalten auf der Rezipient*innenseite bewusste oder unbewusste emotionale Reaktionen hervorruft.

In *Hilfe! Help! Aiuto!* ist die erste Reaktion auf die lebensweltliche Sprachenvielfalt in der Klasse der kleinen Fi zunächst negativ: Die Lehrerin bemerkt, dass alle Kinder verschiedene Sprachen sprechen: „Was machen wir nur? sagte die Lehrerin und war verzweifelt" (Schader/Obrist 1999, 5).

Formal interessant ist, dass dieser emotionale Ausbruch der Protagonistin zugleich der erste Satz in direkter Rede ist. Oder nicht ganz der erste, denn schon der Buchtitel *Hilfe! Help! Aiuto!* wiederholt einen verzweifelten Ausruf der Lehrerin, die fürchtet, den Lehrstoff nicht in der vorgesehenen Zeit vermitteln zu können, wenn alles immer in alle Sprachen übersetzt wird:

„Hilfe! Help! Aiuto!
rief die Lehrerin
und war wieder verzweifelt.
So kommen wir ja
kein bisschen voran!
Was könnten wir nur machen?" (Schader/Obrist 1999, 10)

Die Verzweiflung der Lehrerin steigert sich also in ihrer Intensität: Während das anfängliche „Was machen wir nur?" noch als Frage formuliert

Abbildung 2: Verzweifelte Lehrerin im Bilderbuch *Hilfe! Help! Aiuto!* (Schader/Obrist 1999, 4)

ist, bringt die Lehrerin einige Seiten später ihrer Gefühlslage schon durch verzweifelte Ausrufe zum Ausdruck.

Ganz anders ist die emotionale Reaktion der kindlichen Figuren. Sie begegnen der Sprachenvielfalt fröhlich, offen und lassen sich dadurch zu vielen kreativen Ideen anregen (vgl. dazu etwa Schader/Obrist 1999, 12).

Erst als die Lehrerin nach ersten Schwierigkeiten den Beschluss fasst: „Wir machen (...) doch wieder alles auf Deutsch. Alles. Leider" (Schader/Obrist 1999, 13), ändert sich bei den Kindern die Gefühlslage: „Da waren die Kinder aber mächtig enttäuscht! Auf Wiedersehen, sagten sie leise und gingen traurig nach Hause" (Schader/Obrist 1999, 14). Auch auf der Bildebene wird dieser emotionale Umschwung deutlich. Während sich der Illustrator Jürg Obrist in seinen Bildern sonst sehr zurückhält, was die Raumtiefe betrifft, werden die Seiten des Raumes hier bewusst ausgeführt bzw. angedeutet, und die Perspektive ist so gewählt, dass eine Bodenseite eine klare Linie von links oben – dem Platz der Lehrerin – nach rechts unten bildet.

Abbildung 3: Rückkehr zum monolingualen Schulalltag (Schader/Obrist 1999, 12f)

Die Lehrerin begegnet den Kindern also nicht auf Augenhöhe, sondern deutlich hierarchisch: Sie bestimmt von oben herab, was in der Schule zu tun ist und welche Sprache die Kinder dabei zu sprechen haben. Und zwar ausnahmslos. Die bedrückte Stimmung der Kinder ist deutlich erkennbar. In gebückter Haltung blicken sie zu Boden oder von unten auf die Lehrerin. Interessant ist in der bildlichen Darstellung auch die Blickrichtung der Kinder von rechts nach links. In der westlichen Bildsprache, die uns aus Filmen und anderen visuellen Medien vertraut ist, ist diese Blickrichtung deutlich konnotiert. Sie versinnbildlicht Rückwärtsgewandtheit. So wird auch anhand der Bildgestaltung deutlich, dass an dieser Stelle ein ganz klarer Rückschritt passiert. Der zuerst wertschätzende, fröhliche und für alle Kinder gewinnbringende Umgang mit Sprachen weicht hier einem autoritären Habitus.

Doch die kindlichen Figuren im Buch lassen sich nicht unterkriegen. Sie beharren darauf, ihre Sprachen in den Unterricht einzubringen. Und schon am nächsten Tag habe sie für ihre Lehrerin eine Überraschung parat: Verhalten amüsierte Gesichter der Kinder sind zu sehen, während die Lehrerin die Tafel aufklappt, denn sie „wollte etwas anschreiben. Doch was sah sie da!"

Abbildung 4: Tafelbild mit Begrüßungen in verschiedenen Sprachen im Bilderbuch
(Schader/Obrist 1999, 16)

Auf der Innenseite der Tafel begrüßen die Kinder ihre Lehrerin in ihren Sprachen. „Alle Kinder lachten. Und auch die Lehrerin musste lachen" (Schader/Obrist 1999, 17). Freude und Humor sind ja erwiesenermaßen gute Lehrmeister und so weicht die Lehrerin schließlich doch von ihrem Deutsch-only-Kurs ab und öffnet ihren Unterricht wieder für alle vorhandenen Sprachen.

Wir begegnen also schon im Text selbst der affektiven Domäne von Language Awareness: In dem hier erzählten mehrsprachigen Unterrichtskontext lösen das sprachliche Verhalten und der dargestellte Umgang mit den Sprachen bei den Figuren sehr deutliche emotionale Reaktionen aus.

3.2. Soziale Domäne

Der soziale Bereich der Language Awareness lenkt die Aufmerksamkeit auf die sozialen Beziehungen zwischen den Sprechenden und auf ihr dadurch bestimmtes Sprachverhalten. Unterschiedliche soziale Konstellationen können hier relevant sein, etwa der Zusammenhang zwischen Geschlecht und Sprache oder der Zusammenhang zwischen Sprache und sozialer Schicht. Besonders interessant ist in Bezug auf die hier fokussierte Thematik die sprachliche Realisation mehrsprachiger Kommunikationssituationen, wobei Mehrsprachigkeit hier auch den Gebrauch unterschiedlicher Varietäten mit einschließt. Solche sprachliche Varietäten sind etwa die anerkannten Standardvarietäten einer Sprache, aber auch diverse Dialekte, Ethnolekte und Soziolekte. Alle diese Varietäten genießen - genau wie verschiedene Sprachen - in verschiedenen Kontexten unterschiedliche gesellschaftliche Akzeptanz (vgl. dazu etwa Eder 2016b).

In *Hilfe! Help! Aiuto!* wird die soziale Dimension der Language Awareness beispielsweise dadurch angesprochen, dass Fi - eine der Hauptfiguren der Geschichte und zugleich die erste Figur, der wir im Buch begegnen - offenbar nicht nur Deutsch sondern auch Albanisch spricht. Entsprechend lernen die jungen Leserinnen auch gleich auf der dritten Seite und ganz selbstverständlich einige albanische Wörter kennen.

Abbildung 5: Fi und ihre Eltern in *Hilfe! Help! Aiuto!* (Schader/Obrist 1999, 2f)

Zugleich wird hier implizit als weiterer Aspekt der sozialen Domäne von Sprachenbewusstheit auch die Plurizentrik von Sprachen deutlich. Es gibt drei offiziell anerkannte Varietäten des Standarddeutschen: Die bundessdeutsche, die österreichische und die Schweizer Standardvarietät. Sie unterscheiden sich zum Teil stärker voneinander, als wir das auf den ersten Blick annehmen würden. Und zwar nicht nur in der Lexik. So finden wir beispielsweise in diesem Bilderbuch auch eine grammatikalische Form, die nur in der Schweizer Varietät üblich ist. „*Dem* Apfel sagten sie Molla" (Schader/Obrist 1999, 3; Hervorhebung durch Ulrike Titelbach). Weder in Österreich noch in Deutschland wäre der Satz so korrekt formuliert. Möglich wäre hier: Sie nannten *den* Apfel Molla, oder höchstens: *Zum* Apfel sagten sie Molla. Der Schweizer Autor Basil Schader verwendet diese Form allerdings in seinem Buch mehrmals und sie ist ihm offensichtlich so selbstverständlich, dass er sie in seiner umfangreichen Didaktisierung zum Buch (Schader 1999) mit keinem einzigen Wort anspricht. Und das, obwohl er darin auch die innere Mehrsprachigkeit des Deutschen thematisiert und in diesem Zusammenhang auf verschiedene Schweizer Dialekte[5] eingeht. Möglicherweise ist Schader gar nicht bewusst, dass es sich hier um eine nur in der Schweiz übliche Variante der deutschen Sprache handelt. Von meiner Schweizer Kollegin Sara Hägi, die sich seit einigen Jahre im Rahmen ihrer Forschungen mit den Varietäten der deutschen Sprache und deren Berücksichtigung im Deutschunterricht auseinander setzt, wurde ich darauf hingewiesen, dass es sich dabei nicht um eine umgangsprachliche Form handelt, wie ich zunächst angenommen hatte, sondern um Schweizer Standard. Obwohl der Autor vermutlich nicht die Intention hatte, mit der Verwendung dieser grammatischen Form auf die Plurizentrik der deutschen Sprache aufmerksam zu machen, werden Kinder und Erwachsenen, die außerhalb des Schweizer Raumes in diesem Buch lesen um die Auseinandersetzung mit Plurizentrik hier wohl kaum herum kommen.

Zurück aber zum Albanischen und zu den anderen Migrationsminderheitensprachen, denen wir hier begegnen: Gnutzmann weist explizit darauf hin, dass die soziale Domäne der Language Awareness auf sprachdidaktischer Seite auch eine Persönlichkeitsentwicklung der Lernenden intendiert und eng mit dem emanzipatorischen Lernziel „sprachliche und soziale Toleranz gegenüber Minderheiten" (Gnutzmann 1997, 233) verbunden ist. In *Hilfe! Help! Aiuto!* wird den Leserinnen und Lesern schon am Beginn der Geschichte mit Fi eine zweisprachige Schulanfängerin als Identifikationsfigur angeboten. Und sprachliche und soziale Toleranz gegenüber Minderheiten ist zumindest für die kindlichen Figuren selbstverständlich – unabhängig davon, welche Erstsprache sie sprechen. Mit der Lehrerin kommt zugleich eine differenziertere Figur ins Spiel: Sie ist offen für die Ideen ‚ihrer' Kinder, zugleich aber thematisiert sie die möglichen Probleme, die sprachliche und soziale Heterogenität mit sich brin-

---

5   Berner und Züricher Dialekt

gen kann. Sie wird damit zum Sprachrohr sozialer Spannungen, wie sie auch von den Medien immer wieder aufgegriffen werden. Ihre oft skeptische und resignative Haltung spiegelt soziale Ängste vieler Erwachsener wider, dies hält aber letztlich der Sprachenfreude der Kinder nicht stand. Persönlichkeitsentwicklung findet hier also nicht so sehr bei den Kindern, sondern bei der erwachsenen Protagonistin statt.

Hier wird auch deutlich, dass die einzelnen Bereiche der Language Awareness nicht unabhängig voneinander zum Tragen kommen, sondern eng miteinander verzahnt sind, denn die dargestellte Persönlichkeitsentwicklung der Lehrerin steht in einer engen Beziehung zu ihren Ängste und zu der Freude, mit der sie sich anstecken lässt und damit zur affektiven Dimension von Language Awareness. Zugleich wird mit dem emanzipatorischen Inhalt dieses Lernziels auch die nun vorgestellte, sprachkritische Domäne relevant.

3.3. Sprachkritische Domäne

Im Sinne der *Critical language Awareness* wird Sprache als Herrschafts- und Unterdrückungsinstrument in den Blick genommen (vgl. Fairclough 1989, 1992). Ein wichtiger Forscher in diesem Zusammenhang ist Norman Fairclough. In seinem Standardwerk *Language and Power* (Fairclough 1989) beschreibt er Sprache als gesellschaftlich-politisches Phänomen. Critical Language Awareness soll zunächst deutlich machen, inwiefern Sprache dazu beiträgt, Machtverhältnisse herzustellen, zu erhalten und zu verändern, und sie soll zu einem Bewusstsein darüber beitragen, auf welche Weise über Sprache(n) Macht und soziale Kontrolle ausgeübt wird. Auch die sprachliche Manifestierung von Vorurteilen und Stereotypen spielt in diesem Zusammenhang eine nicht unwesentliche Rolle. Das Bewusstsein über Sprache als Herrschaftsinstrument ist nach Fairclough der erste Schritt zur (sprachlichen) Emanzipation. Wie bei der sozialen Domäne werden hier Sprachverhalten und soziale Bindungen zueinander in Beziehung gestellt, allerdings mit besonderem Fokus auf der kritischen Auseinandersetzung mit Zusammenhängen zwischen Sprache und Herrschaft. Die Aufmerksamkeit der Lernenden wird dabei in erster Linie auf das Manipulationspotenzial von Sprache gelenkt. Gerade in diesem Zusammenhang ergeben sich aus meiner Sicht vielfältige Anknüpfungspunkte zur Arbeit mit mehrsprachiger Kinder- und Jugendliteratur. Ich erinnere hier noch einmal an die autoritäre Entscheidung der Lehrerin zur Einsprachigkeit. Obwohl die Lehrerin weiß, dass in ihrer Klasse viele

Sprachen gesprochen werden, agiert sie so, als gäbe es nur eine Sprache. Ingrid Gogolin hat diese – eigentlich absurde – Haltung von Seiten der Lehrenden untersucht. In ihrer Studie *Der monolinguale Habitus der multilingualen Schule* konnte sie bereits 1994 zeigen, wie das nationalstaatlich verfasste deutsche Bildungswesen seit dem 19. Jahrhundert ein monolinguales Selbstverständnis herausbildete. Und dass ein solcher monolingualer Habitus den Unterricht zum Teil bis heute prägt, ist wohl nicht von der Hand zu weisen. Spannend finde ich auch in diesem Zusammenhang die Bildebene. Erstmals wird an dieser Stelle von Jürg Obrist der Bildraum perspektivisiert und zugleich deutlich begrenzt. Mit der absteigenden Linie, die den Kindern – bildlich gesprochen – den Boden unter den Beinen wegzieht, erzeugt Obrist auch optisch das Gefühl eines beengten und beengenden Raumes (vgl. Abb. 3 in Kapitel 3.1.).

Nicht monolingual, aus sprachkritischer Sicht aber dennoch ausgesprochen brisant ist auch der Titel des Buches: Während im Bilderbuch selbst durchaus auch die Migrationsminderheitensprachen Raum haben, erfolgt der Schreckensausruf der Lehrerin angesichts der mehrsprachigen Klassensituation auf Deutsch sowie in den etablierten Schul(fremd)sprachen Englisch und Italienisch. Die Reihenfolge der drei Sprachen bildet hier deutlich den Stellenwert ab, den diese Sprachen in der Perspektive der erwachsenen Protagonistin für den Unterricht in ihrer Klasse haben. Mit diesem Titel lenkt der Autor die Perspektive der Lesenden deutlich in Richtung der sprachdiskriminierenden Positionierung dieser Figur.

Text und Bilder zeigen im hier analysierten Bilderbuch aber nicht nur Mechanismen sprachlicher Unterdrückung, sondern auch Möglichkeiten des Widerstandes. Durch Beharrlichkeit und Humor gelingt es den kindlichen Akteurinnen und Akteuren, ihren Sprachen doch Stück für Stück im Unterricht Raum zu schaffen. Die Kinder missachten die Vorgabe der Lehrerin, die Deutsch zur einzigen Unterrichtssprache erklärt und haben mit ihrem spielerischen Aufbegehren Erfolg. Die von der Lehrerin autoritär aufgestellte Ordnung ist damit, kaum dass sie ins Leben gerufen wurde, auch gleich wieder lachend aufgelöst und sie macht einer gemeinsam ausgehandelten Vorgehensweise Platz, wo auch die Kinder sich mit ihren Ideen einbringen können.

3.4. Kognitive Domäne

Einen nochmals anderen Fokus eröffnet die kognitive Domäne der Language Awareness. Hier wird Sprache als System betrachtet. Auf verschiedenen sprachlichen Ebenen sollen die Lernenden sprachliche Einheiten, Kontraste und Regularitäten erkennen. Dies geschieht vielfach mit Hilfe eines Vergleichs zwischen verschiedenen Sprachen, der solche Regularitäten und Kontraste offen legt.

Abbildung 6: Hundewörter in diversen Sprachen (Schader/Obrist 1999, 18f)

Auch diese Domäne kommt in Basil Schaders Bilderbuch *Hilfe! Help! Aiuto!* zum Ausdruck: Als die Kinder über Haustiere sprechen, hat Fi etwa die Idee, dass alle Kinder gemeinsam Hundwörter in den verschiedenen Sprachen sammeln sollten. Wenn wir diese Übersetzungen des Wortes „Hund" vergleichen, so fällt auf, dass es zwischen manchen Wörtern deutliche Ähnlichkeiten gibt. Konkret ähneln sich beispielsweise die abgebildeten Bezeichnungen für „Hund" in einigen slawischen Sprachen: Links oben steht auf einer stark überhängenden Ebene der tschechische Hund („pes") und über den unteren Seitenrand blickt in der Mitte ein ebenfalls getupfter, aber viel korpulenterer Hund, der aus Bosnien, Kroatien oder aus Serbien kommen könnte (in all diesen Sprachen: „pas"). Hier können die Kinder beim Lesen selbst entdecken, dass die Sprachen bestimmter Sprachfamilien im Bereich der Lexik deutliche Ähnlichkeiten aufweisen.

Innerhalb der kognitiven Domäne der Sprachenbewusstheit geht es also um die bewusste Wahrnehmung von Sprache(n) und um die ihnen impliziten Regeln. Gnutzmann weist in diesem Zusammenhang auch auf das Phänomen der sprachlichen Norm hin, die hier angesprochen wird, was auch die Auseinandersetzung mit sprachlicher Korrektheit und mit

Fehlern impliziert. Er plädiert für einen rationalen und reflektierten Umgang mit Fehlern, der ihre Rolle im Lernprozess positiv hervorhebt und zugleich auch den Umgang der Lehrenden und Lernenden mit den Fehlern selbst reflexiv zum Thema macht. Insbesondere sollte in diesem Zusammenhang die Regelhaftigkeit und Systematik von Fehlern thematisiert werden (vgl. Gnutzmann 1997, 234). Um den Umgang mit Fehlern im Unterricht zu entkrampfen regt Gnutzmann zudem zu einer breiteren Auseinandersetzung mit sprachlichen Normen an. Er schlägt vor, Wort- und Sprachspiele in den Unterricht einzubauen. Normen werden hier „gedehnt" oder überschritten (Gnutzmann 1997, 234). Aus meiner Sicht ist dabei insbesondere die Tatsache wesentlich, dass diesen Normdehnungen oder Normverstößen in literarischen Texten oftmals eine wichtige Funktion zukommt. Sie geschehen nicht zufällig, sondern werden absichtlich und gezielt eingesetzt, oft mit komischem Effekt. Wenn Lernende sich mit solchen gezielten Normverstößen und ihren Auswirkungen auseinandersetzen, lenkt dies auf kurzweilige und einprägsame Weise die Aufmerksamkeit auf sprachliche Formen, zum Beispiel auf Grammatik. Sprachspiele regen also zur bewussten und kreativen Auseinandersetzung mit sprachlicher Norm an. In der Kinder- und Jugendliteratur spielt dieses Spiel mit Sprache und ihren Normen oft eine große Rolle. Manche Texte machen einzelne grammatikalische Phänomene und Fehler sogar gezielt zum Thema. Ein schönes Beispiel ist das Gedicht *Deutsch ist schwer* von Mira Lobe (Lobe/Kaufmann 1999, o.S.).

3.5. Performanz-Domäne

Diese Überlegungen zur (literarischen) Auseinandersetzung mit sprachlicher Norm und deren Überschreitung spannen den Bogen zur Performanzdimension von Language Awareness, die mit der Kognitiven Domäne eng verknüpft ist. Hier aber geht es darum, ob und inwiefern Schülerinnen und Schüler

> „durch Wissen über die Sprache in ihrer sprachlichen Kompetenz und in ihrer Fähigkeit, Grammatik und Wortschatz in bezug auf ein Kommunikationsziel möglichst effektiv zu verwenden, gefördert werden können, ob es also ein *interface zwischen ,Kennen' und ,Können' gibt oder nicht."* (Gnutzmann 1997, 235)

Aktuelle Publikationen kritisieren, dass die Deutsch als Fremd- und Zweitsprachendidaktik Language Awareness vielfach deutlich enger fasst, als James und Garrett es mit ihrer Differenzierung in fünf Domänen nahe legen. Der Schwerpunkt liegt hier in erster Linie im kognitiven Bereich (besonders bei der Grammatikvermittlung) und bei der Performanz-Domäne (z.B. im Hinblick auf die Entwicklung von Sprachlernstategien), während die affektive Domäne und die sprachkritische Domäne meist vernachlässigt werden (vgl. Schmidt 2010, 863). Wie gezeigt werden konnte bietet das hier vorgestellte mehrsprachige Bilderbuch aber auch in Bezug auf *diese* Domänen vielfältige Anknüpfungspunkte und erweist sich somit als Language Awareness-Bilderbuch im besten Sinne.

Die Auseinandersetzung mit Language Awareness ist allerdings insgesamt sehr komplex und es stellt sich die Frage: Sind Kinder, die ja hier als Rezipientinnen und Rezipienten sowie als DaZ-Sprachlernende im Fokus der Aufmerksamkeit stehen, überhaupt schon in der Lage, solche komplexen sprachlichen Phänomene wahrzunehmen und darüber zu reflektieren?
Claus Gnutzmann weist darauf hin, dass Kinder bereits sehr früh damit beginnen, über Sprache und metasprachliche Phänomene nachzudenken und er fordert daher, dass Kinder schon in der Grundschule zu Language Awareness motiviert werden sollten (vgl. Gnutzmann 1997, 228, aber auch die entsprechenden Artikel in meinem Sammelband zum Thema, z.B. Belke 2015). Auch Sigrid Luchtenberg und Ingelore Oomen-Welke betonen, dass vor allem jüngere Lernende oft bereits ein sehr hohes Maß an Sprachaufmerksamkeit und Sprachenbewusstheit mitbringen, während bei älteren Lernenden spontane Äußerungen zu Sprachenfragen – vielfach aufgrund eines unachtsamen oder gar abweisenden Umgangs der Lehrenden mit solchen Sprachhypothesen – deutlich abnehmen und Language Awareness somit erst (wieder) geweckt werden muss (vgl. Luchtenberg 2002, 30f und Oomen-Welke 2002, 56ff). Besonders groß ist das Interesse an Sprachlichem bei mehrsprachig aufwachsenden Kindern. Auch ist es mit subjektiven Theorien über Sprachen verknüpft, die bisweilen von überraschendem Sprachwissen zeugen (vgl. Knapp-Potthoff 1997, 15; Krumm 2012, 85, 89; Mehlhorn 2012, 124; Oomen-Welke 1999, 17). Das Unterrichtskonzept der Language Awareness hilft Lehrenden gezielt dabei, an die metasprachlichen Beobachtungen und Überlegungen der Kinder zu den Sprachen, die sie sprechen und mit denen sie Kontakt haben, anzuknüpfen. Die Lehrenden gewinnen dabei zugleich selbst neue Einblicke in die jeweiligen Sprachen und in das Denken ihrer Schülerinnen und Schüler.
Gnutzmann weist in diesem Zusammenhang bereits 1997 auf die besonderen Möglichkeiten der Arbeit mit poetischen Texten hin, weil es sich hierbei um formal auffällige und zudem um semantisch verdichtete Texte handelt (vgl. Gnutzmann 1997, 228), die deshalb in besonderem Maße zum Nach-

denken über Sprache einladen. Auch Oomen-Welke betont explizit, dass im Rahmen eines sprachaufmerksamen und sprachbewussten Unterrichts auch literarische Texte einen wichtigen Platz einnehmen sollten (vgl. Oomen-Welke 1999, 22f). Dennoch wird diesem besonderen Aspekt in den bisher zur Verfügung stehenden Materialien noch viel zu wenig Beachtung geschenkt.

Einen dieser wenigen Ansätze liefert Heidi Rösch, indem sie das Unterrichtskonzept der Language Awareness mit dem Unterrichtsziel einer bewussten und reflektierten Auseinandersetzung mit literarischen Phänomenen verbindet. Sie knüpft damit an Luchtenbergs Überlegungen zu „Language Awareness und fiktionale(n) Texte(n)" an (Luchtenberg 1998, 141; vgl. ebenda 151). Rösch prägte in diesem Zusammenhang den Terminus der *Literature und Language Awareness* (vgl. Rösch 2000, 2017 und zuletzt 2021).

Vereinzelt wird Language Awareness auch im aktuellen fremdsprachendidaktischen Diskurs in Bezug auf literarisches Lernen diskutiert, wobei die Autor*innen besonders auf die Möglichkeiten der Verwendung mehrsprachiger Literatur hinweisen (vgl. hierzu die Beiträge der beiden Anglistinnen Gabriele Blell und Eva Burwitz-Melzer in den Arbeitspapieren der 32. Frühjahrskonferenz zur Erforschung des Fremdsprachenunterrichts: Burwitz-Melzer/Königs/Krumm 2012). Und auch Gnutzmann verweist bereits 1997 im Zusammenhang mit der kognitiven Dimension von Language Awareness explizit auf den möglichen Einsatz mehrsprachiger Literatur (vgl. Gnutzmann 1997, 235).

4. Zur sprachenbewussten Arbeit mit dem vorgestellten Bilderbuch in der Sekundarstufe

Vor allem jene Kinder, die mit mehreren Sprachen aufwachsen, können bei adäquater Förderung also schon sehr früh (durchaus bereits in der Grundschule) ein hohes Maß an Sprachaufmerksamkeit und Sprachenbewusstheit entwickeln. Im Rahmen des allgemeinen didaktischen Grundsatzes zur Förderung der Mehrsprachigkeit fordert das Österreichische Curriculum für Allgemeinbildende höhere Schulen dazu auf, diese Kompetenzen aufzugreifen und weiter zu entwickeln:

„Besondere Bedeutung kommt der Ermutigung durch die Lehrerinnen und Lehrer zu, sprachliche Ressourcen in der Klasse zu nutzen.
Das Wahrnehmen anderer Sprachen, ihrer Gemeinsamkeiten und Unterschiede, mit allen Sinnen fördert nicht nur das Interesse und den Respekt für andere Sprachen, sondern schafft die Möglichkeit, die unbewusst bereits vorhandenen Theorien über Sprache und Sprachen bewusst zu machen und zu elaborieren (‚*Language Awareness*')." (Rechtsinformationssystem des Bundes 2022, o.S.)

Mit meinem Didaktisierungsvorschlag greife ich diese Forderung auf, denn er nimmt die gemeinsame Auseinandersetzung mit dem Bilderbuch *Hilfe! Help! Aiuto!* (Schader/Obrist 1999) als Ausgangspunkt, um das bei den Kindern vorhandene Potenzial zur Sprachenbewusstheit und Sprachaufmerksamkeit aufzuzeigen.

Bezüglich der Primärtextauswahl greife ich hierbei auch die Lektüreempfehlungen für das Unterrichtsfach Deutsch im Österreichischen Lehrplan für Allgemeinbildende höhere Schulen auf. In diesen ist hinsichtlich der 5. Schulstufe vermerkt, „dass die Schülerinnen und Schüler „(p)ersönliche Zugänge zu literarischen Texten finden" sollen, „im Besonderen aus der Kinder- und Jugendliteratur" (Bundeskanzleramt 2000, 1101; Rechtsinformationssystem des Bundes 2022, o.S.).

Nach einer gemeinsamen Lektüre des Bilderbuches in der Klasse würde ich dazu raten, für die Einstiegsdiskussion jene Textstelle herauszugreifen, wo – nach anfänglichen Versuchen, den Unterricht mehrsprachig zu gestalten – die überforderte Lehrerin im Alleingang beschließt, „doch wieder alles auf Deutsch" zu machen (Schader/Obrist 1999, 13; vgl. Kapitel 3.1.).

In Kleingruppen (3-4 Personen) haben die Schülerinnen und Schüler nun Gelegenheit, diesen autoritären Schritt der Lehrkraft zu kommentieren und sich – ausgehend davon – über eigene Erfahrungen im Umgang mit lebensweltlicher Mehrsprachigkeit auszutauschen (vgl. Unterrichtsmaterial 1).

Unterrichtsmaterial 1:
Hilfe! Help! Aiuto! **(Schader/Obrist 1999)**

In der Mitte des dieses Buches beschließt die Lehrerin: „Wir machen (…) doch wieder alles auf Deutsch."
Haltet ihr das für eine gute Idee?
Wurde bei Euch im Unterricht bisher nur Deutsch gesprochen, oder hatten auch andere Sprachen Platz?
Sprecht über Eure Erfahrungen.

Die Ergebnisse der Kleingruppendiskussionen können anschließend im Plenum gesammelt werden. Gemäß den Forderungen der Critical language Awareness sollte im Rahmen der Plenumsdiskussion zu dieser Textstelle die Funktion von Sprache als Herrschaftsinstrument thematisiert und diskutiert werden (vgl. Kapitel 3.3.). Die Lehrkraft sollte die Aufmerksamkeit der Lernenden hierbei auch auf die Bildebene lenken (vgl. Abb.

3) und mit ihnen darüber sprechen, wie der Illustrator Jürg Obrist hier – etwa durch den besonderen Einsatz der Perspektive – die Enttäuschung der Kinder zum Ausdruck bringt. Damit die Lernenden dies entsprechend nachvollziehen können ist es gut, wenn das diskutierte Bild hierfür großformatig an die Wand projiziert wird.

Danach schreibt die Lehrkraft den Begriff *Language Awareness* auf die Tafel und fragt, ob jemand dieses Wort bereits gehört hat. Sie erzählt kurz, worum es hierbei geht und sammelt die wichtigsten Informationen dazu auf der Tafel.

Die nun folgende Aufgabe (Unterrichtsmaterial 2) greift eine Übung aus dem Bilderbuch auf, die der kognitiven Domäne von Language Awareness zuzuordnen ist.

Unterrichtsmaterial 2:
Hilfe! Help! Aiuto! **(Schader/Obrist 1999)**

Welche von diesen Wörtern habt ihr schon einmal gehört? Erkennt ihr die Sprachen? Bitte ergänzt beides in der Tabelle. Kennt ihr das Wort „Hund" auch in anderen Sprachen?

Sprache	Wort
Deutsch	Hund

Könnt ihr zwischen manchen Hundewörtern Ähnlichkeiten entdecken?

Anschließend diskutieren die Lernenden die Ergebnisse der Kleingruppendiskussionen wiederum im Plenum. Hierfür werden die Kinder zunächst gebeten, alle Hundewörter, die sie verstanden und gesammelt haben, auf die Tafel zu schreiben und dabei auch die jeweilige Sprache zu notieren. Nun suchen die Lernenden nach Gemeinsamkeiten zwischen den Hundewörtern. Die Lehrkraft fragt, womit die Gemeinsamkeiten und Ähnlichkeiten zusammenhängen könnten und geht anhand des Tafelbildes auf Verwandtschaften zwischen Sprachen ein (vgl. dazu Kapitel 3.4.).

Durch diese Übungen erleben die Kinder ihre lebensweltliche Mehrsprachigkeit als wesentliche Ressource für den Unterricht und sie sammeln Erfahrungen mit Language Awareness.

5. Ausblick

Aufgrund ihrer spezifischen Qualität, komplexe Inhalte in transparenter, verständlicher Weise zu vermitteln (vgl. Eder 2007), eignet sich Kinder- und Jugendliteratur besonders gut zur Förderung eines aufmerksamen und bewussten Umgangs mit Literatur. Erste Ansätze einer Berücksichtung mehrsprachiger Kinder- und Jugendbücher im Zusammenhang mit Language Awareness finden sich dem entsprechend beispielsweise bereits in dem für das österreichische Bildungswesen erarbeiteten *Curriculum Mehrsprachigkeit* (vgl. Krumm/Reich 2013). Hier setze auch ich im Rahmen meiner Forschungen zur mehrsprachigen Kinder- und Jugendliteratur an. Mein Ziel ist es, basierend auf exemplarischen literaturwissenschaftlichen Detailanalysen Leitlinien für eine textadäquate und zielgruppenorientierte Arbeit mit mehrsprachigen Büchern zu entwickeln. Das hier vorgestellte Bilderbuch zeigt das große Potenzial, das die Arbeit mit dieser Textsorte auch noch für den Unterricht in der Sekundarstufe haben kann. Besonders wichtig war mir, hierbei auch die affektive und die sprachkritische Domäne der Language Awareness, die oftmals zu wenig beachtet werden, mit in den Fokus zu nehmen.

6. Bibliographie

6.1. Primärtexte

Lobe, Mira (1996): Deutsch ist schwer. In: Lobe, Mira/Kaufmann, Angelika (Ill.): Zwei Elefanten, die sich gut kannten. – Wien: Jungbrunnen, o.S.
Schader, Basil/Obrist, Jürg (Ill.) (1999): Hilfe! Help! Aiuto! – Zürich: Orell Füssli.

6.2. Sekundärliteratur

Belke, Gerlind (2015): Verschiedene Sprachen – gemeinsames Spiel: Gezielte Sprachförderung mit elementarer Literatur im Vor- und Grundschulalter. In: Eder, Ulrike (Hrsg.): Sprache erleben und lernen mit Kinder- und Jugendliteratur I. Theorien, Modelle und Perspektiven für den Deutsch als Zweitsprachenunterricht. – Wien: Praesens (Kinder- und Jugendliteratur im Sprachenunterricht 1), S. 13-36.
Blell, Gabriele (2012): Literarisches Lernen und Sprach(en)lernen im Fremdsprachenunterricht. In: Burwitz-Melzer, Eva/Königs, Frank G./Krumm, Hans-Jürgen (Hrsg.): Sprachbewusstheit im Fremdsprachenunterricht. – Tübingen: Narr (Giessener Beiträge zur Fremdsprachendidaktik), S. 9-18.
Bundeskanzleramt – BKA (2000): Bundesgesetzblatt II Nr. 133/2000. – https://www.ris.bka.gv.at/Dokumente/BgblPdf/2000_133_2/2000_133_2.pdf (3. November 2022)
Burwitz-Melzer, Eva (2012): Sprachenbewusstheit als Teilkompetenz des Fremdsprachenunterrichts. In: Burwitz-Melzer, Eva/Königs, Frank G./Krumm, Hans-Jürgen (Hrsg.): Sprachbewusstheit im Fremdsprachenunterricht. – Tübingen: Narr (Giessener Beiträge zur Fremdsprachendidaktik), S. 27-39.
Burwitz-Melzer, Eva/Königs, Frank G./Krumm, Hans-Jürgen (Hrsg.) (2012): Sprachbewusstheit im Fremdsprachenunterricht. – Tübingen: Narr (Giessener Beiträge zur Fremdsprachendidaktik).
Carter, Ronald (1995): Keywords in Language and Literacy. – London: Routledge.
Dittmar, Norbert (1973): Soziolinguistik. Exemplarische und kritische Darstellung ihrer Theorie, Empirie und Anwendung. Mit kommentierter Bibliographie. – Frankfurt a. M.: Athenäum.
Eder, Ulrike (2007): Die Komplexität der Einfachheit: Kinder- und Jugendliteratur im DaF-Unterricht. In: Jahrbuch Deutsch als Fremdsprache, Jg. 33, S. 285-306.
Eder, Ulrike (2015a): Alles gut für den DaZ-Unterricht. Exemplarische Literaturanalyse eines mehrsprachigen Bilderbuchs als Basis für mögliche Didaktisierungen. In: Eder, Ulrike (Hrsg.): Sprache erleben und lernen mit Kinder- und Jugendliteratur I. Theorien, Modelle und Perspektiven für den Deutsch als Zweitsprachenunterricht. – Wien: Praesens (Kinder- und Jugendliteratur im Sprachenunterricht 1), S. 143-173.
Eder, Ulrike (2015b): The Pet Dragon – exemplarische Literaturanalyse eines mehrsprachigen Bilderbuches von Christoph Niemann. In: Krausneker, Vere-

na/Volgger, Marie-Luise (Hrsg.): Meine Forschung, meine Sprachen und ich...". SprachwissenschafterInnen reflektieren über ihre Arbeit. Festschrift für Rudolf de Cilla. – Wien u.a.: Lang (sprache im kontext), S. 135-154.

Eder, Ulrike (2016a): Hilfe! Help! Aiuto! Sprachliche Bildung in DaZ durch Language und Literature Awareness in einem mehrsprachigen Bilderbuch von Basil Schader und Jürg Obrist. In: interjuli. Internationale Kinder- und Jugendliteraturforschung, H. 1 (Themenschwerpunkt: Mehrsprachigkeit in der Kinder- und Jugendliteratur), S. 64-80.

Eder, Ulrike (2016b): Vom Nöstlinger-Sound und anderen sprachlichen Besonderheiten – diatopische Variation in der österreichischen Kinder- und Jugendliteratur. In: Kriegleder, Wynfrid/Lexe, Heidi/Loidl, Sonja/Seibert, Ernst (Hrsg.): Jugendliteratur im Kontext von Jugendkultur. – Wien: Praesens (Wiener Vorlesungen zur Kinder- und Jugendliteratur 1), S. 266-293.

Fairclough, Norman (1989): Language and power. – London u.a.: Longman.

Fairclough, Norman (1992): Critical Language Awareness. – London u.a.: Longman.

FluL – Fremdsprache Lehren und Lernen 26 (1997).

Gnutzmann, Claus (1997): Language Awareness. Geschichte, Grundlagen, Anwendungen. In: Praxis des neusprachlichen Unterrichts, Jg. 44, H. 3, S. 227-236.

Gogolin, Ingrid (1994): Der monolinguale Habitus der multilingualen Schule. – Münster u.a.: Waxmann (Internationale Hochschulschriften).

Hawkins, Eric (1984): Awareness of Language. An Introduction. – Cambridge: University Press.

Hug, Michael/Siebert-Ott, Gesa (Hrsg.) (2007): Sprachbewusstheit und Mehrsprachigkeit. – Baltmannsweiler: Schneider Hohengehren.

James, Carl/Garrett, Peter (Hrsg.) (1991): Language Awareness in the Classroom. Applied Linquistics and Language Study. – London u.a.: Longman.

Knapp-Potthoff, Annelie (1997): Sprach(lern)bewußtheit im Kontext. In: FluL – Fremdsprachen Lehren und Lernen, H. 26, S. 9-23.

Krumm, Hans-Jürgen (2012): Sprachenbewusstheit in mehrsprachigen Kontexten und im Mehrsprachigkeitsunterricht. In: Burwitz-Melzer, Eva/Königs, Frank G./Krumm, Hans-Jürgen (Hrsg.): Sprachbewusstheit im Fremdsprachenunterricht. – Tübingen: Narr (Giessener Beiträge zur Fremdsprachendidaktik), S. 84-90.

Krumm, Hans-Jürgen/Reich, Hans H. (2013): Sprachbildung und Mehrsprachigkeit. Ein Curriculum zur Wahrnehmung und Bewältigung sprachlicher Vielfalt im Unterricht. – Münster: Waxmann.

Luchtenberg, Sigrid (1998): Möglichkeiten und Grenzen von Language Awareness zur Berücksichtigung von Mehrsprachigkeit im (Deutsch-)Unterricht. In: Kuhs, Katharina/Steinig, Wolfgang (Hrsg.): Pfade durch Babylon. Konzepte und Beispiele für den Umgang mit sprachlicher Vielfalt in Schule und Gesellschaft. – Freiburg: Fillibach, S. 137-156.

Luchtenberg, Sigrid (2002): Mehrsprachigkeit und Deutschunterricht. Widerspruch oder Chance? Zu den Möglichkeiten von Language Awareness in interkultureller Deutschdidaktik. In: ide - Informationen zur Deutschdidaktik, Jg. 26, H. 3, S. 27-46.

Mehlhorn, Grit (2012): Lernende als Sprachdetektive – Sprachbewusstheit und entdeckendes Lernen. In: Burwitz-Melzer, Eva/Königs, Frank G./Krumm, Hans-Jürgen (Hrsg.): Sprachbewusstheit im Fremdsprachenunterricht. – Tübingen: Narr (Giessener Beiträge zur Fremdsprachendidaktik), S. 121-131.

Oomen-Welke, Ingelore (1999): Sprachen in der Klasse. In: Praxis Deutsch, H. 157, S. 14-23.

Oomen-Welke, Ingelore (2002): Auf sprachlicher Entdeckungsreise. Authentische Beispiele und Lernmaterialien zum LA-Unterricht. In: ide - Informationen zur Deutschdidaktik, Jg. 26, H. 3, S. 55-62.

Rechtsinformationssystem des Bundes (2022): Gesamte Rechtsvorschrift für Lehrpläne – allgemeinbildende höhere Schulen. – Wien: Bundesministerium für Digitalisierung und Wirtschaftsstandort. – https://www.ris.bka.gv.at/GeltendeFassung.wxe?Abfrage=Bundesnormen&Gesetzesnummer=10008568 (18. Oktober 2022)

Rösch, Heidi (2000): Language and Literature Awareness – Perspektivenwechsel in der Deutschdidaktik. Habilvortrag (5.1.2000 an der TU Berlin).

Rösch, Heidi (2017): Language und Literature Awareness im Umgang mit Kinder- und Jugendliteratur. In: Eder, Ulrike/Dirim, İnci (Hrsg.): Lesen und Deutsch lernen. Wege der Förderung früher Literalität durch Kinderliteratur. – Wien: Praesens (Kinder- und Jugendliteratur im Sprachenunterricht 4), S. 35-56.

Rösch, Heidi (2021): Literature und Language Awareness (LitLA). In: Titelbach, Ulrike (Hrsg.): Mehr Sprachigkeit. Unterrichtsvorschläge für die Arbeit mit mehrsprachiger Literatur in der Sekundarstufe. – Wien: Praesens (Kinder- und Jugendliteratur im Sprachenunterricht 7), S. 17-39.

Schader, Basil (1999): Begegnung mit Sprachen auf der Unterstufe. Didaktisches Begleitheft zur Geschichte „Hilfe! Help! Aiuto!" Mit weiterführenden Ideen und Informationen zu Sprachprojekten und zum interkulturellen Unterricht. – Zürich: Orell Füssli.

Schmidt, Claudia (2010): Sprachbewusstheit und Sprachlernbewusstheit. In: Krumm, Hans-Jürgen/Fandrych, Christian/Hufeisen, Britta/Riemer, Claudia (Hrsg.): Deutsch als Fremd- und Zweitsprache. Ein internationales Handbuch. – Berlin/New York: de Gruyter (HSK – Handbücher zur Sprach- und Kommunikationswissenschaft 35.2), S. 858-866.

Titelbach, Ulrike (2021): Hier gibt es Löwen. Funktionen vom Mehrsprachigkeit und Intertextualität in einem Bilderbuch von Michael Stavarič und Renate Habinger. In: Titelbach, Ulrike (Hrsg.): Mehr Sprachigkeit. Unterrichtsvorschläge für die Arbeit mit mehrsprachiger Literatur in der Sekundarstufe. – Wien: Praesens (Kinder- und Jugendliteratur im Sprachenunterricht 7), S. 7-15.

Wolff, Dieter (1997): Zur Förderung von Sprachbewußtheit und Sprachlernbewußtheit im bilingualen Sachfachunterricht. In: FLUL – Fremdsprachen lehren und lernen, H. 26, S. 167-183.

Isabella Katzenbeisser und Sabrina Melissa Huber

Sanibonani!
Kirsten Boies Roman *Thabo - Detektiv und Gentleman. Der Nashorn-Fall* als Grundlage zur Thematisierung von Mehrsprachigkeit im Deutschunterricht der Sekundarstufe I

„Unsere Mehrsprachigkeit ist der sprachliche Spielraum unserer geistigen Freiheit" (Wandruszka 1981, 334). Der Grundstein für ein reflektiertes Bewusstsein von Mehrsprachigkeit sollte demzufolge bereits in der Schule gelegt werden; und nichts eignet sich dafür besser als Literatur, die es ihren Leserinnen und Lesern erlaubt, sich in der Rolle ihrer Protagonistinnen und Protagonisten wiederzufinden.

Der vorliegende Beitrag liefert zunächst eine Analyse des Buches *Thabo - Detektiv und Gentleman. Der Nashorn-Fall* (2016) in Hinblick auf die darin verwendete Mehrsprachigkeit. Anschließend wird ein Unterrichtsvorschlag für die Sekundarstufe I (Schulstufe 5/6) vorgestellt, bei der die Aufmerksamkeit der Schülerinnen und Schüler auf siSwati gelenkt wird. Dies soll den Lernenden nicht nur die Sprache selbst vergegenwärtigen, sondern auch eine Sensibilisierung für den Stellenwert peripherer Sprachen schaffen.

1. Einleitung

„Warum hört man eigentlich immer nur Negatives über Afrika in den Nachrichten?" Diese unschuldige, aber berechtigte Frage, die uns einst von einem Schüler gestellt wurde, unterstreicht das oft krisen- und kriegsgebeutelte Bild des afrikanischen Kontinents, das sich in den westlichen Nachrichten häufig abzeichnet: Dabei ist die Rede von zwei Selbstmordattentätern, die sich in Damboa, im nordöstlichen Nigeria, in die Luft sprengen und 31 Leute töten (vgl. BBC 2018) oder von einer Hungerkatastrophe in Ostafrika (vgl. Zöch 2011). Diese Nachrichten schaffen gemeinsam mit Bildern von Hilfsorganisationen, auf denen hungernde afrikanische Kinder abgebildet sind, ein auf Armut und Krieg reduziertes Narrativ. Afrika ist ein Kontinent, der Jahrzehnte nach dem offiziellen Ende der Kolonialisierung noch immer nicht zur Ruhe kommt und dessen Darstellung größtenteils als einseitig betrachtet werden kann. Kirsten Boie, die Autorin des in diesem Beitrag behandelten Kinderbuches *Thabo – Detektiv und Gentleman. Der Nashorn-Fall* (2016), zeigt sich in einem Interview aus dem Jahr 2019 selbst äußerst kritisch und aufmerksam in Bezug auf Afrikadarstellungen. Nachdem ihr bewusst wurde, dass ein zuvor von ihr geschriebenes Buch das einseitige Bild von Afrika bestätigt, wollte sie nun mit *Thabo* ein Buch schaffen, das dem entschieden entgegentritt und Kindern einen anderen Blickwinkel auf Afrika ermöglicht (vgl. Leinweber 2019, o.J.).

Ähnlich betroffen von dieser Vereinheitlichung des Kontinents ist der Blick auf die Sprachensituation in Afrika. Bernd Heine und Derek Nurse bringen es in ihrer Einleitung zu *African Languages. An Introduction* auf den Punkt, wenn sie meinen: „We are sometimes asked ‚Do you speak African?', as if there were but a single African language" (Heine/Nurse 2005, 1). Tatsächlich werden in Afrika mehr als 2.000 verschiedene Sprachen beziehungsweise Dialekte gesprochen, etwa ein Drittel aller Sprachen weltweit (vgl. Heine/Nurse 2005, 1). Die Sprachensituation ist dementsprechend keinesfalls so einheitlich, wie man naiverweise vielleicht annehmen möchte, Mehrsprachigkeit ist Alltag für die Mehrheit der Bevölkerung (vgl. Wolff 2017, 2). Eine dieser Sprachen ist siSwati, eine Bantusprache, die besonders im südlichen Afrika (vgl. Glück/Rödel 2016, 461) und auch von den Hauptcharakteren des hier behandelten Buches gesprochen wird. Sie ist jene Sprache, welche in diesem Beitrag im Zusammenhang mit der Mehrsprachigkeit des Werkes in den Blick rückt. Allgemein ließe sich mit *Thabo* eine Reihe verschiedener Aspekte im Unterricht behandeln, etwa das im Unterricht der Sekundarstufe I gängige Genre der Detektivgeschichte, aber auch postkoloniale Elemente. Der Fokus des vorliegenden Beitrags liegt jedoch auf der Mehrsprachigkeit mit Bezug auf die Sprache siSwati, welche im europäischen Raum vermutlich wenig geläufig ist und über die sich weitere Perspektiven für den Unterricht erschließen lassen. So lässt sich ein Bewusstsein für Sprachen abseits des beispielsweise sprachenpolitisch mächtigen Englischen oder Französischen schaffen und das wiederum rückt auch deren Sprecherinnen und Sprecher ins Zentrum, in welchem diese gerade mit Blick auf die Rolle Afrikas im Schulunterricht nur selten oder eben nur mit den oben vorgestellten negativen Konnotationen stehen.

2. Mehrsprachigkeit in *Thabo – Detektiv und Gentleman. Der Nashorn-Fall*

Mehrsprachigkeit stellt die sich selbst traditionell als monolingual erachtenden europäischen Nationen vor die Herausforderung, wie mit dieser im Schulkontext umgegangen beziehungsweise gearbeitet werden kann. Problematisch ist dies insofern, als dass die gelebte Mehrsprachigkeit von Schülerinnen und Schülern in Bildungsinstitutionen häufig nicht berücksichtigt geschweige denn als wertvoll wahrgenommen wird. Hierzu zählt auch, Sprachen, die weniger ‚prestigeträchtig' sind, als förderungswürdigen Teil der Mehrsprachigkeit anzuerkennen. Heike Niedrig weist darauf hin, dass Bildungsinstitutionen oftmals eine „nicht explizit gemachte Aufgabe (erfüllen), nämlich die Förderung der allgemeinen *Anerkenntnis* der jeweils 'legitimen Sprache' und somit unausweichlich die Abwertung aller anderen sprachlichen Ressourcen" (Niedrig 2000, 2). Sie betont „die Existenz eines strikt hierarchisierten 'sprachlichen Markts'" (Niedrig 2000, 1). Für ihren Beitrag befragte sie junge afrikanische Flüchtlinge nach ihren sprachlichen Kompetenzen, wobei ihr auffiel, dass diese zunächst europäische Sprachen nannten und afrikanische erst auf Nachfrage erwähnten, als würden sie diesen weniger Wert beimessen (vgl. Niedrig 2000, 1). Um der Differenzierung in mehr und weniger prestigeträchtige Sprachen entgegenzuwirken, ist es für den Schulalltag daher von Bedeutung, gelebte Mehrsprachigkeit als Teil des Lernprozesses zu behandeln. Insbesondere im Deutschunterricht, aber auch in anderen Schulfächern sollte diese integriert und dementsprechend mit mehrsprachigen Texten gearbeitet werden (vgl. Rösch 2013, 144ff).

Die Kinderbuchreihe *Thabo – Detektiv und Gentleman* der deutschsprachigen Schriftstellerin Kirsten Boie bietet hier den Anlass, eine Sprache der Peripherie des Sprachenmarkts in den Mittelpunkt zu holen. Im Zentrum der Handlung des 2016 erschienenen Nashorn-Falls, welcher den Auftakt der Reihe bildet, stehen Thabo und seine Freunde Sifiso, Emma und Miss Agatha, die im Örtchen Hlatikulu leben. Als im nahegelegenen Nationalpark ein Nashorn wegen seines Horns ermordet und Thabos Onkel unschuldig verdächtigt wird, bietet das den perfekten Anlass für die Kinder, selbst als Detektive tätig zu werden (vgl. Boie 2016).

Bei Kirsten Boies Roman handelt es sich um eine Sprachmischung beziehungsweise um einen interlingualen Text. Diese Form literarischer Mehrsprachigkeit ist jene, in der nur einzelne Elemente eines Textes in anderen Sprachen geschrieben sind. Dadurch werden die Lesenden direkt mit Mehrsprachigkeit konfrontiert. Für ein vollständiges Verständnis des Textes ist demnach eine Auseinandersetzung mit beiden Sprachen notwendig, anders als bei parallel mehrsprachigen Texten, bei welchen die Übersetzung auch ignoriert und nur in der Erstsprache gelesen werden kann (vgl. Eder 2014, 108). Der Großteil des Textes ist in Deutsch verfasst. Allerdings verwenden jene Charaktere, die in Hlatikulu wohnen, zuweilen Phrasen oder einzelne Wörter in siSwati, wie etwa an dieser Stelle: „'Hamba kahle!' ‚Sala kahle, Miss Agatha!', habe ich gesagt" (Boie 2016, 18).

Formal-ästhetisch schafft die Sprachmischung mit siSwati eine Möglichkeit, die Erstsprache der Protagonisten ungezwungen in die Handlung einfließen zu lassen und somit bereits eine erste Gelegenheit der Reflexion für die Schülerinnen und Schüler zu liefern, die mit dieser Sprache noch nicht vertraut sind. Die Wörter und Phrasen werden meist im Fließtext als Ergänzung zum deutschen Text verwendet, sodass der Inhalt auch verständlich ist, wenn die Sprache nicht verstanden wird. Deutlich wird dies etwa an jener Stelle, an welcher die deutsche Übersetzung und die Entsprechung auf siSwati aufeinanderfolgen: „(I)ch hoffe, Sie verzeihen mir das, ngiyacolisa!" (Boie 2016, 81). An anderen Stellen ist die Bedeutung nicht sogleich ersichtlich, sie ergibt sich jedoch aus dem Kontext, wie etwa hier:

> „'Dumisani!', hat Miss Agatha gerufen. ‚Sawubona, Dumisani! Unjani? Es ist etwas eingetreten ...' Dumisani hat sich zu ihr umgedreht. ‚Ngiyaphila?', hat sie gesagt. Aber in einem fragenden Ton. (Sie hat verstanden, dass Miss Agatha nicht wirklich wissen wollte, wie es ihr geht.)." (Boie 2016, 142)

In Boies Roman sprechen nur die in Hlatikulu wohnenden Charaktere diese Sprachmischung; die Touristen hingegen verwenden sie nicht. Und wenn sie es doch versuchen, so wirkt das mitunter befremdlich:

> „Alles, was sie in unserer Sprache gesagt hat, sprach Mr Winterbottom ihr nach, und dann wollte Lemonade sich ausschütten vor Lachen. Die Touristen finden unsere Klicklaute immer sehr schwierig." (Boie 2016, 100)

Einerseits schafft dies einen Bezug zur Lebenswelt außerhalb der narrativen Handlung, denn Touristen beherrschen meistens die Landessprache eines besuchten Landes nicht. Gleichzeitig ist die sprachenpolitische Situation hier umgekehrt: Während vielfach Sprechende von kleinen oder weniger prestigeträchtigen Sprachen diskriminiert sind, wenn sie nicht zumindest Englisch sprechen, ist es hier der im Zitat angesprochene Mr Winterbottom, ein Engländer, der sich in einer Art Außenseiterposition befindet. Auch die Schülerinnen und Schüler nehmen im Hinblick auf die

Verwendung von siSwati im Text die Rolle von Außenstehenden ein, wodurch ein Perspektivenwechsel und eine Bewusstmachung für die sprachenpolitische Situation peripherer Sprachen ermöglicht werden können.

Sprachdidaktische Funktionen der Mehrsprachigkeit (vgl. Eder 2014, 114ff) lassen sich in dem Text nicht verorten, auch wenn im Anhang eine für den Unterricht geeignete Wörterliste zu den im Buch verwendeten siSwati Wörter samt ihrer deutschen Übersetzung zu finden ist. Interessant ist allerdings die auffällig häufige Verwendung des Perfekts sowie die direkte Ansprache der Lesenden im Zusammenhang mit der Verwendung des Präsens, wie etwa an folgender Stelle: „Ich weiß nicht, warum, meine Damen und Herren, aber irgendwie habe ich gleich gewusst, dass es in der nächsten Zeit spannend werden würde" (Boie 2016, 15). Dies erweckt einerseits den Eindruck, als würde Thabo seinen Leserinnen und Lesern seine Geschichte persönlich erzählen und kann andererseits als Anlehnung an die lange orale Tradition Afrikas betrachtet werden.

Schlussendlich ist die Lektüre mehrsprachiger Literatur wichtig, um Kinder davor zu bewahren, nur *eine* Geschichte über ein Land oder eine ethnische Gruppe kennenzulernen. Die nigerianische Schriftstellerin Chimamanda Ngozi Adichie formuliert es treffend, wenn sie folgende Erlebnisse aus ihrem Leben erzählt:

> „My American roommate was shocked by me. She asked where I had learned to speak English so well, and was confused when I said that Nigeria happened to have English as its official language. She asked if she could listen to what she called my 'tribal music', and was consequently very disappointed when I produced my tape of Mariah Carey. She assumed that I did not know how to use a stove. What struck me was this: She had felt sorry for me even before she saw me. Her default position toward me, as an African, was a kind of patronizing, well-meaning pity. My roommate had a single story of Africa: a single story of catastrophe." (Adichie 2016, 86)

Die Verwendung mehrsprachiger Kinderliteratur bietet hier einige Potenziale, die es im Unterricht zu nutzen gilt. So wird Kindern und Jugendlichen außereuropäischer beziehungsweise nichtwestlicher Herkunft ein zentraler Platz als Protagonisten eingeräumt, wodurch Leserinnen und Leser mit Migrationshintergrund in ihrem Selbstbewusstsein bestärkt werden können und zudem vielleicht literarische Vorbilder finden (vgl. Dirim/Eder/Springsits 2013, 136f). Heidi Rösch bringt es schließlich treffend auf den Punkt, wenn sie meint, dass Kinder begreifen sollten,

„dass es Gegenden und Sprachen in dieser Welt gibt, die anders oder auch als ‚klein' (...) gelten können und doch eine Berechtigung haben und so interessant sind, dass wir sie im Unterricht kennenlernen." (Rösch 2013, 164)

Die Beschäftigung mit Sprachen, die außerhalb Europas gesprochen werden, bestärkt zudem das, was gemeinhin als ‚über den Tellerrand blicken' bezeichnet wird.

3. Unterrichtsvorschlag

Nachfolgend wird ein Unterrichtskonzept zu Boies *Thabo - Detektiv und Gentleman. Der Nashorn-Fall* vorgestellt, welches einerseits zur Beschäftigung mit der Sprache siSwati einlädt und andererseits zur Anregung eines kreativen Schreibprozesses dient, bei welchem die von Boie praktizierte Sprachmischung von den Schülerinnen und Schülern selbst umgesetzt werden soll. Da das Buch der Zielgruppe der 11-12-Jährigen zuzuordnen ist, eignet sich die Lektüre und folglich auch der vorliegende Unterrichtsvorschlag zur Umsetzung in der Sekundarstufe I, idealerweise in der 5. oder 6. Schulstufe. Hierfür wäre mindestens ein Zeitrahmen von einer Doppelstunde oder drei Stunden angedacht, besonders wenn die abschließende Schreibaktivität nicht aus dem Unterricht ausgelagert werden soll.

Das Unterrichtskonzept setzt etwa bei der Mitte des Romans an. Die Schülerinnen und Schüler sollten zu diesem Zeitpunkt das Buch bis inklusive Kapitel 39 gelesen haben. Dieses Kapitel wurde insofern als Ausgangspunkt gewählt, da die geplante Schreibaktivität an dessen Ende anschließt. Wichtig ist jedenfalls, dass die Schülerinnen und Schüler vor allem mit dem Inhalt der Kapitel 36-39 vertraut sind, weswegen zu Beginn der ersten Unterrichtsstunde eine kurze Revision besagter Kapitel stattfinden sollte. Dies dient dem Zweck, das Vorwissen der Kinder über das Buch zu aktivieren, sie wieder auf das Thema einzustimmen und schließlich das allgemeine Verständnis über den Inhalt der gelesenen Kapitel zu sichern. Hierfür kann die Methode des *heißen Stuhls* genutzt werden, bei der ein oder mehrere Schülerinnen und Schüler nacheinander vor der Klasse auf einem Sessel sitzen und sich den Fragen ihrer Mitschülerinnen und Mitschüler zum Inhalt der gelesenen Kapitel aus der Sicht von Thabo stellen. Durch diese Methode öffnet sich zudem die Möglichkeit zur Perspektivenübernahme, da die Schülerinnen und Schüler die Fragen aus der Sicht des Hauptcharakters beantworten müssen. Wichtig ist hierbei die Wahlfreiheit, d.h. niemand wird gezwungen, vorne zu sitzen, sollte er oder sie sich gänzlich unwohl fühlen, denn gerade für sehr ruhige und schüchterne Kinder könnte dies ein zusätzlicher Stressfaktor sein. Alternativ kann auch eine Wettbewerbssituation geschaffen werden, bei welcher zwei Kinder auf einem *heißen Stuhl* sitzen und die Fragen der anderen Lernenden beantworten müssen, wobei der Schüler oder die Schülerin mit der schnellsten richtigen Antwort einen Punkt bekommt. In Klassen, in denen diese Methode aus unterschiedlichen Gründen nicht umgesetzt werden kann, empfiehlt es sich, die Revision in Form eines Gesprächs im Plenum durchzuführen.

Anschließend erfolgt eine kurze Einstimmung auf eines der Themen dieser Einheit. Die Lehrkraft stellt eine allgemeine Frage an die Klasse, um die Lernenden auf den Aspekt der Sprachmischung aufmerksam zu machen, etwa ob den Kindern aufgefallen ist, dass Thabo nicht immer nur Deutsch spricht. Anschließend wird mit Passagen aus dem Roman gearbeitet, in denen die Bedeutung von Wörtern oder Phrasen in siSwati aus dem deutschsprachigen Kontext heraus abgeleitet werden soll. Einige Beispiele aus dem Buch seien hier exemplarisch genannt:

> „'Danke, dass du eben so schnell gekommen bist, Thabo!', hat Miss Agatha gesagt. ‚**Hamba kahle!**' ‚**Sala kahle**, Miss Agatha!', habe ich gesagt. Ja, dann vielleicht bis irgendwann, Emma!'" (Boie 2016, 18)
>
> „Denn, um in der Sprache der Privatdetektive zu sprechen (ich hoffe, Sie verzeihen mir das, **ngiyacolisa**!): Statt dass der Kreis der Verdächtigen durch ein Motiv wie Erbschaft oder Vertuschung eingeengt würde, bleibt er bei Habgier unendlich groß. Habgierig sein kann jeder." (Boie 2016, 81)
>
> „'Dumisani!', hat Miss Agatha gerufen. ‚**Sawubona**, Dumisani! **Unjani**? Es ist etwas eingetreten ...' Dumisani hat sich zu ihr umgedreht. ‚**Ngiyaphila**?', hat sie gesagt. Aber in einem fragenden Ton. (Sie hat verstanden, dass Miss Agatha nicht wirklich wissen wollte, wie es ihr geht.)" (Boie 2016, 143, auch zitiert in Kapitel 2)

Aus diesen und anderen Zitaten lässt sich ein Arbeitsblatt mitsamt einer zweispaltigen Tabelle erstellen. Die Kinder sollen sich die aus dem Buch entnommenen Textpassagen zunächst leise durchlesen und deutsche Wörter unterstreichen, die ihnen unbekannt sind und die anschließend auch im Plenum besprochen werden können. Hierbei obliegt es der Lehrkraft zu entscheiden, ob dieser Zwischenschritt, der dem allgemeinen Verständnis der Textpassagen dient, für die jeweilige Klasse notwendig ist oder nicht. Danach sollen die Lernenden in Partnerarbeit die angegebenen Textstellen aus *Der Nashorn-Fall* nochmals lesen und aus dem gegebenen Kontext heraus versuchen, die Bedeutung der siSwati-Wörter zu erschließen. Wichtig ist bereits vor Beginn der Aufgabe die Betonung, dass die Schülerinnen und Schüler nicht die völlig korrekte Übersetzung finden müssen, sondern nur eine, welche dem Kontext und ihrem eigenen Vorwissen entsprechend passen könnte. Zweck dieser Aufgabe ist es, dass die Lernenden an ihren Kompensationsstrategien arbeiten. Das bedeutet, dass sie dazu in der Lage sind, unbekannte Wörter aus ihrer lexikalischen oder strukturellen Umgebung heraus zu erschließen (vgl. Henseler/Surkamp 2010, 89). Für die erste Aufgabe erfolgt dies mit Hilfe des Kontexts. Diese Fähigkeit ist prinzipiell für alle Lernenden einer Fremd- oder Zweitsprache von großer Relevanz, weswegen sich diese Aufgabe nicht nur für Kinder mit Deutsch als Zweitsprache, sondern auch für Kinder mit Deutsch als Erstsprache eignet. Die hier geübten Kompensationsstrategien lassen sich beispielsweise ebenso auf den Englischunterricht anwenden. Im Zuge dieser Partnerarbeit sollen die Lernenden ihre Überlegungen in die dafür erstellte Tabelle mit dem Wort in siSwati auf der einen und der möglichen deutschen Übersetzung auf der anderen Seite eintragen. Als Anmerkung sei hier noch dazu geraten darauf zu achten, dass die Schülerinnen und Schüler den Roman zu diesem Zeitpunkt noch nicht hinzuziehen, da dies dem Zweck der Aufgabe nicht dienlich wäre.

Nachdem die Lernenden ihre Überlegungen in die dafür vorgesehene Tabelle eingetragen haben, arbeiten die Kinder schließlich in Kleingruppen zusammen. Die Schülerinnen und Schüler vergleichen ihre Ergebnisse und haben zudem die Möglichkeit, ihre eigenen Übersetzungen anzupassen. Anschließend werden die Wörter und ihre möglichen Bedeutungen im Plenum besprochen und von der Lehrkraft an der Tafel gesammelt. Zum Abschluss der Übung nehmen die Kinder nun ihre Bücher zur Hand und überprüfen in der Wörterliste im Anhang, ob ihre Überlegungen richtig waren und korrigieren diese schließlich gegebenenfalls in ihrer eigenen Tabelle. Hiermit soll einerseits das Nachschlagen im Wörterbuch, oder in diesem Fall das Nachschauen in einer eingeschränkten Wörterliste, geübt und gleichzeitig die tatsächlich richtige Übersetzung gefunden werden. Die Schülerinnen und Schüler sollen dazu angeregt werden, sich mit ihnen unbekannten Wörtern auseinanderzusetzen, deren Bedeutung entweder aus dem Kontext heraus zu erarbeiten oder einzelne Wörter im Wörterbuch nachzuschlagen.

Von der Sprache ausgehend wird nun als eine Art Zwischenschritt zur Autorin übergegangen. „Spricht Kirsten Boie, die Autorin, selbst siSwati?" wäre hier eine mögliche Übergangsfrage. Um diese zu beantworten, kann auf die Danksagung auf Seite 298 im Buch verwiesen werden. Hierbei lautet die Aufgabenstellung, dass die Lernenden den Text nur überfliegen und nach einer Textstelle suchen, in der es um siSwati geht; diese sollen sie unterstreichen. Mit dieser Aufgabe wird der suchende Lesestil (scanning) geübt (vgl. Henseler/Surkamp 2010, 90). Um die Lernenden daran zu hindern, den Text doch detailliert zu lesen, kann ein knappes Zeitfenster gesetzt werden, innerhalb dessen sie die Textstelle finden müssen. Nachfolgend wird ein Interview mit Kirsten Boie aus der Zeitschrift *Deutschunterricht* (vgl. Koch 2016) ausgeteilt. Die Schülerinnen und Schüler sollen den Text nun leise lesen und hierbei Aussagen zum Schreibprozess der Autorin unterstreichen. Die Antworten werden anschließend im Plenum verglichen, die Lehrkraft kann wichtige Stichwörter auf der Tafel sammeln. Ziel dieser Übung ist, die Kinder mit unterschiedlichen Abläufen von Schreibprozessen in Berührung zu bringen. Anbieten würde sich hier des Weiteren ein Gespräch, in dem die Schülerinnen und Schüler erzählen, welche Gedanken sie sich zu Beginn des Schreibens machen und ob sie diese Phase überhaupt reflektieren. Als Orientierung können dabei die Aufgaben, welche am Ende des Interviews zu finden sind, herangezogen werden (vgl. Koch 2016, 21). Die Beschäftigung zunächst mit dem Schreibprozess der Autorin und darauffolgend mit den individuellen Schreibgepflogenheiten der Lernenden dient nicht nur dazu, ein Bewusstsein für verschiedene Stadien und Aspekte des Schreibens zu schaffen, sondern stellt außerdem einen Übergang zum letzten Teil des hier präsentierten Unterrichtsvorschlags dar.

Zum Abschluss wird zum Romantext zurückgekehrt. Durch Suggestivfragen ruft die Lehrkraft den Lernenden nochmals den Inhalt von Kapitel 39 in Erinnerung. Besagtes Kapitel hat ein sehr offenes Ende, bei welchem Thabo und seine Freunde von Mr Winterbottom in einem verlassenen Farmhaus eingesperrt werden. Hier setzt nun im Sinne eines handlungs- und produktionsorientierten Unterrichts die letzte Aufgabenstellung an. Die Schülerinnen und Schüler schreiben zunächst gemeinsam mit ihrem Nachbarn beziehungsweise ihrer Nachbarin Stichwörter zu einer möglichen weiterführenden Handlung auf. Dabei sollte insofern eine Grenze gezogen werden, als dass die Kinder lediglich erzählen, wie sich Thabo und seine Freunde aus ihrer misslichen Lage befreien, nicht jedoch, wie der gesamte Fall um das getötete Nashorn aufgelöst wird. Zur weiteren Unterstützung der Lernenden können zusätzliche Rahmenbedingungen gegeben werden, etwa dass Dialoge zwischen Thabo und seinen Freunden vorhanden sein sollen, die Beibehaltung der Ich-Form sowie die Verwendung des Perfekts. Zweck dieser Aufgabenstellung ist, dass sich die Schülerinnen und Schüler selbst in die Rolle der Autorin beziehungsweise des Autors begeben und aus Thabos Perspektive die Handlung fortsetzen. Die eigene Erzählung sollte dabei möglichst logisch an Thabos Geschichte anschließen, wodurch die Kinder nochmals ihr Vorwissen zu der bereits gelesenen Lektüre aktivieren können. Auf diese Weise arbeiten die Lernenden ebenso an ihrer Schreibkompetenz. Durch die Partnerarbeit wird eine gegenseitige Unterstützung beim sprachlichen Formulieren angestrebt. Um hierbei auch der im Original verwendeten Sprachmischung gerecht zu werden und um die zuvor erarbeitete Tabelle nochmals einzusetzen, kann eine weitere Vorgabe die Verwendung von siSwati sein. Dies verschafft der Erzählung der Schülerinnen und Schüler nicht nur Authentizität im Sinne einer Orientierung am Schreibstil Boies sowie an der Sprechweise der Figuren, sondern rückt die periphere Sprache siSwati nochmals in den Mittelpunkt, indem die Lernenden sich ihrer aktiv bedienen.

Alternativ zum Verfassen einer Geschichte bietet sich auch die Möglichkeit an, die Fortsetzung als Comic zu gestalten. Bei vorhandener technischer Ausrüstung, etwa durch einen Computerraum in der Schule, kann dieser am PC erstellt werden, andernfalls ist auch ein fächerübergreifender Deutsch-/Kunstunterricht möglich. Die Comics und Erzählungen werden schließlich in einer Mappe gesammelt und können zu Schulanlässen präsentiert werden.

4. Zusammenfassung und Ausblick

„Warum hört man eigentlich immer nur Negatives über Afrika in den Nachrichten?" Auch wenn der Fokus des hier präsentierten Unterrichtsvorschlags vor allem auf dem Sprachgebrauch von siSwati liegt, so sollte doch die Auseinandersetzung mit *Thabo - Detektiv und Gentleman. Der Nashorn-Fall* (2016) die Möglichkeit einer positiven Alternative zum medial oft negativ geprägten Afrikabild und damit auch zu der eingangs gestellten Frage bieten. Die vorgeschlagene kreative Beschäftigung mit dem Ausgangstext durch die Schreibaufgabe kombiniert dabei den Gebrauch einzelner Phrasen und Wörter aus siSwati mit einer angestrebten veränderten Perspektive auf afrikanische Akteure als positive und aktive Protagonisten anstelle von ‚passiven' Nebenfiguren. Somit rückt die Peripherie auf doppelte Art und Weise ins Zentrum des Unterrichtsgeschehens. Darüber hinaus möchte der hier vorgestellte Unterrichtsvorschlag eine Option aufzeigen, Kulturen und Sprachen, die häufig weniger Beachtung im Unterricht finden, für Lernende zugänglicher zu machen. Der aktive Gebrauch der Sprache siSwati unterstützt dabei das Verständnis der Handlung und vertauscht geschickt das Gefühl der Inklusion, wenn etwa die Reisenden als Repräsentanten des Westens diejenigen sind, die durch ihr Nichtverständnis der Sprache auf gewisse Art und Weise ausgeschlossen werden. Dieser Aspekt lag zwar nicht im Fokus des hier vorgestellten Unterrichtsvorschlags, er ließe sich jedoch gemeinsam mit weiteren Aspekten, wie etwa der Problematik kolonialer und rassistischer Stereotypen, ebenfalls altersgerecht thematisieren. Deutlich wird jedenfalls, dass *Thabo* zahlreiche Themen aufgreift, die es wert sind, im Unterricht betrachtet zu werden.

5. Literaturverzeichnis

5.1. Primärliteratur

Boie, Kirsten (2016): Thabo – Detektiv und Gentleman. Der Nashorn-Fall: Band 1. – Hamburg: Oetinger.

5.2. Sekundärliteratur

Adichie, Chimamanda Ngozi (2016): The Danger of a Single Story. Annotated Video Transcripts. National Geographic Learning (Cengage Learning), S. 85-87. – *https://www.creatingculturalcompetencies.org/uploads/1/1/2/6/112618631/5_the_danger_of_a_single_story_transcript.pdf* (30. Mai 2020)

BBC (2018): Nigeria attacks: Blasts and rockets 'kill 31' in Borno state. 17.6.18. – *https://www.bbc.com/news/world-africa-44512912* (1. November 2022)

Dirim, Inci/Eder, Ulrike/Springsits, Birgit (2013): Subjektivierungskritischer Umgang mit Literatur in migrationsbedingt multilingual-multikulturellen Klassen der Sekundarstufe. In: Gawlitzek, Ira/Kümmerling-Meibauer, Bettina (Hrsg.): Mehrsprachigkeit und Kinderliteratur. – Stuttgart: Fillibach Klett, S. 121-142.

Eder, Ulrike (2014): Basiswissen für Lehrerinnen und Lehrer zur Mehrsprachigkeit in der Kinder- und Jugendliteratur. In: Feld-Knapp, Ilona (Hrsg.): Mehrsprachigkeit. – Budapest: Eötvös-József-Collegium (CM-Beiträge zur Lehrerforschung, Band II), S. 97-134.

Glück, Helmut/Rödel, Michael (2016): Metzler Lexikon Sprache. – Stuttgart: J. B. Metzler Verlag.

Graef, Katharina (2016): Bilderbücher für Swasiland: Im Gespräch mit Kirsten Boie. – *https://www.alf-hannover.de/archiv/bilderbuecher-fuer-swasiland-im-gespraech-mit-kirsten-boie* (29. Mai 2020)

Heine, Bernd/Nurse, Derek (2005): Introduction. In: Heine, Bernd/Nurse, Derek (Hrsg.): African Languages. An Introduction. – Cambridge u.a.: Cambridge University Press, S. 1-10.

Henseler, Roswitha/Surkamp, Caroline (2010): Lesen und Leseverstehen. In: Hallet, Wolfgang/Königs, Frank G. (Hrsg.): Handbuch Fremdsprachendidaktik. – Seelze-Velber: Kallmeyer/Klett, S. 87-92.

Koch, Tine (2016): „Ich lese hinten in meinem Kopf!". In: Deutschunterricht, Jg. 69, H. 2, S. 20-21.

Leinweber, Martina (2019): Im Gespräch: Kirsten Boie. – *https://buchwegweiser.com/im-gespraech-kirsten-boie/* (14. November 2022)

Niedrig, Heike (2002): Bildungsinstitutionen im Spiegel der sprachlichen Ressourcen von afrikanischen Flüchtlingsjugendlichen. In: Neumann, Ursula/Niedrig, Heike/Schroeder, Joachim/Seukwa, Louis Henro (Hrsg.): Wie offen ist der Bildungsmarkt? Rechtliche und symbolische Ausgrenzungen junger afrikanischer Flüchtlinge im Bildungs-, Ausbildungs- und Beschäftigungssystem. – Münster: Waxmann, S. 1-41.

Rösch, Heidi (2013): Mehrsprachige Kinderliteratur im Literaturunterricht. In: Gawlitzek, Ira/ Kümmerling-Meibauer, Bettina (Hrsg.): Mehrsprachigkeit und Kinderliteratur. – Stuttgart: Fillibach Klett, S. 143-168.

Wandruszka, Mario (1981): Die Mehrsprachigkeit des Menschen. – München: dtv.

Wolff, Heinrich Ekkehard (2017): Language ideologies and the politics of language in post-colonial Africa. In: Stellenbosch Papers in Linguistics, Jg. 51, H. 1, S. 1-22.

Zöch, Irene (2011): Ostafrika: Die lang angekündigte Katastrophe. – *https://diepresse.com/home/panorama/welt/685166/Ostafrika_Die-lang-angekuendigte-Katastrophe* (1. November 2022)

Annette Kliewer

Nicht nur die Tiere sterben aus – auch die Sprachen
Michael Stavaričs *Gaggalagu* als Herausforderung für den interkulturellen Literaturunterricht

1. Interkulturelle Tiere[1]

„Nun, in Österreich *quaak quaak*,
aber jeder, wie er mag.
In Algerien *gar gar*, ich schwör's euch, es ist wahr.
Türkisch sogar *vrak vrak vrak*, was für ein Schabernack.
Und in Thailand erst: *ob ob!*
– Ob die Thailänder komische Ohren haben?" (Stavarič/Habinger 2006, 35)

Tiere sind ein beliebtes Thema im Kinderbuch. Sind Kinder und Tiere sich nahe, weil sie beide der Sphäre des ‚Natürlichen' nahe stehen? Identifizieren sich Kinder mit Tieren, weil auch sie ‚schwach' sind gegenüber der Macht der Erwachsenen, weil auch sie „fremd" sind in einer Gesellschaft, deren Normen und Deutungsweisen Kinder erst noch erlernen müssen? Tiere wie auch Kinder überschreiten kulturelle Grenzen, scheinen universal ‚verständlich' zu sein und sich zu verstehen (vgl. Kliewer 2008).

Tiere bieten sich als Thema eines interkulturellen Deutschunterrichts an. Dabei kann man sich einfach mit der unterschiedlichen Bedeutung von

---

1   Dieser Artikel wurde bereits 2018 im Sammelband *Ästhetische Grenzüberschreitungen* erstmals veröffentlicht (vgl. Bartl/Brendel-Perpina 2018). Der Band erschließt das Gesamtwerk von Michael Stavarič sehr umfassend aus literaturwissenschaftlicher und literaturdidaktischer Perspektive, weshalb ich ihn allen, die sich für die (mehrsprachigen) Texte des Autors interessieren, nur mit Nachdruck zur Lektüre empfehlen kann.
    Ich bedanke mich an dieser Stelle bei Andrea Bartl und Ina Brendel-Perpina (den Herausgeberinnen dieses Sammelbandes), beim Verlag Königshausen & Neumann sowie bei der Autorin für die Erlaubnis zum Wiederabdruck.

Tieren, mit unterschiedlichen Begriffen und mit der unterschiedlichen Bezeichnung von Tierlauten beschäftigen, wie Stavarič es formuliert: „Ich glaube, für Kinder ist über diesen ‚Umweg Tier' leichter nachvollziehbar, was Differenz bedeutet. Und dass Differenzen überbrückt werden können. Das ist gleichsam die Grundbedingung einer multikulturellen Gesellschaft" (Stavarič 2007, o.S.). Michael Stavarič ist nicht der erste, der auf diese Möglichkeit aufmerksam geworden ist. Sein *Gaggalagu* ordnet sich ein in das Werk und Leben des Autors, in dem das Interkulturelle eine besondere Bedeutung hat: Stavarič, 1972 in Brno (Tschechoslowakei) geboren, kann selbst auf eigene Migrationserfahrungen zurückblicken; er kam als Siebenjähriger nach Österreich und studierte dort Bohemistik und Publizistik/Kommunikationswissenschaft. Stavarič war dann Übersetzer und Kulturbeauftragter des Botschafters der Tschechischen Republik in Österreich und er beschäftigt sich in Essays und Romanen mit Fragen der europäischen Identität, allem voran in *Europa – eine Litanei* (Stavarič 2005), in dem er auf witzige Weise Tatsachen und Vorurteile über alle europäischen Länder aufzählt. 2012 erhielt er den Adelbert-von-Chamisso-Preis, der Autoren verliehen wird, die nicht in ihrer eigenen Muttersprache veröffentlichen. Er beschreibt die Bedeutung von Literatur als grundlegend interkulturelles Unterfangen: „Lesen war für mich also nicht einfach nur Unterhaltung – es war eine Begegnung von zwei Welten und Sprachen, eine identitätsstiftende Maßnahme" (Stavarič 2007, o.S.).

Stavarič spielt in *Gaggalagu* mit Lauten, Bedeutungen und Reimen. Ausgangslage ist die lautmalerische Nachahmung eines bestimmten Tierlauts, so dass man seine Technik als *Onomatopoetik* bezeichnen könnte. Stavarič macht deutlich, dass, auch wenn es um eine mimetische Wiedergabe von Wirklichkeit geht, an die man durch das Onomatopoetische besonders nah herankommen möchte, die Willkür des Sprechenden oder Hörenden bestimmend bleibt: „Ein Frosch in Asien klingt gewiss nicht viel anders als einer in Afrika oder Europa; der Faktor ‚Mensch' macht den Unterschied (durch seine Wahrnehmung, Sprache und Identität). Es sind also weniger die Sprachen der Tiere, vielmehr aber jene der Menschen, die hier im Vordergrund stehen"(Stavarič 2007, o.S.). Wie in Fabeln sind Tiere also für Stavarič ein Mittel, um menschliches Verhalten symbolisch aufzugreifen beziehungsweise es aus seinem gewohnten Kontext zu lösen, zunächst zu verfremden und dann als Eigenes erkennbar zu machen.

2. Mehrsprachigkeit im Deutschunterricht

„Fische gibt's echt viele (...)
können singen, sprechen,
so hört doch: *blubb!*
Das versteht ein jeder." (Stavarič/Habinger 2006, 18)

Deutschunterricht hat eine Rolle in einem Bildungskonzept zu spielen, das auf Mehrsprachigkeit und Multikulturalität zielt.[2] Lange Zeit dominierte nicht nur in den Schulen die Vorstellung, dass erst einmal die Muttersprache sicher verankert sein müsse, bevor eine zweite Sprache angefangen werde (Vorwurf der ‚doppelten Halbsprachigkeit'). Zweisprachigkeit wurde als eine Gefahr gesehen, die zu Interferenzen, Sprach- und Kulturdurchmischungen führe. Die neuere Forschung über eine frühe Mehrsprachigkeit stellte die Vorteile, nicht die Probleme der Mehrsprachigkeit in den Vordergrund: Seit der Veröffentlichung der Kultusministerkonferenz vom Oktober 1994, wo als „Lernziel der Zukunft" die „Mehrsprachigkeit" genannt wird (Kulturministerkonferenz 1996/2013, o.S.), war auch bildungspolitisch eine Wende eingetreten. Gerade der *Gemeinsame europäische Referenzrahmen für Sprachen* des Europarats (Europarat 2001) legitimierte auch andere Sprachen der Schüler*innen, die außerschulisch erworben wurden. Diese Aufwertung der Mehrsprachigkeit erklärt sich nicht zuletzt aus wirtschaftlichen Gründen: Annäherung zwischen Sprachen wird gefördert, weil sich die Schule auf einen europäischen Markt einstellen muss, der von den Schüler*innen vermehrt Mehrsprachigkeit erwartet. Dies ist aber nicht allein im Fremdsprachenunterricht durchzusetzen, sondern betrifft auch den Muttersprachunterricht. Dabei muss Deutschunterricht nicht zum Fremdsprachenunterricht mutieren. Ein Literaturunterricht in diesem Kontext wird zum Beispiel auf die Mehrsprachigkeit in Texten des Alltags verweisen, in Übersetzungen muttersprachliche und fremdsprachliche Texte oder auch punktuell Redewendungen und Metaphorik vergleichen u.s.w. In diesem Zusammenhang kann die Kinderliteratur, insbesondere in fremdsprachigen Gedichten und Bilderbüchern, eine besondere Rolle spielen. Lyrik erlaubt es, durch Rhythmus und Reim beziehungsweise durch refrainartige Wiederholung die Scheu vor dem Unbekannten zu nehmen; man kann sie relativ einfach verstehen und sich merken. Auch Lieder in fremden Sprachen – von

---

2 Vgl. bezüglich grundlegender Ausführungen zu den Aufgaben eines interkulturellen Literaturunterrichts etwa Dawidowski/Wrobel 2006 und Kliewer 2006.

denen bei weitem nicht alles verstanden werden muss – sind für jüngere Schüler*innen reizvoll (vgl. Kliewer 2012).

Es dauerte lange, bis sich der Deutschunterricht, der ja historisch aus Übersetzungsübungen hervorgegangen war,[3] wieder positiv dem Thema Übersetzung näherte: Nachdem sich auch die Fremdsprachendidaktik von Übersetzungsübungen eher abgewandt hatte in Richtung eines kommunikativen Ansatzes, war Übersetzen überhaupt längere Zeit in den Schulen verpönt. Im muttersprachlichen Deutschunterricht könnte es aber eine neue Bedeutung gewinnen, vor allem bei literarischen Texten.[4] Klaus Detlef Olof sieht im literarischen Übersetzen Chancen für die Sensibilisierung des „stilistischen Differenzierungsvermögens", für die „Ausbildung größerer wort- und textgestalterischer Kreativität", für eine „aktive Textreproduktion und – produktion" (Olof 1996, 127). In Anlehnung an die Theorie von Jiri Levý stellt er ein didaktisch umsetzbares Modell der Übersetzung vor, das vier Phasen nacheinander schaltet: „Öffnung des Ausgangstextes", „Arbeiten am Übergangstext", „Gestaltung des Zieltextes" und „Schließen des Zieltextes"(Olof 1996, 127). Im Deutschunterricht ist natürlich besonderes Gewicht auf die letzten beiden Phasen zu legen, die ersten beiden müssten fächerübergreifend im Fremdsprachenunterricht vorgenommen werden. Probleme bei der Umsetzung können sich ergeben, wenn Fremdsprachenkenntnisse nicht bei allen vorhanden sind. *Gaggalagu* bietet hier eine andere Form des *Code-Switching*, ähnlich wie es auch Stavaričs österreichischer Kollege Martin Auer in seinem Text *Deutsch für Außerirdische* (Auer 1997) vorgeführt hat: Wie bei Stavarič werden auf den ersten Blick sinnlose Grammolo-Laute aneinandergereiht und ergeben erst im Kopf des Zuhörers (eher noch als des Lesers) eine Bedeutung. Auer geht aus von der Konstellation, Außerirdische begegneten unseren Sprachen und verstünden erst einmal nur, dass bestimmte Textsorten in bestimmten Lebenssituationen auftauchen.[5] Die Herangehensweise beider Autoren besteht darin, im Spiel mit der Sprache ausgehend von Klängen einen neuen Sinn zu generieren. Dieses *homophone Übersetzen* verweist auf einen speziell österreichischen Kontext, der ja auch von den Laut- oder Sprechgedichten Ernst Jandls bekannt sind, etwa durch die ‚Übersetzge-

---

3 Noch Mitte des 19. Jahrhunderts war etwa ein Drittel des Gesamtstoffs bestimmt von der Arbeit an Übersetzungen (vgl. Weinkauff 2012).

4 Dies zeigt sich in einigen wenigen Veröffentlichungen: Bühler 1990; Baernthaler 1993; Abraham/Kepser 2008; Weinkauff 2012; Weinkauff 2013.

5 Eine Anregung für einen interkulturellen Unterricht mit diesem Text findet sich in: Kliewer 2011.

dichte' *l'amour, Oberflächenübersetzung, als ich nach haus kam und family/ familie* (Jandl 1997, 51ff).[6]

3. Von der Onomatopoetik zur Sprachkritik: Literaturdidaktische Anregungen

Im Folgenden zeige ich einige Ansatzpunkte mit Stavaričs *Gaggalagu* für einen interkulturellen Deutschunterricht ab der 5. Klasse.

3.1. Homophone Übersetzungen

„Letzten Sommer in Italien,
wir kamen aus dem Staunen nicht mehr raus –
bau bau bellen dort die Hunde, aber bauen tun die nichts.
Im Baskenland, ließ ich mir sagen,
bellen Hunde *zaun zaun*, da muss ich mich fragen,
was meinen die? Zäune sah ich nie!" (Stavarič/Habinger 1996, 9)

In *Gaggalagu* zeigt Stavarič, dass es gar nicht so wichtig für die Kommunikation ist, dass man wirklich dieselbe Sprache spricht. Kreativ spielt er mit Klängen und Bedeutungen, ohne sich darum zu kümmern, ob das, was er präsentiert, auch wirklich ‚richtig' übersetzt ist. Damit wird deutlich, dass Sprache Wirklichkeit erst konstruiert, sie nicht nur abbildet. Diese Erkenntnis ist für jeden Deutschunterricht grundlegend, für eine interkulturelle Herangehensweise aber Ausgangspunkt für einen offenen Umgang mit anderen Sprachen und Kulturen. Das oben dargestellte *homophone Übersetzen* oder *Oberflächenübersetzen* (vgl. Weissmann 2013, 119ff) ist auch eine Methode, die im Deutschunterricht eingesetzt werden kann.[7] Fremdsprachige Texte werden den Schülern vorgelegt und sie versuchen rein aufgrund der Klänge diese Texte ins Deutsche zu übertragen. Sinnvoll ist dies natürlich nur, wenn es auch einen Sprecher gibt, der ihnen eine ‚richtige' Übersetzung vorlegen kann, mit der dann verglichen wird. Interessant sind in diesem Zusammenhang aber auch fremdsprachige Texte, die aufgrund von Internationalismen ein Verständnis ermöglichen, Beispiele finden sich etwa in dem Arbeitsbuch *Sprachen entdecken – Sprachen vergleichen* zum sprachenübergreifenden Lernen von

---

6 Vgl. zu Jandls Spiel mit mehreren Sprachen auch Hammerschmid 2005 und Römer 2012.
7 Weissmann organisierte im November 2016 unter dem Titel *Sound/Writing: On Homophonic Translation* die erste internationale Konferenz zu Oberflächenübersetzungen in Paris (Créteil).

Ursula Behr (Behr 2005). Weitere didaktische Anregungen zum Sprachvergleich gibt Oomen-Welke (2011, 49ff).

Der Text von Stavarič stellt außerdem große Herausforderungen an das performative Umsetzen von Literatur im Vorlesen: Viele Gags sind nur möglich, wenn die fremden Laute angemessen gesprochen werden, ein stilles Lesen verschließt demnach oftmals den Sinn. Ulf Stolterfoht verdeutlicht diese Herausforderung in seiner Rezension im WDR 3:

> „Beim ersten Lesen (und mehr noch: beim ersten Vorlesen) kommt man immer wieder ins Stocken und schließt von der eigenen Hilflosigkeit auf eine Ungelenkheit des Textes. Dass das ein Fehler ist, merkt man spätestens beim zweiten Lesen. Diese vordergründig so dahingestoppelten Verssätze sind nämlich unter der Oberfläche aufs Sorgfältigste verschränkt und verzahnt, durch Stabreime, Assonanzen, Anagrammartiges, verblüffende Binnenreime, rhythmische Symmetrien – und oft schließen sich die Bögen erst eine oder mehrere Seiten später." (Stolterfoht o.J., o.S.)

Dies wäre literaturdidaktisch aufzugreifen, indem die Schüler in Gruppen dazu aufgefordert werden, bestimmte Seiten vorzutragen – im Vergleich zu anderen Gruppen. Literatur wird demnach erst dann lebendig, wenn man sie durch gutes Vorlesen zum Leben erweckt.

3.2. Erste sprachphilosophische Schritte

„Da soll noch einer sagen, „Entisch" sei einfacher als Kärntnisch.
Am schwersten, meint Gunda, versteht man die Esten der Tundra,
die machen *prääks prääks prääks* –
was die wohl für Enten sind?" (Stavarič/Habinger 2006, 23)

In welchem Verhältnis stehen Sprechen und Denken? Sind Sprache oder Denken überhaupt sichtbar zu machen? Stavaričs Methode besteht darin, Bezüge zwischen Lauten und ihrer Verschriftlichung herzustellen und diesen lautmalerischen Wörtern auch wieder eine Bedeutung zu geben. Stavarič arbeitet – ähnlich wie Jandl, der ja auch oft kinderliterarisch rezipiert wird – mit der Frage, ob die Sprache Realität abbilden kann. Die Arbitrarität des schriftlichen Zeichens wird deutlich, wenn Homonyme auf ihre Bedeutung überprüft werden sollen. Diese Herangehensweise schafft Distanz zwischen der verwendeten Sprache und ihren Sprecher*innen. Stavarič verlangt demnach auch von den kindlichen Leser*innen sprachphilosophische Reflexion. „Ich finde es überaus reizvoll, Kinder und Jugendliche spielerisch an schwierige Themen heranzuführen," betont der Autor im Gespräch nach Erhalt des Österreichischen Kinder- und Jugendbuchpreises 2007 (Stavarič 2007, o.J.).

Der von Stavarič vorgegebene Prozess kann didaktisch nachgeahmt werden: Den Schülern werden unbekannte Tierlaute vorgespielt, wobei beispielsweise die Datenbank des Tierstimmenarchivs des Museums für Naturkunde Berlin einbezogen werden kann. In dessen Schülerportal lässt sich eine Vielzahl von Tierstimmen aus verschiedenen Lebensräumen anhören, auch völlig unbekannte (Tierstimmenarchiv o.J., o.S.).[8] Für den Deutschunterricht spannend ist dann, wie man die angehörten Laute onomatopoetisch umsetzt. Hier wird man je nach Gehör wohl zu völlig unterschiedlichen Worten kommen.[9] Kreativ umsetzen kann man dieses Transkribieren von fremden Lauten anschließend in einem Gedicht, in dem sich Tiere unterhalten, deren Laute jeweils anders aufgeschrieben wurden. In *Gaggalagu* zeigt sich, dass es je nach Sprache unterschiedliche Konventionen für die meisten Tierlaute gibt, die darauf verweisen, dass die Beziehung zwischen Realität und Wort arbiträr ist. Eine weitere Anregung besteht nun darin, dass die Schüler*innen die konventionalisierten Tierlaute in anderen Sprachen heraussuchen, indem sie verschiedene Sprecher*innen befragen. Nun können sie damit Spiele selbst basteln: Auf Kärtchen geschrieben kann ein Lotto, Memory oder Kreuzworträtsel erarbeitet werden. Möglich ist auch die Zusammenstellung in Tierfamilien als Quartett (Vögel, Meerestiere, Katzen, Reptilien usw.).

Erst an dieser Stelle wird der Text von Stavarič einbezogen, der nun den kulturell konventionalisierten Tierlauten wieder eine - oft völlig subjektive - Bedeutung zuschreibt. Auch diesen Prozess können die Schüler*innen kreativ nachahmen: Sie entwickeln aus den von Stavarič zitierten Tierlauten, die die Lehrkraft zunächst ohne Bezug zum Text vorlegt, eine freigewählte Bedeutung. Diese individuelle Bedeutungszuordnung wird von den Schülern im Nachhinein mit Stavaričs Text verglichen.

Zusätzlich dazu könnten die Schüler*innen mit Sprachen bekannt gemacht werden, die nicht zu hören sind: Körpersprachen, Gebärdensprachen, Bildsprachen oder Piktogrammen. Sie untersuchen, wer wo diese Sprachen spricht und suchen Spezialist*innen, die sie vermitteln könnten.

Die sprachphilosophische Herangehensweise kann fortgeführt werden, wenn die Tierphraseologie, wie sie Stavarič in *Gaggalagu* indirekt aufgreift,

---

8   Hier liegt es natürlich nahe, eine Kooperation mit dem Biologie-Unterricht zu suchen.
9   Dabei ist auch das französische Buch *Cris d'Europe (Gay/Rosenstiehl 1989)* einzubeziehen, das unterschiedliche europäische Tierlaute aufgreift.

vertieft wird: Welche Bedeutung hat in unserer Kultur ein bestimmtes Tier? Für welche Werte beziehungsweise für welche Abwertungen wird es in der Regel zitiert? Die Schüler*innen betrachten Bilder von Tieren und benennen sie. Sie überlegen, welche zusätzliche Bedeutung oder Konnotation Tiere in ihrer Sprache und welche sie in anderen Sprachen oder Kulturen haben. Sie befragen dazu Kinder, die andere Sprachen sprechen, nach Sprichwörtern, Ausdrücken oder Bildern von Tieren. In einem zweiten Schritt suchen sie nach der persönlichen Bedeutung von einzelnen Tieren für sie selbst: Was haben sie mit bestimmten Tieren erlebt, aus welchen Filmen, Liedern, (Bilder-)Büchern oder Werbungen kennen sie bestimmte Tiere? Interessante Tiere sind hier zum Beispiel das Schwein, das Pferd, die Katze, der Rabe, der Hund, der Maulwurf, der Drache, der Adler, der Bär, ...[10]

3.3. Plädoyer für die Sprachenvielfalt

„Gunda, eine deutsche Ente, unterrichtete lange,
bald in Rente, bringt sie Küken Sprachen bei,
Finnisch, Kurdisch, allerlei.
In Deutschland macht man *quak quak quak*,
Rumänisch jedoch *mac mac mac*,
Dänisch kürzer *rap rap rap*,
Tschechisch länger *kaac kaac kaac*.
In Island wieder *bra bra bra*,
In Russland aber *krja krja krja*." (Stavarič/Habinger 2006, 22)

Stavaričs *Gaggalagu* zeigt die Vielfalt der Sprachen und verweist damit auf ihre Bedrohung durch eine Einheitssprache. Er nennt nicht nur die gängigen Sprachen, die in der Schule gelernt werden, sondern auch die ‚kleinen Sprachen', die zum Teil vom Aussterben bedroht sind. Mehrsprachigkeit fördert die Offenheit gegenüber anderen Kulturen; es wird von der Unesco angenommen, dass in den nächsten hundert Jahren von den jetzt 6.000 gesprochenen Sprachen die Hälfte sicher untergegangen sein wird, so dass nur noch der Bestand von ca. 600 Sprachen als gesichert gelten

---

10 Hier ist insbesondere die Verwendung von Tieren in der Werbung interessant, eine Tatsache, die Jörg Steiner und Jörg Müller in ihrem Bilderbuch *Aufstand der Tiere oder Die neuen Stadtmusikanten* (1989) aufgegriffen haben. Auch dieses Bilderbuch sollte demnach in den Unterricht einbezogen werden.

kann (vgl. Willmann 2002, o.S.). Aufgabe des interkulturellen Deutschunterrichts ist es demnach, die Bedrohung der von Stavarič aufgeführten Sprachen nachzuvollziehen. Dies gelingt etwa anhand der interaktiven Internet-Seite der Unesco, die zeigt, welche der von ihm zitierten Sprachen weltweit vom Aussterben bedroht sind (vgl. Unesco o.J.).

Eine Würdigung möglichst vieler Sprachen im Deutschunterricht könnte dem Sprachensterben und der Hierarchisierung von ‚großen' und ‚kleinen' Sprachen, ja von Vereinheitlichung, entgegenstehen. Der indische Nobelpreisträger Amartya Sen hat im Februar 2007 ein Buch mit dem Titel *Die Identitätsfalle* herausgebracht, in dem er davor warnt, dass Menschen nur in eine Identitätskategorie eingeordnet werden, zum Beispiel nur als Muslime oder nur als Frauen oder nur als Weiße behandelt werden (vgl. Sen 2007). Für eine Aufweichung eines ‚Kampfs der Kulturen' ist es wichtig, dass Identitäten in Frage gestellt werden. Nicht mehr nur Kategorien wie Nationalität oder Religion machen einen Menschen aus, sondern auch seine individuelle Geschichte. Stavarič gibt denn auch jedem Tier einen Namen und auch eine eigene Geschichte: Von Herrn Lüttich, dem Sittich, über Wassili, dem Pferd, bis zu Pjotr, dem Frosch aus Lubosz – alle Tiere stehen nicht nur für ihre Sprache, sondern auch für sich selbst.

Eine weitere Möglichkeit, die Vielfalt von Sprechern zu zeigen, wäre, alle im Klassenraum vorhandenen Sprachen, ja auch die Dialekte, aufzuwerten: Die Schüler*innen stellen ein Buch mit mehrsprachigen Tiergedichten für die ganze Klasse zusammen. Jede*r wählt ein Gedicht in deutscher oder fremder Sprache oder in einem Dialekt, schreibt es ab und zeichnet das Tier daneben. Alle Blätter werden dann zu einem Buch gebunden.

3.4. Intermediale Übersetzung – Illustration

Eine Förderung der interkulturellen Sensibilität ist Teil einer allgemeinen ästhetischen Bildung. Sie kann schon über das bewusste Wahrnehmen von Zeichen in der Umwelt und eine Sensibilisierung für das Wort-Bild-Verhältnis erreicht werden. Axel von Criegern, der sich als Kunstprofessor vor allem für den Vorgang vom Text zum Bild, den Illustrationsprozess, interessiert, definiert ästhetische Bildung folgendermaßen: „Verschüttete Sinnesfunktionen wieder zu entdecken, den ‚Gebrauch der Sinne' in elementar-praktischen Übungen zu intensivieren" (von Criegern 1996, 15). Übertragen auf den interkulturellen Kontext bedeutet dies, dass ästhetische Sensibilisierung für das ‚Fremde' schon vor dem

Erlernen von fremden Sprachen oder dem bewussten Kennenlernen von fremden Kulturen stehen kann, im bewussten Wahrnehmen von Zeichen in der Umgebung, etwa in der oben schon angedeuteten Sicht auf Bilder von Tieren in unserer Gesellschaft. Gerade der handlungsorientierte und fächerübergreifende Deutschunterricht könnte Lehrer*innen dazu ermutigen, Literatur mit allen Sinnen wahrnehmbar zu machen. Das bewusste Sehen von Bildern in Bilderbüchern etwa bereitet schon in der frühkindlichen Entwicklung darauf vor, Bildwelten und Sprachwelten miteinander zu verknüpfen. Ruhiges Sehen, Entziffern und Lesen von Zeichen muss als ‚Schule des Sehens' aber auch in der Sekundarstufe noch gelernt werden.

Hier sind auch die Illustrationen von Renate Habinger zu *Gaggalagu* einzubeziehen. Die 1957 geborene österreichische Grafikerin und Bilderbuch-Illustratorin engagiert sich selbst für ‚handgreifliche' Erfahrung bei der Entstehung von Büchern: In Workshops sensibilisiert sie Kinder, Jugendliche und Erwachsene für den Vorgang des Papierschöpfens. Gleichzeitig bietet sie seit 2008 eine jährliche Sommerschule für Kinderbuchillustrationen in ihrem *Schneiderhäusl* in Oberndorf an der Melk an. Habinger bietet in *Gaggalagu* eine Mischtechnik aus Collage, Druckelementen und Tuschezeichnungen. Eine Konstante sind die Collagen aus dem *Schweizerischen Mittelschulatlas* von Eduard Imhof aus dem Jahr 1962 (vgl. Stavarič/Habinger 2006, 47), die Verweise von den Sprachen auf die Herkunftsländer der Tiere anlegen. Besonders auffällig ist aber die Einbeziehung der Typographie in die Gestaltung. So werden nicht nur die Namen der Tiere und Länder oder die Tierlaute durch Farbe oder Größe im Text hervorgehoben, sondern auch wichtige Reimwörter oder Begriffe. Diese Wörter finden sich dann wieder in den Illustrationen, so dass eine ständige Kreuzung zwischen Text und Bild stattfindet und der Text immer durch Informationen in den Bildern ergänzt wird. Wie greift man dies deutschdidaktisch auf? Eine Möglichkeit ist das Splitten von Text und Bild. Dies eröffnet Möglichkeiten für jedes Medium einzeln sensibilisiert zu werden: Der ‚reine Text' wird vorgestellt und soll illustriert und dann mit den Bildern von Renate Habinger verglichen werden. Oder umgekehrt: Man präsentiert zunächst die Bilder (möglichst ohne Textanteil) und lässt einen eigenen Text dazu erfinden, der dann mit Michael Stavaričs Text verglichen wird.

4. Schluss

Interkultureller Literaturunterricht hat nicht nur die Aufgabe, dem Bedarf nach Mehrsprachigkeit zuzuarbeiten. Dies ließe sich als unkritische

Geste gegenüber den Anforderungen von Politik und Wirtschaft verstehen, die interkulturelle Kompetenz von den Menschen verlangt, um sie in einer globalisierten Welt effizient und mobil einsetzen zu können. Diese Definition von *interkultureller Kompetenz* greift zu kurz, da sie keine Auseinandersetzung mit der eigenen Identität, keine Kritik an Macht- und Ohnmacht-Beziehungen im Kulturkontakt fordert. Werner Wintersteiner geht in seinem Konzept einer interkulturellen Literaturdidaktik von der Friedenspädagogik aus: Literaturdidaktik müsse bewusst aus einer solidarischen Haltung denen gegenüber agieren, die von dieser Art der globalisierten Wirtschaft ausgeschlossen werden. *Europaerziehung als Friedenserziehung* – unter diesem Titel konzipierte schon 2002 ein Klagenfurter Forschungsvorhaben um Wintersteiner ein Curriculum, in dem es um ein friedliches Verhalten im Klassenzimmer und um Wissen über globale Zusammenhänge und die daraus entstehenden Konflikte geht (vgl. Wintersteiner 2002). Er definiert deshalb als Arbeitsbereiche interkultureller Literaturdidaktik die Literatur der Migrant*innen, die Literatur von Minderheiten im eigenen Land und die postkoloniale Weltliteratur (vgl. Wintersteiner 2006). An dieses Konzept einer interkulturellen Literaturdidaktik schließen auch die obigen Unterrichtsvorschläge an.

Die Öffnung Europas kann einhergehen mit einem neuen europäischen Nationalismus, der sich gegen Fremde abgrenzt – wie es sich ja aktuell in der Wendung gegen außereuropäische Flüchtlinge zeigt. Europa kann auch propagiert werden als christliches oder aufgeklärtes Abendland, als wirtschaftlicher Komplex oder als demokratisches Gebilde, ja sogar als ethnisches Konstrukt. Diesem Modell ist entgegenzuarbeiten: Europa muss in seiner Vielfalt und Widersprüchlichkeit wahrgenommen werden, aber zugleich in seiner Offenheit zu anderen globalen Kulturen, um Fremdenfeindlichkeit zu verhindern. Eine Aufweichung der jahrhundertealten Konzeption eines national orientierten Deutschunterrichts hin zu einem *Unterricht der interkulturellen Kulturen* kann somit der Anfang zu einem Europa sein, das sich nicht als Zentrum der Welt fühlt und nicht nur eine Regentschaft der „Habenmenschen" ist, die Stavarič kritisiert (vgl. Stavarič 2013, o.S.).

5. Bibliographie

5.1. Primärtexte

Auer, Martin (1997): Deutsch für Außerirdische. Ein literarisches Panoptikum fürs innere Ohr mit einer CD-Beigabe fürs äußere Ohr. – Wien: Mandelbaum (mit CD).
Gay, Pierre/Rosenstiehl, Agnès (1989): Cris d'Europe. – Paris: Seuil.
Jandl, Ernst (1997): sprechblasen. poetische werke 3. Hrsg. von Klaus Siblewski. – München: Luchterhand.
Stavarič, Michael (2005): Europa – eine Litanei. – Idstein: kookbooks.
Stavarič, Michael/Habinger, Renate (Ill.) (2006): Gaggalagu. – Idstein: koobooks.
Steiner, Jörg/Müller, Jörg (1989): Aufstand der Tiere oder die neuen Stadtmusikanten. – Düsseldorf: Sauerländer.

5.2. Sekundärtexte

Abraham, Ulf/Kepser, Matthis (2008): Übersetzungen lesen und schreiben. In: Praxis Deutsch, Jg. 35, H. 212, S. 6-13.
Bartl, Andrea/Bredel-Perpina (Hrsg.) (2018): Ästhetische Grenzüberschreitungen. Eine literaturwissenschaftliche und literaturdidaktische Erschließung des Werks von Michael Stavarič. – Würzburg: Königshausen & Neumann (KONNEX – Studien im Schnittbereich von Literatur, Kultur und Natur, Bd. 26).
Baernthaler, Guenther (1993): Übersetzen im Deutschunterricht. Ein lernbereichsintegrativer Weg zu Stilkompetenz. In: Informationen zur Deutschdidaktik Jg. 17, H. 3, S. 1-93.
Behr, Ursula (2005): Sprachen entdecken – Sprachen vergleichen. Kopiervorlagen zum sprachenübergreifenden Lernen Deutsch, Englisch, Französisch, Russisch, Latein. – Berlin: Cornelsen.
Bühler, Hildegund (1990): Didaktische Aspekte des literarischen Übersetzens. In: Der Deutschunterricht, Jg. 42, H. 1, S. 23-28.
Cornejo, Renata (2009): Das Fremde und das Eigene. Entwürfe der kulturellen Identität in den Romanen von Michael Stavarič. In: Meurer, Petra/Ölke, Martina/Wilmes, Sabine (Hrsg.): Interkulturelles Lernen. Mit Beiträgen zum Deutsch- und DaF-Unterricht, zu ‚Migranten'-Bildern in den Medien und zu Texten von Özdamar, Trojanow und Zaimoglu. – Bielefeld: Aisthesis, S. 49-59.
Dawidowski, Christian/Wrobel, Dieter (Hrsg.) (2006): Interkultureller Literaturunterricht. – Baltmannsweiler: Schneider Hohengehren.
Europarat, Rat für kulturelle Zusammenarbeit (2001): Gemeinsamer europäischer Referenzrahmen für Sprachen: lernen, lehren, beurteilen. – Straßburg: Europarat.
Hammerschmid, Michael (2005): Übersetzung als Verhaltensweise. In: Hainz, Martin A. (Hrsg.): Vom Glück sich anzustecken. Möglichkeiten und Risiken im Übersetzungsprozess. – Wien: Braumüller, S. 47-64.

Kliewer, Annette (2006): Interkulturalität und Interregionalität. Literaturunterricht an der Grenze. – Baltmannsweiler: Schneider Hohengehren (Deutschdidaktik aktuell 22).
Kliewer, Annette (2008): Tiere im Kinderbuch. Eine Herausforderung für den mehrsprachigen Literaturunterricht. In: Informationen zur Deutschdidaktik, H. 32, S. 104-113.
Kliewer, Annette (2011): Martin Auer: Deutsch für Außerirdische – Intergalaktische Sprachexperimente mit Grammatik und Textsorten. Eine Unterrichtsreihe für die 5./6. Klasse. In: Unterrichts-Konzepte Deutsch – Sprache. – Hallbergmoos: Stark, S. 1-40.
Kliewer, Annette (2012): „Ungeheuer" oder „Monster"? Lîle du monstril von Yvan Pommaux. 5.-7. Schuljahr. In: Josting, Petra/Weinkauff, Gina (Hrsg.): Literatur aus zweiter Hand. Anregungen zum Umgang mit Übersetzungen im Deutschunterricht. – Baltmannsweiler: Schneider Hohengehren, S. 107-118.
Kultusministerkonferenz (1996/2013): Interkulturelle Bildung und Erziehung in der Schule (Beschluss der Kultusministerkonferenz vom 25. Oktober 1996, in der Fassung vom 5. Dezember 2013) – http://www.kmk.org/fileadmin/Dateien/veroeffentlichungen_beschluesse/1996/1996_10_25-Interkulturelle-Bildung.pdf (31. Oktober 2022)
Olof, Klaus Detlef (1996): Literarisches Übersetzen im Literaturunterricht. In: Delanoy, Werner/Rabenstein, Helga/Wintersteiner, Werner (Hrsg.): Lesarten. Literaturdidaktik im interdisziplinären Vergleich. – Innsbruck/Wien: Studien-Verlag (ide extra Bd. 4), S. 127- 140.
Oomen-Welke, Ingelore (2011): Sprachen vergleichen auf eigenen Wegen. Der Beitrag des Deutschunterrichts. In: Rothstein, Björn (Hrsg.): Sprachvergleich in der Schule. – Baltmannsweiler: Schneider Hohengehren, S. 49-70.
Römer, Veronika (2012): Dichter ohne eigene Sprache. Zur Poetik Ernst Jandls. – Berlin/Münster: Lit.
Schwens-Harrant, Brigitte (2014): Ankommen. Das Neue ist immer eine Chance auf Heimat – Gespräch mit Michael Stavarič. In: Schwens-Harrant, Brigitte (Hrsg.): Ankommen. Gespräche mit Dimitré Dinev, Anna Kim, Radek Knapp, Julya Rabinowich, Michael Stavarič. – Wien/Graz/Klagenfurt: Styria (Autoren im Gespräch), o.S.
Sen, Amartya (2007): Die Identitätsfalle. Warum es keinen Krieg der Kulturen gibt. – München: Beck.
Stavarič, Michael (2007): „Ich finde es überaus reizvoll, Kinder und Jugendliche spielerisch an schwierige Themen heranzuführen." – https://www.lesefest.at/archiv/kinder-und-jugendbuchpreis-2009/autorinnen-und-autoren-im-gesprach-2019.html (31. Oktober 2022).
Stavarič, Michael (2013): Wider die Regentschaft der „Habenmenschen". In: Der Standard vom 17. Mai 2013 (Kommentar der anderen). – In: http://derstandard.at/1363711427453/Wider-die-Regentschaft-der-Habenmenschen (31. Oktober 2022).
Stolterfoht, Ulf (o.J): zitiert in der Verlagspräsentation Kookbooks. In: http://www.kookbooks.de/buecher.php#a-9783937445212 (1. November 2019).

Tierstimmenarchiv (o.J.) – https://www.tierstimmenarchiv.de/schuelerportal/ (31. Oktober 2022).

Ulbrich, Carina (2015): Das Mosaik des Schreibens: Migrationserfahrungen in ausgewählten Werken des Schriftstellers Michael Stavarič. – Berlin/Münster: Lit.

UNESCO (o.J.): Atlas of Languages. – http://www.unesco.org/languages-atlas/index.php (1. November 2019).

Von Criegern, Axel (1996): Vom Text zum Bild. Wege ästhetischer Bildung. – Weinheim: Deutscher Studienverlag.

Weinkauff, Gina (2012): Übersetzungen als Gegenstand des deutschen Literaturunterrichts. Eine Bestandsaufnahme. In: Wirkendes Wort. Deutsche Sprache und Literatur in Forschung und Lehre, Jg. 62, H. 1, S. 121-139.

Weinkauff, Gina (2013): Übersetzungen im Deutschunterricht. Literarisches Übersetzen – eine contradictio in adiecto? In: Weinkauff, Gina/Josting, Petra (Hrsg.): Literatur aus zweiter Hand? Anregungen zum Umgang mit Übersetzungen im Deutschunterricht. – Baltmannsweiler: Schneider Hohengehren, S. 13-22.

Weissmann, Dirk (2013): Übersetzung als kritisches Spiel. Zu Ernst Jandls „oberflächenübersetzung". In: Wellnitz, Philipp (Hrsg.): Das Spiel in der Literatur. – Berlin: Frank & Timme, S. 119-132.

Willmann, Urs (2002): Leben und sterben lassen. Drei Viertel aller Sprachen sind in 100 Jahren tot. Na und? In: Zeit Online, 28. Februar 2002. – https://www.zeit.de/2002/10/Leben_und_sterben_lassen (31. Oktober 2022).

Wintersteiner Werner (2002): International Teacher Training Course „Human Rights and Peace Education". – Klagenfurt: Drava.

Wintersteiner, Werner (2006): Transkulturelle literarische Bildung. Die „Poetik der Verschiedenheit" in der literaturdidaktischen Praxis. – Innsbruck: StudienVerlag.

Heidi Rösch

Migrantisches Deutsch als Literatursprache
Zur Reflexion von Sprachregistern[1]

Kaya Yanar, der bekannte Comedy-Star aus Frankfurt am Main, hat ihn salonfähig gemacht, den Ethnolekt, der von immer mehr Jugendlichen – und zwar nicht nur solchen mit Migrationshintergrund – zunehmend genutzt wird. So trägt er in einer Werbung für den Onlinedienst AOL (2003) ein T-Shirt mit der Aufschrift: „Hast du Problem oder was?". Wissenschaftliche Untersuchungen (Auer 2003, Dirim 2010) belegen, dass dieser Sprachgebrauch systematische Merkmale aufweist, die vermutlich auf den Einfluss von Migrantensprachen, insbesondere dem des Türkischen, zurückgehen und dass er deshalb als ein Ethnolekt des Deutschen bezeichnet werden kann. Dazu gehört zum Beispiel das Weglassen des Artikels im Akkusativ Singular – Hast du Problem? statt Hast du ein Problem? bzw. die Verwendung des Plurals mit Nullartikel Hast du Probleme? – oder das Weglassen einer in der Standardsprache notwendigen Präposition – Gehen wir heute Kino? statt Gehen wir heute ins Kino? Diese Ausdrucksweise wird oft durch eine Aussprache und Intonation unterstützt, die den bei Personen mit Türkisch oder Russisch als Erstsprache, die schlecht Deutsch sprechen, verbreiteten Akzent nachahmt und damit explizit auf den Einfluss eben dieser Minderheitensprachen verweist.

In einem späteren Edeka-Werbespot (2012), tritt Kaya Yanar als Kunde in einem Supermarkt auf. Der Verkäufer spricht ihn an: „Hallo Kaya, was machst du?" Er antwortet: „Isch kauf Edeka!" Darauf der Verkäufer: „Bei Edeka!" Der Abteilungsleiter kommt dazu: „Hallo Kaya, kaufst du wieder Edeka?" Er antwortet ihm: „Isch kauf imma Edeka!" und an den Verkäufer gerichtet: „Der versteht mich." Hier wird durch das Weglassen der Präposition aus der Supermarktkette und damit dem Ort ein zu erwerbendes Produkt bzw. die zu erwerbende Marke. Der als fehlerhaft eingestufte

---

[1] Der Beitrag basiert auf meinem Aufsatz *Hast du Problem - oder was? Zur Entfaltung von Sprachregistern* (Rösch 2005). Er wurde deutlich erweitert und aktualisiert.

Ethnolekt wird hier zu einer (werbetechnisch) erwünschten, zukunftsweisenden sprachlichen Varietät, die der statushöhere Abteilungsleiter gegenüber dem Verkäufer nicht nur bestätigt, sondern selbst verwendet und sich dadurch mit dem Ethnolektsprecher verbündet – allerdings nur im Interesse der Werbung für die Marke Edeka.

1. Ethnolekt, Kiezdeutsch, Multi-Kulti-Deutsch und translinguale Praxis

Nachdem in der Zweitspracherwerbsforschung bei der Verwendung des Deutschen durch Migrantinnen und Migranten in den 1970ern noch von Pidgin-Deutsch (Dittmar/Klein1975) gesprochen wurde, hat Peter Auer (2003, 3) die Grundlage für die Beschreibung von Ethnolekt und seine Entwicklung zum Soziolekt gelegt: Danach entsteht „primärer Ethnolekt" in deutschen „Großstadt-Ghettos" vor allem durch männliche Jugendliche mit türkischem Hintergrund, die in Deutschland aufgewachsen sind. Dieser wird als „Medial sekundärer Ethnolekt (crossing I)" von „fast ausschließlich deutschen Medienmachern einer bestimmten Gruppe zugeschrieben" und schließlich als „tertiärer Ethnolekt (crossing II)" durch den medialen Einfluss von deutschen, meist männlichen Jugendlichen zum Teil als Spottvarietät usurpiert. Schließlich wird der Ethnolekt durch seine „De-Ethnisierung zum Soziolekt" deutscher und „drittethnischer Sprecher", so dass eine Ausbreitung auf nicht-türkische (auch deutsche) Jugendliche stattfindet. De-Ethnisierung meint weder die Überschreitung, noch die Verschiebung einer ethnischen Grenze, sondern verweist auf das Potenzial für die Verbreitung und Innovation eines eigenen Stils bzw. Soziolekts.

Heike Wiese (2010) nennt das Phänomen Kiezdeutsch und assoziiert damit einen neuen Dialekt des Deutschen. Auf der gleichnamigen Homepage ihres Lehrstuhls definiert sie Kiezdeutsch als „nicht nur ‚Kanak Sprak'", denn Kiezdeutsch transportiert neben grammatischen Vereinfachungen ein großes Maß an sprachlicher Kreativität und grammatischer Innovation. Es ist eben „keine formelhafte, grammatisch reduzierte, fehlerhafte Sprache, die sich in ritualisierten Drohgebärden erschöpft", sondern eine „jugendsprachliche Varietät des Deutschen [...], in der sich neue sprachliche Formen entwickeln" (Wiese o.J., o.S.).[2]

Uwe Hinrichs (2013) spricht von Multi Kulti Deutsch und zeigt auf, wie

---

2 Auf dieser Homepage finden sich auch Unterrichtsprojekte und Vorschläge zu Kiezdeutsch im Unterricht.

Migration die deutsche Sprache verändert. Dabei greift er „das inzwischen omnipräsente Englische" genauso auf wie „die Sprachen der Zuwanderer, das Türkische, Polnische oder Russische", die die deutsche Alltagssprache prägen und „Mischformen" hervorgebracht haben (Hinrichs 2013, 24).

Diese „Mischformen" sind durchaus auch bereits im Konzept des Ethnolekts enthalten. So formuliert İnci Dirim (2010) in einem Interview für die Tageszeitung *Der Standard*:

> „Ethnolekte sind Sprachverwendungsformen, die von bestimmten Sprachen beeinflusst sind und deshalb mit den SprecherInnen dieser Sprachen assoziiert werden. [...] Heute gibt es ethnolektale Verwendungsformen des Deutschen, die vor allem mit dem Einfluss des Türkischen auf das Deutsche erklärt werden. Dabei werden in das Deutsche türkische Elemente integriert, wie zum Beispiel bei ‚Hast du ateş?' für ‚Hast du Feuer?' Oder das Deutsche wird unter Anwendung der türkischen Satzbetonungen verwendet. Ein weiteres Merkmal wäre das Weglassen von Artikeln in bestimmten Satzpositionen, wie in ‚Hast du Wörterbuch?' statt ‚Hast du ein Wörterbuch?'" (Dirim in: Dirim/Disoski 2010, o.S.)

Der Hinweis auf Mischformen leitet zum Konzept des Translanguaging über, nachdem zwei- und mehrsprachige Personen über ein linguistisches Repertoire verfügen, das sie strategisch für die erfolgreiche Kommunikation einsetzen (Garcìa 2011, 1).[3] Darüber hinaus zeigt Translanguaging, dass keine klaren Grenzen zwischen den einzelnen Sprachen existieren und Zwei- und Mehrsprachige in der Kommunikation untereinander und kontextbezogen gleichzeitig mehrere Sprachen flexibel gebrauchen. Mittlerweile ist dies auch ein Konzept für die unterrichtliche und pädagogische Praxis (Celic/Seltzer 2011). Sprachen werden nicht als einzelne, getrennte Einheiten erworben, „sondern als ein dynamisches, sprachliches Repertoire, das als innovative, neue sprachliche Praxis Mehrsprachiger mit dem Ziel einer Entgrenzung nationalsprachlicher Interaktionserwartungen" verstanden werden kann (Redder 2017, 11). Es zeigt sich beispielsweise, dass „durch mehrsprachige Kommunikation prozedurale Funktionen im Deutschen bewusst werden, die zu einer Funktionalisierung geeigneter sprachlicher Mittel im Türkischen und damit zum strukturellen Ausbau dieser anderen Sprache führen" (Redder 2017, 17). Im pädagogisch-didaktischen Kontext geht es zunächst darum, diese Form des Sprachenerwerbs

---

3   Von Ofelia Garcìa finden sich englischsprachige Vorlesungen zu Translanguaging auf *youtube*, die eventuell im Unterricht ausschnittweise einbezogen werden können.

und auch der daraus resultierenden translingualen Praxis bei Mehrsprachigen zu akzeptieren und konstruktiv zu nutzen. Das Ziel mehrsprachiger Bildung ist nicht mehr, alle Sprachen möglichst auf Native-Speaker-Niveau zu erwerben, sondern statt einer additiven Einsprachigkeit mit mehreren Sprachen eine funktionale, gegebenenfalls auch translinguale Mehrsprachigkeit auszubilden, wobei einzelne Sprachen nur bestimmte Domänen umfassen und die Mischung von Sprachen – soweit kommunikativ sinnvoll – als übliche Sprachpraxis betrachtet wird.

2. Mehrsprachigkeit in der Migrationsliteratur

Migrationsliteratur als Literatur, die Migration in all ihren Facetten auf individueller und gesellschaftlicher Ebene thematisiert, hat schon seit den 1970ern auch migrationsbedingte und migrationsgesellschaftliche Mehrsprachigkeit als Stilmittel mit gesellschaftskritischer Intention verwendet. Während in jüngeren Werken eher ethnolektale Formen vorkommen, nutzen ältere Werke oft Interim- oder Lernersprachen, die den Prozess des Zweitspracherwerbs abbilden. Während Interim- oder Lernersprachen also Zwischenstadien auf dem Weg zur Zielsprache darstellen, sind Ethnolekte ausgebildete Sprachvarietäten, die auch oft Sprachmischungen enthalten. Dennoch ist die Abgrenzung zwischen beiden nicht einfach, weil sie zum Teil dieselben Sprachstrukturen (etwa im Umgang mit Präpositionalphrasen) verwenden und es schwer zu sagen ist, ob es sich um ein Zwischenstadium des DaZ[4]-Erwerbs, eine Fossilisierung (d.h. eine Art Versteinerung bestimmter lernersprachlicher Formen) oder aber um einen Ethnolekt handelt. Gleichzeitig gilt die für Ethnolekt bzw. Kiezdeutsch attestierte sprachliche Kreativität auch für Interimsprachen, denn diese basieren auf einem kreativen Aneignungsprozess und werden im Laufe des Zweitspracherwerbsprozesses weiterentwickelt. Die Zuordnung hängt auch von der Funktion ab, die der verwendeten Sprachvarietät im literarischen Werk zugewiesen wird.

So lässt Franco Biondi (1985, 89ff) in der Erzählung *Die Stoppa-Spieler* eine weibliche Figur, die eine vielleicht sogar fossilisierte DaZ-Lernersprache spricht, die zentrale Aussage des Texts formulieren und zeigt damit, dass nicht das Sprachniveau, sondern der Sprachinhalt entscheidend

---

4 DaZ steht für Deutsch als Zweitsprache.

ist. Die Figurenrede in DaZ ist ein Mittel, diese Sprachvarietät gegen ihre immer noch weitverbreitete Abwertung als Literatursprache zu etablieren und damit anzuerkennen. In dem Gedicht *nicht nur gastarbeiterdeutsch* (Biondi 1979; vgl. Kapitel 3.2.) verbindet der Autor den fortschreitenden DaZ-Erwerb mit dem zunehmenden Erkennen von Diskriminierung und Ausgrenzung. Über 30 Jahre später greift Eko Fresh (2011, vgl. Kapitel 3.3.) mit *Türken Slang* das Thema erneut auf. Er nimmt explizit Bezug zur Diskussion um Ethnolekt, den Peter Auer (2003) als „Türkenslang" bezeichnet hat, verwendet und reflektiert den Gebrauch einer Sprachmischung.

Der Erzählband *Kanak Sprak* von Feridun Zaimoglu[5] (1995; vgl. Kapitel 3.6.), auf den Heike Wiese Bezug nimmt, um zu beschreiben, dass Kiezdeutsch über fehlerhaftes Deutsch hinaus geht (vgl. Wiese 2012, 9), enthält 24 Berichte von sozial benachteiligten Migranten und einer (transsexuellen) Migrantin, die ethnolektal, zum Teil angereichert mit Schimpfwörtern ihre sozial benachteiligte Lebenssituation schildern. Ich sehe darin eine Warnutopie, die der deutschen Gesellschaft den Spiegel ihrer misslungenen Integrationspolitik vorhält und sie implizit auffordert, solche *Mißtöne vom Rande der Gesellschaft*, wie es im Untertitel heißt, wahrzunehmen und sie vom Rand in die Mitte der Gesellschaft zu integrieren. Gleichzeitig sind diese Misstöne so sehr auf die Spitze getrieben, dass sie fast absurd wirken und die Frage aufwerfen, ob es sich um eine Abbildung der Realität oder ihre ironische Überzeichnung handelt, die *Kanak* und *Kanak Sprak* als diskriminierende Zuschreibung reflektiert. Doch unabhängig davon ist die Verbindung von sozialer Benachteiligung und Ethnolekt insofern problematisch, als dies einen – kritisch zu betrachtenden – kausalen Zusammenhang herstellt, der die mangelnde Beherrschung der deutschen Sprache für Ausgrenzung verantwortlich macht. Aber so einfach ist das nicht – zumal Ethnolekt meist gar nicht fehlerhaft ist, sondern einer strukturellen Logik folgt, die sich von der Standardsprachnorm mindestens im poetischen Kontext bewusst provokativ abhebt. Des Weiteren ist die Beherrschung der deutschen Sprache – wie das Gedicht von Franco Biondi bereits ausführt – kein Garant für gesellschaftliche Anerkennung von Migrantinnen und Migranten, sondern führt eher dazu, die Diskriminierung aufgrund der zunehmenden Sprachkompetenz besser zu verstehen.

---

5 Feridum Zaimoğlu verzichtet auf die korrekte Schreibung seines Namens und verwendet auf seinen Werken das deutsche g statt des türkischen ğ, das wie das deutsche h innerhalb des Wortes nicht gesprochen wird und zur Längung des voranstehenden Vokals führt.

Tomi Garder (2016) erzählt seinen Roman *Broken German* vollständig in gebrochenem Deutsch. Sein satirischer Stil macht sich nie über diese Sprachvarietät lustig, sondern immer nur über diejenigen, die an einem Norm-Deutsch festhalten und sich über die handlungstragenden migrantischen Figuren erheben.

Abbas Khider (2019) legt mit *Deutsch für alle. Das endgültige Lehrbuch* vor. Es enthält Erzählungen zu Herausforderungen des DaZ-Erwerbs vor allem aus der Perspektive eines Arabisch-Muttersprachlers mit anschließenden Überlegungen zu einem „Deutsch für alle", bei dem „(f)ür alle Nomina gilt: bestimmte Artikel: de; unbestimmter Artikel: e; Plural: die. Dativ und Genitiv existieren nicht mehr. Sie werden durch Akkusativ II und von-Form ersetzt" (Khider 2019, 39). Er bearbeitet die bekannten DaZ-Stolpersteine, erklärt deren Grammatik auf nachvollziehbare Weise, bevor er die Veränderung aus DaZ-Lernendenperspektive vorschlägt. Damit stimme ich dem Autor voll zu, wenn er sagt: „Dies Büchlein ist ernsthafter sprachwissenschaftlicher Schwachsinn" (Khider 2019, 9), wobei die Betonung vor allem hinsichtlich der grammatischen Erläuterungen auf ‚ernsthaft' liegt und die ‚schwachsinnigen' Veränderungen einen satirischen Einblick in die deutsche Sprache geben.

Es gibt weitere Formen von Mehrsprachigkeit in der Migrationsliteratur (vgl. dazu etwa Rösch 2021). Hier sollen noch Beispiele für einen interlingualen Sprachgebrauch genannt werden, die über die bloße Verwendung von translingualen Mischformen das hierarchische Verhältnis von Sprachen, ihren Sprechenden oder auch deren national-ethnische Hintergründe beleuchten – wie Zehra Çirak in dem Gedicht *Allianz* (1991, 16f; vgl. Kapitel 3.4.) oder Yoko Tawada in ihrem Gedicht *Wortstellung* (2010, 18; vgl. Kapitel 3.5.), das Einblick in den Satzbau der deutschen Sprache gibt, allerdings ohne Bezüge zu anderen Sprachen herzustellen und ohne explizit auf den Zweitspracherwerb des Deutschen zu verweisen.

3. Vorschläge für die Thematisierung von Ethnolekt und Interimsprachen im Unterricht

Lehrkräfte haben zum Teil große Probleme mit dieser Sprachvarietät, denn sie sehen darin unter Umständen einen gesellschaftlichen und individuellen Sprachverfall, der besonders ins Auge zu fallen scheint, wenn sich die Schülerinnen und Schüler nach einer Übung zu Präpositionen etwa mit den Worten verabreden: *Los, gehn wir Sportplatz!* Doch das muss nicht auf mangelnde Lernerfolge im Deutschen oder gar Ablehnung des Deutschen hinweisen, sondern ist für viele ein Spiel mit Sprachvarietäten, das man für die Spracharbeit nutzen kann. Wie jede andere Jugendsprache hat der Ethnolekt eine identitätsstiftende Funktion und sollte daher mindestens neutral gesehen oder sogar positiv eingeordnet werden.

Problematisch wird es erst, wenn diese Art des Sprachgebrauchs die einzige ist, die Schülerinnen und Schüler dann auch im Unterricht sowohl in der mündlichen als auch in der schriftlichen Kommunikation verwenden. Hierbei handelt es sich weniger um einen Ethnolekt als vielmehr um zweitspracherwerbspezifische Interimsprachen, deren Weiterentwicklung es zu unterstützen gilt. Sie können auch ein Zeichen für Fossilisierung oder gar eine rückschrittige Entwicklung in der Zweitsprache sein, die man nicht akzeptieren sollte, sondern durch systematische Sprachförderung aufbrechen muss.

Der folgende Unterrichtsvorschlag kann bereits in der Sekundarstufe I ab der 7. Jahrgangsstufe (also mit 13-14-Jährigen) durchgeführt werden. Gleichzeitig eignet er sich auch für die Sekundarstufe II oder gar für die Lehrkräftebildung, wobei sich die Akzente von einer eher deskriptiv-nachvollziehenden zu einer analytisch-sprachkritischen Reflexion verschieben. In jedem Fall handelt es sich um einen Vorschlag für den Regelunterricht, wobei dieser Hinweis eigentlich unnötig sein sollte, denn alle Lerngruppen sind sprachlich, kulturell, sozial etc. heterogen. Er betont aber, dass es sich keinesfalls um einen Vorschlag für migrantische Schülerinnen und Schüler handelt, sondern eben um im o.g. Sinn heterogene Lerngruppen. Im Zentrum steht die Auseinandersetzung mit dem ethnolektalen Gebrauch des Deutschen, ohne diesen verbieten oder verdrängen zu wollen. Vielmehr geht es darum, dass sich Schülerinnen und Schüler der Unterschiede zwischen Ethnolekt und Standarddeutsch und des Stellenwertes beider Sprechstile bewusst werden. Ethnolekt wird hier mit migrationsliterarischen Sprachspielen in Beziehung gesetzt, die die Prinzipien der deutschen Sprache nutzen, durcheinanderwirbeln und dadurch zu Neuschöpfungen gelangen.

Nach einem Einstieg mit der ganzen Lerngruppe arbeiten die Schülerinnen und Schüler in Kleingruppe an 4 Stationen, von denen sie mindestens 2 absolvieren. Die Stationen sehen die Bearbeitung eines Gedichts oder eines Songs vor und sind so konzipiert, dass ein Produkt entsteht, das am Ende im Plenum vorgestellt und diskutiert wird. Dabei ist darauf zu achten, dass jede Station von mindestens 2 Schülergruppen bearbeitet wird, um für die Auswertung eine Vergleichsmöglichkeit zu haben. Die

Stationen sind unterschiedlich umfangreich, so dass eine Binnendifferenzierung aufgrund des zeitlichen Aufwands möglich ist.

Zum Abschluss findet eine Beschäftigung mit *Kanak Sprak* statt, die Feridun Zaimoglus Reflexion 18 Jahre nach Erscheinen dieses für die Diskussion um Ethnolekt so wichtigen Buchs einschließt und die grundsätzliche Einstellung zu dieser Sprachverwendung diskutiert.

3.1. Einstieg: Werbeanzeigen mit Kaya Yanar

Anhand der AOL-Werbeanzeige mit Kaya Yanar (AOL 2003) wird geklärt:
- Wer ist dieser Mann? Für welche gesellschaftliche Gruppe steht er? Welche spricht er bzw. diese Werbeanzeige an?
- Um welches Problem geht es? Was wird mit AOL besser?

Vermutlich wird schon in diesem Gespräch der ethnolektale Spruch „Hast Du Problem oder was?" auf dem T-Shirt aufgegriffen. Wenn nicht, schreibt ihn die Lehrkraft an die Tafel und lässt die Schülerinnen und Schüler weitere solche (ethnolektalen) Phrasen finden. Die Schülerinnen und Schüler beschreiben die Sätze grammatikalisch: Was fehlt (der Artikel), warum fehlt er (weil er ihn nicht weiß, nicht sagen will, das Deutsche verhunzen will etc.) und finden die standardsprachlichen Entsprechungen. Sie überlegen, wie solche Sprüche generell wirken: auf sie persönlich, andere Schülerinnen und Schüler, auf Lehrkräfte, auf andere Erwachsene, auf einen Arbeitgeber, in der Pause, während des Unterrichts etc.) und diskutieren, wann ein solcher Sprachgebrauch angemessen ist und wann nicht. Abschließend klären sie, welche Funktion der Nachsatz „oder was" hat: Nimmt er die Frage zurück, droht er bei einem Problem Schläge an, verbietet er dem Gefragten die Antwort etc.?

Ergänzend oder alternativ kann der Edeka-Werbespot (2012) analysiert werden (vgl. oben). Auch hier lässt sich fragen, welche gesellschaftliche Gruppe durch die Sprachverwendung repräsentiert, welche angesprochen wird, vor allem aber wie hier mit dieser Sprachform umgegangen wird und was das für die Werbung bedeutet.

Des Weiteren lässt sich die Rolle des Ethnolekts zwischen Verspottung und Akzeptanz diskutieren. Als Grundlage kann folgendes Zitat von İnci Dirim herangezogen werden:

> „Meines Erachtens haben Ethnolekte nichts Komisches an sich. Sie sind Adaptionsformen des Deutschen durch MigrantInnen und Zeichen für Zugehörigkeit zu deutschsprachigen Umgebungen. Ethnolekte zeigen, dass das Deut-

sche nicht bloß ergänzend übernommen, sondern kreativ angeeignet wird und in einem Zusammenhang mit den bereits beherrschten Sprachen steht. Ethnolekten sollte dieselbe Akzeptanz und Wertschätzung entgegengebracht werden, wie sie für Dialekte gefordert wird." (Dirim in: Dirim/Disoski 2010, o.S.)

In den Beispielen verwendet ein Kabarettist mit Migrationshintergrund den Ethnolekt und zwar ohne ihn zu verspotten, sondern um seine linguistische Leistung transparent zu machen. Das schließt natürlich nicht aus, dass Rezipierenden dennoch darüber oder über Ethnolektsprechende lachen. An dieser Stelle werden auch die anderen, oben genannten Begriffe – Kiez-Deutsch und Pidgin-Deutsch – für das sprachliche Phänomen genannt und darüber diskutiert, ob die von İnci Dirim eingeforderte Wertschätzung damit eher gesichert ist.

In der Auswertung kann der Spielfilm *Almanya – Willkommen in Deutschland* von Yasemin und Nesrin Samdereli (2011) ergänzend herangezogen werden, um eine andere Form der satirischen Verwendung eines Ethnolekts kennenzulernen. Der Film erzählt – pünktlich zum 50. Jahrestag des Anwerbeabkommens zwischen der Bundesrepublik Deutschland und der Türkei 1961 – die Geschichte der Arbeitsmigration einer türkischen Familie nach Deutschland über drei Generationen. Ein wesentliches Merkmal dieser Culture-Clash-Komödie ist der Umgang mit Sprache/n: Die Kinder der eingewanderten Eltern sprechen unterschiedlich gut Türkisch, der Enkel spricht gar kein Türkisch, was seine Lehrerin nicht daran hindert, ihm einen türkischen Migrationshintergrund zuzuschreiben. Die türkischen Figuren sprechen alle korrektes Deutsch, während die einheimische Bevölkerung ein durch viele Umlaute ‚türkisiertes' Deutsch spricht. Auch die deutsche Nationalhymne wird auf traditionell türkische Art gesungen. Diese Beispiele zeigen einen ironisch verfremdeten Umgang mit Sprache/n, der das Machtverhältnis von Sprachbeherrschenden und Sprachlernenden umkehrt.

3.2. Station 1: *nicht nur gastarbeiterdeutsch* von Franco Biondi (1979)

Franco Biondi dokumentiert in diesem frühen Gedicht nicht nur den Zweitspracherwerb eines „Gastarbeiters", sondern er thematisiert auch die gesellschaftliche und identitätsbildende Dimension des bewussten Zweitspracherwerbs. Er zeichnet die Entwicklung von einem deskriptiven zu einem analytischen Schreibstil nach und zeigt außerdem, wie sich ein in Prosaform begonnener Text zur lyrischen Form verdichtet.

Franco Biondi
nicht nur gastarbeiterdeutsch

I die anfänge

maine nix gut doitsch.
isch waiss -
isch sprech ja
nur gastarbaiterdoitsch
und immer problema
iberall
doitsch loite nix verstee
was isch sagen
was isch wollen
aber
langsam langsam
geets:
isch jetzz meer verstee
doitsch loite
aber
maine sprache
nix viil verstee
gastarbaiterdoitsche sprache
schwere sprache

II es geht den gastarbeiterdeutschen gang

doitsche kollega
warum du immer weggucken
warum du mir nix akzeptieren
isch nix schaiss
isch mensch
zusammen
isch arbait du arbait fabrik
isch leben du leben hiir
gut, du doitsch
isch auslender
du immer sagen
isch gastarbaiter
aber isch nix gast
isch arbait, isch kollega
zusammenarbaiten
in fabrik
du jetzz auch knoblauch essen

du essen auch pizza
du trinken auch sudwain
und isch jetzz essen auch kraut
isch esen auch doitsche wurst
isch trinken auch biir
aber du immer zusammen mit doitschen loite

isch immer zusammen mit auslendischen loite
nix alles zusammen
warum das so
isch waiss nix warum
du haben maine land geguckt
in urlaub
du kennen maine essen, maine trinken
maine landloite
und isch jetzz auch doitschland kennen
isch viile jaar hiir
isch kennen jetzz viile doitsche loite
isch schon viil doitsch denken
in fabrik und zuhaus
allein meine sprache
noch gastarbaiterdoitsch

III wir warten nicht auf besseres deutsch

Ich gehe nun in deutsche schule
in volkshochschule
deutsche sprache lernen.
Das buch ist jedoch sehr schlecht
und die schule ist auch sehr schlecht.
Es ist nicht gut
für uns ausländische arbeiter
und es gibt keine andere schule
das gut für uns ist.
Was ich gelernt habe
ist viel privat gemacht
mit freunden –
aber ich weiss:
wir sind für euch nur gut zum arbeiten
sonst nichts hier.
Es gibt gar nichts für uns.
nun diskutieren wir viel
und sehen immer mehr
die viele diskriminierungen

gegen uns gastarbeiter
oder besser arbeitsemigranten
und merken immer mehr
wir haben viele rechte nicht -
aber alle pflichten.
Und angst vor rausschmiss aus deutschland
machen uns ausländeramt und unternehmer
damit wir immer still bleiben
und ganz wenige deutsche kollegen
helfen uns oder hören an unsere problemen.
doch: unsere sprache in deutsche gesellschaft
ist eine sprache die sprechen will
aber nicht nur -
wir warten nicht auf besseres deutsch

IV was mir bleibet

mein gastarbeiterdeutsch ist eng
    wie das ausländergesetz
und tief
    wie die ausbeutung
mein gastarbeiterdeutsch ist ein tiefdruck
    von Kiel bis Mazzara del Vallo
und wiegt
    wie notierungen der DM
mein gastarbeiterdeutsch ist
    ein stempel geworden
darauf steht:
    Made in Westgermany
mein gastarbeiterdeutsch hat sein nest
    in den furchen meines gehirns aufgebaut
    hat als wiege meine träume gewogen
    hat wie eine schmiede hoffnungen geformt
mein gastarbeiterdeutsch ist eine hülse -
    innendrin
    nicht nur gastarbeiterdeutsch (Biondi 1979[6] und 1983, 84ff)

---

6   Franco Biondi veröffentlichte dieses Gedicht erstmals 1979 im Selbstverlag.

> **Unterrichtsmaterial 1a:**
> ***nicht nur gastarbeiterdeutsch* (Franco Biondi)**
>
> 1. Lest nun das Gedicht laut!
> Ratet, welche Erstsprache das lyrische Ich spricht.
> Woran erkennt man das?
>
> 2. Aus welcher Zeit stammt der Text?
> Was ist das Thema?
>
> 3. Übertragt einige der „gastarbeiterdeutschen" Teile in Normdeutsch.
> Was ändert sich?
> Ist Gastarbeiterdeutsch so etwas wie ein Ethnolekt?

Franco Biondis Gedicht besteht aus vier Strophen:

In der ersten Strophe formuliert das lyrische Ich seine Probleme mit den „doitsch loite" ausschließlich als Sprachprobleme. Bei sich stellt er Fortschritte fest: „isch jezz meer verstee", bei Deutschen dagegen nur Schwierigkeiten, seine Sprache zu verstehen, denn „gastarbeiterdoitsche sprache schwere sprache".

In der zweiten Strophe wird diese Intention noch klarer: Neben die Sicht der „doitsche kollega", wonach „gastarbeiter" anders sind, wird die Sicht des Arbeitsmigranten gestellt: „aber isch nix gast/isch arbait, isch kollega/zusammenarbaiten/in fabrik." Die letzten Verse lassen Hoffnung aufkommen: Arbeitsmigranten sowohl in der Fabrik als auch zu Hause „schon viil doitsch denken"; sie unterscheiden sich nur noch durch ihre Sprache.

In der dritten Strophe wird er nun aktiv: Er besucht Deutschkurse und stellt an der Qualität des Lehrbuchs fest: „Es gibt gar nichts für uns." Der bis dahin vereinzelte, der sich bislang nur um die Akzeptanz seiner deutschen Kollegen bemüht hat, trifft auf Gleichbetroffene. Sie erkennen die strukturelle Benachteiligung und das Desinteresse der meisten deutschen Kollegen. Das Ende dieser Strophe deutet einen Aufbruch an: „unsere sprache in deutsche gesellschaft/ist eine sprache die sprechen will/aber nicht nur/wir warten nicht auf bessres deutsch." Das Gastarbeiterdeutsch wird zu einer politischen Sprache der Arbeitsmigranten.

Die vierte Strophe bezieht sich auf die Lebenssituation von Arbeitsmigranten in der Bundesrepublik. Es wird auf das Ausländergesetz verwiesen und auf die Verantwortung der Bundesrepublik für die Sprache. Der letzte Absatz „mein gastarbeiterdeutsch ist eine hülse/innendrinn/nicht nur gastarbeiterdeutsch" deutet auf eigene Überlegungen hin, die auszufüllen der Leserin und dem Leser überlassen bleibt.

> **Unterrichtsmaterial 1b:**
> ***nicht nur gastarbeiterdeutsch* (Franco Biondi)**
>
> 4. Untersucht die einzelnen Strophen:
>
> | | Strophe 1 | Strophe 2 | Strophe 3 | Strophe 4 |
> |---|---|---|---|---|
> | Wie spricht das lyrische Ich? | | | | |
> | Worüber denkt es nach? | | | | |
> | Beschreibt oder analysiert es? | | | | |
> | Ist die Strophe wie eine Erzählung oder wie ein Gedicht gestaltet? | | | | |
> | Formuliert die Ausssage der Strophe. | | | | |
>
> 5. Formuliert, welche Gefühle, Gedanken und Forderungen sich in der „hülse" außer „gastarbeiterdeutsch" befinden können.

Die Aufgaben zu diesem Gedicht unterstützen den inhaltlichen Nachvollzug und ebnen den Weg zu einer literarischen Analyse des Textes. Sie dokumentieren außerdem, dass die Migrationsliteratur das Thema des Deutschen als Zweitsprache in einen gesellschaftlichen, diskriminierungskritischen Kontext einordnet. Die Frage, ob Gastarbeiterdeutsch ein Ethnolekt ist, lässt sich klar verneinen, denn Franco Biondi zeichnet den Prozess des Zweitspracherwerbs des Deutschen nach.

3.3. Station 2: *Türken Slang* von Eko Fresh (2011)

Während Franco Biondi beim Deutschen bleibt, integriert Eko Fresh in seinem Rapsong *Türken Slang* auch englische Ausdrücke und türkische Elemente.[7] Bezogen auf das Türkische fällt auf, dass neben der elaborierten Sprachwahl (rund um das Essen) auch eine Fäkalsprache rund um „Bastard/piç" und „Arsch/göt" benutzt wird. Diese Ausdrücke stellen die Reaktion dar auf einen „Türsteher, der denkt: ‚Den lass ich nicht rein!'", und thematisieren so migrantenspezifische Diskriminierungserfahrungen. Dazu gehört auch die doppelte Ausgrenzung „Für Deutsche sind wir Türken/Für Türken sind wir Deutsche", die das lyrische Ich im Refrain als Grund für die Entwicklung „unserer eigenen Sprache" angibt. „Straßendeutsch oder Türkenslang" (wie es im Refrain heißt) verweist auf ein auf der Straße entstandenes Deutsch, das Türken wie andere Diskriminierte (etwa Schwarze in den USA) als nicht-standardisierte Sprachvarietät entwickeln. Die Diskriminierung als „Asoziale" wird aufgegriffen und gleichzeitig selbstbewusst mit dem Hinweis darauf umgedeutet, dass diese eigene Sprache zur „Völkerverständigung" beiträgt.

Eko Fresh
Türken Slang

Part I:
Der Türkenslang, lan, bring mir bei
„Hallo ich will Tee" heißt „Selam bring mir çay"
Diesen Slang sprechen alle in der Stadt
„Ne is, moruk" steht für „Alter, was geht ab?"
Ot ist das Weed, taş ist der Stein
Der Türsteher denkt: „Den lass ich nicht rein!"
Jedes Jahr in der Heimat was mein Sparschwein köpft
Ein Bastard ist ein piç und ein arsch heisst göt
Für unsere Movies gibt es keine Synchronisation auf deutsch
Deswegen übersetz ich den Insider shit für euch
TRT INT die Bärte sind getrimmt
En büyük king, zeigen wir Frau Merkel wer wir sind

---

7   lan: Alter; ot: Gras; TRT INT: Türkischer Sender; büyük: groß; en büyük: größte; tam: pünktlich, sauber, präzis, vollendet; Hustler: Gauner, Drogendealer, Basketballspieler, in den USA zusätzlich: Prostituierte, Stricher; Moruk: alter Mann, Frau; Gala: Premiere; Galatsaray: türkischer Fußballverein; Fener: Laterne; Fenerbahace: türkischer Fußballverein; Trabzon: Provinz in der Türkei; Trabzonspor: türkischer Fußballverein; Beşiktaş: Stadtteil von Istanbul, Steinsarg, türk. Fußballverein.

Yarak ist der Schwanz den du paar mal haben kannst
Red den Türken an, bleib aber auf Distanz
Sonst gibt's Mortal Kombat Vollkontakt
Du bist tam so der Spast Aka voll der Spast
Sonst noch was? Okay, okay tamam, tamam
Langsam, lan, sonst wird es hier verdammt rasant
Wir haben nichts zu tun, nur mit den Jungs im Viertel hängen
Kochen unser eigenes Süppchen hier den Türkenslang

Refrain:
Unsere Eltern waren Gastarbeiter
Jetzt machen wir den Job hier als Hustler weiter
Für Deutsche sind wir Türken
Für Türken sind wir Deutsche
Deshalb sag' ich euch, was die Wörter so bedeuten
Wir werden oft als Asoziale betitelt
Haben unsere eigene Sprache entwickelt
Nenn es Straßendeutsch oder Türkenslang
Ich mach' mehr für die Völkerverständigung ... als ihr

Part II:
Ich verfolge weiter munter die Türkenschiene
Unter die Gürtellinie
Feinste Ware, womit ich der Kundschaft im Viertel diene
Was los? Jeder von den Ottos will Crack
Ganz wichtig, wichsen heißt otuzbir çek
man Die Moruks sind weg uns beschäftigt was
Gala, Fener, Trebzon oder Besiktas
Wir sind wie wilde vom Land, unsere Filme sind gebrannt
Den ganzen Tag am Zocken und die Hilfe gibt's vom Amt
In der türkischen Küche gibt es Leckereien
Pizza ist Lahmacun, Börek ist Blätterteig
Kommt drauf an, was du trinken oder futtern willst
Sucuk ist Knoblauchwurst Ayran ist Buttermilch
Pide ist Weißbrot, oglum heißt Sohnemann
Musst die Drogenkohle holen aus der Wohnung, lan
ayyildiz öger tours Wer bestimmt den Dönerkurs
Efes Pils, beste Skills, lass erstmal den König durch
Nur für dich war diese kostbare Message
Denn nun weißt du wie die Osmanen sprechen
Wir haben so viel Zeit verschwendet
Zeit, dass sich die Scheiße wendet
Straßendeutsch, Fadenkreuz
Hiermit ist dein Leid beendet (Fresh 2011, o.S.)

Den Schülerinnen und Schülern sollte ermöglicht werden, über das Musikvideo einzusteigen. Es beginnt mit der Pöbelei eines als bio-deutsch markierten Jugendlichen gegenüber dem Rapper Eko Fresh. Daraufhin wird der Deutsche von einer als Türken-Gang inszenierten Gruppe verprügelt. Am Ende des Songs wird er aber – wenn auch nicht ganz freundlich – in die Gruppe integriert. Die Schülerinnen und Schüler sollen ihre Assoziationen dazu sammeln, um abschließend darauf zurückzukommen.

Unterrichtsmaterial 2:
Türken Slang (Eko Fresh)

Aufgaben:

zu Part I:
1. Zum ersten Vers: Wer ist mit „mir" gemeint?
An wen ist der Song adressiert?
2. Zum zweiten Vers: Wird hier übersetzt?
3. Zum dritten Vers: Wer sind alle?
Ist dieser Slang eine urbane Besonderheit?
4. Zum achten Vers: Warum wird im Türkischen eine vulgäre Sprache verwendet? (Beziehe Vers 6 und 7 ein.)
5. Erkläre, warum das lyrische Ich „den Insider Shit für euch übersetzt".

zum Refrain und Part II:
6. Kommentiert in Part II die „Türkenschiene". Lassen sich die Aussagen über türkisches Essen auch als „Türkenschiene" auffassen?
7. Fasst die Aussage des Refrains zusammen und klärt, was mit „eigener Sprache" und „Völkerverständigung" gemeint ist. Macht es einen Unterschied, ob wir von „Straßendeutsch" oder „Türkenslang" sprechen?
8. Deutet die letzten 4 Verse und klärt die assoziative Verbindung von „Straßendeutsch, Fadenkreuz". Wessen Leid ist damit beendet?
9. Begründet, warum ihr den Song (mit dem Video) anderen (nicht) empfehlt.

Die sehr detaillierten, auf konkrete Textstellen fokussierten Aufgaben zum Songtext (Unterrichtsmaterial 2) sollen eine textnahe Auseinandersetzung unterstützen. Alternativ können die Schülerinnen und Schüler auch eigene Textstellen markieren, mit denen sie sich intensiv befassen wollen. Wichtig erscheint die Auseinandersetzung mit dem Refrain, denn dieser thematisiert die historische Dimension der Arbeitsmigration bis heute und die doppelte Ausgrenzung der Migrantinnen und Migranten. Außerdem stellt er der Fremdzuschreibung als „Asoziale" das Selbstbild der „Völkerverständigung" gegenüber.

Sollten Schülerinnen und Schüler Normverstöße auffallen, so können auch diese diskutiert werden: So lässt sich „Der Türkenslang, lan, bring mir bei" vielleicht besser mit dem Akkusativ formulieren (den Türkenslang bring mir bei), doch dann würde aus dem vorgeschalteten Titel im Nominativ ein Akkusativobjekt im Satz. „Jedes Jahr in der Heimat, was mein Sparschwein köpft" wirft die Frage nach ‚in' als Wechselpräposition auf: *in der* oder *in die* Heimat. Beides ist möglich, bedeutet aber Unterschiedliches: Man ist jedes Jahr in der Heimat oder man fährt jedes Jahr in die Heimat. Durch die Verwendung der Präposition ‚in' mit dem Dativ ist ersteres gemeint. Aus dem Kontext heraus wird von Rezipierenden oft die zweite Variante erwartet, was die verwendete Konstruktion als normabweichend erscheinen lässt. Da das Verb fehlt, bleibt offen, was genau gemeint ist. Das kann zum Anlass genommen werden, über die Bedeutung des Verbs bei Wechselpräpositionen zu sprechen.

Im anschließenden Unterrichtsgespräch wird ein Bezug zu Franco Biondis Gedicht hergestellt und geklärt, ob sich darin eine Weiterentwicklung der Diskussion um migrantisches Deutsch zeigt oder ob sich beide Zugänge ergänzen und für heute gleichermaßen Bedeutung haben.

3.4. Station 3: *Allianz* von Zehra Çirak (1991)

Zehra Çirak
Allianz

Auf deutsch heißt die Hand Hand
auf türkisch heißt sie el
so ein Handel
der Handel hat begonnen
Hände tauschen aus und schütteln andere
sie vermehren sich im Gerangel
und schieben sich gegenseitig zu
was sie aus anderen schöpfen
der Handel geht voran
die Lira geht durch Mark und Bein
die Mark besteigt die Lira
die Lira will gebären
die Mark erzieht das Balg

der Handel blüht
Sommeraustausch und Erholung am Meer
dort bekommen wir Sonne viel
und Wärme viel
und noch mehr
noch mehr fürs gute Geld
der Handel trägt
ein Handel verträgt und kommt ab
bezieht und bilanziert
braucht eine Hand
einigt sich mit dem kleinen Finger
firmt und richtet über den Daumen weg
gesellschaftet mit dem Ring der Allianz
gesetzbucht mit geordnetem Unterschied
mannt die Frau
und emanzipiert sich
platzt aus sich heraus
und registriert in sich hinein
es gibt Händel
er reist mit dem Zeigefinger
schifft sich ein, schult sich
spannt sich aus und verüblicht sich
er kämpft mit seinesgleichen
süchtig die Hand des anderen im Mund
vertritt und treibt er Geister aus
der Handel reibt sich die Hände
eline sağlık (Çirak 1991, 16f)

Das Gedicht beginnt mit einem interlingualen Experiment, d.h. die Autorin verwischt die Sprachgrenzen, wenn sie schreibt: „Auf deutsch heißt die Hand Hand/auf türkisch heißt sie el/so ein Handel". Anschließend folgt sie den Spuren der Gemeinsamkeit einer deutsch-türkischen Handelskultur, bei der sie unter anderem neue Wörter kreiert wie „gesellschaftet", „gesetzbucht" oder „mannt", indem sie das im Deutschen übliche Prinzip der Nominalisierung von Verben quasi umkehrt und aus Nomen Verben macht. Sie beschreibt den Handel als zunehmend problematisch (er hat begonnen, geht voran, blüht, trägt und kommt ab), schließlich scheitert diese Gemeinsamkeit am hierarchischen Verhältnis zwischen beiden Ländern. Entsprechend trennt sie die Sprachen am Ende des Gedichts wieder und benennt die unterschiedlichen Erfahrungen mit dem gemeinsamen Handel einmal in Deutsch durch die Feststellung: „der Handel reibt sich die Hände" und einmal in Türkisch durch die Redewendung: „eline sağlık", die ein Lob für gute Handarbeit (z.B. für Kochen) ausdrückt und somit eine ganz andere Bedeutung zum Ausdruck bringt als das deutsche Fazit, das den Handelsprofit anspricht.

> **Unterrichtsmaterial 3:**
> ***Allianz* (Zehra Çirak)**
>
> *Aufgaben:*
>
> 1. Lest den Anfang und beschreibt, was Zehra Çirak hier macht.
> 2. Versucht unbekannte Wörter auf bekannte Wörter zurückzuführen. (z.B. verträgt, firmt, verüblicht, ...)
>
> 3. Unterstreicht die Verse, die den Verlauf der Handelsbeziehungen markieren. Skizziere die Handelsbeziehungen: Sie
> _____.
> Sucht nach weiteren Handelspartnern:
> _____
> Kann das Gedicht so bleiben? Wenn nein, was muss sich ändern? Markiert die Stellen im Gedicht.
>
> 4. Welches Wort fällt euch ein, wenn ihr lest:
> gesellschaftet _____,
> mannt _____,
> gesetzbucht _____?
> Wie entstehen diese Wörter?   o ein Nomen wird zum Verb
>   o ein Verb wird zum Nomen
> Was davon ist im Deutschen üblich?
> Was macht Zehra Çirak hier?   o Sie erfindet neue Wörter.
>   o Sie kann nicht so gut deutsch.
>
> 5. Für die, die kein Türkisch können:
> Was bedeutet „eline sağlık"?
> Wofür steht „der Handel reibt sich die Hände"?
> Warum sind beide Sprachen jetzt getrennt?

Durch die Erledigung der Aufgaben (Unterrichtsmaterial 3) vollziehen die Schülerinnen und Schüler den Sprachstil der Autorin nach. Gerade bei den Sprachaufgaben muss die Lehrkraft sicher unterstützend eingreifen. Im Plenumsgespräch wird der Titel (als Verbindung zwischen Partnern und als Name der Allianz-Versicherung, auf deren Werbeslogan „Ring der Allianz" der Text explizit Bezug nimmt) eingebunden.

3.5. Station 4: Wortstellung von Yoko Tawada (2010)

Das Gedicht thematisiert die Wortstellung im deutschen Satz nach der Dependenz-Grammatik, indem es die Konstituenten im Satz bildhaft umschrieben bestimmt:

> Yoko Tawada
> **Wortstellung**
>
> Das Verb spielt die zweite Geige
> Wenn die Melodie zitiert ist
> hat es den letzten Ton
> An einem gewöhnlichen Tag steht das Subjekt vorne
> Jeder kann anfangen aber wer steht am Ende
> Wenn ein anderer den Kopf macht
> muss das Subjekt
> nach hinten rücken
> Die Reihenfolge und die Hierarchie sind zweierlei
> Der Rhythmus kennt keine Korruption (Tawada 2010, 18)

In den ersten zwei Versen wird die Verbzweitstellung im Aussagesatz, in den beiden folgenden die Verbendstellung im Nebensatz mittels musikalischer Beispiele verbalisiert. Die folgenden fünf Verse erläutern die Inversion des Subjekts. Dabei verweist das Adjektiv „gewöhnlich" auf den Normalfall, der im folgenden Vers durch die genannten Abweichungen relativiert wird und mit einer Frage endet. Die Verse 6-8 sind nicht als Antwort auf diese in Vers 5 gestellte Frage nach dem Ende zu lesen, denn das Subjekt rückt zwar hinter das Verb, aber nicht ans Ende des Satzes, so dass diese Frage offenbleibt und von den Lesenden zu beantworten ist.

Die letzten beiden Verse – „Die Reihenfolge und die Hierarchie sind zweierlei/Der Rhythmus kennt keine Korruption" – sprechen eine übergeordnete Ebene an. Der Rhythmus im letzten Vers stellt eine Verbindung zu den musikalischen Elementen des Anfangs her. Bezieht er sich auf den Rhythmus des Gedichts oder ist damit ein prosodisches Merkmal gemeint? Beiden ist gemeinsam, dass die Anordnung von betonten und unbetonten Silben eine Rolle spielt. *Wortstellung* ist ein Prosagedicht ohne traditionelle Strophenform und mit freiem Rhythmus[8], auch wenn

---

8 Alternierender Rhythmus: Silben sind im Wechsel betont (x) und unbetont (-): Trochäus: x - / Jambus: - x; nicht alternierender Rhythmus: Daktylus: x x - / Anapäst: - - x

manchmal wie im vorletzten Vers ein Jambus zu erkennen ist und „Melodie" als Anapäst mit „Hierarchie" und „Korruption" korrespondiert, da diese Wörter ebenfalls auf der letzten Silbe betont werden.

> Unterrichtsmaterial 4a:
> **Wortstellung (Yoko Tawada)**
>
> Aufgaben:
>
> 1. Benennt, wovon das Gedicht spricht!
>
> 2. Formuliert die genannten Wortstellungsregeln in euren Worten. (Hilfreich ist, wenn ihr Satzzeichen setzt, Pronomen klärt und eventuell eine Art Stropheneinteilung vornehmt.)
>
> 3. Wo steht das Verb im Fragesatz und in einer Aufforderung?
>
> 4. Untersucht die Metrik bzw. den Rhythmus des Gedichtes:
> Es handelt sich um einen o alternierenden
>   o nicht alternierenden
>   o freien   Rhythmus.
>
> 5. Unterscheidet „Reihenfolge" und „Hierarchie".
>   Worauf bezieht sich Hierarchie?
>   o auf die deutsche Sprache und ihren Gebrauch
>   o auf das Verhältnis zwischen Deutsch als Erst- und
>   Deutsch als Zweitsprache
>   o Sonstiges
>
> 6. Deutet die letzten beiden Verse.
>   Überprüft eure Lösung der ersten Aufgabe.

Aufgrund der bilingualen Gesamtkonstellation des Gedichtbandes *Abenteuer der deutschen Grammatik* (Tawada 2010) kann Rhythmus auch auf den Sprechrhythmus bezogen werden und die Frage aufwerfen: Ist Deutsch eine akzent-, silben- oder morazählende Sprache?[9] Es handelt sich um

---

9 Während bei akzentzählenden Sprachen (wie Deutsch, Englisch, Russisch, Arabisch etc.) die Zeit zwischen zwei akzentuierten Silben annähernd gleich lang ist und sich

eine akzentzählende Sprache, bei der die Zeit zwischen zwei akzentuierten Silben etwa gleich lang ist, während Japanisch morazählend ist. Japanische Wörter lassen sich in jeweils gleich lange Einheiten, sogenannte Moren, einteilen, wobei jede Mora durch ein Zeichen dargestellt wird. Damit ist die immer wieder als Silbenschrift bezeichnete japanische Schrift eigentlich eine Moraschrift, was in diesem Kontext aufgrund der Komplexität aber nicht weiter thematisiert werden soll. Für den mündlichen Vortrag des deutschen Texts würden die sinntragenden Wörter betont und zwischendrin kurze Pausen gemacht werden, was eben dem freien Rhythmus des Gedichts entspricht.

Vielleicht bezieht sich Rhythmus hier aber auch auf den Satzbau bzw. die (Satz-)Melodie, die im zweiten Vers genannt wird. Die Satzmelodie wird in den ersten acht Versen als flexibel, durch den Hinweis auf ihre Unbestechlichkeit im letzten Vers aber als nicht willkürlich beschrieben. Diese Deutung lässt sich auch bezogen auf die verwendete Metrik nutzen: Das Gedicht folgt zwar einem freien Rhythmus, doch auch dieser bleibt innerhalb festgelegter, nicht-korrupter Vorgaben, sodass die Unregelmäßigkeit sich nur innerhalb einer normativen Setzung bewegen kann. Versteht man Korruption nicht einfach als Bestechung bzw. Bestechlichkeit, sondern als „Missbrauch anvertrauter Macht zum privaten Nutzen oder Vorteil" (Transparency International Deutschland o.J., o.S), so geht es hier um die Frage der Definitions- und Sprachmacht, die die Normativität der scheinbaren Freiheit eben zur geregelten Flexibilität erklärt. Dafür spricht auch die Verbindung zwischen der flexiblen „Reihenfolge" der Wortstellung und dem nicht korrumpierbaren und damit statisch festgelegten „Rhythmus" durch die nicht näher definierte „Hierarchie".

Die bewusst mehrdeutige Formulierung der letzten beiden Verse lässt Spielraum für Assoziationen: Schafft die flexible Wortstellung über die Reihenfolge hinaus eine Hierarchie zwischen den Konstituenten, die die Bedeutung determiniert? Geht es bei der Hierarchie um die Abwertung von DaZ-Lernenden und ihren Problemen mit der Reihenfolge der Wortstellung im deutschen Satz? Oder geht es um das hierarchische Verhältnis zwischen Sprachen und ihren Sprechenden? Ist die Sprache oder sind ihre Sprecherinnen und Sprecher vielleicht doch (nicht) korrupt, weil alles so

---

schwach- oder unbetonte Wörter an ein benachbartes (betontes) Wort anlehnen, sind bei silbenzählenden Sprachen (wie Französisch, Ungarisch, Chinesisch, Türkisch) die einzelnen Silben in etwa gleich lang. Japanisch gilt (wie Estnisch und Sanskrit) als morazählende Sprache. Eine More besteht im Allgemeinen aus einer Kombination aus Konsonant und Vokal oder nur aus einem (langen) Vokal beziehungsweise nur aus einem (langen) Konsonant und ist daher nicht identisch mit einer Silbe.

einfach und geregelt erscheint, es aber vielleicht doch nicht ist – trotz des nicht korrupten, aber macht-ausübenden Rhythmus, der zwar Flexibilität zulässt, die gesellschaftlich definierten Sprach- bzw. Machträume aber zementiert? Die ethisch im Prinzip positive Feststellung im letzten Vers, dass der Rhythmus keine Korruption kenne, wird so zur Kritik an einer – am Beispiel der Lyrik bzw. der Syntax und damit der Sprache allgemein exemplifizierten – normativen Setzung der Sprache und ihren Sprecherinnen und Sprechern.

Die Aufgaben 1-3 (in Unterrichtsmaterial 4a intendieren eine Beschäftigung mit der im Gedicht thematisierten Grammatik der deutschen Sprache. Aufgaben 4-6 fokussieren die letzten beiden Verse und schlagen durch die Zusatzfrage einen Bogen zur ersten Aufgabe und dem dort benannten Thema des Gedichts, um zu klären, ob sich die Perspektive einer wortgetreuen zu einer übertragenen Bedeutung verändert hat.

Unterrichtsmaterial 4b:
Wortstellung (Yoko Tawada)

7. Schaut euch „die Mitschrift des Mondes" auf Deutsch und Japanisch aus Yoko Tawadas Gedichtband Abenteuer der deutschen Grammatik (2010), aus dem auch das Gedicht Wortstellung stammt, an:

DIE MISCHSCHRIFT DES MONDES
Die 逃 走 des 月s

Was erfahrt ihr über die japanische Sprache und Schrift?
Japanisch ist eine   o Buchstabenschrift
                        o Silben(- oder Mora)schrift

Im Japanischen gibt es o Artikel
                         o keine Artikel

Im Japanischen gibt es o keine Deklination
                         o Deklination

8. Schreibt ein Parallelgedicht in einer anderen oder im Blick auf eine andere Sprache.

Aufgabe 7 bezieht Japanisch ein und macht deutlich, in welche Richtung transformiert worden ist. Erkennbar ist außerdem, dass Japanisch keine Buchstaben-, sondern eine Silbenschrift (bzw. genau genommen eine Moraschrift) ist, bei der die Flexion (Genus- und Kasusmarkierung sowie die Wortbildung) anders funktioniert als im Deutschen, denn es handelt sich – wie beim Türkischen – um eine agglutinierende Sprache mit fester Satzstellung: Subjekt – Objekt – Prädikat. Dies, ggf. ergänzt um die oben gegebenen Informationen über die japanische Schrift und Aussprache, soll zu einem Sprachenvergleich anregen, der dann in der letzten Produktionsaufgabe weitergeführt wird.

Abschließend kann diskutiert werden, inwiefern dieses Gedicht mit Mehrsprachigkeit zu tun hat, da es ja einsprachig ist. Hinweise liefern das Cover des Gedichtbands mit japanischen Schriftzeichen, die zweisprachigen Beispiele – wie das in Aufgabe 7 genannte – und schließlich der Titel des Gedichtbands *Abenteuer der deutschen Grammatik*, der durch die explizite Nennung der relevanten Sprache eine Außenperspektive auf diese Sprache verspricht – von und für Menschen, die sie nicht als Erst-, sondern als Zweitsprache erworben haben oder erwerben und über das Abenteuer, ihre Grammatik zu entdecken, auch die tieferliegenden sprachpolitischen Aspekte entschlüsseln.

3.6. Abschluss: *Kanak Sprak* (1995) von Feridun Zaimoglu

Feridun Zaimoglu liefert in *Kanak Sprak. 24 Mißtöne vom Rande der Gesellschaft* (1995). Unter anderem erzählt Hasan, 13, von seinem Leben als Streuner und Schüler (S. 91-96), Bayram, 18, will kein Lamm sein, denn sonst „fressen sie dich" (S. 39-42) und Hakan, 22, spielt „in der Liga der Verdammten" (S. 84-86).

In Kleingruppen lesen die Schülerinnen und Schüler einen der Berichte, schreiben dazu eine Inhaltsangabe und analysieren die Sprache (Wortwahl, Satzbau, Wirkung ...). Das Ziel ist, für die Sprachgestaltung zu sensibilisieren: Gebildet werden sehr lange Satzreihen aus vielen einfachen, kurzen Sätzen, die mündlich konzipiert sind, d.h. Artikel werden verkürzt, Wörter miteinander verschmolzen („inner", „vonnem", S. 81), subordinierende Konjunktionen werden nebenordnend verwendet („weil, bruder, für die is'n haus gipfel der gefühle", S. 74, „wo's die laffen trifft im Herzen", S. 106) und ‚tun' wird zum Hilfsverb („wenn du vergleichen tust", S. 61). Dazu gehören auch umgangssprachliche Wendungen und kulturalistische Stereotype („alemanne", S. 117; „spaghetti", S. 92, „christenlady", S. 71, „teigwarenmamma", S. 102, aber auch „Afrikabruder", S. 80 und „kanake" als Selbstbezeichnung, S. 110). In der Rezeption dieser Literatur ist durchaus umstritten, ob es sich dabei um sprachliche Inkompetenz oder um Neuschöpfungen handelt („wo du man nimmer kosten darfst", „müsste ich stark man annehmen", S. 72).

Dies im Plenum zu diskutieren soll Bewusstheit für den Unterschied zwischen Sprachniveau und Sprachinhalt schaffen und kann zu der Frage entfaltet werden, was wäre, wenn die Figuren in perfektem Deutsch berichten würden oder welche Bedeutung es hat, dass ein Autor mit türkischem Migrationshintergrund das Buch geschrieben hat bzw. wie es wäre, wenn ein Autor ohne Migrationshintergrund das Buch geschrieben hätte. In der Einleitung kritisiert der Autor „eine weinerliche, sich anbiedernde und öffentlich geförderte ‚Gastarbeiterliteratur'" (Zaimoglu 1995, 11), die er als „'Müllkutscher-Prosa', die den Kanaken auf die Opferrolle festlegt" bezeichnet, auch weil „'die besseren Deutschen' (...)jeden sprachlichen Schnitzer als poetische Bereicherung ihrer ‚Mutterzunge'" feiern. Indem er auf den Bachmann-preisgekrönten Erzählband *Mutterzunge* von Emine Sevgi Özdamar (1990) verweist, kritisiert er nicht zwingend die Autorin bzw. ihre Form der Sprachgestaltung, sondern die Literaturkritik und die Migrationsliteraturforschung, die die Translation etwa von Koransuren oder alltagsreligiösen Redewendung in diesem Werk besonders lobt. Gleichzeitig inszeniert er sich mit seinem Werk als Autor, der sich von dieser Literatur und auch von dieser Literaturforschung abgrenzt. Er tut das, indem er den politisch korrekten Bezeichnungen die des „Volksmund(s)" gegenüberstellt und von „Kanaken" (Zaimoglu 1995, 12) spricht, ihre Kanak Sprak als wortgewaltigen „Untergrund-Kodex" aus „verkauderwelschten' Vokabeln und Redewendungen" (Zaimoglu 1995, 13) wirken lässt und indem er Figuren schafft, die die damit verbundene „gesellschaftliche Sprengkraft" (Zaimoglu 1995, 18) verkörpern.

Zusammenfassend wird hier der Untertitel *Mißtöne vom Rande der Gesellschaft* reflektiert:

- Bezieht er sich auf die Sprachverwendung der Figuren, deren gesellschaftliche Positionierung oder thematisiert er etwas anderes? Dabei kann zur Sprache kommen, dass die Figurenrede aufgrund ihrer zugespitzten Übertreibung auch als ironische Überzeichnung mit dem Ziel, die gesellschaftlich verbreitete Vorstellung von Migranten und migrantischem Deutsch offenzulegen, gedeutet werden kann.
- Warum lautet der Untertitel Miss- und nicht etwa O-Töne? O-Töne

versprechen Authentizität, Misstöne verweisen eher auf eine gesellschaftskritische Fiktionalität, die hier durch den Stil von Reportagenerzählungen inszeniert wird und damit Authentizität suggeriert.
- Haben die einzelnen Berichte je einen oder einen gemeinsamen Erzähler? Feridun Zaimoglu unterschreibt den in Ich-Form verfassten Prolog mit seinem Namen, die einzelnen, ebenfalls in Ich-Form formulierten Misstöne werden je mit dem Namen, Alter und der Tätigkeit des Berichtenden überschrieben. Dennoch gibt es nicht viele Ich-Erzähler, sondern eine übergeordnete Erzählinstanz, die im Prolog eingeführt wird, wobei die Namensgleichheit zwischen Erzähler und Autor verwirrend wirken kann. Diese übergeordnete Erzählinstanz hält die inszenierten Figurenreden zusammen und bewirkt den Gesamteindruck des Werks.

Außerdem kann die Literatur eingeordnet werden, indem die Schülerinnen und Schüler diskutieren, ob diese Berichte Literatur sind bzw. um welche Art von Literatur es sich handelt. Hilfreich ist, wenn die Schülerinnen und Schüler nach Literatur aus dem Deutschunterricht suchen, die nach demselben Prinzip mit Sprache umgeht. Es gilt, das Prinzip von sozialkritischer Literatur[10] zu erläutern, die durch eine lebendige, ganz einfache Sprache das Denken und Handeln von Menschen vor dem Hintergrund ihrer gesellschaftlichen Realität darstellt. Sollten die Schüler noch keine entsprechenden Texte gelesen haben, bieten sich Ausschnitte aus Gerhart Hauptmann (1862-1946) *Der Biberpelz* (Uraufführung 1893), Carl Zuckmayer (1896-1977) *Der Hauptmann von Köpenick* (Uraufführung 1931) oder Bertolt Brecht (1898-1956) *Dreigroschenoper* (Uraufführung 1928) an, in denen die Figuren verschiedene Dialekte sprechen und oft auch mit ironischen Überzeichnungen gearbeitet wird. Eine andere Möglichkeit ist, Günter Wallraffs *13 unerwünschte Reportagen* (Erstveröffentlichung 1969) heranzuziehen, um den Bezug zur Literatur der Arbeitswelt herzustellen, zu der Migrationsliteratur auch immer wieder gezählt wurde. Zu betrachten ist in diesem Zusammenhang auch das Format Reportagenerzählung(en) bzw. Dokufiction als literarische Form, die Authentizität suggeriert und Fiktionalität verschleiert.

Die folgenden zwei Aufgaben können ebenfalls in Kleingruppen vorbereitet und anschließend im Plenum diskutiert werden:

---

10 Ich spreche von sozialkritischer Literatur, um eine Klammer zwischen naturalistischer Literatur (1880-1900) und damit der genannten Diebeskomödie von Hauptmann, der Literatur zwischen 1918 und 1945 und den genannten Texten von Zuckmayer und Brecht, die man auch als ‚expressiven Naturalismus' bezeichnet, der Literatur der Arbeitswelt (1968-1985) und eben der Migrationsliteratur (seit ca. 1980) herzustellen.

Unterrichtsmaterial 5a:
Kanak Sprak (Feridun Zaimoglu)

Inci Dirim, eine linguizismuskritische Wissenschaftlerin, antwortete auf die Frage einer Journalistin, ob in *Kanak Sprak* eine positive Umdeutung und Aneignung der rassistischen Bezeichnung „Kanake" gelingt:

„Ich halte diesen Versuch für fragwürdig, da er eine rassistische Bezeichnung 'salonfähig' gemacht hat. Außerdem bin ich der Meinung, dass Zaimoğlu ethnolektale Sprechweisen mit diesem Buch und dem Roman ‚Abschaum' in eine ‚Kriminellen-Szene' einordnet. Diese literarisch sicher sehr interessanten und hochwertigen Romane fördern meines Erachtens unter den gesellschaftlichen Bedingungen, unter denen wir leben, leider das schlechte Ansehen migrationsbedingten Deutschgebrauchs." (Dirim in: Dirim/Disoski 2010, o.S.)

Antwortet darauf unter Einbeziehung folgender Textpassage aus Feridun Zaimoglus Buch *Kanak Sprak*:

„Lange Zeit habe ich mich nicht an dieses Thema herangetraut. Ich befürchtete, daß meine Absicht, den Kanaken ungeschminkt darzustellen, auf allseitige Entrüstung stoßen würde. Der brave Türke wird mir Nestbeschmutzung vorhalten. Der Deutsche wird mir vorwerfen, ich betriebe Ikonisierung des kleinkriminellen Vorstadtlevantiners oder arbeitete den Fremdenhassern in die Hände. [...] weil ich mich weigere die Realität aus doktrinärer Distanz heraus zu beschreiben [...]. Integrierte [...] sind sozial verträglich, haben keine gesellschaftliche Sprengkraft. In diesem Buch wird man vergeblich nach ihnen suchen. Hier hat allein der Kanake das Wort." (Zaimoglu 1995, 17f)

Dies ist in besonderer Weise ergebnisoffen zu diskutieren. Es kommt darauf an, die Funktion von Literatur in den Blick zu nehmen, was in den Aufgaben davor bereits initiiert ist. *Kanak Sprak* ist in meiner Wahrnehmung eine aus migrantischer Perspektive naturalistisch erzählte Dystopie der Migrationsgesellschaft, die migrantisches Sprechen und Leben sowie seine Verdrängung an den Rand der Gesellschaft dekonstruiert und damit sichtbar macht. Die migrantische Perspektive zeigt sich hier durch eine ironisierte Bestätigung der Erwartung von migrantischem Verhalten und Sprechen. Dass die Ironie nicht so leicht zu erkennen ist, verdeutlicht, wie verfestigt und weit verbreitet diese Bilder von Migrantinnen und Migranten, aber auch von Autorinnen und Autoren mit Migrationserfahrung sowie von Migrationsliteratur ist. *Kanak Sprak* lässt sich daher auch kontrapunktisch gegen diese Zuschreibungen lesen.

Unterrichtsmaterial 5b:
Kanak Sprak **(Feridun Zaimoglu)**

Feridun Zaimoglu hat sich 18 Jahre nach Erscheinen des Buchs auf *Spurensuche* begeben und einige der 1995 Interviewten – wie er schreibt – besucht. Kommentiert folgende Aussagen:[*]

„Ich setzte mich neben ihn auf die Treppenstufe, grinste, schwieg, hielt es aus. Das war das rituelle Welpenbalgen, zur Begrüßung gab es statt warmer Worte eine Schmähung nach der anderen. Hat er seine Porträtskizze in „Kanak Sprak" gelesen? Ja, hat er – komische Worte, komische Geschichte, und trotzdem erkannte er mich wieder. Mehr Zeit könne er mir nicht schenken, ich solle mich langsam trollen. Zum Abschied gibt er mir einen Rat: Du bist ein Schreiber, du paust uns alle ab, dann hockst du in der Bude, zerreißt die Kopie, machst ein eigenes Bild, wirfst alle Schnipsel in die Luft: Was bist du? (...) Fehlt nur noch, dass er ausspuckt. Einen Schreiber, der ihm keine Verdienstquelle auftun kann, scheucht er weg." (Zaimoglu 2012, 2)

„**Ich schmuggelte heiße Ware in den Literaturbetrieb.** Habe ich mich der bewussten Fälschung schuldig gemacht? War ich der Fuchs, der die Gans gestohlen hatte? Ja. In „Kanak Sprak" habe ich echte Figuren in die Fiktion überführt und sie als Ich-Erzähler sprechen lassen. Dieser Akt ist eine Verletzung des Gewebes, eine vorsätzliche Entstellung, ein schwerer Eingriff, der mit der künstlerischen Freiheit entschuldigt wird. Jeder, der in meinem Kompendium liest, kann die Kanakporträts als Steckbriefalbum verstehen. Er kann sich aber auch herzlich wenig darum kümmern und sagen: Der Schreiber Zaimoglu verkauft mir dies Buch als aufbereitetes authentisches Material – ich glaube es ihm nicht!" (Zaimoglu 2012, 3)

---

[*] Statt der folgenden Auszüge kann auch der gesamte Artikel einbezogen und den Schülerinnen und Schülern überlassen bleiben, mit welchen Auszügen sie arbeiten möchten.

Spätestens mit diesen Aussagen wird deutlich, dass Feridun Zaimoglu die Rolle des (Migrations-)Autors und die Frage der Authentizität bzw. Literarizität seines Werks als „Spiel mit Fiktion und ihren Rändern zur Realität"[11] betrachtet, was im letzten Satz der zweiten Textpassage deutlich angesprochen wird und die Frage aufwirft, ob Feridun Zaimoglu nur der „Schreiber" oder auch der gleichnamige Erzähler von Kanak Sprak ist. Unklar ist auch, ob es den Besuch bei diesen Figuren wirklich gegeben hat und ob diese Menschen hinter den Figuren überhaupt existieren oder ob alles eine ‚Erfindung' des Autors ist. Für ein literarisches Werk ist diese Frage genauso belanglos wie die Frage nach der Autorenbiografie, denn es ist letztendlich der Text bzw. die Erzählinstanz, die spricht.

Es bleibt den Lehrkräften überlassen, ob sie die Diskussionen im Sinne einer Ergebnissicherung zusammenfassen oder in ihrer Unabgeschlossenheit stehen lassen. Wenn ein Abschluss der gesamten Einheit angestrebt wird, lässt sich am Ende ein Streitgespräch über Ethnolekte als Jugendsprache versus Soziolekt oder Dialekt inszenieren. Dabei muss kein Konsens erzielt werden, das Gespräch aber hinsichtlich der Argumentationslinien, Gruppenbildungsprozesse und der Rolle der Moderation analysiert werden.

4. Fazit

Neben Werbeslogans, Gedichten und einem Rap-Song wurde ein Erzählband einbezogen, um den literarischen Umgang mit migrantischem Deutsch zur Wirkung zu bringen. Dabei wurde neben der ethnolektalen und interimsprachlichen Figurenrede auch eine DaZ-spezifische Außenperspektive auf die deutsche Sprache sichtbar, was zeigt, wie vielfältig migrantisches Deutsch als Literatursprache in poetischen Werken ist und dass es sich dabei um literarische Stilmittel handelt, die diese Sprachregister und -perspektiven mit einer naturalistischen, zum Teil ironisierenden, in jedem Fall aber gesellschafts- und sprachpolitikkritischen Haltung einsetzen.

Die Analyse der verwendeten Sprache zeigt ihre sprachstrukturelle Logik, die eben nicht einfach ‚fehlerhaft', sondern kreativ gestaltet ist und eigenen Normen folgt. Wichtiger ist aber das Bewusstmachen ihrer Funktion im poetischen Werk. Dies lässt sich in Anlehnung an textnahes Lesen und unter Verwendung produktiver Verfahren operationalisieren,

---

11 Dieses Zitat habe ich Ulrike Titelbachs Kommentar zu diesem Beitrag entnommen.

so dass die herausgearbeitete Stilistik als Grundlage für mögliche Deutungen herangezogen werden kann.

5. Bibliographie

5.1. Primärtexte

AOL-Werbeanzeige (2003) mit Kaya Yanars T-Shirt Aufdruck „Hast du Problem oder was?" In: Focus – das moderne Nachrichtenmagazin, H. 49, o.S.

Biondi, Franco (1979[12]/1983): nicht nur gastarbeiterdeutsch. In: Ackermann, Irmgard (Hrsg.): In zwei Sprachen leben. – München: Deutscher Taschenbuchverlag, S. 84-87.

Biondi, Franco (1985): Die Stoppa-Spieler. In: Biondi, Franco: Passavantis Rückkehr. Erzählungen. – München: Deutscher Taschenbuchverlag, S. 89-113.

Brecht, Bertolt (1928/2014): Die Dreigroschenoper. Der Erstdruck 1928. Hrsg. von Joachim Lucchesi. – 7. Auflage. – Frankfurt a.M.: Suhrkamp.

Çirak, Zehra (1991): Allianz. In: Çirak, Zehra: Vogel auf dem Rücken eines Elefanten. – Köln: Kiepenheuer & Witsch, S. 16-17.

Edeka-Werbespot (2012) – https://www.youtube.com/watch?v=iRLyVi0fxso (17. Oktober 2022).

Engin, Osman: Alles getürkt. Neue Geschichten zum Lachen. – Reinbek: Rowohlt 1992.

Fresh, Eko (2011): Türken Slang. In: SongtexteMania. – https://www.songtextemania.com/turken_slang_songtext_eko_fresh.html (17. Oktober 2022); Musikvideo: https://www.youtube.com/watch?v=eIIDS6D1NOI (17. Oktober 2022).

Garder, Tomi (2016): Broken German. – Graz: Droschl.

Hauptmann, Gerhart (1893/1978): Der Biberpelz. Hrsg. von Werner Bellmann. – Stuttgart: Reclam.

Khider, Abbas (2019): Deutsch für alle. Das endgültige Lehrbuch. – München: Hanser.

Özdamar, Emine Sevgi (1990): Mutterzunge. Erzählungen. – Berlin: Rotbuch.

Samdereli, Yasemin und Nesrin (2011): Almanya – Willkommen in Deutschland. Spielfilm Deutschland.

Tawada, Yoko (2010): Abenteuer der deutschen Grammatik. – Tübingen: Konkursbuch.

Tawada, Yoko (2010): Wortstellung. In: Tawada, Yoko: Abenteuer der deutschen Grammatik. – Tübingen: Konkursbuch, S. 18.

Wallraff, Günter (1969): 13 unerwüschte Reportagen. – Köln/Berlin: Kiepenheuer & Witsch.

---

12 Erstveröffentlichung in: Biondi, Franco (1979): Nicht nur Gastarbeiterdeutsch. Gedichte. – Klein-Winterheim: Selbstverlag.

Zaimoglu, Feridun (1995): Kanak Sprak. 24 Mißtöne vom Rande der Gesellschaft. – Berlin: Rotbuch.

Zaimoglu, Feridun (2012): „Kanak Sprak" nach achtzehn Jahren. Die Geister, die ich rief. In: Frankfurter Allgemeine. FAZ.NET. – https://www.faz.net/aktuell/feuilleton/buecher/kanak-sprak-nach-achtzehn-jahren-die-geister-die-ich-rief-11788124.html (17. Oktober 2022).

Zuckmayer, Carl (1931/1987): Der Hauptmann von Köpenick. Ein deutsches Märchen in drei Akten. – Frankfurt a.M.: Fischer.

5.2. Fachliteratur

Auer, Peter (2003): ‚Türkenslang'. Ein jugendsprachlicher Ethnolekt des Deutschen und seine Transformationen. In: Häcki-Buhofer, Annelies (Hrsg.): Spracherwerb und Lebensalter. – Tübingen/Basel: Francke, S. 255-264.

Dittmar, Norbert/Klein, Wolfgang (1975): Untersuchungen zum Pidgindeutsch spanischer und italienischer Arbeiter in der Bundesrepublik: Ein Arbeitsbericht. In: Wierlacher, Alois (Hrsg.): Jahrbuch Deutsch als Fremdsprache. Band I. – Heidelberg: Springer, S. 170-194.

Celic, Christina/Seltzer, Kate (Hrsg.) (2011): Translanguaging: A Cuny-Nysieb Guide for Educators. – New York: Cuny-Nysieb.

Dirim, İnci (2010): „Wenn man mit Akzent spricht, denken die Leute, dass man auch mit Akzent denkt oder so." Zur Frage des (Neo-)Linguizismus in den Diskursen über die Sprache(n) der Migrationsgesellschaft. In: Mecheril, Paul/Dirim, İnci/Gomolla, Mechtild/Hornberg, Sabine/Stojanov, Krassimir (Hrsg.): Spannungsverhältnisse. Assimilationsdiskurse und interkulturell-pädagogische Forschung. – Münster u.a.: Waxmann, S. 91-114.

Dirim, İnci/Disoski, Meri (2010): „Hast du ateş?" Die Germanistin İnci Dirim über Ghettoslang, Kanak Sprak, Pidgin-Deutsch und Linguizismus. In: derStandard.at. – https://www.derstandard.at/story/1269448266245/dastandardat-interview-hast-du-ates (17. Oktober 2022).

Garcìa, Ofelia (2011): Theorising Translanguaging for Educators. In: Celic, Christina/Seltzer, Kate (Hrsg.): Translanguaging: A Cuny-Nysieb Guide for Educators. – New York: Cuny-Nysieb, S. 1-7.

Hinrichs, Uwe (2013): Multi Kulti Deutsch. Wie Migration die deutsche Sprache verändert. – München: Beck.

Redder, Angelika (2017): Mehrsprachigkeitstheorien – oder überhaupt. Sprachtheorien. In: Jahrbuch DaF, Jg. 41, S. 13-36.

Rösch, Heidi (2005): „Hast du Problem – oder was?" Zur Entfaltung von Sprachregistern. In: Lernchancen, H. 48, S. 42-48.

Rösch, Heidi (2021): Literature und Language Awareness (LitLA). In: Titelbach, Ulrike (Hrsg.): Mehr Sprachigkeit. Unterrichtsvorschläge für die Arbeit mit mehrsprachiger Literatur in der Sekundarstufe. – Wien: Praesens (Kinder- und Jugendliteratur im Sprachenunterricht 7), S. 17-39.

Transparency International Deutschland e.V. (o.J): Was ist Korruption? – https://www.transparency.de/ueber-uns/was-ist-korruption/?L=0 (17. Oktober 2022).

Wiese, Heike (2010). Kiezdeutsch – ein neuer Dialekt. In: ApuZ – Aus Politik und Zeitgeschichte, H. 8 (Themenband: Sprache). Bundeszentrale für politische Bildung. – https://www.bpb.de/shop/zeitschriften/apuz/32957/kiezdeutsch-ein-neuer-dialekt/ (17. Oktober 2022).

Wiese, Heike (2012): Kiezdeutsch. Ein neuer Dialekt entsteht. – München: C. H. Beck.

Wiese, Heike (o.J.): Kiezdeutsch – Ein Infoportal. – https://www.linguistik.hu-berlin.de/de/institut/professuren/multilinguale-kontexte/Projekte/aktuelle-projekte/kiezdeutsch-1?aufeinenblick.html (30. Oktober 2022).

Veronika Winter und Hannah Balogh

Reise durch ein Sprachenmeer
Vorschläge zur Didaktisierung des mehrsprachigen
Bilderbuches *Kommt ein Boot* von Heinz Janisch

Das Bilderbuch *Kommt ein Boot...* von Heinz Janisch (2012) lädt Lesende anhand eines Gedichts dazu ein, in die bunte Welt der Mehrsprachigkeit einzutauchen. Durch sprachliche Vielfalt und mit phantasievollen Illustrationen wird Mehrsprachigkeit hier zum zentralen Ausgangspunkt der Leseerfahrung. Das multilinguale Potenzial des Bilderbuches wird im vorliegenden Beitrag durch eine Didaktisierung für den Sprachenunterricht der 5. und 6. Schulstufe nutzbar gemacht. Dem *Literature und Language-Awareness*-Ansatz (Rösch 2017; 2021) folgend wird mit konkreten Beispielen dargelegt, wie sprachliche und literarische Bildung Hand in Hand erfolgen können und zugleich eine positive Haltung zur lebensweltlichen Mehrsprachigkeit gefördert.

1. Zum Bilderbuch *Kommt ein Boot...*

1.1. Form und Funktionen von Mehrsprachigkeit in diesem Bilderbuch

Kommt ein Boot... (Janisch 2012), ist laut Untertitel „(e]in Gedicht in 11 Bildern und vielen Sprachen", das aus einer Kooperation zwischen dem österreichischen Autor, elf österreichischen Illustratorinnen und Illustratoren und mehreren Übersetzerinnen und Übersetzern entstand. Heidi Rösch schlägt vor, Kinder- und Jugendliteratur aus migrationsgesellschaftlicher Perspektive zu kategorisieren und nennt unter anderen die Kategorie „Kinder- und Jugendliteratur der Vielfalt" (Rösch 2017, 46). Diese bezieht sich, dem Konzept „Poetik der Verschiedenheit" (Wintersteiner 2006) folgend, einerseits auf die Vielfalt von Nationalliteraturen oder verschiedene Literaturen, andererseits auf Literatur, die in sich selbst sprachliche oder kulturelle Vielfältigkeit beinhaltet. Letzterem ist Janischs Bilderbuch zuzuordnen, das „die Vielsprachigkeit der Welt luftig und verspielt" (Winter 2012, U3) darstellen möchte.

Bei dem Bilderbuch handelt es sich um ein parallel mehrsprachiges Werk (vgl. Eder 2014, 8), welches das ursprünglich in der Sprache Deutsch in neun Versen geschriebene Gedicht *Kommt ein Boot...* auf jeder Doppelseite des Buches in eine andere Sprache übersetzt sowie bildlich dargestellt zeigt. In die grafische Gestaltung miteinbezogen werden Schlüsselwörter aus dem Text, die wiederum aus einer anderen Sprache als das Gedicht auf der jeweiligen Seite stammen. So finden auf den wenigen Seiten insgesamt 21 Sprachen Verwendung (Deutsch, Serbisch, Spanisch, Türkisch, Kroatisch, Englisch, Slowenisch, Russisch, Ungarisch, Französisch, Farsi; Schlüsselwörter zusätzlich in Polnisch, Suaheli, Chinesisch, Mazedonisch, Bosnisch, Albanisch, Italienisch, Arabisch, Rumänisch, Tschechisch). Nicht nur Schulfremdsprachen wie Englisch, Französisch oder Spanisch sind dabei, sondern auch Migrationssprachen wie Arabisch, Bosnisch, Türkisch etc. Hervorzuheben ist, dass auch verschiedene Schriftsysteme im Buch enthalten sind.

Claire Kramsch und Ulrike Jessner sprechen im Kontext von multilingualen Sprecherinnen und Sprechern von einer „translingual/transcultural competence", wobei es nicht darum geht, mehrere Sprachen auf Erstsprachenniveau zu beherrschen, sondern um eine Kompetenz, sich zwischen den Sprachen zu bewegen (Jessner/Kramsch 2015, 4). Diese multilinguale Kompetenz gleicht einem Kontinuum und ist aus soziologischer Perspektive beschreibbar „as the integrated, flexible, and dynamic use of multiple symobolic and semiotic resources" (Jessner/Kramsch 2015, 5). Zur Förderung translingualer Kompetenz haben Claire Kramsch und Michael Huffmaster bereits 2008 Didaktisierungsvorschläge geliefert und diese auch erprobt (vgl. Kramsch/Huffmaster 2008). Zentrales Anliegen des Unterrichtsentwurfes von Kramsch und Huffmaster ist es, Sprachen und Übersetzungen als arbiträr und unabgeschlossen hinsichtlich ihrer Bedeutung wahrzunehmen. Jenseits operationalisierbarer Übersetzungsprozesse, bei denen es um ein ‚Richtig' und ‚Falsch' geht, soll Sprache in ihrer Vielbedeutung erfahrbar werden, denn „language always means more than it says and says more than the speaker intended" (Kramsch/Huffmaster 2008, 294).

Das Bilderbuch *Kommt ein Boot...* kann hinsichtlich seines sprachlichen Inputs als ein sehr gehaltvolles literarisches Angebot in diesem Sinne gesehen werden, welches sich gut eignet, translinguale Kompetenzen mit Schülerinnen und Schülern lustvoll auf- und auszubauen.

Es gibt mehrere Funktionen, die der Multilingualität in diesem Werk zukommen. Zum einen fällt die *(sprachen)politische Dimension* auf, da durch die vielfältige Auswahl und hohe Anzahl der verwendeten Sprachen eine

Abbildung der realen, gesellschaftlichen Mehrsprachigkeit gewährleistet wird. Anhand der didaktischen Aufbereitung des Buches im Fach Deutsch mit einem Schwerpunkt auf das Thema Sprachenvielfalt kann daher das Bewusstsein für den Normalfall einer mehrsprachigen Gesellschaft geschaffen werden. Durch die Thematisierung im Unterricht in Form von mehrsprachigen kinder- und jugendliterarischen Werken kann darüber hinaus das Prestige der inkludierten Sprachen gesteigert werden, was wiederum dazu beitragen kann, sprachliche Diskriminierung abzubauen (vgl. Eder 2009, 36). Das Zurückgreifen auf eine derartig hohe Anzahl an Sprachen ist, verglichen mit anderen parallel mehrsprachigen Werken, die sich meist auf zwei oder drei Sprachen konzentrieren, hierbei als besonders positiv hervorzuheben. Im Vergleich zu anderen parallel mehrsprachigen Werken der Kinder- und Jugendliteratur ist bemerkenswert, dass durch die hohe Sprachenvielfalt keine binäre Sicht auf Mehrsprachigkeit entsteht, wie es bei der Mehrheit an mehrsprachigen Bilderbüchern der Fall ist, etwa bei parallel zweisprachigen Büchern mit einem deutschen Text und einer weiteren Sprache (meist Deutsch versus Erstsprache). Nur durch den bloßen Einbezug von mehreren Sprachen werden in der Lebenswelt vorhandene Sprachhierarchien noch nicht überwunden und durch das fehlende Hinterfragen derselben innerhalb der literarischen Werke laut Hodaie lediglich reproduziert (vgl. Hodaie 2018, 129 und 136). Wenn Multilingualität jedoch reflektiert eingebunden wird, kann der jeweilige literarische Text eine Manifestation für Heteroglossie, welche sich durch Sprachenvielfalt, Multidiskursivität und Vielstimmigkeit auszeichnet, darstellen (vgl. Busch 2013, 100 und Hodaie 2018, 129).

Zwar wird auch in *Kommt ein Boot...* gewissermaßen „das bloße Nebeneinander vieler Sprachen" (Hodaie 2018, 136) dargestellt – im Gegensatz zur realen gesellschaftlichen Mehrsprachigkeit, innerhalb derer Sprachen keineswegs als klar abgrenzbare Entitäten auftreten. Allerdings werden die parallelen Übersetzungen des Gedicht-Textes immer einerseits durch Schlüsselwörter in einer anderen Sprache umrahmt und andererseits in die Illustration eingebettet, welche die Textebene auf spezifische Art und Weise ergänzt beziehungsweise als gleichberechtigte Ebene zur Wirkung eines Bildes beiträgt (vgl. Abb. 1-5). *Kommt ein Boot...* als Gesamtheit der mehrsprachigen Text-Bild-Kompositionen erhebt daher auf sprachenpolitischer Ebene definitiv den Anspruch, Sprachenvielfalt, Multidiskursivität und Vielstimmigkeit erfahrbar zu machen.

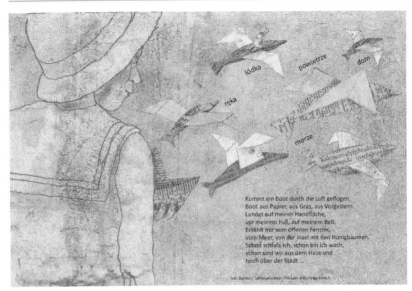

Abb. 1: Das Gedicht in deutscher Sprache mit polnischen Schlüsselwörtern, illustriert von Helga Bansch (Janisch u.a. 2012, U2f)

Wie in dem von Veronika Erwa Winter verfassten Nachwort zum Bilderbuch zu lesen ist, soll die verwendete Sprachenvielfalt eine Erweiterung des poetischen Raumes rund um das Gedicht gewährleisten. Durch die Kürze des Textes wird Freiraum geschaffen, um in den diversen Sprachen individuelle „Assoziationen, Erinnerungen, Träume" (Winter 2012, U3) entstehen zu lassen. Aus (sprachen)politischer Sicht kann die Geschichte des Bootes, das durch die Luft geflogen kommt, phantasievoll „vom offenen Fenster, vom Meer, von der Insel mit den Honigbäumen" (Janisch u.a. 2012, o.S.) erzählt und mit den Lesenden durch das offene Fenster fliegt, eine Einladung zu einer Phantasiereise darstellen, die die Lesenden zu einem (sprachen)politisch freien Ort mitnimmt. Ein solcher wird hier nicht nur durch die Vielfalt von Bild- und Textebenen und deren Zusammenspiel eröffnet, sondern auch durch die Funktion des lyrischen Genres, poetischen Freiraum zu schaffen. Der Mehrsprachigkeit kommen in diesem Bilderbuch somit auch Funktionen im *formal-ästhetischen Diskursbereich* zu (vgl. Eder 2014, 7), denn Multilingualität wird hier als Stilmittel eingesetzt, das für Mehrperspektivität steht und den Inhalt des Gedichts somit auch auf ästhetischer Ebene widerspiegelt.

Schlussendlich lassen sich in *Kommt ein Boot...* auch Funktionen der angewandten Mehrsprachigkeit aus dem *(sprachen)didaktischen Diskursbe-*

reich festmachen (vgl. Eder 2014, 8f). Schon der Untertitel des Gedichts, „in 11 Bildern und vielen Sprachen", lädt die Lesenden zur Auseinandersetzung mit Sprachen und zum Lernen derselben ein. Sprachvergleiche oder Übersetzungsübungen sind möglich, da das Gedicht durch seine Kürze Übersicht bietet. Auch die vielen Parallelismen („aus Papier, aus Gras, aus Vorgestern", „vom offenen Fenster, vom Meer, von der Insel", „Schon schlafe ich, schon bin ich wach, schon sind wir") sind hierbei hilfreich (vgl. Abb. 1).

Abb. 2: Das Gedicht in türkischer Sprache mit deutschsprachigen Schlüsselwörtern, illustriert von Verena Hochleitner (Janisch u.a. 2012, U2f)

Darüber hinaus hat die Komponente der Schlüsselwörter, die sich zusätzlich zum Gedichttext auf jeder Doppelseite befinden, einen hohen sprachendidaktischen Anspruch (vgl. Abb. 2): Die fünf Schlüsselwörter des Gedichts *Boot, Haus, Hand, Luft* und *Meer* sind jeweils in einer Sprache dargestellt, für die es keinen übersetzten Gedichttext gibt (mit Ausnahme von Deutsch). Aufgrund der niedrigen Anzahl ist es teilweise möglich, die fünf Begriffe mithilfe von Sprachvergleichen richtig zuzuordnen. Bei den polnischen Schlüsselwörtern helfen beispielsweise Sprachkenntnisse aus der slawischen Sprachfamilie, *dom* als *Haus* und *morze* als *Meer* zu identifizieren, auch Latein (*domus*) kann hier weiterhelfen und die Verbindung zum deutschen Begriff Dom („große Kirche – großes Haus") hergestellt werden (vgl. Abb. 1). Derartige Überlegungen mögen an ein Suchrätsel erinnern, doch sollten die sprachlichen Fähigkeiten der Lernenden, auch wenn sie sich erst in der Sekundarstufe I befinden, nicht unterschätzt werden, gerade wenn im Team gearbeitet werden kann. Ein Paradebeispiel für die didaktische Dimension, die im Zusammenspiel von Text- und Bildebene entsteht, stellt die Doppelseite der albanischen Schüsselwörter dar. Hier stehen die fünf Begriffe in der Nähe von Bildelementen, die auf ihre Bedeutung schließen lassen (vgl. Abb. 3): *era* schwebt geradezu in einem **luft**igen Windhauch, der als hellblau-weißer Verlauf gezeichnet ist, *dora* berührt den Daumen einer fein gezeichneten **Hand**, *shtëpia* steht neben einem winzig kleinen **Haus**, *barka* unterhalb des fliegenden **Bootes** und *deti* neben einem Fisch im **Meer**essand.

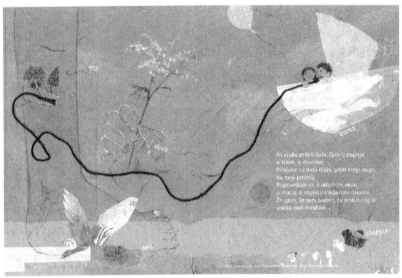

Abb. 3: Das Gedicht in slowenischer Sprache mit albanischen Schlüsselwörtern, illustriert von Dorothee Schwab (Janisch u.a. 2012, o.S.)

Nach dieser Analyse der Form und der Funktionen von Mehrsprachigkeit in *Kommt ein Boot...*wird im Folgenden vorgestellt, wie diese anhand des *Literature und Language Awareness*-Ansatzes (Rösch 2017; 2021) für die Lernenden erfahrbar gemacht und im Sinne der Verbindung von sprachlicher und literarischer Bildung durch ein ganzheitliches Konzept aufbereitet werden können.

1.2. Anknüpfungspunkte für das Konzept *Literature* und *Language Awareness*

Das Gedicht *Kommt ein Boot...* bietet die Möglichkeit, mithilfe des Language Awareness-Ansatzes vor allem auf der kognitiven (inkl. performativen) und affektiven Ebene zu arbeiten (vgl. James/Garrett 1992, 12f). Die Verbindung mit Literature Awareness dient einer ganzheitlichen Erarbeitung des Gedichts in seiner vollen Wirkung, worauf Rösch insgesamt in Bezug auf mehrsprachige Kinder- und Jugendliteratur hinweist (vgl. Rösch 2017, 52).

Auf der kognitiven Ebene sollen Strukturen, Regeln und Muster von Sprache bewusst gemacht und damit metasprachliche Kompetenzen auf- und ausgebaut werden. Die didaktischen Funktionen der Mehrsprachigkeit in diesem Bilderbuch bieten ideale Anknüpfungspunkte, um solche kognitiven Kompetenzen zu vertiefen. Language Awareness-Methoden wie Sprachvergleiche oder Transfer-Übungen können hierfür eingesetzt und die verschiedenen Sprachsysteme betrachtet werden. Nicht nur die verschiedenen Sprachen, auch die im Buch enthaltenen Schriften bieten Gelegenheit, die sprachliche Wahrnehmung zu schulen und sich hierbei – möglicherweise zum ersten Mal – bewusst zu machen, dass weltweit verschiedene Schriftsysteme bestehen.

Abb. 4: Das Gedicht in russischer Sprache mit italienischen Schlüsselwörtern, illustriert von Annett Stolarski (Janisch u.a. 2012, o.S.)

Die hohe Anzahl an Text-Versionen in den verschiedenen Sprachen bietet sogar die Möglichkeit, ähnliche Sprachen in Sprachfamilien (slawische, romanische etc.) zu sammeln, was die Lernenden induktiv (mit Hilfe durch die Lehrperson oder selbstständig) versuchen können. Durch eine Diskussion der verschiedenen Syntax-Versionen können Gemeinsamkeiten und Unterschiede zwischen den Sprachen identifiziert werden, wie zum Beispiel, dass im deutschen, spanischen, türkischen, russischen und ungarischen Gedicht das Verb an erster Stelle steht, bei anderen Versionen hingegen der Ausdruck für „durch die Luft"/‚hoch oben' (wörtliche Übersetzung der entsprechenden Passage im ungarischen und russischen Gedicht) oder **ein Boot**. Anhand einer Transfer-Übung mit dem ersten Gedichtvers kann dies anschaulich demonstriert werden:

	Vor dem Verb	**Verb(Teil)**	**nach dem Verb**	**Verb**
Deutsch		Kommt	**ein Boot** durch die Luft	geflogen
Serbisch	кроз ваздух	долету	брод	
Spanisch		LLega	un barco volando a través del aire	
Englisch	**A boat**	comes flying	through the air	
Türkisch		Uçarak	bir kayik gelir	
Kroatisch	Kroz zrak	doleti	brod	
Slowenisch	Po zraku	prileti	čoln	
Russisch		принес	ветер лодку	
Ungarisch		Jön	egy csónak a magasban	szállva
Französisch	**Un vaisseau**	surgit	des airs	

An dieser Stelle ist darauf hinzuweisen, dass in Verbindung mit Literature Awareness auch spezifische Abweichungen der Syntax innerhalb des Genres Lyrik behandelt werden können. Anhand des Beispiels *Verbstellung im Satz* kann veranschaulicht werden, dass dieser kontrastive Vergleich Aufschluss über die Syntax verschiedener Sprachsysteme geben kann. Dabei wird etwa deutlich, dass die syntaktischen Strukturen verschiedener Sprachen mitunter sehr unterschiedlich sind. Vermutlich verfügen die Lernenden bezüglich dieser Unterschiede (zumindest) über implizites Grammatikwissen. Auch in Hinblick auf Satzart und Textsorte kann die

Verbstellung variieren, denn im deutschen Aussagesatz stünde das Verb an zweiter Stelle, was auch die Lernenden vermutlich sofort bemerken würden. Durch eine Problematisierung in Form der Frage *Warum darf das Verb (in den ersten drei Sätzen) an erster Stelle stehen, obwohl wir es anders gelernt haben?* können die Schülerinnen und Schüler ihre Sprachbewusstheit auf der kognitiven Ebene dahingehend vertiefen, zu erkennen, dass in der Gattung Lyrik freiere Satzkonstruktionen möglich und üblich sind. Die Wirkung der in der Prosa gängigen Form „Ein Boot kommt durch die Luft geflogen" könnte mit der lyrischen Version verglichen und darüber entschieden werden, welche Variante die Stimmung des Gedichts besser transportiert. Anhand dieses Beispiels können die Lernenden ihre Literature und Language Awareness verknüpft trainieren, sprachliches Lernen geht dabei mit einer literarischen Akzentuierung einher.

Ein weiteres, diskutierbares Grammatikphänomen könnte das (Nicht-)Vorhandensein von Artikeln darstellen und die Frage, wie das Geschlecht von Nomina gekennzeichnet wird, wenn keine Artikel verwendet werden. Auf der kognitiven Ebene bietet es sich auch an, Vergleiche bezüglich der Semantik anzustellen. Folgende Fragen können Denkanstöße geben: *Entsprechen sich Ausdrücke wortwörtlich? Wenn nicht, gibt es Abweichungen, die in mehreren Übersetzungen vorkommen?*

Im russischen Gedicht wird das Boot beispielsweise (wortwörtlich) ‚vom Wind gebracht' (vgl. Abb. 4) und im französischen ‚erhebt es sich aus den Lüften' (vgl. Abb. 5).

Auch bezüglich der anderen Verse bestehen zwischen den verschiedenen Sprachen Unterschiede in der semantischen Entsprechung. Ziel der Auseinandersetzung mit dem parallel mehrsprachigen Gedicht auf der kognitiven Ebene soll es nicht sein, sämtliche diskutierbare Sprachphänomene zu identifizieren und zu analysieren, denn es ist nicht das Ziel von Language-Awareness-Methoden, explizites Grammatikwissen (in den einzelnen Sprachen) zu erlernen. Vielmehr geht es auf der kognitiven Ebene darum, ein Bewusstsein für die vielfältigen Möglichkeiten sprachlichen Ausdrucks zu entwickeln und zu verstehen, dass bezüglich der Strukturen, Regeln und Muster in den verschiedenen Sprachen Gemeinsamkeiten und Unterschiede bestehen. Außerdem kann nicht oft genug betont werden, dass im Umgang mit mehrsprachiger Kinder- und Jugendliteratur keine Reduktion derselbigen auf bloße Grammatik-Lernmittel erfolgen darf (vgl. Rösch 2017, 47).

Noch auf einer weiteren Ebene, der affektiven, hat der Language-Awareness-Ansatz in der Arbeit mit *Kommt ein Boot...* zudem in Verbindung mit einer literaturdidaktischen Perspektive besonderes Potenzial für den

Abb. 5: Das Gedicht in französischer Sprache mit rumänischen Schlüsselwörtern, illustriert von Sibylle Vogel (Janisch u.a. 2012, o.S.)

Sprachunterricht. „Die affektive Domäne von Language Awareness fokussiert auf die Einstellungen der Lernenden zu sprachlichen Phänomenen und auf damit in Zusammenhang stehende Gefühlsäußerungen" (Eder 2016, 67). Im Zentrum stehen dabei die „Einstellungen zu und Freude an Sprachen" (Luchtenberg 2014, 108). Beides kann durch den Einbezug des mehrsprachigen Gedichts im Unterricht in positiver Art und Weise gefördert werden, wobei Mehrsprachigkeit sowohl als Ressource als auch als literarisches Gestaltungsmittel begriffen werden kann. Funktionen der Mehrsprachigkeit aus dem formal-ästhetischen und (sprachen)politischen Diskursbereich sind hier als Anknüpfungspunkte zu betrachten. Im Unterrichtsgespräch bieten sich in diesem Zusammenhang folgende Fragen an: Warum ließ der Autor das Gedicht in so vielen verschiedenen Sprachen und Bildern darstellen? In welcher Beziehung stehen der Inhalt des Gedichts und die Form des Bilderbuches? Damit einhergehend kann auf die persönliche Wirkung des Textes Bezug genommen werden, denn Literatur hat auch immer „eine spezifische literarische Lesart" (Rösch 2017, 39) inhärent, die bei der Beschäftigung mit mehrsprachiger Kinder- und Jugendliteratur nicht ausgespart werden darf. Hierbei stehen Fragen der persönlichen Interpretation im Vordergrund sowie nach möglichen Bildern, die durch das Lesen des Gedichts hervorgerufen werden.

Darüber hinaus ist auf der affektiven Ebene die besondere Wirkung von lyrischen Texten hervorzuheben, denn durch ihre Nähe zur Musik gelingt es der mehrsprachigen Lyrik, die Lesenden in spezifischer Art und Weise zu berühren. Gerade Kinder und Jugendliche sind aufgrund der Bedeutung von Musik in ihrem Leben und ihrer Beziehung zu jener besonders sensibel für den Klang von Sprachen (vgl. Kertz-Welzel/Comploi 2018, 32). Kertz-Welzels und Complois Ausführungen zu einer ästhetischen Perspektive auf „Mehrsprachigkeit und Mehr-Stimmigkeit" (2018, 26) können auch für *Kommt ein Boot...* Aufschluss geben:

> „Umgeben von einer musikalischen und sprachlichen Polyphonie bewegen wir uns in einem Musik- und Sprachenmeer und versuchen in dieser Mehrstimmigkeit in den Klang und die Ästhetik der jeweiligen Sprache und Musik hineinzuhören." (Kertz-Welzel/Comploi 2018, 26)

Mehrsprachigkeit als Mehrstimmigkeit aufzufassen gibt Anlass, das affektive Potenzial der klanglichen Ausgestaltung von Sprachen für sprachliche und literarische Lernprozesse zu nutzen. Wenn die Sprachen im Bilderbuch sozusagen zum Leben erweckt und laut vorgetragen werden, können alle Anwesenden deren individuelle Rhythmen und Klänge erfahren und diese auf der emotionalen Ebene generierten Erlebnisse in die literarische Reflexion mit einfließen lassen. Durch die „Magie des Klanges, der sich je nach Sprache unterscheidet" (Kertz-Welzel/Comploi 2018, 31) entstehen beim Zuhören ästhetische Erfahrungen, die Verstand und Gefühl verbinden und die Phantasie anregen. Das laute Vorlesen des Gedichts in den verschiedenen Sprachen kann einerseits im Sinne von Language Awareness Sensibilität für die spezifische Prosodie einer Sprache (Klang, Rhythmus, Melodie, Intonation) schaffen, andererseits können durch die ästhetische Erfahrung während des Zuhörens literarische Schreibprozesse in Gang gesetzt werden, die sich beispielsweise als traumhafte Bootsreise in Form einer Phantasiegeschichte manifestieren. Aus Perspektive der sprachenpolitischen Funktion von Mehrsprachigkeit ist darüber hinaus in einem produktionsorientierten Unterricht die Gestaltung eines gemeinsamen, mehrsprachigen Hörbuchs anzudenken, wodurch Sprachen, die im Unterricht bisher möglicherweise wenig thematisiert wurden, Raum zur klanglichen Entfaltung bekommen. Im Sinne von Literature Awareness regt das laute Vorlesen des Gedichts zur verstärkten Wahrnehmung von der Lyrik innewohnenden Charakteristika wie der lautlichen Qualität der verwendeten sprachlichen Ausdrücke an. Am deutschen Beispiel sei auf Assonanzen (Hervorhebungen von Veronika Winter) hinzuweisen, wie im ersten Vers „K**o**mmt ein B**oo**t (...) gefl**o**-

gen" oder die Alliteration „**Sch**on **sch**lafe" ich bzw. die Anaphern („**schon** bin ich wach, **schon** sind wir aus dem Haus"; „**aus** Papier, **aus** Gras, **aus** Vorgestern."). Sprachliches und literarisches Lernen kann durch die skizzierten didaktischen Ansätze verbunden stattfinden, auf der um emotional-ästhetische Faktoren erweiterten affektiven Ebene, die (positive) Einstellungen zu Mehrsprachigkeit und die Freude am Umgang mit Sprachen fördert. Die parallel mehrsprachige Form des Gedichts muntert die Lernenden regelrecht dazu auf, den „Klängen unterschiedlicher Sprachen nachzuspüren" (Winter 2012, U3).

2. Didaktisierung

Nachdem durch die Analyse des parallel mehrsprachigen Bilderbuches dargelegt wurde, inwiefern dieses Anknüpfungspunkte für das Konzept Literature und Language Awareness bietet, wird im Folgenden eine Didaktisierung für die 5. bis 6. Schulstufe vorgestellt.

> Unterrichtsmaterial 1: **Das Cover** (Plenum)
>
> Heute beschäftigen wir uns mit dem Gedicht *Kommt ein Boot...* von Heinz Janisch u.a. (2012), das wir in vielen Sprachen und Bildern kennen lernen werden.
>
>
>
> Betrachtet das Cover des Bilderbuches. Worum könnte es in diesem Gedicht gehen? Erzählt der Klasse von euren Vermutungen.

Mit ihr sollen die Lernenden immer tiefer in das im Bilderbuch thematisierte Sprachenmeer „abtauchen" können, wobei sich die Schülerinnen und Schüler von der piktoralen Ebene (zum Beispiel des Covers; vgl. Unterrichtsmaterial 1) über den deutschen Text (vgl. Unterrichtsmaterial 2) zu den Versionen in ausgewählten Sprachen bewegen.

> Unterrichtsmaterial 2: **Die deutsche Version**
> (Einzel- und Partnerarbeit)
> Lehne dich entspannt zurück, denn zuerst liest deine Lehrperson das Gedicht in deutscher Sprache vor. Lese den Text danach noch einmal leise in deinem eigenen Tempo und tausche dich mit deiner Partnerin oder deinem Partner aus.
> * Um was geht es in dem Gedicht?
> * Welche Bilder kommen euch beim Lesen in den Sinn?
> * Besprecht den Inhalt und die Wirkung des Gedichts auf euch gemeinsam.
> * Welche (deutschen) Wörter sind eurer Meinung nach die Schlüsselwörter des Gedichts? Schreibt diese auf.
> * Woran könnt ihr erkennen, dass es sich bei diesem Text um ein Gedicht handelt? Durch welche Merkmale unterscheiden sich Gedichte von anderen Texten? Notiert eure Ideen in Stichworten.
> * Was könnte der Grund dafür sein, dass der Autor das Gedicht in so vielen verschiedenen Sprachen und Bildern präsentiert?

Die Frage *Was könnte der Grund dafür sein, dass der Autor das Gedicht in so vielen verschiedenen Sprachen und Bildern präsentiert?* lässt die Lernenden darüber nachdenken, wie Mehrsprachigkeit als Mehrstimmigkeit und übergreifend als Mehrperspektivität aufgefasst werden kann.

Das Nachdenken über die Bedeutung von Form und Inhalt des literarischen Genres Lyrik am Beispiel von *Kommt ein Boot...* leistet an dieser Stelle einen Beitrag zur Ausbildung von Literature und Language Awareness, die nach Rösch in drei Schritten erfolgt:
  (i) Aufmerksamkeit schaffen,
  (ii) Reflexion und Diskussion anregen und
  (iii) Bewusstheit des eigenen Lernprozesses (vgl. Rösch 2021, 30f).
Hier wird didaktisch der zweite Schritt umgesetzt. Dabei werden die Schülerinnen und Schüler angeregt, „über Gebrauch und Funktion von Sprache/n im Werk und ihre Wirkung im Rezeptionsprozess" nachzudenken (Rösch 2021, 30).

Nun begeben sich die Schülerinnen und Schüler auf eine *Forschungsreise durch ein Sprachenmeer*. Im Zuge dessen können die Lernenden nicht nur bisher unbekannte Sprachen näher kennenlernen, sondern auch als

Expertinnen und Experten der ihnen vertrauten Sprachen fungieren und ihr Wissen dann mit der gesamten Klasse inklusive der Lehrperson teilen, womit eine „Demokratisierung des Lernprozesses" (Eder 2009, 62) einhergeht. Zu beachten gilt hierbei, dass die Lernenden niemals als Repräsentantinnen oder Repräsentanten einer Sprache oder Kultur dargestellt und damit kulturalisiert werden dürfen (vgl. Eder 2009, 67f). Die Auseinandersetzung mit (Erst-)Sprachen im Unterricht verlangt ein hohes Maß an Sensibilität und sollte stets die Freiwilligkeit der Lernenden in den Vordergrund stellen. Formulierungen wie ‚Erwähne die Sprachen, die du angeben möchtest' oder ‚Erwähne jene Sprachen, die du den anderen vorstellen möchtest' ermöglichen den Lernenden persönlichen Entscheidungsfreiraum.

> Unterrichtsmaterial 3:
> **Forschungsreise durch ein Sprachenmeer**
> (Kleingruppenarbeit, ca. 3 Personen)
>
> Nun beschäftigen wir uns mit dem ganzen Bilderbuch. Begebt euch als Gruppe auf eine Forschungsreise durch dessen Sprachenmeer und beantwortet folgende Fragen:
> * Wie viele Sprachen kommen in dem Buch insgesamt vor? Kennt ihr deren Namen? Erstellt eine Liste.
> * Wie viele verschiedene Schriften werden in dem Buch verwendet?
> * Wie viele von den Sprachen, die im Buch vorkommen, kann eure Gruppe verstehen? Welche sind das?

Im Zuge der *Forschungsreise durch ein Sprachenmeer* (Unterrichtsmaterialien 3) sollen die Lernenden nach Gemeinsamkeiten und Unterschieden zwischen den Sprachen suchen. Die Aufgabe ist bewusst sehr offen gestellt. Ein Vorzug des Bilderbuches besteht darin, dass sich hier viele Schülerinnen und Schüler mit ihren Sprachkenntnissen einbringen können, denn auch wenn ‚nur' fünf Schlüsselwörter einer spezifischen Sprache verstanden werden, kann dieses spezielle sprachliche Wissen in der Teamarbeit einen wichtigen Beitrag leisten. Die Lernenden sollen bei dieser Aufgabe also induktiv und selbstständig vorgehen, was hinsichtlich der Kürze und Übersichtlichkeit des Gedichttextes gut umsetzbar scheint.

In der anschließenden Besprechung der Ergebnisse im Plenum kann die Lehrperson je nach Niveau verschiedene Denkanstöße zur weiteren sprachlichen Reflexion geben. Da der hier vorgestellte Unterrichtsvorschlag für die 5. bis 6. Schulstufe angedacht ist, sollte keinesfalls eine Überforderung entstehen. Außerdem sollte die ästhetische Komponente des literarischen Textes micht durch grammatische Analysen in den Hintergrund gedrängt werden, was auch dem Konzept Language Awareness nicht gerecht werden würde. Vielmehr soll das Unterrichtskonzept dazu dienen, Mehrsprachigkeit, u.a. durch die kooperative Erstellung eines Hörbuches (Unterrichtsmaterial 4), als gemeinsame Ressource zu begreifen, so wie es auch die österreichischen Lehrpläne für die Mittelschulen und allgemein bildenden höheren Schulen explizit vorsehen (vgl. dazu auch den Lehrplan der Mittelschulen, Bundesministerium 2022a, 8; 2022b, 12). Das laute Lesen der verschiedenen Textversionen gibt Sprachen, die im Unterricht bisher wenig thematisiert wurden, Raum und lässt die Lernenden deren individuelle Rhythmen und Klänge erfahren (vgl. Kertz-Welzel/Comploi 2018, 31f und Kapitel 1.2.). Gleichzeitig können die Lernenden durch Lautleseverfahren ihre Leseflüssigkeit trainieren, wobei bezogen auf das Genre Gedicht vor allem die sinngemäße Betonung und der Leseausdruck eine Rolle spielen.

Unterrichtsmaterial 4: **Mehrsprachiges Hörbuch**
(Plenum und Kleingruppenarbeit)

Nun sollen die vielen entdeckten Sprachen auch zu Wort kommen. Erstellt gemeinsam ein Hörbuch, in dem das Gedicht in allen Sprachen vorgelesen wird, die in eurer Klasse gesprochen und/oder verstanden werden. Einigt euch im Plenum, wer welche Sprache übernehmen möchte und bildet Gruppen.
Ihr könnt einzeln nacheinander, im Tandem oder im Chor laut lesen. Übt das Vorlesen des Gedichts in eurer Gruppe, bis ihr es gut vortragen könnt.
Für das Hörbuch nehmen wir Euren Vortrag dann mit einem Diktiergerät auf.

Das Erstellen eines Hörbuches bietet sich im Sinne der Lesedidaktik von Rosebrock und Nix (2014) als motivierende Rahmenhandlung an. Die stimmlichen Inszenierungen können zusätzlich als kreativitätssteigernde Impulsgeber für literarische Schreibaufgaben wie eine Phantasiegeschichte (Unterrichtsmaterial 5) umgesetzt werden.

> **Unterrichtsmaterial 5: Persönliche Vorstellungen** (Einzelarbeit)
> Mittlerweile hast du das Gedicht vom Boot schon in vielen Versionen gehört und gelesen. Nun geht es um deine ganz persönlichen Vorstellungen, die dir beim Lesen und Zuhören in den Sinn gekommen sind. Erstelle eine Mindmap, in deren Mitte du „Kommt ein Boot..." schreibst. Welche Gedanken oder Wörter fallen dir zu dem Gedicht ein? Du kannst auch Bilder dazu zeichnen, deiner Kreativität sind keine Grenzen gesetzt.
> Stelle Dir nun vor, das Boot aus dem Gedicht würde dich tatsächlich eines Tages von deinem Zimmer abholen. Schreibe zu dem Gedicht eine Geschichte und lasse die Leserinnen und Leser erfahren, zu welchem phantastischen Ort dich das Boot gebracht hat.

Ein anschließendes Abtauchen in die eigenen Assoziationen (vgl. Unterrichtsmaterial 5) gewährleistet, dass sich die Lernenden nicht nur in der Gruppe, sondern auch persönlich mit der Form und Wirkung des Gedichts auseinandersetzen, denn dieses ist „frei für weitere Geschichten und Erzählungen" (Winter 2012, U3), die nur darauf warten, produktiv umgesetzt zu werden.

> **Unterrichtsmaterial 6: Unser Sprachenmeer** (Gruppenarbeit)
> Gestaltet abschließend als Klasse ein gemeinsames Poster, auf dem eure Gedanken und die vielen Sprachen unseres Sprachenmeeres festgehalten sind.
> Wenn das Plakat fertig ist, könnt ihr es abfotografieren und als Cover eures Hörbuches verwenden.
> Faltet Papierboote, die ihr mit Gedanken oder für euch wichtigen Wörtern in verschiedenen Sprachen verziert.

Die Gestaltung eines Sprachenmeeres als gemeinsames Poster der Klasse (vgl. Unterrichtsmaterial 6) bietet den Schülerinnen und Schülern Raum, abschließend ihre Gedanken sowohl sprachlich als auch bildlich festzuhalten und miteinander zu teilen. Diese Herangehensweise wurde von der Einladung am Ende des Buches, eine eigene Boot-Geschichte oder eine weitere Übersetzung zu schreiben bzw. zu zeichnen, inspiriert. Hier wird Platz geboten, um im Bilderbuch selbst eine weitere, persönliche Version des Gedichts zu schreiben und zudem eine „Anleitung zum Bootfalten" (Janisch u.a. 2012, o.S.) eingefügt. Die Reise durch ein Sprachenmeer kann damit ein kindgerechtes, verspieltes Ende finden.

3. Conclusio und Ausblick

Im vorliegenden Beitrag konnte veranschaulicht werden, inwiefern sprachliches und literarisches Lernen kreativ verbunden werden können. *Kommt ein Boot...* von Heinz Janisch (2012) ist hierfür insofern interessant, weil dessen Zusammenspiel von Inhalt und Form sowohl die Vielsprachigkeit der Welt abbildet als auch das Tor für eine Vielzahl von Assoziationen und individuellen Träumen rund um das Gedicht öffnet. Im Sinne einer *Kinder- und Jugendliteratur der Vielfalt* kann *Kommt ein Boot...* somit als ein Plädoyer für die Wertschätzung sprachlicher Vielfalt und damit einhergehender Mehrperspektivität gelesen werden. Das Bilderbuch bietet eine Vielzahl von Anknüpfungspunkten für die Förderung von Literature und Language Awareness im Unterricht und verführt durch seine Konzeption, die Verbindung aus piktoraler Gestaltung, lyrischem Text und Schlüsselwörtern, regelrecht zum sprachlichen und literarischen Lernen. Die hohe Anzahl an verschiedenen Sprachen und Schriftsystemen lädt sowohl Lernende als auch Lehrpersonen zu einer Wahrnehmungsschulung ein. Sowohl DaZ als auch Deutsch-als-Erstsprache Lernende können ihr sprachliches Wissen während gemeinsamer Übungsaufgaben und Diskussionen kooperativ erweitern und vertiefen. Sprachliche Vielfalt als Lerngegenstand (vgl. Rösch 2017, 52) wird hier produktionsorientiert umgesetzt. Bei der Auseinandersetzung mit dem Bilderbuch ist es möglich, die sprachliche und literarische Reflexion eng miteinander zu verknüpfen und damit der Umsetzung des Konzepts Literature und Language Awareness gerecht zu werden. Die besonderen Möglichkeiten, die Janischs mehrsprachiges Bilderbuch für den Deutschunterricht in der Migrationsgesellschaft bietet, sollten unseres Erachtens als Anlass genommen werden, weitere Bücher zu konzipieren, die diesem Beispiel folgen.

4. Bibliographie

4.1. Primärliteratur

Janisch, Heinz u.a. (2012): Kommt ein Boot... Ein Gedicht in 11 Bildern und vielen Sprachen. – St. Pölten/Salzburg/Wien: Residenz.

4.2. Sekundärliteratur

Bundesministerium für Unterricht, Kunst und Kultur (2022a): Gesamte Rechtsvorschrift für Lehrpläne der Mittelschulen, Fassung von 2. November 2022. – https://www.ris.bka.gv.at/GeltendeFassung/Bundesnormen/20007850/Lehrpl%c3%a4ne%20-%20Neue%20Mittelschulen%2c.pdf (9. Dezember 2022)
Bundesministerium für Unterricht, Kunst und Kultur (2022b): Gesamte Rechtsvorschrift für Lehrpläne – allgemeinbildende höhere Schulen, Fassung vom 29. November 2022. – https://www.ris.bka.gv.at/GeltendeFassung/Bundesnormen/10008568/Lehrpl%c3%a4ne%20%e2%80%93%20allgemeinbildende%20h%c3%b6here%20Schulen%2c%20Fassung%20vov%2029.11.2022.pdf (9. Dezember 2022)
Busch, Brigitta (2013): Mehrsprachigkeit. – Wien: Facultas.
Eder, Ulrike (2009): Mehrsprachige Kinder- und Jugendliteratur für mehrsprachige Lernkontexte. – Wien: Praesens.
Eder, Ulrike (2014): Mehrsprachigkeit interpretieren. Eine exemplarische Literaturanalyse des Bilderbuchs *Die letzten Riesen* von François Place. – Wien: STUBE – Studien- und Beratungsstelle für Kinder- und Jugendliteratur (focus. Fernkurs Kinder- und Jugendliteratur).
Eder, Ulrike (2016): Hilfe! Help! Aiuto! Sprachliche Bildung in DaZ durch Language und Literature Awareness in einem mehrsprachigen Bilderbuch von Basil Schader und Jürg Obrist. In: interjuli. Internationale Kinder- und Jugendliteraturforschung, H. 1 (Themenschwerpunkt: Mehrsprachigkeit in der Kinder- und Jugendliteratur), S. 87-103.
Hodaie, Nazli (2018): Mehrsprachige Bilderbücher zwischen Verlag und Didaktik. In: Ballis, Anja/Pecher, Claudia Maria/Schuler, Rebecca (Hrsg.): Mehrsprachige Kinder- und Jugendliteratur: Überlegungen zur Systematik, Didaktik und Verbreitung. – Baltmannsweiler: Schneider Hohengehren, S. 127-138.
James, Carl/Garrett, Peter (Hrsg.) (1992): Language Awareness in the Classroom. – London/New York: Longman.
Jessner, Ulrike/Kramsch, Claire (2015): Introduction. The Multilingual Challenge. In: Jessner, Ulrike/Kramsch, Claire (Hrsg.): The Multilingual Challenge. – Berlin/Boston: De Gruyter, S. 1-18.
Kertz-Welzel, Alexandra/Comploi, Franz (2018): Mehrsprachigkeit und „Mehrstimmigkeit" – Die ästhetische Perspektive. In: Ballis, Anja/Pecher, Claudia Maria/Rebecca Schuler (Hrsg.): Mehrsprachige Kinder- und Jugendliteratur: Überlegungen zur Systematik, Didaktik und Verbreitung. – Baltmannsweiler: Schneider Hohengehren, S. 25-38.

Kramsch, Claire/Huffmaster, Michael (2008): The Political Promise of Translation. In: FLuL – Fremdsprachen Lehren und Lernen, Jg. 37, H. 1, S. 283-297.

Luchtenberg, Sigrid (2014): Language Awareness. In: Ahrenholz, Bernt/Oomen-Welke, Ingelore (Hrsg.): Deutsch als Zweitsprache, 3. Auflage (Deutschunterricht in Theorie und Praxis 9). – Baltmannsweiler: Schneider Hohengehren, S. 107-117.

Niederhaus, Constanze/Havkic, Amra (2018): Mehrsprachigkeit wertschätzen und einbeziehen. In: Kalkavan-Aydin, Zeynep (Hrsg.): DaZ/DaF Didaktik. Praxishandbuch für die Sekundarstufe I und II. – Berlin: Cornelsen.

Rösch, Heidi (2000): Perspektivenwechsel in der Deutschdidaktik. In: Griesmayer, Norbert/Wintersteiner, Werner (Hrsg.): Jenseits von Babylon. Wege zu einer interkulturellen Deutschdidaktik. – Innsbruck/Wien/München: Studien Verlag, S. 35-49.

Rösch, Heidi (2016): Sprachliche Bildung in der Migrationsgesellschaft. In: Wegner, Anke/Dirim, İnci (Hrsg.): Mehrsprachigkeit und Bildungsgerechtigkeit. Erkundungen einer didaktischen Perspektive (Mehrsprachigkeit und Gerechtigkeit 1). – Opladen/Berlin/Toronto: Budrich, S. 287-302.

Rösch, Heidi (2017): Language und Literature Awareness im Umgang mit Kinder- und Jugendliteratur. In: Eder, Ulrike/Dirim, İnci (Hrsg.): Lesen und Deutsch lernen. Wege der Förderung früher Literalität durch Kinderliteratur (Kinder- und Jugendliteratur im Sprachenunterricht 4). – Wien: Praesens, S. 35-56.

Rösch, Heidi (2021): Literature und Language Awareness (LitLA). In: Titelbach, Ulrike (Hrsg.): Mehr Sprachigkeit. Unterrichtsvorschläge für die Arbeit mit mehrsprachiger Literatur in der Sekundarstufe (Kinder- und Jugendliteratur im Sprachenunterricht 7). – Wien: Praesens, S. 17-39.

Rosebrock, Cornelia/Nix, Daniel (2015): Grundlagen der Lesedidaktik und der systematischen schulischen Leseförderung. – Baltmannsweiler: Schneider Hohengehren.

Winter, Veronika Erwa (2012): Nachwort. In: Janisch, Heinz u.a. (2012): Kommt ein Boot… Ein Gedicht in 11 Bildern und vielen Sprachen. – St. Pölten/Salzburg/Wien: Residenz, U3.

Wintersteiner, Werner (2006): Poetik der Verschiedenheit. Literatur, Bildung, Globalisierung. – Klagenfurt/Celovec: Drava.

Martina Schuch

„Worte, die man mir nicht sagt"
Funktionen mehrsprachiger Literatur und ihre Anwendung im Unterricht am Beispiel eines Jugendbuches in den Sprachen Französisch, Deutsch und Gebärdensprache

Als eines der wichtigsten Argumente für den Einsatz von jugendliterarischen Texten im Unterricht gilt das Identifikationspotential, das diese durch altersgemäß passende Themen und gleichaltrige Protagonistinnen und Protagonisten anbieten (vgl. O'Sullivan/Rösler 2013, 44). Das gilt gleich zweifach für mehrsprachige Jugendbücher. Wenn von einem „direkten Zugang zur Lebenswelt" (O'Sullivan/Rösler 2013, 44) der Jugendlichen die Rede ist, spielt Mehrsprachigkeit dabei eine wichtige Rolle. Ob in der Schule, Familie oder Gesellschaft – die lebensweltliche Realität für immer mehr Schülerinnen und Schüler ist plurilingual und interkulturell. Das sollte sich auch in der Auswahl der Klassenlektüre widerspiegeln. Mehrsprachige (Jugend-)Literatur erfüllt verschiedene Funktionen, an die im Unterricht angeknüpft werden kann. Besonders ergiebig erscheint hier das Konzept der Language Awareness, das der Didaktisierung in diesem Beitrag zugrunde liegt und eine vielfältige Auseinandersetzung mit Sprache(n) eröffnet. Mit der Analyse der Funktionen von Mehrsprachigkeit im Buch *Worte, die man mir nicht sagt* und den daran anschließenden Unterrichtsvorschlägen in diesem Beitrag möchte ich außerdem aufzeigen, welche vielfältigen Möglichkeiten die Beschäftigung mit mehrsprachigen Jugendbüchern bereitstellt, wenn diese bisher kaum wahrgenommene Sprachen wie die Gebärdensprache in den Mittelpunkt der Aufmerksamkeit stellen.

1. Einleitung

„Mehrsprachigkeit schafft mehr Sprachlichkeit" (Knauth 2004, 265). In diesem Sinne soll auch der vorliegende Beitrag zu Véronique Poulains Buch *Worte, die man mir nicht sagt* zu mehr Sprachlichkeit beitragen. Das

Buch rückt eine Sprache in den Vordergrund, die gesellschaftlich nach wie vor eine Randstellung aufweist: Die Gebärdensprache. An dieser Stelle sei darauf hingewiesen, dass es *die* eine Gebärdensprache nicht gibt, aber die meisten Gebärdensprachen eins gemeinsam haben – sie werden kaum wahrgenommen. Dieses Schicksal teilen sie mit vielen anderen auto- und allochthonen Minderheitensprachen. Daher kann eine Beschäftigung mit Gebärdensprache im Unterricht nicht nur ihre Aufwertung bewirken, sondern auch die Aufmerksamkeit auf die Realität gesellschaftlicher Mehrsprachigkeit richten.

Die Frage, inwiefern es sich beim gewählten Primärtext um ein mehrsprachiges Jugendbuch handelt, soll gleich zu Beginn erläutert werden. Mehrsprachigkeit im Text kann unterschiedliche Formen annehmen und einige davon sind auch in *Worte, die man mir nicht sagt* (2015) zu finden, der eigentlich ein im Original französischer Titel ist: *Les mots qu'on ne me dit pas (2015)*. In der deutschen Übersetzung, die von Lis Künzli stammt, tritt ein seltenes Phänomen auf: Die Originalsprache wird an manchen Textstellen sichtbar, wodurch, wie ich im Kapitel 2.3 aufzeigen werde, Gebärdensprache, Deutsch und Französisch direkt aufeinandertreffen. Spannend am vorliegenden Text ist auch, wie eine Sprache, die sich eigentlich nicht verschriftlichen lässt, Teil des Textes wird. Außerdem führe ich in diesem Punkt aus, welche Merkmale der Jugendliteratur auf den Text Anwendung finden (vgl. Kapitel 2.2.). Das stellt eine gute Basis dar, um im Weiteren den Text auf seine Funktionen von Mehrsprachigkeit hin zu untersuchen, die sich drei Diskursbereichen zurechnen lassen: dem (sprachen)politischen, dem formal-ästhetischen und dem (sprachen)didaktischen. Die hierauf aufbauende Analyse ist schließlich Ausgangspunkt für Überlegungen, wie der Text im Unterricht Anwendung finden könnte. Den didaktischen Vorschlägen liegt dabei das Konzept der Language Awareness bzw. Sprachenbewusstheit zugrunde.

2. *Worte, die man mir nicht sagt* als mehrsprachiger Text der Kinder- und Jugendliteratur

2.1. Mehrsprachigkeit in der Literatur

Auch wenn sich mit dem Aufstreben der Nationalstaaten ab dem 19. Jahrhundert ein "monolingualer Habitus"[1] entwickelt hat, bezeugen autoch-

---

1 Den Begriff des „monolingualen Habitus" prägte Ingrid Gogolin 1994 im Rahmen ihrer Dissertation *Der monolinguale Habitus der multilingualen Schule*.

thone Minderheiten in so gut wie allen europäischen Ländern den bereits jahrhundertealten, um nicht zu sagen jahrtausendealten Zustand gesellschaftlicher Mehrsprachigkeit. So kann auch die mehrsprachige Literatur in Europa auf eine lange Tradition zurückblicken (vgl. Wintersteiner 2006, 175f; Eder 2009, 14f), denn „(in) mehrsprachigen Gesellschaften findet auch literarisches Schreiben unter den Bedingungen lebensweltlicher Mehrsprachigkeit statt" (Eder 2009: 13). Dabei spiegelt sich Plurilingualität in den Texten nach Schmeling (2004, 221f) entweder implizit oder explizit wider. Bei der erstgenannten Darstellungsart „(dominiert) eine bestimmte Vermittlungssprache lexikalisch durchgehend, jedoch (sind) Wirkungen sprachlicher Fremdbestimmtheit zumindest strukturell ablesbar" (Schmeling 2004, 222). Eine implizite Realisierung zielt also auf die „Thematisierung interkultureller und damit mehrsprachiger Realität" ab (Eder 2009, 13). Konkrete Beispiele dafür bringt etwa Luchtenberg (vgl. Luchtenberg 1997, 169ff). In diesem Kontext sollten auch die „linguizimuskritischen" Texte erwähnt werden, in denen es darum geht, „durch das Sichtbarmachen einer anderen Sprache die Begrenztheit der einen Sprache bewusst zu machen und zumindest implizit das Prinzip der normierten Einsprachigkeit aufzubrechen" (Rösch 2014, 162).

Die explizite Form beschränkt sich nicht mehr nur auf die Darstellung mehrsprachiger Kontexte, sondern greift Plurilingualität im Text selbst auf. Das kann auf verschiedene Arten geschehen, z.B. durch inhaltlich gleiche, nebeneinander stehende Texte in zwei oder mehreren Sprachen innerhalb eines Buches. Knauth (2004, 265) nennt diese Form „sprachtrennenden Multilingualismus", weil jeder Text und damit auch jede Sprache für sich steht. Eder (2009, 15) wendet ein, dass „durch ihre räumliche Nähe, die die jeweils einsprachigen Texte zueinander in Beziehung setzt", die Voraussetzung gegeben ist, die in sich monolingualen Textteile als gemeinsamen multilingualen Text zu begreifen und plädiert daher in diesem Fall für den Begriff „parallele Mehrsprachigkeit". Rösch (2014, 153) wählt für diese Variante den Terminus der „additiven Mehrsprachigkeit", legt ihn aber im weiteren Sinne aus, sodass er sowohl für das Erscheinen paralleler Texte innerhalb eines Buches wie auch für Mehrsprachigkeit durch die parallele Nutzung verschiedener Ausgaben eines Werkes gilt. Parallel bzw. additiv mehrsprachige Texte entstehen meist durch die nachträgliche Übersetzung eines ursprünglich einsprachigen Textes. Wird dieser von der Autorin bzw. dem Autoren selbst übersetzt, handelt es sich um eine Eigenübersetzung. Bei Parallelschöpfungen erfolgt der Entstehungsprozess in beiden Sprachen gleichzeitig (vgl. Eder 2009, 16; Eder 2014, 104).

Von Sprachmischungen spricht man bei „Texte(n), in denen einzelne Teile – Wörter, Wendungen, ganze Passagen – in einer anderen Sprache verfasst sind" (Wintersteiner 2006, 174). Man kann solche Texte auch interlingual nennen (vgl. Knauth, 267). Rösch (2014, 157ff) verwendet den Begriff der integrierten mehrsprachigen Literatur für Werke, in denen abwechselnd in zwei oder mehreren Sprachen erzählt wird und keine Übersetzungen für die jeweiligen Parts zur Verfügung stehen. Das heißt, die fremdsprachlichen Passagen können vom Leser bzw. der Leserin nicht übergangen werden und konfrontieren ihn oder sie direkt mit der anderen Sprache (vgl. Eder 2014, 108). „(D)as Auftreten von fremden Idiomen, in welcher Form auch immer, sowie von Varietäten (soziale, regionale oder chronologische) der Hauptsprache in einem Text"[2] benennt Grutman mit dem Begriff „héterolinguisme" (Grutman 1997, 37). In diesem Sinne, kann man Texte, die verschiedene Ideolekte oder Soziolekte einer Sprache enthalten, ebenfalls als mehrsprachige Mischtexte betrachten.

Unter dem Motto „Bild als Text" können auch Bilderbücher, die ohne Worte auskommen, einen mehrsprachigen Kontext schaffen, da von ihnen keine bestimmte Sprache vorgegeben wird, sondern die Lesenden dazu eingeladen sind, die Geschichte sprachliche selbst zu gestalten (vgl. Eder 2014, 113). Auch Rösch zeigt die Möglichkeit auf, dass „sprachlose" Graphic Novels „sprachübergreifendes Erzählen" ermöglichen (Rösch 2014, 163).

2.2. Merkmale von Kinder- und Jugendliteratur

Kinder- und Jugendliteratur bezeichnet eine „Teilmenge von Literatur, die sich durch den Faktor Alter der Adressaten unterscheidet" (O'Sullivan/Rösler 2013: 25). Es handelt sich um ein sehr heterogenes und vielfältiges Feld von Texten, die unter diesem Oberbegriff versammelt werden und sich auch dadurch von der Allgemeinliteratur unterscheiden, dass „zur Produktion und zur Einschätzung dieser Texte zum Teil andere Kriterien herangezogen werden" (O'Sullivan/Rösler 2013: 25). In der Kinder- und Jugendliteratur werden oftmals drei Kategorien von Kinder- und Jugendliteratur differenziert (vgl. Eder 2014, 98; Ewers 2000, 3ff; O'Sullivan/Rösler 2013, 25f):

---

2 eigene Übersetzung der Autorin dieses Beitrags; im Original: "(L)a présence *dans un texte* d'idiomes étrangers, sous quelque forme que ce soit, aussi bien que de varietés (sociales, régionales ou chronlogiques) de la langue principale".

- **(faktische) Kinder- und Jugendlektüre:** von Kindern und Jugendlichen tatsächlich gelesene Literatur
- **intentionale Kinder- und Jugendliteratur:** Literatur, die Kinder und Jugendliche nach den Vorstellungen von Erwachsenen lesen sollten
- **spezifische Kinder- und Jugendliteratur:** von Autorinnen und Autoren für Kinder und Jugendliche verfasste Literatur

Die letzten beiden Kategorien zeugen von der „Asymmetrie der Kommunikation", die die Kinder- und Jugendliteratur unter anderem kennzeichnet, das heißt die Texte werden von Erwachsenen für Kinder und Jugendliche ausgesucht bzw. ihnen zugeteilt (vgl. O'Sullivan/Rösler 2013, 27). Dieser Punkt trifft auch auf die Lektüreauswahl in der Schule zu. Mögliche Kriterien, die es dabei zu berücksichtigen gilt, sind sprachliche Angemessenheit, Lebensweltorientierung, Konfrontation mit unterschiedlichen Normvorstellungen, literarische Eigenschaften und auch praktische Kriterien wie Verfügbarkeit, Bezahlbarkeit und möglicher Medienwechsel (vgl. O'Sullivan/Rösler 2013, 52ff).

Für den Einsatz von Kinder- und Jugendliteratur im Unterricht der Sekundarstufe sprechen verschiedene Faktoren. Die Protagonistinnen und Protagonisten sind meist in einem ähnlichen Alter wie das Zielpublikum und bieten dadurch den Kindern und Jugendlichen ein Identifikationspotential, da sie oft mit für diese nachvollziehbaren Problemen zu kämpfen haben. Damit eröffnet sich die Möglichkeit des Anschlusses an die Lebenswelt der Lesenden. Im Idealfall gelingt es nicht nur eine altersangemessene Beschäftigung mit literarischen Fragestellungen anzubieten, sondern auch das Interesse für Literatur zu wecken und mit beidem einen Beitrag zur literarischen Sozialisation zu leisten (vgl. O'Sullivan/Rösler 2013, 44f). Vielfältige literaturdidaktische Möglichkeiten eröffnen mehrfachadressierte Werke der Kinder- und Jugendliteratur für den Zweit- oder auch Fremdspracheunterricht (vgl. Eder 2014, 99f). So sind selbst wortlose Graphic Novels literarisch äußerst anspruchsvoll und eignen sich damit auch für die Erwachsenenbildung (vgl. Kapitel 2.1.).

Bis jetzt war durchwegs die Rede von der Kinder- *und* Jugendliteratur, obwohl hier zwei sehr unterschiedliche Zielgruppen angesprochen werden. Von Glasenapp und Weinkauff sehen einen Unterschied in den jeweiligen Einflüssen:

> „Während die kinderliterarischen Gattungen vielfach auf folkloristische Textsorten (Märchen, Sagen Legenden – im weitesten Sinne ‚Geschichten') zurückgehen, sind die jugendliterarischen eher durch Impulse aus der zeitgenössischen Erwachsenenliteratur geprägt." (Weinkauff/von Glasenapp 2010, 118)

Sie unterscheiden zwei Modelle jugendliterarischen Erzählens: Im Abenteuerroman geht es um Grenzüberschreitung und Bewährung, die mit „der Alltagsferne der Handlung" einhergehen (Weinkauff/von Glasenapp 2010, 119), während der Adoleszenzroman alltagsnah konzipiert ist und vor allem die „Konfrontation des Protagonisten" beziehungsweise der Protagonistin „mit der Gesellschaft" thematisiert (Weinkauff/von Glasenapp 2010, 119). Allerdings besteht mittlerweile eine gewisse Durchlässigkeit zwischen diesen zwei Erzählmodellen, wodurch Texte Merkmale beider in sich vereinen können (vgl. Weinkauff/von Glasenapp 2010, 118). Eng an den Adoleszenzroman gekoppelt ist das Thema der Identität bzw. der Identitätssuche, da es ein wichtiges Motiv für die jugendliche Zielgruppe darstellt (vgl. O´Sullivan/Rösler 2013, 96). Interessant im Kontext von mehrsprachiger Jugendliteratur erscheint, „dass in der Jugendliteratur bzw. -lektüre das Thema der Identitätssuche immer stärker in multikulturellen Kontexten verortet ist" und durch sie „die für das Fremdverstehen so bedeutsamen Prozesse des Perspektivenwechsels und der Perspektivenkoordination geübt werden" können (O´Sullivan/Rösler 2013, 97).

2.3. Der Primärtext: *Worte, die man mir nicht sagt* (2015)

Bereits der Untertitel der deutschen Übersetzung, „Mein Leben mit gehörlosen Eltern" (Poulain, übersetzt von Künzli 2015, U1), nimmt im Wesentlichen den Inhalt von Véronique Poulains Buch *Worte, die man mir nicht sagt* vorweg: Die Erzählinstanz schildert ihre Erfahrungen als hörende Tochter gehörloser Eltern, gibt dabei Einblick in die Unterschiede von Kultur und Sprache und sie beschreibt, zu welchen Spannungen es zwischen beiden Welten kommen kann, vor allem für jemanden, der an beiden Welten teil hat. Die erzählte Zeit umfasst im Wesentlichen ca. 30 Jahre Lebenszeit – von der Geburt in den 1960ern bis zur Geburt ihrer Kinder, wobei der Fokus auf der Kindheit und Jugend der Protagonistin liegt. Der Erzähltext selbst ist eine Sammlung kurzer Kapitel, die einer meist chronologischen Ordnung folgt und sich bruchstückhaft zu einem Gesamttext aufbaut. Diese einzelnen Abschnitte kommen dabei manchmal mit wenigen Zeilen aus, haben aber höchstens ein paar Seiten. Oft liegt ihnen eine Episode zugrunde, manchmal auch einfach nur eine Emotion.

Der Text thematisiert Sprachbegegnungen der besonderen Art – einerseits den zwischen Hörenden und Gehörlosen und anderseits auch die Sprachbegegnung innerhalb einer Person, der Hauptprotagonistin, die zweisprachig mit Gebärden- und Lautsprache aufwächst. Sie kann hören, ihre Eltern nicht und das ist auch das grundlegende Spannungs- bzw. Konfliktmoment des Buchs. Die erzählten Episoden sind aus dem Alltag gegriffen. Typische Elemente des Adoleszenzromans werden angesprochen, wie etwa Probleme des Erwachsenwerdens, das ambivalente Verhältnis zu den Eltern, vor allem während der Pubertät, der Umgang mit Sexualität, das Finden einer eigenen Identität zwischen zwei Welten.

Es werden Themen behandelt, die Jugendliche nachvollziehen können und die zur Identifikation mit der Protagonistin Veronique einladen. Beispielsweise sind ihr die von ihrer Mutter angestoßenen Gespräche über Sex peinlich (vgl. Poulain, übersetzt von Künzli 2015, 77f). Im vorliegenden Text wird eine solche Situation mit einem sprachlichen Moment verknüpft: „Nur wenige Teenager reden mit ihren Müttern über Sexualität, und in meinem Fall gibt es noch ein zusätzliches Argument: Die Gebärdensprache ist so anschaulich, dass ich viele Gesten niemals vor ihr machen würde" (Poulain, übersetzt von Künzli 2015, 78). Die bekannten Thematiken erfahren eine Einbettung in einen interkulturellen und mehrsprachigen Kontext. Die Mehrsprachigkeit ist nicht nur Ausgangspunkt der Handlung[3], sondern ständiger Rahmen. Die Autorin spricht Konfliktsituationen an, die sich daraus ergeben, zum Beispiel wenden sich Hörende beim Einkaufen an die Tochter statt an die Mutter oder die Eltern werden in der Metro angestarrt, weil sie in Gebärdensprache kommunizieren (vgl. Poulain, übersetzt von Künzli 2015, 26f). Bei der Protagonistin hinterlassen diese Begebenheiten ein Gefühl emotionaler Zerrissenheit: „Ich schwanke zwischen Stolz, Scham und Zorn. Die ganze Zeit" (Poulain, übersetzt von Künzli 2015, 28). Ihre Cousine geht mit der Situation kreativer um. Als ihr ihre Freundinnen nicht glauben wollen, dass sie „mit den Händen redet", um mit ihren Eltern zu kommunizieren, erzählt sie ihnen, dass ihr Vater „einen kleinen Koffer mit winzigen Fähnchen in allen Farben gebastelt (hat), und wenn sie ihm etwas sagen will, nimmt sie einfach dasjenige heraus, das sie gerade braucht" (Poulain, übersetzt von Künzli 2015, 44). Auf durchaus humorvolle Weise wird ein ernster Umstand vor Augen geführt: Dass Gehörlose in der Gesellschaft nicht repräsentiert werden und man ihre Sprache in der Mehrheitsgesellschaft kaum wahrnimmt (vgl. dazu auch Kapitel 3.1.). Ein Umstand, der in manchen Situa-

---

3   Der erste Satz des Buches lautet: „Ich bin zweisprachig. In mir sind zwei Kulturen." (Poulain, übersetzt von Künzli 2015, 10) Diese Textstelle ist wesentlich für die Analyse des Textes und ich nehme im Weiteren noch mehrfach Bezug darauf (in den Kapiteln 3.1., 3.2. und 4.1.).

tionen zur Überlegenheit der marginalisierten Sprache führt. So gewinnt die Familie bei einer Spielshow, indem die Antworten von einem Familienmitglied aus dem Publikum „mittels Gebärde ein(ge)flüstert" werden. Die Vorteile der Gebärdensprache fasst die Ich-Erzählerin infolgedessen so zusammen: „Wirklich äußerst praktisch, diese Gebärdensprache. Sie ist lautlos, noch von weitem zu verstehen, und vor allem verhilft sie meiner Familie zum Gewinn eines schönen Joghurtbereiters" (Poulain, übersetzt von Künzli 2015, 136). Die dargestellten Beispiele zeigen, dass im Primärtext Mehrsprachigkeit und Interkulturalität in vielen Facetten auf implizite Art und Weise vermittelt wird.

Wie bereits erwähnt, ist *Worte, die man mir nicht sagt* ein im Original französischsprachiger Text, der von Lis Künzli ins Deutsche übersetzt wurde. Wird mit beiden Bänden gleichzeitig gearbeitet, kann man von einem additiv oder im weitesten Sinn parallel mehrsprachigen Text ausgehen. Eder (2014, 102) verweist auf die Möglichkeit eines genauen Sprachvergleichs, wenn Sinn-Zeilen-Einheiten einander entsprechen. Sie bezieht das auf Erstlesetexte, die durchwegs mit weniger Text und kürzeren Sätzen auskommen, die in einer Zeile dargestellt werden können. Innerhalb eines längeren, prosaischen Fließtextes ist dies schwierig zu realisieren. Der Vorteil des vorliegenden Textes ist die Kürze der einzelnen Kapitel, welche allerdings nicht immer mit der Übersetzung übereinstimmen. Außerdem wurden die kurzen Absätze innerhalb dieser Abschnitte aus dem Original übernommen, die auch eine Art Sinneinheit bilden, wodurch die Vergleichbarkeit erleichtert wird. Weiters gibt es einige Kapitel, die in beiden Ausgaben auf jeweils nur einer Seite abgedruckt sind und dabei weitestgehend die Sinn-Zeilen-Einheiten beibehalten. Diese bieten sich besonders für einen deutsch-französischen Sprachvergleich im Unterricht an.

Gebärdensprachen sind „ein Kommunikationssystem (…), das auf dem manuell-visuellen Kanal basiert" (ÖGSDV o.J., o.S.) und daher nur schwer zu verschriftlichen. Im Text werden die Gebärden[4] deswegen beschrieben:

„Den Hals gereckt, klopfe ich mit der rechten Hand auf meine Brust. „Ich." Ich stecke mir zwei Finger in den Mund, ziehe sie wieder raus und stecke sie noch einmal hinein. „Essen." Meine Geste ist etwas ungeschickt. Sie lacht. Sie fährt sich mit der Hand von oben nach unten über die Brust, als nähme sie ihr Herz und schöbe es sich in den Bauch: „Hunger." So sagt man das im Land der Tauben." (Poulain, übersetzt von Künzli 2015, 11)

---

4   Da der Text im Original französisch ist, handelt es sich um Gebärden der französischen Gebärdensprache: Langue des signes française (LSF).

Rösch (2014, 161) nennt bereits „das explizite Benennen einer Sprache (...) eine Form integriert mehrsprachiger Literatur." Aber an der zitierten Stelle wird klar, dass dieser Text darüber hinaus geht. Es wird eine konkrete Kommunikationssituation beschrieben, in der eine andere Sprache verwendet wird. Da dieser kein schriftliches System zur Verfügung steht, bleibt nur der Umweg über die jeweilige Erzählsprache. Das Transponieren einer Sprache in eine andere kann nach Schmitz-Emans (2004, 15) als Mehrsprachigkeit ausgelegt werden, „bleibt doch auch dabei das jeweils transformierte Original in seiner spezifischen Sprachlichkeit heimlich präsent." Dasselbe gilt für Übersetzungen. Aber auch der Terminus „héterolinguisme" (Grutman 1997, 37) scheint hier passend, da sich dieser auf die Darstellung „fremde(r) Idiome, in welcher Form auch immer" bezieht (Schmeling 2004, 222 ; vgl. auch Kapitel 2.1.). Wird Gebärdensprache verbalisiert, klingt es nach „foreigner talk", da Gebärdensprachen eine eigene Grammatik haben, die nicht mit der der gesellschaftlichen Mehrheitssprache übereinstimmt (vgl. Bundesministerium 2011, 9). Die Autorin greift auf diese Methode der Verbalisierung zurück, wenn sie Gespräche in Gebärdensprache beschreibt, wodurch der Text zu einer Sprachmischung wird. Ein Eindruck, der in der Übersetzung durch das „Durchsickern" der Originalsprache Französisch an einigen wenigen Stellen noch verstärkt wird. Auf dieses Phänomen wird bei der Beschäftigung mit den formal-ästhetischen Funktionen (vgl. Kapitel 3.2.) näher eingegangen.

Bereits zu Beginn dieses Kapitels wurde gezeigt, dass verschiedene Merkmale des Jugendromans auf den vorliegenden Primärtext zutreffen. Ihn deswegen als ein rein jugendliterarisches Werk zu betrachten, würde zu kurz greifen. Meines Erachtens handelt es sich um einen mehrfachadressierten Text, dessen Themen, Motive und Gestaltung auch Erwachsene ansprechen. Durch seine kurzen Abschnitte und die meist prägnante Satzstruktur, sowohl im Deutschen wie auch im Französischen, lässt er sich in beiden Sprachen im Zweit- bzw. Fremdsprachenunterricht einsetzen. Die französische Variante ist in Buchform verfügbar, die deutschsprachige ist aktuell nur noch als E-book erhältlich.

3. Funktionen von Mehrsprachigkeit in *Worte, die man mir nicht sagt*

Eder (2015, 143f) geht davon aus, dass Mehrsprachigkeit in Texten bestimmte Aufgaben erfüllt und teilt diese in drei Bereiche: (sprachen)politische, (sprachen)didaktische und formal-ästhetische Funktionen. Es steht allerdings nicht jede für sich, sondern sie sind miteinander vernetzt. Die so entstehende Synthese stellt „*das* spezifische Qualitätsmerkmal mehrsprachiger Literatur" dar (Eder 2014, 114). Ein Verständnis für die oben genannten Funktionen eines mehrsprachigen Textes und ihr Zusammenwirken hilft bei der didaktischen Aufbereitung für den Unterricht (vgl. Eder 2014, 115).

3.1. (Sprachen)politische Funktionen

> „(Sprachen)politisch wirksam wird ein Text alleine schon dadurch, dass er real existierende sprachliche Heterogenität thematisiert und so ein Stück weit widerspiegelt" (Eder 2014, 116).

Jeder implizit oder explizit mehrsprachige Text erfüllt damit bereits (sprachen)politische Funktionen, die aber je nach Darstellung von Mehrsprachigkeit im Text unterschiedlich realisiert werden. Ob und wie Sprachen verwendet werden, enthüllt gesellschaftliche Machtgefüge, die vom mehrsprachigen Text entweder widergespiegelt oder auch dekonstruiert werden. Einen Einblick, wie sich das in *Worte, die man mir nicht sagt* gestaltet, gibt diese Stelle:

> „Meine Mutter war bei einem Vortrag über ‚Jugend und Sexualität'. Ganz aufgeregt kommt sie zu mir. Sie hat mir etwas Wichtiges zu sagen. ‚Véronique, Achtung. Sehr, sehr schlimm. Nicht Liebe machen mit leichtfertigen Männern. Gezwungen Präservativ! Ich gegangen Vortrag über Aids. Schlimme Krankheit wegen Sex. Wichtig, du viel Achtung.' Ich traue meinen Augen nicht. Diese Information haben wir Hörenden seit mindestens zwei Jahren, und meine Mutter hat sie gerade erst vernommen. Ich wäre am liebsten in Tränen ausgebrochen." (Poulain, übersetzt von Künzli 2015, 83)

Poulain beschreibt hier, wie Gehörlose vom öffentlichen Diskurs ausgeschlossen werden. Edward Said (1978; 2009, 70)[5] beschreibt solche Ausgrenzungsmechanismen in seinem Werk *Orientalismus*. Durch die willkürliche Abgrenzung eines konstruierten „Wir", wird alles was nicht „Wir" ist ausgeschlossen und als das „Andere" markiert. Für diesen Vorgang hat sich im wissenschaftlichen Diskurs der Begriff des „Othering" durchgesetzt:

> „In this context, Othering is defined as a process in which, through discursive practices, different subjects are formed, hegemonic subjects - that is, subjects

---

5 Die englischsprachige Originalausgabe erschien erstmals 1978 bei Pantheon Books.

in powerful social positions as well as those subjugated to these powerful conditions." (Thomas-Olalde/Velho 2011, 27)

Die Mehrheitsgesellschaft definiert sich über das gemeinsame Merkmal des Hörenkönnens und konstituiert damit das Merkmal „gehörlos" als Andersartigkeit. Es handelt sich hierbei um eine binär strukturierte Relation: Was „wir" sind, seid „ihr" nicht und umgekehrt, wobei diese Pole mit entsprechenden Wertungen aufgeladen sind, einer Aufwertung des „Eigenen" durch eine Abwertung „des Anderen". (vgl. Castro Varela/Mecheril 2010, 42). Dieser Mechanismus spiegelt sich an verschiedenen Stellen des Textes wider, beispielsweise bei der bereits angesprochenen Stelle beim Einkauf, in der über Véroniques Mutter hinweggegangen wird, weil sie anders als gewohnt spricht und auch kein weiterer Versuch unternommen wird, sie zu verstehen (vgl. Poulain, übersetzt von Künzli 2015, 26). Im schlimmsten Fall führt es zu einer Entmündigung durch die Mehrheitsgesellschaft:

> „Während meiner ersten sechs Lebensmonate werde ich von einer Tagesmutter betreut. Meine Großmutter väterlicherseits ist der Meinung, das sei vernünftiger. Für den Fall, dass taube Eltern sich nicht richtig um ihr Baby kümmern können." (Poulain, übersetzt von Künzli 2015, 24)

Der Text zeigt ebenfalls auf, wie Stigmatisierung schließlich zur Resignation der Stigmatisierten und zur Anerkennung der Zuschreibung „anders" führt – auch wenn diese Grenze die eigene Familie betrifft und zwischen hörenden Kindern und gehörlosen Eltern gezogen wird: „Unsere Eltern sind fest davon überzeugt, dass unsere Welten grundsätzlich verschieden sind, und da sie nicht wissen, wie sie damit umgehen sollen, lassen sie uns machen was wir wollen" (Poulain, übersetzt von Künzli 2015, 104). An diesem Punkt greife ich nochmals die Aidsvortrag-Textstelle auf. Die Ich-Erzählerin verwendet hier die Formulierung „wir Hörenden", mit der sie sich zum Teil der, das „Andere" ausschließenden, Mehrheitsgesellschaft macht: eine Position, die sie im Laufe der Handlung mehrfach einnimmt, um sie bei nächster Gelegenheit wieder zu verwerfen. Einerseits überträgt sie das Anderssein ihrer Eltern, das alle Beteiligten, wie es scheint, als gegeben ansehen, auf sich selbst: „Ich beschließe, dass meine Andersartigkeit etwas Besonderes ist" (Poulain, übersetzt von Künzli 2015, 25). Andererseits streicht sie immer wieder das trennende Moment zwischen ihren Eltern und sich selbst heraus. Eine ambivalente Haltung, die sich auch in ihrer wechselnden Einstellung zur Gebärdensprache widerspiegelt. Beides korrespondiert mit ihrer jeweiligen Lebensphase. Obwohl sie hörend ist, zeigt sich, dass in ihr das „Andere" eingeschrieben ist, was der Ich-Erzählerin auch durchaus bewusst ist (vgl. Poulain, übersetzt von Künzli 2015, 10, wiedergegeben als Textstelle „Ich bin zweisprachig" im Kapitel 3.2.). Sie hebt die Grenzen zwischen den Kulturen auf, weil sie Teil beider ist. Dieser Umstand wird für sie zur Zerreißprobe, weil die zwei Kulturen versuchen sich voneinander abzugrenzen.[6] Ein Versuch, der nach Homi Bhaba zum Scheitern verurteilt ist, da Kulturen hybrid sind. Das heißt, Kulturen durchdringen einander, sind miteinander verflochten und widersetzen sich dem Versuch einer Homogenisierung (vgl. Neumann 2010, 278). Wenn, wie von der Ich-Erzählerin beschrieben, Gehörlose bei einem Ball für Gehörlose zu Musik, die sie nicht hören können, tanzen (vgl. Poulain, übersetzt von Künzli 2015, 35), dann nehmen sie teil an kulturellen Gepflogenheiten der Mehrheitsgesellschaft und unterlaufen so deren Ausgrenzung. Ein Beispiel, das zeigt, wie wenig eine Abgrenzung von Kulturen funktioniert.

Ein explizites Aufgreifen des (sprachen)politischen Diskursbereichs sind die Einblicke, die uns Véronique Poulain im letzten Drittel des Buches gibt, in den ab den späten 1970er in Frankreich geführten Kampf der Gehörlosen um gleichberechtigte Teilnahme an der Gesellschaft, Anerkennung der Gebärdensprache und damit einhergehend auch Bildung. Diese Darstellung ist nicht nur im französischen Kontext von Interesse, sondern eröffnet auch für Österreich und Deutschland Vergleichsmöglichkeiten und wirft die Frage auf, wie es hier um die Rechte und Möglichkeiten von Gehörlosen bestellt ist.[7] In diesem Sinne kann der vorliegende Text, durch die Beschreibung der Gebärdensprache und wie diese im Laufe der Zeit ausgebaut bzw. kodifiziert wurde, dazu beitragen, auch andere Gebärdensprachen – etwa die österreichische Gebärdensprache (ÖGS), die auch als autochthone Minderheitensprache anerkannt ist – sichtbarer zu machen und aufzuwerten, wenn entsprechende Inputs im Unterricht gesetzt werden (vgl. Eder 2009, 34).

---

6   Für die Gehörlosenkultur zeigt sich das an folgendem Zitat: „Gehörlose heiraten untereinander. Auf die Art geht man sicher, dass man sich auf derselben Kommunikations-, Verständnis- und Wissensebene bewegt. In derselben Welt lebt" (Poulain, übersetzt von Künzli 2015, 23).

7   Krausneker (2006) gibt beispielsweise einen guten Überblick zur Gehörlosensprachpolitik und zur Gehörlosenbildung in Österreich.

3.2. Formal-ästhetische Funktionen

Bei der Analyse der formal-ästhetischen Ebene eines mehrsprachigen Textes gilt es den „Fokus besonders auf die Funktionen der Verwendung mehrerer Sprachen im Text" zu legen, zum Beispiel entsteht durch die Verwendung von Sprachmischungen der Eindruck einer „authentische(n) und lebensnahe(n) Sprachwirklichkeit" (Eder 2014, 115). In *Worte, die man mir nicht sagt* wird dieser Effekt dadurch erzielt, dass die grammatischen Unterschiede zwischen Gebärden- und Mehrheitssprache – sowohl im französischen Original wie auch in der deutschen Übersetzung – verschriftlicht werden (beispielsweise Satzstellung, keine Flexion oder Ähnliches):

„Papa, wir machen was heute?
Ich weiß nicht. Frag Mama.
Mama, wir machen was heute?
Du willst was machen?
Weiß nicht. Schwimmbad?
Nein, Schwimmbad nicht. Du willst Spaziergang?
Pah." (Poulain, übersetzt von Künzli 2015, 29)

„Papa, nous faire quoi aujourd'hui?
Moi sais pas. Demande maman.
Maman, nous faire quoi aujourd'hui?
Toi veux quoi faire?
Sais pas. Piscine?
Non, piscine pas. Toi veux promenade?
Pfff." (Poulain 2015, 34)

Der dadurch entstehende Verfremdungseffekt lenkt den Blick darauf, dass Gebärdensprache eine andere, eigenständige Sprache mit eigener Grammatik und Syntax ist, worauf im Text auch explizit hingewiesen wird (vgl. Poulain, übersetzt von Künzli 2015, 112f; 124f). Dasselbe Sprachmittel wird eingesetzt, um lautsprachliche Äußerungen Gehörloser wiederzugeben, wodurch sichtbar wird, dass die Sprache der Mehrheitsgesellschaft für Gehörlose nur Zweitsprache ist. Poulain zeigt das auch auf, indem sie die nicht immer korrekte Aussprache thematisiert und darauf verweist, wie schwierig diese für Gehörlose zu erlernen ist (vgl. Poulain, übersetzt von Künzli 2015, 41). Das hat eine Deautomatisierung zur Folge, die über den Text hinausweist. Im Zusammenhang mit den bereits beschriebenen sprachlichen Begegnungen mit der Mehrheitsgesellschaft zeigt sich, dass einerseits der Druck einer sprachlichen Anpassung groß ist, während andererseits aber von Seiten der Erstsprachensprecher und -sprecherinnen kein sprachliches Entgegenkommen angeboten wird. Eine Erfahrung, die auch Sprecherinnen und Sprecher anderer Erstsprachen machen und die den Widerspruch der so oft geforderten sprachlichen Integration (meist ist damit Assimilation gemeint) offenlegt. Poulain entlarvt diesen Widerspruch und kehrt die Forderung auch immer wieder um:

„Wenn ich meinen Eltern einen Freund vorstelle und er sich panisch zu mir umdreht mit den Worten: ‚Véro, was hat dein Vater gesagt?', bringt mich das auf die Palme. ‚Er hat einfach nur guten Tag gesagt.' ‚Nein, aber .... Weil, ich verstehe nichts.' ‚Er hat dir die Hand gegeben und mit seinem Mund GUTEN TAG gesagt. Man muss keine Elitehochschule besucht haben, um das zu verstehen!'" (Poulain, übersetzt von Künzli 2015, 110)

An den vorangegangenen Ausführungen wird gut veranschaulicht, wie hier formal-ästhetische, (sprachen)politische und (sprachen)didaktische Funktionen zusammenfließen, ineinandergreifen und sich gegenseitig stützen.

Bis jetzt lag der Fokus auf der Repräsentation von Gebärdensprache im Text. Hinsichtlich formal-ästhetischer Funktionen kann aber auch die Analyse des Originaltextes bzw. der Vergleich von Original und Übersetzung aufschlussreich sein. Bereits im vorangegangenen Kapitel wurde aufgezeigt, wie bzw. wo im Text sich die Ich-Erzählerin zwischen zwei Kulturen verortet. Diese Stelle wird hier nochmals aufgegriffen, um zu zeigen, wie sich das sprachlich unterschiedlich manifestiert.

„Ich bin zweisprachig. In mir sind zwei Kulturen. Tagsüber: Worte, Gesprochenes, Musik. Geräusche. Abends: Zeichen, nonverbale Kommunikation, Körpersprache, Blicke. Stille. Navigieren zwischen zwei Welten. Das Wort. Die Gebärde. Zwei Sprachen. Zwei Kulturen. Zwei ‚Länder'." (Poulain, übersetzt von Künzli 2015, 10)[8]
„Je suis bilingue. Deux cultures m'habitent. Le jour: le mot, la parole, la musique. Le bruit. Le soir: le signe, la communication non verbale, l'expression corporelle, le regard. Un certain silence. Cabotage entre deux mondes. Le mot. Le geste. Deux langues. Deux cultures. Deux ‚pays'." (Poulain 2015, 12)

Im französischen Original ist die Rede von: „Deux cultures **m'habitent.**" Das französische *habiter* bedeutet auf Deutsch *wohnen*. Wortwörtlich über-

---

8   Dieses Zitat stellt, wie bereits erwähnt, eine Schlüsselstelle für die Handlung und deren Verständnis dar, daher greife ich es in der Didaktisierung (Kapitel 4.1.) nochmals auf.

setzt könnte der Satz so klingen: Zwei Kulturen wohnen in mir. Meines Erachtens nach transportiert die französische Wortwahl die Inhärenz beider Kulturen ein Stück weit mehr, als die deutsche es kann. Noch eindrücklicher zeigt das die Doppeldeutigkeit des Wortes *pays*, die in der Übersetzung verloren geht. Denn *pays* kann sowohl *Land* wie auch *Heimat* bedeuten. Bei Lektüre des Originals kann man daher den letzten Satz durchaus auch im Sinne von zwei Heimaten interpretieren, was einen Eindruck von mehr Verbundenheit zu den Kulturen beider „Länder" hinterlässt. Der Vergleich der sprachlichen Realisation in der Übersetzung und im Original kann daher helfen unterschiedliche Lesarten zu entwickeln und gleichzeitig auch die Sprachaufmerksamkeit erhöhen, indem es für die semantischen Unterschiede sensibilisiert.

Eine besondere ästhetische Wirkung erzielt das bereits in Kapitel 2.3. erwähnte Phänomen des „Durchsickerns" der Originalsprache in der Übersetzung. Meist ist in Übersetzungen die Originalsprache nur durch Eigennamen präsent. Im Falle des vorliegenden Textes kommt es an einigen Stellen zu einem Auftreten der französischen Sprache im deutschen Text: Die situative Beschreibung im folgenden Zitat erfordert das Offenlegen des Originals, um den Text nicht zu sehr zu verfremden. Damit brechen die französischen Elemente die Illusion eines deutschen Quasi-Originaltextes, die Übersetzungen oftmals suggerieren, und die Übersetzungsarbeit wird sichtbar. Die Übersetzerin stellt Übersetzung und Originalwort nebeneinander und schiebt zusätzlich einen Erklärungssatz[9] ein, der im Original nicht vorhanden ist. Es kommt zu einer Art Polyphonie von Original und Übersetzung.

„Ich bin mit meinen Eltern im Restaurant. Ein Mann geht zwischen den Tischen hindurch und bietet Ausflüge auf dem Kamelrücken an. Er kommt an unseren Tisch und wendet sich mit dem Ausruf „Kamel? Kamel?" an meinen Vater: „Chameau? Chameau?" Mein Vater schaut mich erstaunt an. „Hier Moslems. Warum Schinken?" Denn die Lippenbewegungen für das Wort Schinken, jambon, sind fast identisch mit denen für das Wort Kamel. Nein, Papa, nicht Schinken, sondern Kamel. Jambon, chameau, chapeau sehen auf den Lippen gleich aus." (Poulain, übersetzt von Künzli 2015, 114f)

Ein stilistisches Merkmal von *Worte, die man mir nicht sagt* ist die teils provokative Sprache, die Poulain an den Tag legt. Das sei kurz an einem

---

9   „Denn die Lippenbewegungen für das Wort Schinken, jambon sind fast identisch mit denen für das Wort Kamel" (Poulain, übersetzt von Künzli 2015, 114).

Beispiel erläutert. Sie verwendet an einigen Stellen das – mittlerweile als diskriminierend geltende – Wort taubstumm *(frz. sourd-muet)* und es stellt sich die Frage, ob die Verwendung des Wortes eventuell eine oder mehrere Funktionen im Text erfüllt. Diese Frage ist nur im Kontext zu beantworten. Einerseits kann eine funktionale bzw. (sprachen)politische Intention dahinter stehen:

> „Man sagt ‚stumm', taubstumm. Ein Vorurteil. Die Gehörlosen sprechen. Sie haben eine Stimme. Sie kontrollieren sie nicht, sie spüren sie nicht, aber sie existiert. Sie ist grauenhaft. (...) Die Gehörlosen sind also keineswegs stumm, was manchmal ganz schön bedauerlich ist." (Poulain, übersetzt von Künzli 2015, 67f)

Die Ich-Erzählerin klärt auf, warum das Wort inhaltlich grundsätzlich falsch ist und das nicht mit erhobenem Zeigefinger, sondern mit einer nicht sehr schmeichelhaften Beschreibung der Stimme von Gehörlosen. Schon die Erwähnung einer Stimme führt den Begriff *taubstumm* ad absurdum: Jemand der eine Stimme hat, kann nicht stumm sein. Man könnte das Zitat dahingehend deuten, dass Stimme nun mal Stimme ist, egal wie ungewohnt sie für Hörende klingt und ob wir sie hören wollen oder nicht. Véronique Poulain wurde Ende der 1960er geboren und beschreibt das Heranwachsen in einer Zeit, in der *taubstumm* noch ein gängiger Begriff war. Das heißt, der Einsatz des Wortes kann auch den damaligen Zeitgeist widerspiegeln und zeigt den unreflektierten Umgang der Gesellschaft mit Wörtern und deren Bedeutung auf. Aber mit Blick auf den Titel und einige weitere Stellen im Text erscheint noch eine weitere Lesart möglich. Véronique beschreibt ihren Vater als sehr schweigsamen Menschen, der Schwierigkeiten hat seine Gefühle zu zeigen und die Erzählerin interpretiert das als mangelnde Liebe ihr gegenüber. Dieser Eindruck scheint auf Gegenseitigkeit zu beruhen:

> „Trotz seiner strengen, abweisenden Haltung ist mein Vater ein sehr feinfühliger Mensch. Wenn in einem Film am Ende der Hund stirbt, vergießt er Tränen. Aber er hat Mühe seine Gefühle zu zeigen. Darum habe ich lange gedacht, er würde mich nicht lieben. Und da wir nur wenig miteinander sprachen, dachte er, ich würde ihn auch nicht lieben." (Poulain, übersetzt von Künzli 2015, 123)

Dass Stummheit in Bezug auf ein Nichtaussprechenkönnen von Gefühlen interpretiert werden kann, zeigt auch folgendes Zitat:

„Die eigentlich Stumme in der Familie bin ich. Was Gefühle angeht, bin ich stumm wie ein Fisch. Meine Kinder sind die einzigen Menschen auf der Welt, denen ich sagen kann: „Ich liebe dich." „Wir haben es ja auch nie gehört", meint Ève immer. Nie gehört, somit unaussprechbar. (...) Seit er ein Mobiltelefon hat, schreibt mein Vater es mir. Und ich antworte ihm per SMS, dass ich ihn liebe. Aber wenn ich mit ihm zusammen bin, ist es mir unmöglich, ihm in die Augen zu sehen und es ihm zu sagen. Mein Mund bleibt verschlossen, die Hände in den Taschen." (Poulain, übersetzt von Künzli 2015, 138f)

In diesem Sinne lässt sich das *stumm* in *taubstumm* auch übertragen lesen. Es geht nicht zwangsläufig um lautsprachlich formulierte Wörter, wie auch schon der letzte Satz zeigt. Dafür scheint es Véronique aber um ganz bestimmte Worte gehen, die man ihr nicht oder eben zu selten sagt bzw. zeigt:

„Sie berühren mich auch. Blicke und Gesten ersetzen die Worte. Ein Lächeln. Ein Streicheln der Wange. Das Heben einer Braue als Zeichen der Unzufriedenheit. Küsse und Liebkosungen, die sagen: „Ich liebe dich!" So schlecht ist das nicht. Ich wünschte mir nur, sie würden mich öfter küssen. Vor allem mein Vater." (Poulain, übersetzt von Künzli 2015, 12)

Diese Interpretation wird auch von der Übersetzung des Titels gestützt. Künzli übersetzt den französischen Titel *Les mots qu'on ne me dit pas* mit *Worte, die man mir nicht sagt*. Man könnte *mots* durchaus auch mit *Wörter* übersetzen. Der Doppelplural im Deutschen unterscheidet sich allerdings semantisch. Der Plural *Wörter* bezieht sich auf das Wort als einzelnes Lexem, während der Plural *Worte* auf die Bedeutung „(aus mehreren Lexemen bestehende) sprachliche Äußerung" beziehungsweise „sprachliche Handlung" verweist (Bär 2001, 14).

Die Verwendung *Worte* lässt also den Schluss zu, dass es um eine konkrete Äußerung geht und nicht einfach nur um das Aussprechen von Wörtern. Der Titel verweist somit vor allem auf die in der zuletzt zitierten Textstelle erwähnten Worte: „Ich liebe dich!"

3.3. (Sprachen)didaktische Funktionen

Es geht bei der Frage nach den (sprachen)didaktischen Funktionen von Mehrsprachigkeit in einem Text nicht um deren Eignung und Anwendung im Unterricht (vgl. hierzu Kapitel 4), sondern darum „ob und inwiefern sprachendidaktische Funktionen bereits in die Texte selbst eingeschrieben sind (Eder 2015, 117)." In Poulains Text zeigt sich das durch die Thematisierung und Beschreibung des bilingualen Spracherwerbs. In der bereits in Kapitel 2.3. angeführten Essen-Hunger-Szene führt Véronique eine Gebärde noch etwas ungeschickt aus und ihre Mutter ergänzt um eine neue Gebärde, die sie ihr vorzeigt (vgl. Poulain, übersetzt von Künzli 2015, 11). Die Szene zeigt einen für ein Kleinkind ganz natürlichen Spracherwerb. Dabei stehen Véronique für beide Sprachen Ansprechpersonen mit der jeweiligen Erstsprache zur Verfügung. Sie verbringt viel Zeit mit ihren hörenden Großeltern und ihre Großmutter ist es auch, die ihr das Schreiben beibringt. Die folgende Szene stellt dar, wie die Protagonistin Laut- und Gebärdensprache gleichzeitig lernt:

> „Meine Mutter legt ihre Arbeit beiseite, nimmt mir das Nadelkissen aus der Hand, zeigt auf eines der Männchen und formt mit dem Mund das Wort „Orange", dazu macht sie eine Gebärde. Ich wiederhole beides. Ich ahme meine Mutter nach. Dann ist Blau an der Reihe, Rot, Gelb ... Manchmal mache ich die Gebärde verkehrt herum, was rein gar nichts bedeutet. Dann korrigiert sie mich. Ich habe soeben mit ihr die Farben gelernt. In beiden Sprachen." (Poulain, übersetzt von Künzli 2015, 11f)

Ende der 1970er entsteht eine neue Gehörlosenbewegung in Frankreich und die Eltern der Erzählerin geben ihre Arbeit auf, um Lehrende für Gebärdensprache zu werden. Ihr Vater hilft für ein Gebärdenlexikon neue Gebärden zu kreieren – für Wörter, die von der Gebärdensprache noch nicht abgedeckt sind. Damit trägt der Text dazu bei, Ausbau und Kodifizierung von Sprachen nachvollziehbar zu machen. Außerdem wird von der Autorin aufgezeigt, wie wichtig Bildung und auch sprachliche Ausdrucksmöglichkeit für eine Teilnahme an der Gesellschaft sind, denn dies ist für sprachliche Minderheiten nicht immer selbstverständlich:

> „Mein Vater nimmt seine Aufgabe sehr ernst. Gehörlose müssen Zugang bekommen zur Kultur, zum Studium, vor allem aber muss die Regierung die Existenz ihrer Sprache, der Gebärdensprache, und einer eigenständigen Kultur, der Gehörlosenkultur, anerkennen." (Poulain, übersetzt von Künzli 2015, 118)

4. *Worte, die man mir nicht sagt* im Unterricht

Die folgenden Anregungen, wie sich Véronique Poulains Text für den Unterricht didaktisieren lässt, bauen auf dem Konzept der Language Awareness bzw. Sprach(en)bewusstheit auf, das in Großbritannien entwickelt und mittlerweile zu verschiedenen Ansätzen ausgebaut wurde. Alle basieren darauf,

„ein höheres Interesse an und eine größere Sensibilisierung für Sprache, Sprachen, sprachliche Phänomene und den Umgang mit Sprache und Sprachen wecken zu wollen bzw. die vorhandenen metalinguistischen Fähigkeiten und Interessen zu vertiefen." (Luchtenberg 1998, 140)

Konkrete Ziele beim Einsatz von Language Awareness-Konzeptionen im Unterricht können sein: Sprachinteresse zu erregen, Analyse von Sprache im Kontext, über Sprache sprechen zu lernen, bewusstes Sprachhandeln, Bewusstsein und Akzeptanz für sprachliche Vielfalt zu schaffen und auch zu lernen, wie Sprachmanipulationen erkannt werden können (vgl. Luchtenberg 1998, 140). Im deutschsprachigen Diskurs wird Language Awareness oft auch als Sprachaufmerksamkeit bezeichnet. Für Oomen-Welke bedingen sich beide:

„Aufmerksam erfährt das Kind etwas im Sprachvollzug, es nimmt etwas wahr, was sich im Gehirn als kognitive Struktur entwickelt. Nennen wir dies Sprachbewusstheit. Sprachbewusstheit führt zu vermehrter Sprachaufmerksamkeit, diese wieder zu höherer Sprachbewusstheit usw." (Oomen-Welke 2000, 147)

Steinig und Huneke definieren Language Awareness bzw. Sprach(en)bewusstheit als „eine prozessorientierte Fähigkeit, die es ermöglicht das Sprechen und Schreiben anderer differenziert und kritisch wahrzunehmen und die Wirkungen und Folgen eigenen Sprachhandelns abschätzen zu können." Sie sehen darin die „Aktualisierung einer generellen Sprachaufmerksamkeit" (Steinig/Huneke 2011, 183). Durch aktive Beschäftigung mit sprachlichen Phänomenen und Gestaltungen lernen Schülerinnen und Schüler sich und andere besser zu verstehen, sowie die Absicht sprachlicher Äußerungen zu hinterfragen. In einem mehrsprachigen Kontext führt das gleichzeitig dazu, andere Sprachen bewusst wahrzunehmen und Mehrsprachigkeit als natürlich anzuerkennen. Lesen nimmt hierbei eine besondere Rolle ein, da es wesentlich „das sprachlich begriffliche Lernen, die Entfaltung von Sprachbewusstheit und die Entwicklung des Denkens" fördert (Hurrelmann/Elias 1998, 3). Rösch (2017, 35) spricht sich dagegen aus, Literatur dabei nur als „Themen- oder Sprachmusterlieferant" zu missbrauchen und plädiert für eine Hand in Hand gehende Language und Literature Awareness. Sie versteht dabei unter „Literaturbewusstheit (...) Wissen über, Wahrnehmung von und Sensibilisierung für Literatur, ihre Formen, Strukturen, Funktionen, ihren Gebrauch, Erwerb und ihre Vermittlung" (Rösch 2017, 39). Wie sich das Konzept Sprach(en)bewusstheit mit dem Jugendbuch *Worte, die man mir nicht sagt* im Unterricht anwenden lässt, zeige ich anhand von drei übergeordneten Frage- bzw. Themenstellungen auf. Die in den folgenden Unterkapiteln enthaltenen Unterrichtsvorschläge sind für eine 9. oder 10. Schulstufe konzipiert, können mit etwaigen Einschränkungen aber auch bereits in der 8. Schulstufe umgesetzt werden.

4.1. Was ist Kultur?

Wie bereits in Kapitel 3.1. ausgeführt, nimmt der Begriff *Kultur* eine zentrale Rolle im Text ein. Dabei handelt es sich um einen gesellschaftlich sehr diffusen und aufgeladenen Begriff, dem Schüler und Schülerinnen mit Hilfe des Textes auf den Grund gehen und ihre eigene Auffassung, was *Kultur* ist, reflektieren können. Um darauf aufmerksam zu machen, wie unterschiedlich der Begriff aufgefasst wird, steht zu Beginn eine Kleingruppenarbeit, in der die Schülerinnen und Schüler gemeinsam ihre eigenen Assoziationen mit Kultur mit Hilfe einer Mindmap zu Papier bringen. Diese vergleichen sie dann mit einer anderen Gruppe und sprechen über Gemeinsamkeiten und Unterschiede, die ihnen auffallen. Falls die Schülerinnen und Schüler das erste Mal mit einer Mindmap arbeiten, sollte ihnen zuvor die Funktionsweise erklärt und mit Hilfe eines anschaulichen Beispiels der Aufbau nähergebracht werden.

Unterrichtsmaterial 1:
Mindmap
Erstellt als Gruppe gemeinsam eine Mindmap zum Thema „Was ist Kultur?":   * Was bedeutet Kultur für euch?   * Welche Begriffe verbindet ihr damit?
Vergleicht nun eure Mindmaps: * Welche Gemeinsamkeiten und Unterschiede könnt ihr feststellen?   * Welche Ober- und Unterbegriffe sind in den Mindmaps zu finden? Wie sind diese strukturiert und sortiert?

Danach werden die Ergebnisse und Eindrücke der Gruppenarbeiten im Plenum gesammelt und gemeinsam besprochen. Zugleich wird nun mit Hilfe der Lehrperson auf einem Plakat eine gemeinsame Mindmap erarbeitet, welche das Ergebnis der Kleingruppenarbeiten zusammenfasst und dabei Ober- und Unterbegriffe entsprechend sortiert. Somit wird nebenbei hier nochmals unter Anleitung die Methode gemeinsam geübt.

Im nächsten Schritt soll direkt am Text erschlossen werden, wie sich Hörenden- und Gehörlosenkultur hier gegenüberstehen beziehungsweise mit welchen Ausdrücken sie beschrieben werden können. Die Schülerinnen und Schüler lesen nochmals die „Ich bin zweisprachig"-Textstelle (vgl. die Kapitel 3.1. und 3.2.) und ordnen dann in Einzelarbeit, die von der Erzählerin verwendeten Ausdrücke wie *Geräusche* oder *Stille* der entsprechenden „Welt" zu. Im Anschluss an die in der vorherigen Übung erstellten Mindmaps werden die Lernenden aufgefordert, darüber nachzudenken welche Spalte eher den erarbeiteten Begriffen beziehungsweise den Vorstellungen von Kultur entsprechen. Diese binären Zuschreibungen sollen nun aufgebrochen werden, indem die Schülerinnen und Schüler aufgefordert werden zu hinterfragen, ob Verallgemeinerungen im Sinne scharfer Abgrenzungen tatsächlich immer Gültigkeit haben. Dafür könnte zum Beispiel die Gehörlosenball-Stelle (vgl. Kapitel 3.1.) herangezogen werden, oder eine Stelle, in der Poulain den unterschiedlichen Umgang mit Sexualität thematisiert und meint, es wäre „(e)ine Frage der Kultur" (Poulain, übersetzt von Künzli 2015, 76). Auch die Frage inwiefern Exklusion aus einer normierten Gesellschaft auch zum Ausschluss der zugehörigen Kultur und zum Bilden einer Kultur der Ausgeschlossenen führt, sollte behandelt werden – zur Auseinandersetzung mit dieser Frage bietet das Buch an vielen Stellen Anknüpfungspunkte (vgl. hierzu ebenso Kapitel 3.1.). Ziel der Übung ist, den Schülerinnen und Schüler bewusst zu machen, dass es Begriffe gibt, die mit bestimmten Bedeutungen aufgeladen sind und dass es sinnvoll ist, diese einerseits kritisch zu hinterfragen und anderseits im Gespräch mit anderen konstruktiv auszuhandeln.

Unterrichtsmaterial 2:
„Ich bin zweisprachig" (Poulain 2015)

a) Lies im Buch „Worte, die man mir nicht sagt" die Textstelle „Ich bin zweisprachig" auf S. 10 nochmals genau durch.
* Ordne die dort verwendeten Ausdrücke der entsprechenden „Welt" zu.
* Denk dabei an den in der Mindmap erarbeiteten Begriff *Kultur*. Welche der hier verwendeten Ausdrücke treffen eher zu?

Gehörlose	Hörende

b) Wählt eine der folgenden Aufgaben in Partnerarbeit:
* Im Buch ist an verschiedenen Stellen von Kultur die Rede. Auf den Seiten 74-76 wird sie in Zusammenhang mit Sexualität erwähnt. Lest diese Seiten nochmals gemeinsam durch und diskutiert, was hier mit „Eine Frage der Kultur" gemeint ist. Würdet ihr dem zustimmen?
* Auf S. 35 wird ein Ball im Gehörlosenzentrum beschrieben. Überlegt gemeinsam, welche der in a) zugeordneten Ausdrücke hier die Situation besser beschreiben würden. Was fällt euch auf?

c) Partnerarbeit: Diskutiert, inwiefern sich eine Trennung der Kulturen durch den Ausschluss von Gehörlosen aus bestimmten Bereichen der Hörendenkultur ergibt. Wie sehen die Reaktionen der Gehörlosen darauf aus? Argumentiert auf Basis von selbst gewählten Textstellen aus dem Buch.

Auch ein Sprachvergleich von Original und Übersetzung bietet sich an um Doppeldeutigkeiten aufzuzeigen (wie etwa in Kapitel 3.2. an der „Ich bin zweisprachig"-Stelle vorgeführt), vor allem wenn die Schülerinnen und Schüler bereits Französisch als Fremdsprache lernen. Dabei kann auf den Umstand eingegangen werden, dass Semantik nicht immer übertragbar ist. In einem fächerübergreifenden Unterricht könnte das Original noch detaillierter betrachtet oder das Buch parallel im jeweiligen Fachunterricht erarbeitet werden, um den Sprachvergleich für beide Fächer fruchtbarer zu machen.

4.2. Worte, die man nicht sagt?

Dass Worte verletzend sein können, wissen bereits Jugendliche. Inwiefern das diskriminierende Ausmaße annehmen kann, lässt sich am Beispiel des Begriffes *taubstumm* erforschen. Zu Beginn steht eine allgemeine Recherche zur Geschichte dieses Terminus. Die Schülerinnen und Schüler erfahren auf diese Weise, wie sich Begrifflichkeiten im zeitlichen und soziokulturellen Kontext ändern können.

Unterrichtsmaterial 3:
Rechercheaufgabe
Partnerarbeit: Recherchiert gemeinsam zum Wort *taubstumm*.
* Wie ist dieser Begriff entstanden?
* Wann wurde er verwendet?
* Wieso wird er heute nicht mehr verwendet?

In dem Zusammenhang bietet sich auch an, den Begriff mit Hilfe des Textes semantisch zu dekonstruieren. Dabei kann etwa die in Kapitel 3.3. behandelte „Man sagt stumm"-Stelle als Ausgangspunkt für eine Diskussion im Plenum dienen. In Gruppen können dann mit Hilfe des Buches weitere Belegstellen und Argumente abgeleitet werden. Diese Übungen sind ein erster Schritt, um Schülerinnen und Schüler für diskriminierenden Sprachgebrauch zu sensibilisieren.

Damit der Text nicht nur „Themen- oder Sprachmusterlieferant" bleibt, sollte auch einen Schritt weiter gegangen werden mit der Überlegung, ob und welche Funktionen der Begriff *taubstumm* im Text erfüllt (vgl. 3.2.). Um die Schülerinnen und Schüler zu einer metaphorischen Lesart des Begriffs hinzuführen, könnten einzelne Gruppen jeweils eine in Kapitel 3.2. behandelte Stelle diskutieren, deuten und weitere Zitate im Buch dazu sammeln. Unter Einbezug des Titels besteht in einem geleiteten Unterrichtsgespräch die Möglichkeit auf die ästhetische bzw. stilistische Funktion näher einzugehen. Es geht um ein Heranführen, wie Form und Inhalt in der Literatur miteinander korrespondieren beziehungsweise wie stilistische Mittel eingesetzt werden und wie unterschiedlich und vieldeutig sie ihre Wirkung entfalten.

4.3. Mit den Händen sprechen, mit den Lippen hören

Die Gebärdensprache ist, obwohl in den meisten Ländern Europas mittlerweile als eigenständige Sprache anerkannt, im gesellschaftlichen Bewusstsein nicht sehr präsent. Schülerinnen und Schülern die Möglichkeit zu geben, sich mit ihr zu befassen und mehr über sie zu erfahren, schärft ihr Bewusstsein für gesellschaftliche Mehrsprachigkeit und wertet sie auf.

Am Beginn könnte jede Gruppe eine konkrete Gebärde aus dem Buch aussuchen und diese im Internet recherchieren. Es gibt Videos, in denen die entsprechende Gebärde langsam beziehungsweise wiederholt vorgemacht wird und damit leicht erlernbar ist. Da die beschriebenen Gebärden sowohl im Original wie auch in der Übersetzung der Französischen Gebärdensprache (LSF) entsprechen, sollte mit den französischen Begriffen – zum Beispiel faim (deutsch: Hunger) – gearbeitet werden, da mit deutschen Suchwörtern meist nur Gebärden der auf deutschsprachigem Gebiet vorhandenen Gebärdensprachen gefunden werden, die durchaus von der Darstellung im Buch abweichen können. Das heißt, die Schülerinnen und Schüler arbeiten mit der Originalausgabe und dem Wörterbuch und beschäftigen sich nebenher auch mit den französischsprachigen Begriffen. Diese Übung bietet sich vor allem für Klassen an, in denen zumindest ein Teil der Schülerinnen und Schüler Französisch als Fremdsprache lernen. Diese Lernenden können in den Gruppen dann als Expertinnen und Experten fungieren.

Im nächsten Schritt wird die Entsprechung in Österreichischer Gebärdensprache (ÖGS) und in Deutscher Gebärdensprache (DGS) gesucht, um schließlich im Plenum den jeweils anderen Gruppen Unterschiede und Gemeinsamkeiten zwischen den Gebärde der LSF und der anderen Gebärdensprachen vorzuführen. Das lenkt die Aufmerksamkeit der Schülerinnen und Schüler auf den Umstand, dass es nicht nur eine Gebärdensprache gibt, sondern auch hier länderspezifische und sogar regionale Differenzen vorzufinden sind. Ähnlichkeiten zwischen der Österreichischen und der Französischen Gebärdensprache könnten etwa als Anlass genommen werden, auch auf die gemeinsame Gehörlosengeschichte dieser beiden Länder hinzuweisen (vgl. Eder 2007, 376ff). Im Vergleich dazu hat die Deutsche Gebärdensprache historisch betrachtet keine nachweisbaren Verbindungen zur Französischen Gebärdensprache,[10] aber es besteht laut

---

10 Das zeigt sich an den unterschiedlichen Entwicklungen beider Länder zu Beginn der Gehörlosenpädagogik. In Deutschland wurde gegen Ende des 18. Jahrhunderts die mehr

Zeshan (2012) eine Ähnlichkeit zur Österreichischen Gebärdensprache. Sie weist allerdings ausdrücklich darauf hin, dass es noch keine genaueren Untersuchungen zu den Gemeinsamkeiten und Unterschieden gibt und daher nicht zwangsläufig von einer Verwandtschaft der beiden Sprachen ausgegangen werden kann (vgl. Zeshan 2012, S. 326).

Unterrichtsmaterial 4:
Gebärden üben

* Wählt eine Gebärde aus dem Buch und recherchiert diese mit dem zugehörigen französischen Wort im Internet.
* Wie wird die Gebärde ausgeführt? Wie wird sie im Buch beschrieben?
* Übt die Gebärde gemeinsam.
* Recherchiert nun die Entsprechung in der Österreichischen Gebärdensprache (ÖGS) und in der Deutschen Gebärdensprache (DGS).
* Gibt es Unterschiede? Wiederholt (zum Vergleich) auch diese Gebärden.
*Führt die Gebärden, die ihr gewählt habt, für die anderen Gruppen aus und übt sie mit ihnen gemeinsam.

Weiters kann mit Hilfe von Dialogen aus dem Text – zum Beispiel mit der am Beginn von Kapitel 3.2. angeführten Textstelle („Papa, wir machen was heute?") – den Unterschieden zwischen Lautsprache und (verschriftlichter/verbalisierter) Gebärdensprache auf den Grund gegangen werden. So könnte sich der Teil der Schülerinnen und Schüler, die Französisch als Fremdsprache lernen, mit einer Textstelle des französischen Originals[11] auseinandersetzen und ein anderer Teil mit einer oder mehreren Stellen der deutschen Übersetzung. Dabei markieren die Lernenden die grammatikalischen Auffälligkeiten und Abweichungen von der jeweiligen Standardsprache (Französisch oder Deutsch) und sie besprechen die Ergebnisse anschließend im Plenum. Im Text gibt Véronique Poulain einen kurzen Einblick in die Funktionsweise und Grammatik der Gebärdensprache (Poulain, übersetzt von Künzli 2015, 124f; Poulain 2015: 137ff). Mit Hilfe dieses Kapitels lassen sich die entdeckten Abweichungen erklären und Merkmale der Gebärdensprache aufzeigen. Das stärkt die Wahrneh-

---

an der Lautsprachlichkeit ausgerichtete *Deutsche Methode* entwickelt (vgl. Braem/Rathmann 2010, S. 29).
11 Oft gibt es in Klassen nur eine Gruppe von Schülerinnen und Schülern, die Französisch als Fremdsprache belegen. In diesem Fall bietet es sich an, diese Gruppe mit der Aufgabe zu betrauen.

mung der Gebärdensprache als eine von der Lautsprache des jeweiligen Landes unabhängige und vor allem eigenständige Sprache.

Der Text beinhaltet weiters didaktische Anschlussmöglichkeiten zum Thema Phonologie und Sprachbetrachtung. Dafür bietet sich besonders die in Kapitel 2.3. zitierte Kamel-Schinken-Textstelle an. Jeder Schüler bzw. jede Schülerin sucht sich fünf Minimalpaare aus, die sie nicht verraten. Mit dem Sitznachbarn oder der Sitznachbarin wird dann Lippenlesen geübt. Sie sagen sich abwechselnd ein Minimalpaar lautlos vor und achten dabei darauf, welche Laute gut und welche schlecht voneinander zu unterscheiden sind (z.B. werden stimmlos-stimmhafte Phonempaare wie g/k schwerer voneinander zu unterscheiden sein).

Unterrichtsmaterial 5:
Minimalpaare
a) Jede*r sucht für sich fünf Minimalpaar aus. Ein Minimalpaar besteht aus zwei Wörtern, die sich nur durch einen Laut unterscheiden (z.B. Raben – haben).
b) Partnerarbeit: Sagt euch nun abwechselnd eure Minimalpaar lautlos vor.
* Was entdeckt ihr?
* Welche Laute sind schwer voneinander zu unterscheiden? Bei welchen fällt das Unterscheiden leichter?

Die Übung kann auch mit französischen Minimalpaaren durchgeführt werden, ähnlich zu denen, die im Text vorkommen, um zu zeigen, wie viel schwieriger das Verstehen in einer Fremdsprache wird. Diese Übung gibt die Möglichkeit sich in Gehörlose hineinzuversetzen, für die die Lautsprache meist Zweitsprache ist, und schafft ein grundsätzliches Verständnis für schwierige Kommunikationssituationen. Gemeinsam könnten die Schülerinnen und Schüler überlegen, wie sich solche und ähnliche Situationen für andere erleichtern lassen.

5. Conclusio

In Véronique Poulains Jugendbuch *Worte, die man mir nicht sagt* (im Original: *Les mots qu'on ne me dit*) treffen drei Sprachen aufeinander: das Französische des Originals, das Deutsche der Übersetzung und die Sprache, die die Handlung bestimmt: Die (Französische) Gebärdensprache. Das heißt, es handelt sich um einen plurilingualen Text, in dem Mehrsprachigkeit sowohl inhaltlich thematisiert wird, als auch die genannten Sprachen explizit im Text vorkommen. Einerseits kann man von additiver Mehrsprachigkeit in Bezug auf das Nebeneinander von Original und Übersetzung sprechen, andererseits kann der Text, vor allem die Übersetzung, durchaus als Sprachmischung betrachtet werden. Weiters weist dieses Buch verschiedene Merkmale des Adoleszenzromans auf und lässt sich somit im Rahmen der Jugendliteratur verorten, wobei von einer Mehrfachadressierung auszugehen ist. Es ist durch Aufbau, Sprache und zentrale Themen gut für die Arbeit mit Jugendlichen im Sprachenunterricht geeignet. In jedem plurilingualen jugendliterarischen Text nimmt Mehrsprachigkeit bestimmte Funktionen ein, die sich auf folgende Bereiche verteilen: (sprachen)politische, formal-ästhetische und (sprachen)didaktische Funktionen. Da der Text eine Minderheitensprache thematisiert, die im öffentlichen Raum noch immer kaum Beachtung findet, erfüllt er schon allein dadurch eine (sprachen)politische Funktion. Außerdem stellt er Probleme von Gehörlosen beim Kontakt mit der Mehrheitsgesellschaft und von dieser angewendete Ausgrenzungsmechanismen dar. In der Protagonistin Véronique, der hörenden Tochter gehörloser Eltern, treffen beide „Welten" aufeinander. Dieser „Culture Clash" führt zu inneren Konflikten, durch die Zugehörigkeiten immer wieder neu ausverhandelt werden. Auf formal-ästhetischer Ebene sind vor allem die Verschriftlichung der Gebärdensprache in einer Art „foreigner talk" und das Durchsickern der Originalsprache in der Übersetzung Elemente, die bestimmte Funktionen im Text erfüllen. So suggeriert die gewählte Darstellung der Gebärdensprache in Dialogen eine gelebte Mehrsprachigkeit. Das Auftauchen von französischen Wörtern in der deutschsprachigen Übersetzung bricht mit der Wirkung eines Quasi-Originals und lenkt den Blick auf die Tatsache, dass es sich hier um eine Übersetzung handelt. Ein Vergleich von Übersetzung und Original deckt auf, dass mit dem Übertragen von der einen in die andere Sprache semantische Nuancen verloren gehen können. Auf Grund dieser Analyse lassen sich verschiedene didaktische Überlegungen ableiten, die in Kombination mit Language Awareness bzw. Sprachenbewusstheit den Text zu einer guten Basis für mehrsprachigen (Sprach)Unterricht machen. Im Anschluss an die vorgestellten Unterrichtsvorschläge bietet ein Lehrausgang, beispielsweise in die Ausstellung „Hands up" in Wien, den Schülerinnen und Schülern die Möglichkeit, Erfahrungen mit der realen Lebenswirklichkeit von Gehörlosen zu sammeln. Außerdem kann eine intermediale Auseinandersetzung mit dem Thema vertiefende Einsichten vermitteln und weitere Perspektiven eröffnen. Prädestiniert dafür erscheint der französische Film *La famille Bélier* (deutschsprachiger Titel: *Verstehen Sie die Béliers?*), der von Véronique Poulains Buch inspiriert ist.

6. Literatur

6.1. Primärliteratur

Poulain, Véronique (2015): Worte, die man mir nicht sagt. Mein Leben mit gehörlosen Eltern. 2.Auflage. Aus dem Französischen von Lis Künzli. – Berlin: Ullstein. (zitiert als Poulain, übersetzt von Künzli 2015)
Poulain, Véronique (2014; 2015): Les mots qu'on ne me dit pas. – Paris: Le Livre de Poche. (zitiert als Poulain 2015)[12]

6.2. Sekundärliteratur

Bär, Jochen A. (2001): Gegenstände der Sprachkritik. Wörter – Worte – das Wort. In: Sprachreport, Jg. 17, H. 4, S. 14-20.
Braem, Penny B./Rathmann, Christian (2010): Transmission of sign languages in Northern Europe. In: Brentari, Diane (Hrsg.): Sign Languages. – Cambridge: Cambridge University Press (Cambridge Language Surveys), S. 19-45.
Bundesministerium für Unterricht und Kunst (2011): Handreichung für den Einsatz von Manual- und Gebärdensystemen (MGS) sowie der Österreichischen Gebärdensprache (ÖGS) im Unterricht. – https://www.cisonline.at/fileadmin/kategorien/Handreichung_Gebaerdensprache.pdf (4. März 2019).
Castro Varela, Maria do Mar/Mecheril, Paul (2010): Grenze und Bewegung. Migrationswissenschaftliche Klärungen. In: Andresen, Sabine/Hurrelmann, Klaus/Palentien, Christian/Schröer, Wolfgang (Hrsg.): Migrationspädagogik. – Weinheim/Basel: Beltz, S. 23-53.
Eder, Ulrike (2007): Die Anfänge der Gehörlosenbildung in der Habsburger Monarchie. Kaiser Joseph II. – „Vater der Taubstummen". In: Das Zeichen. Zeitschrift für Sprache und Kultur Gehörloser, Jg. 21, H. 77, S. 376-384.
Eder, Ulrike (2009): Mehrsprachige Kinder- und Jugendliteratur für mehrsprachige Lernkontexte. – Wien: Praesens.
Eder, Ulrike (2014): Basiswissen für Lehrerinnen und Lehrer zur Mehrsprachigkeit in der Kinder- und Jugendliteratur. In: Feld-Knapp, Ilona (Hrsg.): Mehrsprachigkeit. – Budapest: ELTE Eötvös-József-Collegium (Cathedra Magistrorum. CM-Beiträge zur Lehrerforschung 2), S. 95-131.
Eder, Ulrike (2015): „Alles gut" für den DaZ- und Deutschunterricht. Exemplarische Literaturanalyse eines mehrsprachigen Bilderbuchs als Basis für mögliche Didaktisierungen. In: Eder, Ulrike (Hg.): Sprache erleben und lernen mit Kinder- und Jugendliteratur I. Theorien, Modelle und Perspektiven für den Deutsch als Zweitsprachenunterricht. – Wien: Praesens (Kinder- und Jugendliteratur im Sprachenunterricht 1), S. 143-173.

---

12 Das Buch erschien erstmals 2014 im Verlag Stock. Im vorliegenden Beitrag beziehe ich mich allerdings auf das hier angegebene Taschenbuch, das 2015 bei *Le Livre de Poche* erschienen ist.

Ewers; Hans-Heino (2000): Was ist Kinder- und Jugendliteratur? Ein Beitrag zu ihrer Definition und zur Terminologie ihrer wissenschaftlichen Beschreibung. In: Lange, Günter (Hrsg.): Taschenbuch der Kinder- und Jugendliteratur. – 2., korrigierte Auflage. – Baltmannsweiler: Schneider Hohengehren, S. 2-16.

Gogolin, Ingrid (1994): Der monolinguale Habitus der multilingualen Schule. – Münster/New York: Waxmann.

Grutman, Rainier (1997): Des lanuges qui réssonnent. L'hétérolinguisme au XIXe siècle québécois. – Saint-Laurent: Fides.

Hurrelmann, Bettina/Elias, Sabine (1998): Leseförderung in einer Medienkultur. In: Praxis Deutsch (Sonderheft: Leseförderung), S. 3-7.

Knauth, K. Alfons (2004): Multilinguale Literatur. In: Schmitz-Emans, Monika (Hrsg.): Literatur und Vielsprachigkeit. – Heidelberg: Synchron, S. 265-289.

Krausneker, Verena (2006): Taubstumm bis gebärdensprachig. Die österreichische Gebärdensprachgemeinschaft aus soziolinguistischer Perspektive. – Klagenfurt/Celovec: Drava.

Luchtenberg, Sigrid (1997): Zwei- und Mehrsprachigkeit in Kinder- und Jugendliteratur. In: Muttersprache, Jg. 107, H. 2, S. 168-186.

Luchtenberg, Sigrid (1998): Möglichkeiten und Grenzen von Language Awareness zur Berücksichtigung von Mehrsprachigkeit im (Deutsch-)Unterricht. In: Kuhs, Katharina/Steinig, Wolfgang (Hrsg.): Pfade durch Babylon. Konzepte und Beispiele für den Umgang mit sprachlicher Vielfalt in Schule und Gesellschaft. – Freiburg im Breisgau: Fillibach, S. 137-156.

Neumann, Birgit (2010): Methoden postkolonialer Literaturkritik und anderer literaturkritischer Ansätze. In: Nünning, Vera/Nünning, Ansgar (Hrsg.): Methoden der literatur- und kulturwissenschaftlichen Textanalyse. Ansätze – Grundlagen – Modellanalysen. – Stuttgart/Weimar: Metzler, S. 271-292.

Oomen-Welke, Ingelore (2000): Umgang mit Vielsprachigkeit im Deutschunterricht – Sprachen wahrnehmen und sichtbar machen. In: Deutsch lernen, Jg. 25, H. 2, S. 143-163.

O'Sullivan, Emer/Rösler, Dietmar (2013): Kinder- und Jugendliteratur im Fremdsprachenunterricht. – Tübingen: Stauffenburg.

ÖGSDV – Österreichischer Gebärdensprach-, DolmetscherInnen- und ÜbersetzerInnen-Verband (o.J.): Gebärdensprache. – www.oegsdv.at/gehoerlosigkeit-gebaerdensprache/gebaerdensprache/ (29. Oktober 2022).

Rösch, Heidi (2014): Mehrsprachige Kinderliteratur im Literaturunterricht. In: Gawlitzek, Ira/Kümmerling-Meibauer, Bettina (Hrsg.): Mehrsprachigkeit und Kinderliteratur. – Stuttgart: Fillibach bei Klett, S. 143-168.

Rösch, Heidi (2017): Language und Literature Awareness im Umgang mit Kinder- und Jugendliteratur. In: Eder, Ulrike/Dirim, İnci (Hrsg.): Lesen und Deutsch lernen. Wege der Förderung früher Literalität durch Kinderliteratur. Wien: Praesens (Kinder- und Jugendliteratur im Sprachenunterricht 4), S. 35-56.

Said, Edward W. (1978): Orientalism. – New York: Pantheon Books.

Said, Edward W. (2009): Orientalismus. Aus dem Englischen übersetzt von Hans Günter Holl. – Frankfurt a. M.: S. Fischer.

Schmeling, Manfred (2004): Multilingualität und Interkulturalität im Gegenwartsroman. In: Schmitz-Emans, Monika (Hrsg.): Literatur und Vielsprachigkeit. – Heidelberg: Synchron, S. 221-235.

Schmitz-Emans, Monika (2004): Literatur und Vielsprachigkeit: Aspekte, Themen, Vorrausetzungen. In: Schmitz-Emans, Monika (Hrsg.): Literatur und Vielsprachigkeit. – Heidelberg: Synchron, S.11-26.

Steinig, Wolfgang/Huneke, Hans-Werner (2011): Sprachdidaktik Deutsch. Eine Einführung. – Berlin: Erich Schmidt.

Thomas-Olalde, Oscar/Velho, Astride (2011): Othering and its Effects –Exploring the Concept. In: Niedrig, Heike/Ydesen, Christian (Hrsg.): Writing Postcolonial Histories of Intercultural Education. – Frankfurt a. M.: Peter Lang, S. 27-51.

Weinkauff, Gina/von Glasenapp, Gabriele (2010): Kinder- und Jugendliteratur. – Paderborn: Schöningh.

Wintersteiner, Werner (2006): Poetik der Verschiedenheit. Literatur, Bildung, Globalisierung. – Klagenfurt/Celovec: Drava.

Zeshan, Ulrike (2012): Sprachvergleich. Vielfalt und Einheit von Gebärdensprachen. In: Eichmann, Hanna/Martje, Hansen/Heßmann, Jens (Hrsg.): Handbuch Deutsche Gebärdensprache. Sprachwissenschaftliche und anwendungsbezogene Perspektiven. – Seedorf: Signum (Internationale Arbeiten zur Gebärdensprache und Kommunikation Gehörloser 50), S. 311-340.

Marlene Schaden

Tim, Struppi und die Spuren des Kolonialismus
Analyse und Didaktisierung von Hergés *Tintin au Congo* und der deutschsprachigen Übersetzung *Tim im Kongo* im historischen Kontext

Die meisten Menschen verbinden Comics automatisch mit ihrer Kindheit. Bekannte und beliebte Figuren werden oftmals idealisiert, dabei wird meist nicht bedacht, in welchem historischen Kontext einige der bekanntesten Werke der Kinder- und Jugendliteratur entstanden sind. Der folgende Text setzt sich kritisch mit der Comicreihe *Les Aventures de Tintin* auseinander. Im Fokus der Analyse liegt dabei nicht nur der historische Entstehungskontext, sondern auch übersetzungsbedingte sprachliche Auffälligkeiten. Die didaktische Aufarbeitung bietet außerdem Anregungen für den Einsatz des Comics im Rahmen des sprach- und rassismussensiblen Literaturunterrichts.

Rassismus ist kein Phänomen, welches erst seit dem 20. Jahrhundert bekannt ist. Seit Menschen existieren, werden gewisse Personen und Personengruppen aufgrund bestimmter biologischer Merkmale diskriminiert und ausgegrenzt. Rassismus spielt jedoch nicht nur in politischer und gesellschaftlicher Hinsicht eine Rolle, auch in der Literatur ist Rassismus ein weit verbreitetes und vieldiskutiertes Thema. Besonders in älteren kinderliterarischen Texten sind immer wieder rassistische und stereotype Elemente zu finden. Meist werden diese Texte jedoch nicht aus einer rassistischen Intention heraus verfasst, sondern spiegeln die damals gängigen gesellschaftlichen Vorstellungen wider, was den diskriminierenden Inhalt aber natürlich nicht relativiert. Beispiele hierfür wären das bekannte Kinderlied *Zehn kleine Negerlein*[1] oder das Bilderbuch *Hatschi*

---

1   Die erste deutsche Fassung des Liedes *10 kleine Negerknaben* von F. H. Benary und Christian Wilhelm Allers wurde 1885 in einem Bilderbuch mit dem Titel *Aus Kamerun* veröffentlicht und geht auf die englische Version von Frank Green aus dem Jahr 1869 zurück.

Bratschis Luftballon, in dem ein Mann aus dem „Türkenland" kleine Kinder mit seinem Luftballon entführt (Ginzkey 1904/2019, 10).

Im Zentrum der Rassismusfrage stehen vor allem der afrikanische Kontinent sowie seine Bewohnerinnen und Bewohner. Zuweilen schien es als seien sie von einem Schleier des Unbekannten und Mysteriösen umgeben. Davon leitete sich auch der bekannte Beiname „dunkler Kontinent" (Bernhard 1986, 141) ab. Dies bezieht sich einerseits auf die relativ späte Erforschung des Kontinents und andererseits auf die Hautfarbe vieler Einwohnerinnen und Einwohner, vor allem in Zentral- und Südafrika. Laut Bernhard (1986, 141ff) waren diese Gebiete für die europäische Bevölkerung so weit entfernt, sowohl aus geografischer als auch emotionaler Sicht, dass keine Identifikation mit den Menschen in Afrika stattfinden konnte. Die Hautfarbe fungierte als eine Art Trennlinie zwischen dem Bekannten und dem Unbekannten.

Die Diskussion über Rassismus ist jedoch auch im 21. Jahrhundert brandaktuell. Vor allem im Zuge der Flüchtlingsbewegungen aufgrund des seit 2011 andauernden Bürgerkrieges in Syrien und im Irak, wurde das Thema in den Medien wieder häufiger aufgegriffen und auch auf politischer Ebene thematisiert. Aus diesem Grund ist es besonders wichtig, den Begriff Rassismus auch im Unterricht zu behandeln und die Schülerinnen und Schüler an Inter- und Transkulturalität heranzuführen. Dieser Artikel beschäftigt sich mit dem bekannten und kontrovers diskutierten Comic *Tintin au Congo* des belgischen Zeichners Hergé und möchte eine behutsame Heranführung und eine Sensibilisierung in Bezug auf den Umgang mit solchen Texten herbeiführen. Folgenden zentralen Fragestellungen soll dabei nachgegangen werden: Welche rassistischen Darstellungen lassen sich in Hergés Comic *Tintin au Congo* finden und wie sind diese im Hinblick auf den historischen Kontext zu bewerten? Gibt es relevante sprachliche Unterschiede zwischen dem französischsprachigen Original und der deutschen Übersetzung? Wie könnte man den Comic in diesem Zusammenhang sinnvoll im Unterricht einsetzen?

Als Primärquelle dienen das französischsprachige Original *Tintin au Congo* sowie die deutsche Übersetzung *Tim im Kongo*, welche in dieser Form 1997 im Carlsen Verlag erschienen ist. Sowohl Original als auch Übersetzung basieren auf der überarbeiteten Fassung des Comics aus dem Jahr 1946. Des Weiteren sollen Original und Übersetzung auf mögliche Differenzen untersucht werden. Dabei liegt das Augenmerk auf sprachlichen Unterschieden, welche für die Rassismusfrage relevant sein können sowie auf darstellerischen Abweichungen. Außerdem wird Sekundärliteratur herangezogen, welche sich einerseits mit Hergé und *Les Aventures de Tintin* bzw. *Tim und Struppi*, und andererseits generell mit dem Thema Rassismus in Comics beschäftigt. Als übersetzungstheoretische Grundlage dient vor allem O'Sullivans Werk *Kinderliterarische Komparatistik* (2000). Im Rahmen des ersten Teiles der Forschungsfrage soll außerdem ermittelt werden, ob sich rassistische Intentionen bei Hergé erkennen lassen bzw. welche Rolle der historische Kontext dabei spielt.

1. Begriffsdefinitionen

Um in das Thema einzusteigen, ist es zunächst notwendig sich einen Überblick über die zentralen Begriffe *Rassismus* sowie *Kolonialismus* und *Imperialismus* zu verschaffen.

1.1. Rassismus

Um die Bedeutung von *Rassismus* erschließen zu können, muss zunächst ein Blick auf den Begriff *Rasse* geworfen werden, welcher sowohl im biologischen als auch im sozialwissenschaftlichen Diskurs verwendet wird. Die Biologie beschäftigt sich mit dem Rassenbegriff vor allem im Bereich der Genetik, wobei es auch aus naturwissenschaftlicher Sicht umstritten ist, ob es noch zeitgemäß ist, in diesem Bereich von *Rasse* zu sprechen. Werden Menschen nun im Rahmen der Rassentheorie voneinander separiert, so geschieht dies nicht anhand genetischer Merkmale, sondern bestimmte somatische Eigenschaften werden im Rahmen einer Bedeutungskonstruktion dazu verwendet, um Menschen in verschiedene Gruppen einzuteilen, welchen auch bestimmte kulturelle Merkmale zugewiesen werden (vgl. Miles 1992, 93ff).

Rassismus hat laut Miles (1992, 103) immer eine ideologische Komponente. Es kommt zu einer Konstruktion der Bedeutung von biologischen Merkmalen, wie zum Beispiel der Hautfarbe, um die Menschen voneinander zu unterscheiden. Biologische Merkmale werden negativ konnotiert und dienen der Ausgrenzung von bestimmten Gruppen. Rassismus setzt also Rassenkonstruktion voraus und ist immer negativ wertend. Dies zeigt sich in Form von Klischees, Stereotypen und Bildern sowie Erklärungen für bestimmtes Verhalten oder kulturell geprägte Handlungen und Praktiken (vgl. Miles 1992, 104ff).

1.2. Kolonialismus und Imperialismus

Reinhard (2008) definiert den Begriff Kolonialismus als „die Kontrolle eines Volkes über ein fremdes unter wirtschaftlicher, politischer und ideologischer Ausnutzung der Entwicklungsdifferenz zwischen beiden" (Reinhard 2008, 1). Kolonialismus bezeichnet also primär die Kontrolle eines Volkes oder Staates über ein anderes Volk oder einen anderen Staat. Dabei spielt auch eine gewisse Differenz in der Entwicklung eine tragende Rolle. Ein weiterentwickeltes Volk übt dabei Macht auf ein technologisch und wirtschaftlich schwächer entwickeltes Volk aus. In diesem Zusammenhang ist auch der Begriff *Fremdheit* von zentraler Bedeutung. Die Kolonien müssen sich der Fremdheit der Kolonialherren bewusst sein, da bei völliger Assimilation nicht mehr von Kolonialismus gesprochen werden kann. Auch ein Entwicklungsunterschied zwischen Kolonie und Ausgangsland ist, wie bereits erwähnt, entscheidend, um Kolonialismus von anderen Formen der Machtausübung abgrenzen zu können (vgl. Reinhard 2008, 1f).

Im Unterschied dazu ist der verwandte Begriff *Imperialismus*, welcher oft mit der Expansionspolitik europäischer Staaten im 19. und Anfang des 20. Jahrhunderts gleichgesetzt wird, politischer und emotionaler besetzt. Hier geht es stärker um die Kontrolle der einheimischen Bevölkerung als um reine Expansion (vgl. Stuchtey 2010, o.S.). Imperialismus bezeichnet die Summe aller Taten und Handlungen, welche für die Erzeugung von Kolonialismus notwendig sind. In diesem Zusammenhang ist Kolonialismus eher statisch, während Imperialismus ein dynamischer Begriff ist (vgl. Reinhard 2008, 1).

Die Tatsache, dass rassistische Ideologien gewisse Gruppen von Menschen aufgrund biologischer Merkmale über andere stellen, spielt auch bei der Erklärung der Begriffe Kolonialismus und Imperialismus eine wichtige Rolle. Durch die hierarchische Reihung der Europäer über den Afrikanern wurde versucht die systematische Ausbeutung und Versklavung des afrikanischen Kontinents und seiner Bevölkerung zu legitimieren.

2. Über den Autor Hergé

Die Comicreihe *Les Aventures de Tintin* bzw. *Tim und Struppi* stammt aus der Feder des franko-belgischen Zeichners Georges Prosper Remi. Um die Comicreihe *Les Aventures de Tintin* verstehen und in einen Kontext stellen zu können, ist es wichtig, auch den Autor näher zu betrachten. Peeters betont in seiner Biographie *Hergé, Son of Tintin* (2012), dass die einzelnen Bände der Reihe *Les Aventures de Tintin* deutlich mit Hergés eigenem Leben verknüpft sind. Der Biograph Peeters spricht sogar von autobiografischen Erzählungen, vermittelt durch die fiktive Figur Tintin. So soll Hergé wenige Wochen vor seinem Tod zu Peeters gesagt haben: „What if I told you, that I put my whole life into Tintin?" (Peeters 2012, XVI)

Hergé wurde 1907 in Etterbeek, einem Vorort von Brüssel, geboren. Schon seit seiner Kindheit zeichnete er aus Leidenschaft und veröffentlichte bereits mit vierzehn Jahren seine Zeichnungen in der Zeitschrift *Le Boy Scout Belge*. Sein erster Comic hieß *Les Aventures de Totor, C.P. des Hannestons*. Dabei ging es um die Abenteuer eines jungen Pfadfinderführers in Amerika (vgl. Knigge 1996, 179). Hergé hatte schon früh Kontakt mit der konservativ rechten politischen Einstellung. So besuchte er zum Beispiel die laizistische Grundschule des katholischen Institutes Saint-Boniface und war Pfadfinder mit katholischer Ausrichtung, was Einfluss auf seine ersten Werke hatte (vgl. Näpel 2011, 263). Dieser Aspekt lässt sich auch in *Tintin au Congo* erkennen.Die Figur Tintin hatte ihren ersten Auftritt in der wöchentlich erschienenen Jugendbeilage *Le Petit Vingtiéme* der Tageszeitung *Le XXiéme Siécle*. Diese Zeitung galt als konservativ-katholisch (vgl. Knigge 1996, 179).

Die Abenteuer von Tim und Struppi erschienen in 24 Bänden, welche weltweit über 350 Millionen Mal verkauft und in über 80 Sprachen übersetzt wurden (vgl. Murphy 2012). Damit zählt *Les Aventures de Tintin* zu den erfolgreichsten Comicserien überhaupt.

3. Historischer Hintergrund – die belgische Herrschaft im Kongo

Um den Kontext von *Tintin au Congo* verstehen zu können, ist es notwendig einen kurzen Blick auf die Geschichte der Kolonie Belgisch-Kongo zu werfen.

Der Kongo befand sich bis 1908 als Privatkolonie im Besitz des belgischen Königs Leopold II. Ab 1903 wurde in der Kolonialpresse vermehrt über menschenunwürdiges Verhalten der Kolonialherren gegenüber der einheimischen Bevölkerung berichtet. Man sprach von Verstümmelungen, Züchtigungen, Zwangsarbeit und Morden. Die Bewohnerinnen und Bewohner des Kongo wurde von den belgischen Kolonialherren versklavt (vgl. Gehrmann 2003, 7). Dieses System der wirtschaftlichen und menschlichen Ausbeutung wurde von Edmund Dene Morel als *Red Rubber* (Morel 1906) bezeichnet.

Der britische Schriftsteller Sir Arthur Conan Doyle, der Autor von Sherlock Holmes, fand direkte Worte für die Verbrechen, welche im Kongo von der belgischen Regierung verübt wurden:

„Im August 1908 übernahm Belgien die Regierung des Congo; doch heute noch sind die Verhältnisse dort so gräßlich wie je zuvor. Freiheit des Handels besteht nicht; die Eingeborenen werden in Banden der Sklaverei gehalten und vergewaltigt, während ihr ganzes Eigentum vom Staate geraubt und für denselben in Anspruch genommen wurde. Erst kürzlich hat ein zuverlässiger deutscher Augenzeuge, Dr. Doerpinghaus aus Barmen, unzweifelhaft nachgewiesen, daß in Busiréland, welches im Mittelpunkt der Kolonie liegt, noch dieselben Greuel verübt werden, wie in früheren Zeiten." (Doyle 1985, 2)

Dieses Zitat aus der Anklageschrift von Sir Arthur Conan Doyle zeigt deutlich, welche menschenverachtenden Methoden von den Belgiern angewandt wurden, um die Bevölkerung und das Land auszubeuten. Es macht allerdings auch deutlich, dass nicht alle die imperialistischen Bestrebungen der europäischen Kolonialmächte guthießen und es durchaus kritische Stimmen gab, auch wenn diese klar in der Minderheit waren.

4. Aufbau von *Tintin au Congo (Tim im Kongo)*

Die Hauptfigur der Reihe *Les Aventures de Tintin* ist der belgische Journalist Tintin, welcher in der deutschen Übersetzung Tim genannt wird. Er reist mit seinem treuen Begleiter Milou, einem kleinen weißen Hund, um die Welt und erlebt Abenteuer. Tintin ist ein junger Mann, der für jede Situation eine Lösung findet.

Sein Gegenspieler ist ein unbekannter weißer Mann, welcher sich später als ein von Al Capone beauftragter Mörder herausstellt. Er versucht Tintin auszuschalten, was ihm jedoch nicht gelingt, weshalb er sich mit dem Medizinmann Muganga verbündet, welcher Tintin ebenfalls loswerden möchte. Muganga wirkt etwas einfältig und wird im späteren Verlauf der Geschichte sogar von Tintin vor einer Schlange gerettet.

Die anderen Kongolesinnen und Kongolesen, darunter der König der Babaoro'm und der Junge Coco, bewundern Tintin. Sie werden sehr freundlich dargestellt, wirken jedoch etwas naiv, sodass Tintin ihnen immer wieder aus der Patsche helfen muss.

Eine weitere wichtige Rolle nimmt ein europäischer Missionar ein, welcher Tintin zu seiner Missionsstation mitnimmt. Er unterrichtet kongolesische Kinder und predigt den christlichen Glauben, was von den Kindern scheinbar als völlig normal angesehen wird.

Die Handlungsorte unterscheiden sich von Band zu Band, da Tintin durch die ganze Welt reist. Der erste Band *Tintin au Pays de Soviets* spielt beispielsweise in der ehemaligen Sowjetunion und der dritte Band in Amerika.

Band 2, *Tintin au Congo*, beginnt zunächst auf einem belgischen Schiff, der Rest der Handlung spielt im Kongo. Wichtige Orte sind das Dorf, dessen Name in der französischsprachigen Originalfassung nicht genannt wird. In der deutschen Übersetzung heißt es hingegen *Bruzzelville*, eine Anspielung auf *Brazzaville*, die Hauptstadt der heutigen Republik Kongo. Hier lebt der Stamm der Babaoro'm unter der Führung eines Königs. Ein weiterer wichtiger Handlungsschauplatz ist die Missionsstation. Der Missionar erzählt Tintin, dass vor seiner Ankunft noch alles Busch war, was nun von Tintin und Milou bewundert wird.

Kommen wir nun also zur Handlung: Der belgische Reporter Tintin reist mit seinem Hund Milou in den Kongo. Auf der Schiffsfahrt erleben die beiden schon einige Abenteuer, so geht Milou über Bord und muss von Tintin gerettet werden. Immer wieder kommen Tintin und Milou in Kontakt mit wilden Tieren, wobei sie jedes Mal unbeschadet aus der Situation entkommen können. Auf seiner Reise wird Tintin vom kongolesischen Jungen Coco begleitet. Außerdem wird Tintin von einem unbekannten Mann verfolgt, welcher immer wieder versucht ihn zu töten. Nach einem Zusammenstoß mit einem Zug wird Tintin dem König der Babaoro'm vorgestellt, welcher ihn auf eine Löwenjagd mitnimmt. Auf dieser Jagd wird Tintin von Milou gerettet, der schließlich sogar den Löwen zähmt. Der Medizinmann Muganga sieht jedoch eine Bedrohung in Tintin, da sich dieser zu sehr in die Stammesangelegenheiten einmischt. Er schließt sich mit dem unbekannten Mann zusammen und schmiedet den Plan, Tintin auszuschalten. Er bezichtigt ihn des Diebstahls, worauf die Kongolesinnen und Kongolesen Tintin gefangen nehmen. Tintin wird jedoch von Coco befreit. Es gelingt ihm schließlich, seine Unschuld zu beweisen, woraufhin die Bösewichte aus dem Dorf gejagt werden. Muganga und der unbekannte Mann versuchen im Laufe der Handlung immer wieder Tintin zu töten, jedoch kann dieser jedes Mal entkommen und die beiden austricksen. Als Tintin gefangengenommen und von einem Baum hängend fast von Krokodilen zerfleischt wird, rettet ihn der belgische Missionar in letzter Sekunde und nimmt ihn mit zu seiner Missionsstation. Dort fungiert Tintin sofort als Lehrer für die kongolesischen Kinder und wird von allen Seiten bewundert. Auf einer Elefantenjagd wird Tintin fast von einem Elefanten zertrampelt. Ein Affe entwendet Tintin das Gewehr und schießt unabsichtlich auf den Elefanten, worauf dieser stirbt und Tintin mit den Stoßzähnen in die Missionsstation zurückkehrt. Schließlich kommt es zum Showdown mit dem unbekannten Mann, der nach Tintins Leben trachtet. Er verkleidet sich als Missionar und lockt ihn so weg von der Station. Es kommt zum Kampf und Tintin wird in letzter Minute vom richtigen Missionar gerettet, während der falsche Missionar von einer Klippe stürzt und von den Krokodilen gefressen wird. Die Kongolesen finden einen Brief des unbekannten Mannes, in diesem wird er von einem gewissen A. C. dazu aufgefordert, Tim zu töten. Tim verkleidet sich und erscheint zum vereinbarten Treffpunkt. Dort findet er heraus, dass Al Capone, der zentrale Gegenspieler im nachfolgenden Band *Tintin en Amérique*, hinter dem Komplott steckt, weil er fürchtete, dass Tintin von seinem Diamantenschmuggel erfahren könnte. Tintin hilft noch dabei alle anderen Beteiligten zu verhaften und gerät mit einigen Tieren in Konflikt, ehe er von einem Piloten gerettet wird, welcher ihm mitteilt, dass er ihn für seinen neuen Auftrag nach Amerika bringen wird. In der letzten Szene sind die Bewohnerinnen und Bewohner des Dorfes zu sehen, die über Tintin reden und bewundernd von seinen Taten sprechen.

4.1. Darstellung von belgischen Figuren in Hergés *Tintin au Congo* (*Tim im Kongo*)

Tintin stellt das Idealbild eines jungen Europäers im frühen 20. Jahrhundert dar. Er ist klug, gewitzt, weiß für jedes Problem eine Lösung und spiegelt klar die Überlegenheit Europas gegenüber Afrika wider.

Wie alle belgischen Figuren spricht er in klar strukturierten und grammatikalisch **korrekten Sätzen**. Tintin und der Missionar im kongolesischen Dorf zeichnen sich durch eine respektvolle, aber etwas bevormundende Art zu sprechen aus. So wird sofort klar, dass zwischen Belgiern und Kongolesen ein hierarchischer Unterschied besteht. Interessant ist auch, dass sogar der Hund Milou in der Lage ist, sich grammatikalisch korrekt auszudrücken und sich somit ebenfalls von den Kongolesen abhebt, welche ihn in einer Szene sogar als Gott oder gottähnlich verehren.

Tintin und alle anderen Europäerinnen und Europäer gehen im Gegensatz zu den afrikanischen Figuren aufrecht. Außerdem haben sie im Vergleich zu den Kongolesinnen und Kongolesen relativ kleine Augen und Münder, wodurch sie sich optisch von der einheimischen Bevölkerung unterscheiden.

Tintin trägt die klassische **Kleidung** belgischer Kolonialherren, wie man sie aus Filmen kennt: kurze beige Hosen, ein beiges Hemd und einen Hut sowie kniehohe Stutzen. Seine Kleidung lässt somit direkt erkennen, dass es sich um einen Europäer handelt. Der europäische Kleidungsstil wird von der einheimischen Bevölkerung bewundert, zum Teil auch immitiert, was allerdings meist recht unbeholfen wirkt. Außerdem tritt ein Missionar auf, welcher als Geistlicher eine weiße Kutte, eine Halskette mit einem Kreuzanhänger sowie einen weißen Bart trägt. Auch hier bedient sich Hergé verschiedener Klischees.

4.2. Darstellung von kongolesischen Figuren in Hergés *Tintin au Congo* (*Tim im Kongo*)

Das Bild der Kongolesen ist sehr einseitig und von zahlreichen Stereotypen geprägt. Die einzelnen Figuren unterscheiden sich optisch nur durch ihre Kleidung und auch ihre Art zu sprechen ist nahezu identisch. Dabei muss bedacht werden, dass die Kongolesen hier das Unbekannte verkörpern. Hergé selbst hat nie den Kongo besucht und sich somit auch nie ein von Stereotypen unabhängiges Bild vom Kongo und von dessen Bevölkerung bilden können. Er tat mit seinem Comic der kolonialistischen Regierung unbewusst einen Gefallen, indem er aus Unwissenheit ein Bild von Afrika zeichnete, welches exakt das widerspiegelte, was die belgische Regierung der Bevölkerung als Wahrheit verkaufen wollte.

Eines der auffälligsten Merkmale, welche Hergé den Kongolesinnen und Kongolesen zuschreibt, ist die einheitliche, **einfache Sprache.** Während Tintin in perfekten, grammatikalisch korrekten Sätzen spricht, können sich die Einheimischen nur in gebrochenem Deutsch beziehungsweise Französisch verständigen. Dies führt zu Satzkonstruktionen wie „C'est toi, missie Tintin? Moi peux venir?" (Hergé 1974, 14), was in der deutschen Ausgabe als „Du sein, Massa Tim? Ich können kommen" (Hergé 1997, 16) übersetzt wird. Verben werden in der deutschsprachigen Übersetzung ausschließlich in der Infinitivform verwendet, dadurch ergibt sich eine sehr holprige Satzstruktur. Auffallend ist, dass keine Kongolesin und kein Kongolese im Comic in der Lage ist, einen grammatikalisch korrekten Satz zu formulieren. In der deutschen Version wird zudem sehr häufig das Wort Dingsbums als Füllwort eingebaut. Dadurch entsteht der Eindruck, dass die Kongolesinnen und Kongolesen viele Wörter schlicht nicht kennen und sie diese Lücken durch Dingsbums ersetzen müssen, auch wenn es im jeweiligen Kontext keinen Sinn ergibt. So zum Beispiel in folgendem Satz: „Du wärst guter dingsbums Weißer! Du würdest bleiben. Wir morgen Herrn dingsbums Löwen jagen, rumaromatische Jagd machen!" (Hergé 1997, 16) In der französischen Originalversion existiert ein solches Füllwort hingegen nicht.

Das Verhalten der einheimischen Bevölkerung ist geprägt von der übertriebenen Bewunderung für Tintin. So streiten sie sich zum Beispiel um Dinge aus Europa, um ähnlich auszusehen wie ihr Idol. Außerdem erscheinen sie recht hilflos und Tintin muss sie immer wieder retten oder Streit schlichten. Dadurch entsteht ein eher simples Bild der Kongolesinnen und Kongolesen, während Tintin der kluge und gewitzte Reporter ist, der für jedes Problem eine Lösung parat hat.

Auch die **Mimik und Körpersprache** der kongolesischen Bevölkerung unterscheidet sich grundlegend von Tintins. So werden die Augen besonders groß dargestellt – wesentlich größer als Tintins – und die Gesichter weisen einen stets überrascht wirkenden Ausdruck auf, was die Kongolesinnen und Kongolesen einfältig wirken lässt. Außerdem scheint es, als könnten sie sich nur in gebückter Körperhaltung fortbewegen, während Tintins Position immer aufrecht ist, wodurch seine vermeintliche Überlegenheit auch auf körperliche Merkmale übertragen wird. Im Allgemeinen wirken die Kongolesinnen und Kongolesen sehr unbeholfen und einfältig. Hier wird noch einmal die Intention deutlich, die Belgierinnen und Belgier als das überlegenere Volk abzubilden.

Die **Kleidung** ist eine der wenigen Komponenten, anhand welcher sich die kongolesische Bevölkerung untereinander differenzieren lässt. So treten einige Personen in absurd und überzeichnet dargestellter Stammeskleidung auf, zum Beispiel in Lendenschürzen aus Leopardenfell. Interessant ist, dass oft ein einzelnes Kleidungsstück oder ein einzelner Gegenstand verwendet wird, um die Kongolesinnen und Kongolesen ins Lächerliche zu ziehen. So trägt der Medizinmann Muganga zwar klischeehaft wirkende, allerdings auf den ersten Blick zusammenpassende Kleidung, zusätzlich hat er jedoch auch eine Konservendose auf dem Kopf, welche er als Hut benutzt.

Interessant sind auch jene Kongolesinnen und Kongolesen, welche versuchen, sich wie Europäer zu kleiden. Die Kleidungsstücke wirken wild zusammengewürfelt und völlig deplatziert. So trägt eine Frau mitten im Kongo einen Pelzmantel, während ein Mann eine Uniformjacke zu kurzen Hosen und Stiefeln kombiniert. Dieser unbeholfene Mix lässt den Eindruck aufkommen, dass die kongolesische Bevölkerung zwar zum Teil versucht, die Europäer zu imitieren, aber nie in der Lage sein wird, deren Status zu erreichen. Woher die Einheimischen die europäischen Kleidungsstücke haben, wird nicht explizit erwähnt.

4.3. Interaktionen zwischen europäischer und kongolesischer Bevölkerung in Hergés *Tintin au Congo (Tim im Kongo)*

Die Interaktionen zwischen Tintin und den Kongolesinnen und Kongolesen in *Tintin au Congo* wirken oft wie ein Lehrer-Schüler-Verhältnis. Tintin wird von den Einwohnerinnen und Einwohnern des Dorfes bewundert und bringt ihnen ‚europäische Werte' näher. Besonders deutlich zeigt sich dies in einer Passage, welche in der überarbeiteten Version des Comics seit 1946 entschärft wurde. Dabei vertritt Tintin den Missionar im Unterricht und sagt zu den kongolesischen Kindern sinngemäß: Heute werde ich euch etwas über euer Vaterland erzählen: Belgien! (vgl. Provost 2012, 184) In der abgeänderten Fassung wurde diese Stelle überarbeitet und Tintin bringt den Kindern nun Mathematik bei (Hergé 1974, 36).

Die Überlegenheit Belgiens gegenüber seiner Kolonie zieht sich wie ein roter Faden durch den gesamte Comic. So bleibt Tintin zu Beginn mit seinem Auto auf Bahngleisen liegen, während sich ein kongolesischer Zug nähert. Absurderweise bleibt das Auto beim Zusammenstoß unbeschädigt, während der Zug aus den Gleisen springt und umkippt. Zunächst entschuldigt sich Tintin für den quasi von ihm verursachten Unfall, beginnt danach jedoch die anwesenden Kongolesinnen und Kongolesen herumzukommandieren und anzuweisen, da sich einige weigern, den Zug wieder aufzurichten (vgl. Hergé 1997, 22). In der Didaktisierung wird diese Szene als Grundlage für die einführende Übung herangezogen, um die Schülerinnen und Schüler an das Thema Sprachsensibilität heranzuführen (vgl. Hergé 1997, 22). In der Didaktisierung wird diese Szene als Grundlage für die einführende Übung herangezogen, um die Schülerinnen und Schüler an das Thema Sprachsensibilität heranzuführen (vgl. Kapitel 7). Diese Szene ist besonders bedeutsam, da hier deutlich wird, dass Tintin zwar Anweisungen und Tipps gibt, selbst jedoch keinen Finger rührt. Die Einheimischen dagegen wissen nicht, was sie tun sollen und weigern sich sogar zu helfen. Einer wirft ein, dass er müde sei, beziehungsweise (in der deutschen Übersetzung) auf die Toilette müsse, und ein anderer möchte sich nicht schmutzig machen. So wird das Klischee des fleißigen Belgiers und der faulen kongolesischen Bevölkerung, welche erst der strengen Hand der belgischen Kolonialherren bedarf, um produktiv zu sein, geschaffen bzw. verstärkt. Vor dem Hintergrund der an den Kongolesinnen und Kongolesen verübten Gräueltaten wirkt Hergés Darstellung der kongolesischen Arbeitsmoral umso problematischer, da sie als Legitimation für Gewalt an den Einheimischen gedeutet werden kann. Die Kluft zwischen Belgien und dem Kongo zeigt sich auch anhand des Themas Technik: Das moderne belgische Auto bleibt unversehrt, während die desolate kongolesische Lokomotive beim Zusammenstoß umfällt. Im wahren Leben würde diese Situation natürlich völlig anders ausgehen. Interessant ist auch, dass in dieser Szene Milou die Kongolesinnen und Kongolesen zur Arbeit auffordert, was verdeutlicht, dass hier sogar der belgische Hund einen höheren Status als die kongolesische Bevölkerung inne hat.

Eine weitere wichtige Szene ist jene, in der Tintin einen Streit zwischen zwei Kongolesen schlichtet. Beide Männer streiten sich um einen simplen Strohhut und beginnen eine Schlägerei. Tintin teilt den Hut schließlich in Deckel und Krempe, sodass beide zufrieden sind und den Streit vergessen (vgl. Hergé 1997, 29). Diese Sequenz wird ebenfalls in der Didaktisierung für eine Analyseaufgabe verwendet (vgl. Kapitel 7). Auch hier zeigt sich wieder die Überlegenheit Tintins, da die Kongolesen nicht in der Lage sind, auf diese simple Lösung zu kommen. Milou bezeichnet Tintin sogar als „petit Salomon" (Hergé 1974, 27). Die beiden Kongolesen werden als so einfältig dargestellt, dass sie sich mit einer Lösung zufriedengeben, welche bereits auf den ersten Blick für beide als nicht zufriedenstellend zu erkennen ist.

4.4. Kritik an Hergés *Tintin au Congo (Tim im Kongo)*

Das Werk Hergés, insbesondere *Tintin au Congo*, stand immer wieder in der Kritik, vor allem aufgrund der rassistischen Darstellung von Menschen und dem Aufgreifen von Stereotypen. Trotzdem waren und sind auch die Kritiker nicht immer einer Meinung. Zum Teil wird die Darstellung der kongolesischen Bevölkerung als zutiefst rassistisch und eurozentristisch verurteilt, während andere den abgebildeten Rassismus relativieren, indem sie den historischen Kontext in den Vordergrund stellen (Maurin Abomo 1983, 163). Auch Hergé selbst versucht, die rassistischen Darstellungen in *Tintin au Congo* als Jugendsünde zu bagatellisieren:

„Als ich Tim im Lande der Sowjets und Tim im Kongo zeichnete, war ich voll von bourgeoisen Vorurteilen der Zeit, in der ich lebte. [...] 1930 wußte ich nichts vom Kongo als das, was sich die Leute damals erzählten: ‚Die Neger sind wie große Kinder [...] Ein Glück für sie, daß es uns gibt' usw. Und nach diesen Kriterien habe ich die Afrikaner gezeichnet, in dem rein paternalistischen Geist, der zu dieser Zeit in Belgien herrschte". (Hergé in Peeters 1983, 43)

Hergé selbst sah zwar, was an seinen Comics kritisiert wurde, jedoch suchte er die Schuld eher bei der Gesellschaft als bei sich selbst. So gestand er etwa ein, dass die rassistischen Darstellungen aus seiner Unwissenheit über den Kongo und seine Bewohner entstanden waren, macht dafür aber die Gesellschaft verantwortlich und nicht fehlendes kritisches Denken seinerseits. In diesem Zitat lässt sich deshalb auch ein Mangel an Selbstreflexion erkennen.

Erste Kritik kam rasch nach der Veröffentlichung auf. Anzumerken ist jedoch, dass innerhalb Belgiens bis ins Jahr 1980 keine kritische Auseinandersetzung mit der eigenen Kolonialgeschichte stattfand. Kritik kam zunächst vermehrt aus dem Ausland (vgl. Gehrmann 2003, 9).

Zur Frage, ob der weitere Vertrieb von *Tintin au Congo* verboten werden sollte, wurden auch immer wieder Gerichtsverhandlungen geführt. Beispielsweise wurde der Comic 2007 nach einem Urteil der *British Commission for Racial Equality*, welche ihn als „potentially highly offensive material" (Lefévre 2008, 171) einstufte, in Großbritannien von der Kinder- und Jugendbuchabteilung in die Erwachsenenabteilung versetzt (vgl. Panapress 2007, o.S.).

Ebenfalls 2007 reichte Bienvenu Mbutu Klage gegen den Verlag Moulinsart ein (vgl. Süddeutsche Zeitung 2009, o.S.). Er kritisierte, dass auch die überarbeitete Version höchst rassistisch sei. Mbutu berief sich dabei auf ein Gesetz gegen den Rassismus von 1981 (Tagesspiegel 2012, o.S.). Die Klage wurde schließlich abgewiesen, da der Staatsanwalt argumentierte, dass dem Comic keine rassistischen Intentionen zugrunde lägen, sondern vielmehr eine Abbildung des damaligen Weltbildes vorliege. Wobei unweigerlich die Frage gestellt werden muss, ob Unwissenheit tatsächlich als Relativierungsgrund angesehen werden kann.

Aber nicht nur rassistische Darstellungen wurden kritisiert, auch die Szenen in denen Tintin als Großwildjäger auftritt, sind äußerst umstritten (Welt 2007, o.S.). Zwar tötet Tintin kein Tier selbst – es passiert immer über Umwege und durch Zufälle – allerdings posiert er selbstbewusst mit den Trophäen. So trägt er stolz die Elfenbeinstoßzähne eines Elefanten, nachdem dieser getötet wurde. Somit wird in *Tintin au Congo* auch ein verharmlosendes Bild der Großwildjagd gezeigt.

5. Original versus Übersetzung – ein Vergleich zwischen *Tintin au Congo* und *Tim im Kongo*

Sowohl das französischsprachige Original als auch die deutsche Übersetzung richten sich nach der überarbeiteten Version von 1946. Die bildlichen Darstellungen sind deckungsgleich, weshalb sich der nächste Abschnitt nach einer übersetzungstheoretischen Einführung auf mögliche sprachliche Unterschiede beschränkt, welche möglicherweise zu einer Bedeutungsänderung führen könnten.

Im deutschsprachigen Raum wurden Comics zu Beginn oft von Verlagen aus dem Ausland übersetzt. So wurde ein Teil der Tintin-Comics ab 1952 vom belgischen Mutterverlag Casterman selbst unter dem Namen *Tim, der pfiffige Reporter* in Deutschland publiziert (vgl. Kaindl 2010, 338). Kaindl (2010) kritisiert hierbei vor allem die zu streng wörtlichen Übersetzungen, welche teilweise zu inhaltlichen Diskrepanzen führten. Auch die bildliche Gestaltung wurde teilweise verändert und an das jeweilige Format angepasst (vgl. Kaindl 2010, 338f). Die Übersetzung, welche die Grundlage für diesen Artikel bildet, stammt allerdings von Jens Roedler und wurde 1997 im Carlsen Verlag publiziert.

5.1. Übersetzungstheoretische Überlegungen

Wird ein literarischer Text in eine andere Sprache übersetzt, stellt sich immer die Frage, welches Ziel verfolgt werden soll: die freie oder die wörtliche Übersetzung? Mit anderen Worten: Soll der inhaltliche Sinn und Ausdruck erhalten bleiben oder liegt der Fokus mehr auf Stilistik und Ästhetik der Zielsprache, in die der Text übersetzt wird? O'Sullivan spricht hier von der „Grundfrage allen Übersetzens und aller Übersetzungstheorie" (O'Sullivan 2000, 172). Im Falle von *Tim im Kongo* kann man von einer rezeptionsorientierten Übersetzung ausgehen, allerdings muss berücksichtigt werden, dass es sich hier um einen Comic handelt, welcher seine Handlung zu einem erheblichen Teil über Bilder transportiert. Dabei muss jedoch bedacht werden, dass Text und Bild voneinander abhängig sind, wobei die Bildsequenzen eine Konstante bilden (vgl. Reiß/Vermeer 1984, 211). Um den Comic vollständig verstehen zu können, ist es also notwendig, sowohl die Bildsequenzen als auch den Text genau zu betrachten. Während der Text in die unterschiedlichsten Sprachen übertragen werden kann, bleibt der bildliche Teil stets unverändert. Ruck und Weger (2015) sprechen davon, dass Schrift wesentlich mehr Spielraum für Interpretation lässt als Bildsequenzen. Durch die Kombination von beidem wird der Text konkretisiert (vgl. Ruck/Weger 2015, 107). Reiß (1986) definiert mehrere Texttypen, deren Definition für den Prozess der Übersetzung relevant ist. So spricht sie einerseits von Abenteuer-Comics, bei denen der Text eine Nebenrolle spielt und eher der Unterstützung der im Vordergrund stehenden Bildsequenzen dient, und andererseits von *funnies*, welche sprachliche Stilmittel, wie zum Beispiel Metaphern, gezielt einsetzen, um den humoristischen Charakter zu unterstreichen, wobei der Text im Vordergrund steht (vgl. Reiß 1986, 24ff.). Die Comics der Reihe *Les Aventures de Tintin* könnten zwischen diesen beiden Texttypen angesiedelt werden.

Besonders bei der Übersetzung von Comics zeigen sich zwei Schwierigkeiten. Einerseits die Übersetzung von Sprachspielereien, welche sich nur schwer ohne Bedeutungsverlust in die Zielsprache übertragen lassen, und andererseits die Übersetzung von kulturellen Anspielungen, welche vom Zielpublikum möglicherweise nicht verstanden werden (vgl. Schwarz 1989, 16). Schwarz nennt zwei Möglichkeiten, um mit diesem Problem umzugehen. Entweder die Übersetzung wird soweit angepasst, dass möglichst viele der Sprachspielereien erhalten bleiben, auch wenn die Gefahr besteht, dass das Zielpublikum womöglich nicht alles versteht, oder die Übersetzung wird gänzlich an die sprachlichen Gewohnheiten der Leserinnen und Leser angeglichen und solche Sprachspielereien werden umgangen (vgl. Schwarz 1989, 21). Laut Schwarz wird die erste Variante bei Comics kaum Anwendung finden, da sie für eine breite Leserschaft bestimmt sind und die Freude am Lesen im Vordergrund steht (vgl. Schwarz 1989, 21). Auch O'Sullivan (2000) hat diese Problematik näher beleuchtet. Unter Bezugnahme auf Toury (1980) spricht sie von den beiden Polen *adequacy* und *acceptability*, betont dabei jedoch, dass ein Text niemals vollständig einer der beiden Seiten zugeordnet werden kann, sondern sich zwischen den beiden Polen positioniert (O'Sullivan 2000, 176). *Adequacy* beschreibt dabei die Orientierung am Ausgangstext in der Originalsprache, was, wie bereits Schwarz (1989) erwähnte, zu Konflikten mit den sprachlichen Normen der Zielsprache führen kann. *Acceptability* bezeichnet demgegenüber die Fokussierung auf die Zielsprache, was durch die Orientierung an sprachlichen und stilistischen Normen der Zielsprache zwar die Akzeptanz beim Zielpublikum erhöht, jedoch auf Kosten der sprachlichen Authentizität.

Zudem enthält „(j)ede Übersetzung (...) mehrere Stimmen – die der handelnden Personen, die des Erzählers des Ausgangstextes und die des Übersetzers" (O'Sullivan 2000, 191). Das bedeutet, dass der Übersetzer oder die

Übersetzerin durch den Akt des Übersetzens automatisch seine bzw. ihre Stimme in den Text einfließen lässt. O'Sullivan unterscheidet zwischen *monologischem* und *dialogischem Übersetzen*. Während der *implizite Übersetzer* beim *dialogischen* Übersetzen versucht die Stimmen der handelnden Figuren, des Erzählers und der Autorin oder des Autors möglichst zu erhalten und so wenig wie möglich zu verändern, dominiert der *implizite Übersetzer* im *monologischen* Übersetzen die unterschiedlichen Stimmen (vgl. O'Sullivan 2000, 191). Bei *Tim im Kongo* handelt es sich nach dieser Definition teilweise um eine monologische Variante des Übersetzens. Der Übersetzer verändert und adaptiert Passagen, um sie an die neue implizite Leserschaft anzupassen. Beispiele hierfür werden in Kapitel 6.3. näher erläutert.

Zusätzlich wird beim Übersetzen zwischen *exotisierend-dokumentierend*, *neutralisierend* und *adaptierend-einbürgernd* unterschieden. Während es beim *exotisierend-dokumentierenden* Übersetzen um die Bewahrung des Unbekannten und Fremden geht, soll beim *neutralisierenden* Übersetzen dem Unbekannten durch die Entkonkretisierung Bedeutung entzogen werden. Das *adaptierend-einbürgernde* Übersetzen zielt hingegen darauf ab spezifische Ausdrücke oder kulturelle Besonderheiten zu adaptieren und so in den eigenen Kulturkreis einzugliedern (vgl. O'Sullivan 2000, 237). Beispiele für solche Adaptionen wären zum Beispiel die Anpassung von Eigennamen und Orten (vgl. dazu auch Redlinger 2015, 46), auf die im nächsten Kapitel näher eingegangen wird.

5.2. Übersetzung von Namen und Orten

Auf den ersten Blick fällt auf, dass sich der Name der Hauptperson je nach Sprache ändert. Während der Held in der deutschen Ausgabe *Tim* heißt, wird er im französischen Original und in der englischen Version *Tintin* genannt. Diese beiden Namen weisen noch eine gewisse Ähnlichkeit auf, in der niederländischen Version wurde der Name allerdings auf *Kuifje* geändert. Dies überrascht, vor allem aufgrund der geographischen und kulturellen Nähe der Niederlande zu Belgien. Auch der Name von Tintins vierbeinigem Begleiter ist nicht konstant. So wird im Englischen *Struppi* zu *Snowy*, was sich ganz klar auf die weiße Fellfarbe des Hundes bezieht. Im französischsprachigen Original heißt der Hund hingegen *Milou*. Dieser Name wurde von Hergé bewusst gewählt, da es der Spitzname einer seiner früheren Freundinnen Marie-Louise, genannt *Milou*, war (vgl. Murphy 2012). Hier lässt sich wieder ein gewisser biographischer Bezug zu Hergés Leben erkennen. Es zeigt sich bei der Wahl der Namensübersetzung, dass man sehr bedacht war die Namen für die potentielle Leserschaft verständlich und nachvollziehbar zu gestalten. O'Sullivan (2000) bezeichnet dies, wie oben erwähnt, als adaptierende-einbürgernde Form des Übersetzens (vgl. O'Sullivan 2000, 237). Auch die Namen der kongolesischen Charaktere sind nicht konstant. So wird *Babaoro'm* zu *Rumaorma*, was noch einigermaßen ähnlich klingt. Der Medizinmann *Muganga* hingegen wird in der deutschen Übersetzung *Tse Tse Gobar* genannt. Dies klingt wie eine Anspielung auf die Schauspielerein *Zsa Zsa Gabor*, wodurch sich die Übersetzung über jene lustig macht. Es scheint also, als wären die Eigennamen in der deutschen Übersetzung absichtlich verändert worden, um einen komischen Effekt zu erzielen. Hier ist erkennbar, dass die Namen der Kongolesinnen und Kongolesen im Vergleich mit dem französischsprachigen Original teilweise ins Lächerliche gezogen wurden.

In der deutschen Übersetzung spielt der Großteil der Handlung im Dorf *Bruzzelville*. Dies stellt klar eine Anspielung an das reale *Brazzaville*, die Hauptstadt der heutigen Republik Kongo – nicht zu verwechseln mit der Demokratischen Republik Kongo und seiner Hauptstadt Kinshasa – dar. In der Originalversion ist jedoch nie von einem *Bruzzelville* die Rede. Auch in der deutschen Übersetzung taucht der Name nur an einer Stelle auf: als Tim den Zug der Kongolesen in die nächste Haltestelle zieht. Hier ist auf einem Schild zu lesen „*Der Stationsvorsteher Bruzzelville*" (Hergé 1997, 23), während im französischen Original nur von einem „*Chef de Station*" (Hergé 1974, 21) zu lesen ist. Die Verknüpfung mit einer realen Stadt wurde also erst in der deutschen Überarbeitung nach 1946 hinzugefügt und ist nicht Teil von Hergés Originalcomic.

5.3. Übersetzung der Dialoge

Wie schon im Kapitel 5.1. erwähnt lässt sich die deutsche Übersetzung von *Tintin au Congo* eher dem Bereich *Acceptability* (O'Sullivan 2000, 176) zuordnen. Sprachspiele aus dem Französischen werden meist nicht wörtlich übernommen, sondern abgewandelt wiedergegeben, wobei es bisweilen auch zu Bedeutungsänderungen kommt. So singen die kongolesischen Krieger in der Originalversion „Les m'Hatouvou sont des braves et le Blanc- qui- n'est- pas- at- teint- par- les- flèches est leur roi!" (Hergé 1974, 30), was wörtlich übersetzt so viel bedeutet wie ‚Die Hatouvou sind mutig und der Weiße, der nicht von den Pfeilen getroffen wird, ist ihr König.' In der deutschen Übersetzung wurde diese Passage folgendermaßen umgewandelt: „O du schöner Tschibowald, König ist der Weiße bald, vor dem machen alle Pfeile halt" (Hergé 1997, 32). Hier wurde also der Originaltext zugunsten von Sprachspielereien in der Zielsprache verändert. Durch die Änderung war es möglich das Lied in Reimform darzustellen. Der Beginn „O du schöner Tschibowald" könnte zusätzlich eine Anspielung auf das im deutschen Sprachraum sehr populäre Lied *O du lieber Augustin* sein.

In *Tim im Kongo* ist das Wort *Dingsbums* sehr präsent im Sprachgebrauch der kongolesischen Figuren (vgl. Kapitel 4.2.). Es wird meist verwendet, wenn ihnen ein bestimmtes Vokabular fehlt. In der französischen Ausgabe kommt jedoch kein solches Füllwort vor. So wird „Toi y en a bon Blanc. Toi y en a rester ici. Demain, toi y en a chasser seigneur lion avec les Babaoro'm" (Hergé 1974, 21) in der deutschen Übersetzung zu „Du wärst guter dingsbums Weißer! Du würdest bleiben. Wir morgen Herrn dingsbums Löwen jagen, rumaromatische Jagd machen!" (Hergé 1997, 23). Es ist allerdings anzumerken, dass die Kongolesinnen und Kongolesen in der französischsprachigen Ausgabe ebenfalls kein korrektes Französisch sprechen und wie in der deutschen Übersetzung meist auf die Infinitivform der Verben zurückgreifen, wodurch die Sätze holpriger und gebrochener wirken. Sowohl in der deutschen Ausgabe als auch in der französischen Originalversion wurden die Kongolesinnen und Kongolesen also zusätzlich mit schlechten sprachlichen Kenntnissen ausgestattet, um sie, besonders in Kombination mit der bildlichen Darstellung, noch unzivilisierter und simpler wirken zu lassen. Der sprachliche Aspekt wurde in beiden Ausgaben absichtlich hervorgehoben, um die stereotype Darstellung der Kongolesen noch zu betonen. Anzumerken ist zusätzlich, dass die Aussagen der kongolesischen Figuren nicht immer wörtlich übersetzt wurden. Besonders deutlich wird dies in der in Kapitel 4.3. beschriebenen Szene. Dort wird aus „Moi y en a fatigue" (Hergé 1974, 20), was richtig übersetzt ‚Ich habe eine Müdigkeit' wäre, „Ich muss mal" (Hergé 1997, 22).

6. Hergés *Tintin au Congo (Tim im Kongo)* im Unterricht

Aufgrund der direkten Verbindung zu Kolonialismus und Imperialismus bietet sich hier besonders ein fächerübergreifendes Unterrichtskonzept mit dem Fach Geschichte, Sozialkunde und politische Bildung an, um die Rassismusdebatte in einen historischen Kontext einbetten zu können.

Aber auch für den Fremdsprachenunterricht eignet sich die Arbeit mit Comics oder Graphic Novels, da komplexe Themen durch die Verwendung von einfachen, meist kurzen Sätzen für Kinder und Jugendliche verständlich aufbereitet werden. Bildliche Darstellungen unterstützen die Schülerinnen und Schüler dabei, den Inhalt zu verstehen. Der reduzierte Anteil an Text im Vergleich zu Erzählungen ohne bildliche Unterstützung hilft den Lernenden und erleichtert das Verständnis (vgl. Ruck/Weger 2015, 107). Comics können also ideal als sanfter Einstieg für die Bearbeitung literarischer Texte im Fremdsprachenunterricht eingesetzt werden.

6.1. Didaktisierung

Mit dem Comic *Tintin au Congo* kann einerseits das Thema Rassismus bearbeitet werden, andererseits kann im Rahmen des Deutschunterrichts das Medium Comic allgemein besprochen werden. Aber auch für den Französischunterricht bzw. den fächerübergreifenden Unterricht zwischen den Unterrichtsgegenständen Deutsch und Französisch, eignet sich der Comic, da anhand dessen die Übersetzungsproblematik besprochen werden kann. Der folgende Unterrichtsvorschlag eignet sich besonders für die Sekundarstufe II, wobei die Lehrperson einschätzen muss, ob die Schülerinnen und Schüler in der Lage sind, sich ernsthaft auf das Thema Rassismus einzulassen. Die Arbeit mit dem Comic *Tintin au Congo* sollte sich über mindestens zwei bis drei Unterrichtsstunden erstrecken, damit für die Bearbeitung und gemeinsame Besprechung der Arbeitsaufgaben genügend Zeit bleibt.

Zunächst sollte mit den Schülerinnen und Schülern generell die Definition und Herkunft des Begriffs Rassismus besprochen werden (vgl. Kapitel 1.). Dazu eignet sich zum Beispiel eine Mind-Map an der Tafel. Die Schülerinnen und Schüler fügen nach und nach ein, was sie mit dem Schlagwort Rassismus verknüpfen.

Möglicherweise kennen einige die Comicreihe *Tim und Struppi* bereits, sodass auch dieses Vorwissen miteinbezogen werden kann, zum Beispiel indem die Lernenden von ihren eigenen Leseerfahrungen berichten. Nach einer Einführung in die Thematik würde sich die Bearbeitung von Aufgabe 1 anbieten. Die Schülerinnen und Schüler betrachten eine Seite des Comics, wobei die Sprechblasen leer sind. Hierfür eignen sich grundsätzlich alle Szenen, in denen die Interaktion zwischen Tim und der einheimischen Bevölkerung im Fokus steht, ich habe mich jedoch bewusst für die Szene entschieden, in der Tim den Kongolesinnen und Kongolesen hilft, einen Zug aufzurichten (Hergé 1997, 22; vgl. Kapitel 4.3.). Die Lernenden sollen nun die leeren Sprechblasen selbst mit Text befüllen. Als Arbeitsmodus würde sich hier die Einzelarbeit anbieten, damit die Lernenden wirklich auf sich selbst hören können und nicht von Mitschülerinnen und Mitschülern beeinflusst werden. Danach werden die Ergebnisse in der Großgruppe mit dem Original, welches die Lehrperson über Power-Point an die Wand projizieren könnte, verglichen. Diese Aufgabe könnte Konfliktpotential bieten, wenn einzelne Schülerinnen oder Schüler zum Beispiel die Sprechblasen mit besonders rassistischem oder grenzwertigem Inhalt füllen. Tritt dieser Fall ein, so ist es unbedingt notwendig, gemeinsam darüber zu sprechen und zu klären, wieso sie gerade diesen Inhalt gewählt haben und woher die Intention dazu kommt. Im Rahmen der Erprobung der Didaktisierung hat sich gezeigt, dass die Ergebnisse der Übung unverfälschter sind, wenn die Schülerinnen und Schüler diese Aufgabe zuerst bearbeiten – vor allem dann, wenn den Lernenden der sprachliche Stil des Comics noch nicht bekannt ist.

Unterrichtsmaterial 1: **Sprechblasen befüllen**
1. Betrachte die abgebildete Szene* und überlege, was die dargestellten Figuren in dieser Situation sagen könnten. Befülle die leeren Sprechblasen mit deinen Ideen. 2. Vergleiche deine Version mit der Originalversion. Welche Unterschiede fallen dir auf?

* Hergé 1997, 22; vgl. Kapitel 4.3.

Nun sehen sich die Schülerinnen und Schüler die dargestellte Szene an und reflektieren, wie diese auf sie wirkt. Danach soll eine Tabelle erstellt werden, welche in die Unterpunkte Kleidung, Arbeitshaltung und Verhalten, Mimik und Körperhaltung sowie Sprache unterteilt wird (vgl. Ammerer/Windischbauer 2011, 15). Hier ist es von Vorteil, wenn aus dem Geschichteunterricht bereits die Themen Kolonialismus und Imperialismus bekannt sind. Im Rahmen der Besprechung der Ergebnisse soll auch geklärt werden, warum die kongolesischen bzw. belgischen Figuren so dargestellt wurden und in welchem Kontext der Comic steht. Diese Aufgabe kann wahlweise in Partner- oder Einzelarbeit erledigt werden. Auch hier würden sich mehrere Szenen des Comics eignen, besonders empfehlenswert ist die Szene, in der Tim als eine Art Konfliktlöser zwischen zwei streitenden Kongolesen fungiert (Hergé 1997, 29; vgl. Kapitel 4.3.), da hier alle Teilbereiche, nach denen in Unterrichtsmaterial 2 gefragt wird, abgedeckt sind.

Unterrichtsmaterial 2: **Analyse einer Szene**

Betrachte folgenden Ausschnitt aus *Tim im Kongo**. Arbeite die Unterschiede in der Darstellung der Belgier und der Kongolesen heraus und erstelle eine Tabelle** nach dem vorgegebenen Muster.
Welche Gründe könnte es für diese Darstellung der Einheimischen geben?

Belgier	Kongolesen
Kleidung und Aussehen	
Arbeitshaltung und Verhalten	
Mimik und Körperhaltung	
Sprache	

* vgl. Hergé 1997, 29; vgl. Kapitel 4.3.
** Für Aufgabe 1 und weitere Unterrichtsmaterialien zur politischen Bildung vgl. Ammerer/Windischbauer 2011, 15.

Als produktionsorientierte Zusatzaufgabe können die Schülerinnen und Schüler einen Zeitungsbericht oder Tagebucheintrag über Tims Expedition in den Kongo verfassen und dabei auf das Leben der einheimischen Bevölkerung Bezug nehmen. Dazu wäre es jedoch sinnvoll, dass der Comic zuvor von den Schülerinnen und Schülern vollständig gelesen wird. Alternativ dazu könnte auch ein Leserbrief verfasst werden, in dem der Comic bewertet und auf die Frage eingegangen wird, ob es sich um rassistisches Material handelt, welches verboten werden müsste oder ob die problematischen Inhalte des Comics durch den historischen Kontext relativiert werden können.

> **Unterrichtsmaterial 3: Tagebucheintrag/Zeitungsbericht**
> 1. Als Tim wieder nach Belgien zurückgekehrt ist, denkt er noch einmal an die Geschehnisse im Kongo. Verfasse einen Tagebucheintrag aus der Sicht Tims, in dem du die Reise und das Erlebte kritisch reflektierst.
> 2. Tims Reise in den Kongo hat für Aufsehen gesorgt. Schlüpfe in die Rolle eines kritischen Journalisten und erstelle einen Zeitungsbericht. Fokussiere dich dabei auf ein Ereignis deiner Wahl und reflektiere auch die Rolle, die Tim dabei spielt.

6.2. Erfahrungen mit der Didaktisierung im Unterricht und Reflexion

Ich habe diese Didaktisierung im Rahmen des Unterrichts in der Sekundarstufe II (10. Schulstufe) eines Gymnasiums in Wien erprobt. Das durchschnittliche Alter der SchülerInnen und Schüler lag bei 16 Jahren.

Zu Beginn der Unterrichtsstunde wurde im Gespräch mit den Schülerinnen und Schülern ihr aktueller Wissensstand ermittelt. Es stellte sich heraus, dass sie die Begriffe *Kolonialismus* und *Imperialismus* zwar grob definieren konnten, jedoch war nicht allen bekannt, dass der Kongo bis ins 20. Jahrhundert durch Belgien verwaltet wurde, weshalb ein kurzer Überblick über die damalige politische Situation notwendig war. Dieser kurze Vortrag, welcher immer wieder durch Zwischenfragen an die Lernenden unterbrochen wurde, bildete die Überleitung zum Hauptthema der Stunde. Zwar kannten alle Schülerinnen und Schüler die Figuren *Tim und Struppi*, jedoch meist aus der gleichnamigen Fernsehserie. Die wenigsten wussten, dass die Zeichentrickserie auf einer Comicreihe basiert, geschweige denn hatte jemand bereits einen Band selbst gelesen. Umso erstaunter wirkten die Schülerinnen und Schüler, als sie die Abbildungen auf dem Arbeitsblatt sahen. Die Aufgabe wurde in Partnerarbeit erledigt und schien den Schülerinnen und Schülern keine besonderen Schwierigkeiten zu bereiten. Auch beim anschließenden Vergleichen der Ergebnisse im Plenum zeigte sich, dass die Schülerinnen und Schüler verstanden hatten, dass diese Aufgabe auf das Erkennen und Reflektieren des hierarchischen Verhältnisses zwischen belgischen Kolonialherren und der kongolesischen Bevölkerung abzielte.

Bei der zweiten Aufgabe konnten die Schülerinnen und Schüler mit ihrer Kreativität spielen, wobei als Arbeitsform die Gruppenarbeit gewählt wurde. Die im Kapitel 6.1. erläuterte Annahme, dass diese Aufgabe ein besonders hohes Konfliktpotential besitzen könnte, erwies sich in dieser Klasse als falsch. Die meisten Schülerinnen und Schüler orientierten sich am Textausschnitt der vorherigen Aufgabe und so fielen die Versionen weniger rassistisch aus als das Original. Um zu sehen, zu welchen Ergebnissen die anderen Gruppen gelangt waren, wurden die Arbeitsblätter zwischen den einzelnen Gruppen getauscht.

Danach stellte ich der Klasse die Frage, wie sie diesen Comic selbst einschätzen würden und wie damit ihrer Meinung nach umgegangen werden sollte. Die Schülerinnen und Schüler kamen zu dem Schluss, dass es falsch wäre den Comic zu verbieten, jedoch sollte es einen Hinweis auf den Kontext geben. Eine Schülerin schlug vor, dass der Comic in Bibliotheken am besten in der Erwachsenenabteilung platziert werden sollte, was auch dem Urteil der *British Commission for Racial Equality* entspricht (vgl. Kapitel 5).

Als Abschluss der Unterrichtsstunde wurde eine anonyme Feedbackrunde durchgeführt. Die Schülerinnen und Schüler sollten auf einem leeren Blatt aufschreiben, was ihnen gefallen hat und was ihrer Meinung nach unverständlich oder verbesserungswürdig war. Das Feedback fiel sehr positiv aus. Einige gaben an, im Deutschunterricht noch nie Comics behandelt zu haben und dass diese Unterrichtsstunde eine interessante Abwechslung zu anderen besprochenen literarischen Texten darstellte. Hier muss jedoch angemerkt werden, dass in dieser Unterrichtsstunde das Augenmerk auf der Thematik Rassismus und Kolonialismus lag und weniger auf einer gattungsspezifischen Analyse des Mediums. Ausgehend von der praktischen Erprobung der Didaktisierung wurde die finale Reihenfolge der Aufgaben adaptiert. Um ein möglichst unverfälschtes Ergebnis zu erzielen, sollte die Analyseaufgabe erst im Anschluss an das Befüllen der Sprechblasen erfolgen (vgl. Kapitel 6.1.).

7. Fazit

Abschließend lässt sich sagen, dass es sich bei einigen Szenen in *Tintin au Congo* um klar erkennbare rassistische Darstellungen handelt, welche jedoch auch im historischen Kontext des Kolonialismus und Imperialismus betrachtet werden müssen. Die Frage, ob Hergé den Comic aus rassistischen Intentionen heraus geschrieben habe, lässt sich eher mit *Nein* beantworten. Hergé selbst behauptet, dass er mit diesem Comic lediglich den Zeitgeist widergespiegelt hätte und selbst wenig Wissen über den Kongo gehabt habe. Daraus lassen sich Rückschlüsse auf das zur damaligen Zeit gängige Afrikabild aus europäischer Sicht ziehen. Hergé zeichnete somit, aus Unwissenheit und geprägt durch gesellschaftliche und politische Einflüsse der damaligen Zeit, ein Bild von der Bevölkerung Afrikas, welches voll von Vorurteilen ist und dadurch zeigt, wie tief die von der

Kolonialpropaganda gezeichneten Stereotypen in der Vorstellung der europäischen Gesellschaft verwurzelt waren und es teilweise auch bis in die heutige Zeit noch sind. Die Stereotype und rassistischen Darstellungen zeigen sich in verschiedenen Bereichen, wie beispielsweise in der Kleidung, dem Aussehen, der Körperhaltung und der Sprache der Kongolesinnen und Kongolesen. So sind diese im Comic etwa nicht in der Lage, grammatikalisch korrekte Sätze zu formulieren.

Ein Hinweis auf den Entstehungskontext, welcher zum kritischen Lesen anregen sollte, fehlt sowohl in der französischen Originalversion als auch in der deutschsprachigen Ausgabe des Comics.

Wenn der historische Kontext bekannt ist und bereits ausreichend thematisiert wurde, lässt sich der Comic auch gut in den Unterricht einbauen, um das sensible Thema *Rassismus in der Kinder und Jugendliteratur* zu behandeln. Dabei muss allerdings stets bedacht werden, dass der Comic von der damaligen Politik geprägte Stereotype der 1930er Jahre wiedergibt.

8. Bibliographie

8.1. Primärliteratur

Benary, F.H./Allers, Christian Wilhelm (1885): Aus Kamerun. Ein Bilderbuch für kleine und große Kinder. Frei nach dem Englischen. - München: Braun & Schneider.
Green, Frank (1869): Ten little Niggers. - New York: Mc Laughlin Brothers.
Ginzkey, Franz Karl (1904/2019): Hatschi Bratschi's Luftballon. Eine Dichtung für Kinder.[2] - Wien: European University Press/Ibera Verlag.
Hergé (1974): Les Aventures de Tintin. Tintin au Congo.[3] - Tournai: Casterman.
Hergé (1997): Tim und Struppi. Tim im Kongo.[4] Aus dem Französischen übersetzt von Jens Roedler. - Hamburg: Carlsen Comics.

8.2. Sekundärliteratur

Ammerer, Heinrich/Windischbauer, Elfriede (Hrsg.) (2011): Kompetenzorientierter Unterricht in Geschichte und politischer Bildung. Diagnoseaufgaben mit Bildern. - Wien: Edition Polis.
Bernhard, Norbert (1986): Tarzan und die Herrenrasse. Rassismus in der Literatur. - Basel: Leons Verlag.

---

2 Faksimile der Erstausgabe aus dem Jahr 1904
3 Nach der überarbeiteten Farbausgabe aus dem Jahr 1946
4 Ebenfalls nach der überarbeiteten Farbausgabe von 1946

Doyle, Arthur Conan (1909[5]/1985): Das Congoverbrechen. Aus dem Englischen übersetzt von Curt Abel-Musgrave. Hrsg. von Gert Demarest.– Frankfurt am Main: Syndikat.

Gehrmann, Susanne (2003): Kongo-Greuel. Zur literarischen Konfiguration eines kolonialkritischen Diskurses (1890-1910). – Hildesheim/Zürich/New York: Georg Olms Verlag.

Kaindl, Klaus (2010): Das Feld als Kampfplatz. Comics und ihre Übersetzung im deutschen Sprachraum. In: Bachleitner, Norbert/ Wolf, Michaela (Hrsg.): Streifzüge im translatorischen Feld. Zur Soziologie der literarischen Übersetzung im deutschsprachigen Raum. – Wien/Berlin: Lit-Verlag, S. 331-350.

Knigge, Andreas C. (1996): Comics. Vom Massenblatt ins multimediale Abenteuer. – Hamburg: Rohwolt.

Krichel, Marianna (2010): Erzähltheorie und Comics. Am Beispiel von Zeitungscomics des *Herald Tribune*. In: Grünewald, Dietrich (Hrsg.): Struktur und Geschichte von Comics. Beiträge zur Comicforschung. – Bochum/Essen: Christian A. Bachmann Verlag.

Lefévre, Pascal (2008): The Congo Dawn in Belgium. In: McKinney, Mark (Hrsg.): History and Politics in French-Language Comics and Graphic Novels. – Jackson: University Press of Mississippi, S. 166-185.

Maurin Abomo, Marie-Rose (1983): Tintin au Congo ou la Négrerie en Cliché. In: Van Uerde, Henry/Fontbare, Gustav (Hrsg.): Images de l'Afrique et du Congo. – Paris: Futurpolis, S. 151-162.

Miles, Robert (1992): Rassismus. Einführung in die Geschichte und Theorie eines Begriffs. Aus dem Englischen von Michael Haupt. – Hamburg/Berlin: Argument-Verlag.

Morel, Edmund Dene (1906): Red Rubber. The Story of the Rubber Slave Trade Flourishing on the Congo in the Year of Grace 1906. – London: T. Fisher Unwin.

Murphy, Cullen (2012): Georges Remi: Learning his Lines. In: New York Times (20 Jänner 2012), o.S. – https://www.nytimes.com/2012/01/22/books/review/herge-son-of-tintin-by-benoit-peeters-translated-by-tina-a-kover-book-review.html (25. Oktober 2022)

Näpel, Oliver (2011): Das Fremde als Argument. Identität und Alterität durch Fremdbilder und Geschichtsstereotype von der Antike bis zum Holocaust und 9/11 im Comic. – Frankfurt am Main: Peter Lang (Die Deutschen und das östliche Europa. Studien und Quellen, Band 7).

O'Sullivan, Emer (2000): Kinderliterarische Komparatistik. – Heidelberg: Universitätsverlag C. Winter.

Panapress, o.A. (2007): „Tintin au Congo" jugé raciste par un organisme britannique. In: Afrik.com vom 16. Juli 2007. – https://www.afrik.com/tintin-au-congo-juge-raciste-par-un-organisme-britannique (24. November 2022)

---

[5] Dieser Text erschien erstmals 1909 unter dem Titel *The Crime of the Congo* im New Yorker Verlag Doubleday, Page & Company.

Peeters, Benoît (2012): Hergé. Son of Tintin. Translated by Tina Kover. – Baltimore: The John Hopkins University Press.

Peeters, Benoît (1983): Hergé. Ein Leben für die Comics. – Hamburg: Carlsen.

Provost, René (2012): Magic and modernity in Tintin au Congo (1930) and the Sierra Leone Special Court. In: Law Text Culture, Vol. 16, Art. 9, S. 183-216.

Redlinger, Sophie (2015): Kinderliterarisches Übersetzen. Perspektiven für eine sprachbewusste Auseinandersetzung mit Original und Übersetzung kinderliterarischer Texte im DaF- Unterricht. In: Eder, Ulrike (Hrsg.): Sprache erleben und lernen mit Kinder- und Jugendliteratur II. Theorien, Modelle und Perspektiven für den Deutsch als Fremdsprachenunterricht. – Wien: Praesens (Kinder- und Jugendliteratur im Sprachenunterricht 2), S. 37 – 54.

Reinhard, Wolfgang (2008): Kleine Geschichte des Kolonialismus. – Stuttgart: Alfred Kröner Verlag.

Reiß, Katharina (1986): Möglichkeiten und Grenzen der Übersetzungskritik. Kategorien und Kriterien für eine sachgerechte Beurteilung von Übersetzungen. – München: Hueber.

Reiß, Katharina/Vermeer, Hans (1984): Grundlegung einer allgemeinen Translationstheorie. – Tübingen: De Gruyter.

Ruck, Julia/Weger, Denis (2015): Graphic Novels im DaF-Unterricht. Potential und praktische Anregungen. In: Eder, Ulrike (Hrsg.): Sprache erleben und lernen mit Kinder- und Jugendliteratur II. Theorien, Modelle und Perspektiven für den Deutsch als Fremdsprachenunterricht. – Wien: Praesens (Kinder- und Jugendliteratur im Sprachenunterricht 2), S. 103- 120.

Schwarz, Alexander (1989): Comics übersetzen – besonders ins Deutsche und besonders in der Schweiz. Travaux du centre de traduction littéraire. – Lausanne: Centre de traduction littéraire de Lausanne. Université de Lausanne.

Stuchtey, Benedikt (2010): Kolonialismus und Imperialismus von 1450 bis 1950. In: Europäische Geschichte Online (EGO), hrsg. vom Institut für Europäische Geschichte (IEG), Mainz (3. Dezember 2010). – http://www.ieg-ego.eu/stuchteyb-2010-de (25. Oktober 2022)

Süddeutsche Zeitung, o.A. (2009): Verbot von „Tim und Struppi"? „Erniedrigend und entwürdigend". In: Süddeutsche Zeitung (9. September 2009). – https://www.sueddeutsche.de/kultur/verbot-von-tim-und-struppi-erniedrigend-und-entwuerdigend-1.35507 (25. Oktober 2022).

Tagesspiegel (2012): Gericht entscheidet: Tim und Struppi nicht rassistisch. In: Tagesspiegel 10.02.2012. – https://www.tagesspiegel.de/kultur/comics/gericht-entscheidet-tim-und-struppi-nicht-rassistisch-2056210.html – (25. Oktober 2022).

Toury, Gideon (1980): Contrastive Linguistics and Translational Studies. Toward a Tripartite Mode. In: Toury, Gideon: In Search of a theory of Translation. – Tel Aviv: Porter Institute, S. 19-34.

Welt, o.A. (2007): Student aus Kongo verklagt Tim und Struppi. In: Welt (8. August 2007). – http://www.we.t.de/kultur/article1089188/Student-aus-Kongo-verklagt-Tim-und-Struppi.html (7. Dezember 2022).

Jan Theurl

„waun a s nua deidsch xogt hed"
Interlinguale Mehrsprachigkeit und literarische
Bildung in der Sekundarstufe II am Beispiel von H. C.
Artmanns *waun zwa oede bem*[1] und Ernst Jandls *calypso*

1. Einleitung

Der vorliegende Beitrag *waun a s nua deidsch xogt hed*[2] verfolgt das Ziel, Formen *interlingualer Mehrsprachigkeit* unter dem Blickwinkel der Literaturdidaktik zu beleuchten und so für den Unterricht in der 10. oder 11. Schulstufe nutzbar zu machen. Der dazu herangezogene Untersuchungsgegenstand liegt im Bereich der österreichischen Mundart- oder Dialektdichtung mit besonderem Fokus auf interlingualer Mehrsprachigkeit[3]. Das so gefasste Forschungsfeld macht mehrere Konkretisierungen notwendig: ‚Österreichisch' ist die Auswahl der Texte hinsichtlich der Herkunft der Autoren, die die betreffenden Gedichte verfasst haben, sowie der darin verwendeten Sprache, die sowohl phonetisch als auch lexikalisch einem im weiteren Sinne österreichischen Idiom folgt. Letzteres gilt ohne Einschränkungen für den später präsentierten Text von Artmann, auf den Text von Jandl trifft dies hingegen nur unter Vorbehalten zu.

Mit Ernst Jandl und H. C. Artmann kommt zudem aus dem breiten Spektrum der österreichischen Mundartdichtung nur ein sehr kleiner Ausschnitt aus dem Bereich der experimentellen, ostösterreichischen Nachkriegslyrik zu Wort. Die Auswahl der Texte zeichnet sich vor allem dadurch aus, dass der Einsatz interlingualer Mehrsprachigkeit für den Sinn beziehungsweise für die formale Umsetzung des Gedichtes eine kon-

---

1 Standarddeutsch: „wenn zwei alte böhmen/tschechen" (Übersetzungen von Jan Theurl)
2 Standarddeutsch: „wenn er es nur deutsch gesagt hätte"
3 Zur Debatte um den Begriff *Mehrsprachigkeit* respektive *Plurilingualität* vgl. Eder (2009, 13). Zum Unterschied zwischen textübergreifender und textinterner Mehrsprachigkeit, um die es hier gehen soll, vgl. Kremnitz (2015, 18ff).

stitutive Rolle spielt. Es handelt sich definitionsgemäß also um „Texte, in denen einzelne Text*elemente* in verschiedenen Sprachen verfasst sind" und bei denen darüber hinaus „die engen Beziehungen zwischen verschiedensprachigen Passagen eines Textes" (Eder 2009, 22f) Bedeutung besitzen. Mehrsprachigkeit kann in diesem Zusammenhang sowohl innere als auch äußere Mehrsprachigkeit bedeuten. Die Auswahl der Texte folgt also primär weder dem Prinzip, repräsentativ für österreichische Lyrik noch für Mundartdichtung sein zu wollen. Sie zeichnet sich hingegen vor allem dadurch aus, wie darin Mehrsprachigkeit in Szene gesetzt und welche Wirkung dadurch erzielt wird. Als besonders geeignet scheinen mir dafür die Texte *waun zwa oede bem* von H. C. Artmann und *calypso* von Ernst Jandl.

Die Forschungsfragen, die in der Folge diskutiert werden sollen, lauten:
(1) Wie wird Mehrsprachigkeit in den ausgewählten Gedichten dargestellt respektive konstruiert,
(2) welche (ästhetischen und sprachenpolitischen) Funktionen (vgl. Eder 2013, 263f) erfüllt der Einsatz von Mehrsprachigkeit in den Texten und
(3) wie lassen sich die daraus gewonnenen Erkenntnisse zu Zwecken der *literarischen Bildung* im Deutschunterricht der Sekundarstufe II einsetzen?

Dazu gliedert sich der Beitrag in einen ersten theoretischen Abschnitt, der die Rolle des Aspektes Mehrsprachigkeit innerhalb der literarischen Bildung zu verorten versucht. Darauf folgen Primärtextanalysen in den Kapiteln 3 und 4, wobei besonderes Augenmerk auf die Funktionen der mehrsprachigen Textelemente gelegt wird. Die Analysen dienen schließlich als Ausgangspunkt für die Didaktisierungsvorschläge, die am Ende des Beitrags skizziert werden.

2. Literarische Bildung fördern, Mehrsprachigkeit wahrnehmen

Ganz zu Beginn stellt sich die Frage, welche Fähigkeiten und Kompetenzen durch die Auseinandersetzung mit interlingual mehrsprachigen literarischen Texten gefördert werden können. In diesem Zusammenhang ist festzuhalten, dass Mehrsprachigkeit beispielsweise in Österreich zwar in den Lehrplänen für das Fach Deutsch, nicht aber in den korrespondierenden Bildungsstandards Erwähnung findet (vgl. von Brand 2016, 90). Um den Mehrwert der Arbeit mit interlingual mehrsprachiger Literatur für die Anliegen des kompetenzorientierten Deutschunterrichts aufzuzeigen, erscheint mir zunächst der Rückgriff auf den von Kaspar Spinner (2006) geprägten Begriff der *literarischen Bildung* aufschlussreich.

Spinner ist ausdrücklich daran gelegen, mit dem Kompetenzbegriff „einen Bezug zu den Bildungsstandards" herzustellen (Spinner 2006, 7). Er zählt elf Aspekte literarischer Bildung auf (vgl. Spinner 2006, 8ff). Die ausführlich beschriebenen rezeptiven und produktiven literarischen Kompetenzen ermöglichen ein tieferes Verständnis literarischer Texte. Spinners Konzept wurde seither aus mehreren Gründen kritisiert (vgl. Lösener 2015, 1ff). Was mit Blick auf die hier zu behandelnden Texte besonders hervorzuheben ist, ist, dass der Aspekt Mehrsprachigkeit dabei unberücksichtigt bleibt.[4]

Zudem wird das Konzept literarischer Bildung in den Kontext inter- bzw. transkulturellen oder migrationsgesellschaftlichen (in der Folge kurz transkulturellen) Lernens gerückt. Britta Freitag-Hild (2019) formuliert einige grundlegende Prinzipien für die transkulturelle Literaturdidaktik. Zentrales Anliegen eines transkulturellen Literaturunterrichts sollte es nach Freitag-Hild sein, „Dezentrierung, Perspektivenübernahme, den Dialog mit anderen Perspektiven und die Auseinandersetzung mit der Multiperspektivität in der Literatur anzuregen" (Freitag-Hild 2019, 368). Erreicht werden könne das durch

(1) Multiperspektivität in der Textauswahl und Aufgabenstellung,

(2) Dialogizität zur Förderung von Verstehens-, Austauschs- und Identitätsbildungsprozessen,

(3) Reflexivität gegenüber Kultur und Identität in Literatur und Gesellschaft sowie

(4) empathisches und kulturelles Lesen (vgl. Freitag-Hild 2019. 369ff).

Im Vergleich mit Spinners *literarischen Kompetenzen* lassen sich durchaus verschiedene Schnittmengen erkennen. Die im vorliegenden Beitrag entwickelten Didaktisierungsvorschläge stellen den Versuch dar, durch den Fokus auf Mehrsprachigkeit die transkulturellen literarischen Kompetenzen der Schülerinnen und Schüler zu fördern. Es wird zu zeigen sein, inwiefern die Analyse der Funktionen interlingualer Mehrsprachigkeit dies unterstützt. Ein grundlegendes Problem, das die Textauswahl betrifft und deswegen vorab erwähnt werden soll, betrifft die Lesedidaktik und bezieht sich hierbei besonders auf die Prozessebenen der Wort- und Satzidentifikation (vgl. Nix/Rosebrock 2014, 17f). Gemeint ist eine mögliche Herausforderung der Lesenden bei der Entzifferung der Texte, die

---

4 Auch die Reformulierung der elf Aspekte (Spinner 2015) stellt dahingehend keine Veränderung dar. Bestenfalls kann mit Rücksicht auf manche der *literarischen Kompetenzen*, wie dem „sprachliche Gestaltung aufmerksam wahrnehmen" (Spinner 2006, 9), von einer Art Mitgemeint-sein gesprochen werden.

im Falle H. C. Artmanns an der Verfremdung der Schriftsprache durch die Phonetisierung der Wiener Mundart und im Falle Ernst Jandls an der ebenso eigenwilligen Verwendung der deutsch-englischen Mischsprache liegt. Beide Texte führen durch diese textgestalterischen Strategien einen speziellen Einsatz von Mehrsprachigkeit vor, der Leserinnen und Leser mitunter vor Probleme stellt. Mit Blick auf die Forderung nach einer multiperspektivischen Textauswahl (vgl. Freitag-Hild 2019, 370) ist dieser Umstand meiner Ansicht nach aber weniger ein Hindernis als vielmehr ein zusätzliches Argument für die Eignung der vorgestellten Gedichte zur Förderung literarischer Kompetenzen im Unterricht. Sie besitzen aufgrund ihrer sprachlichen Eigenheiten das Potential, aktuelle und lebensnahe Anknüpfungs- und Identifikationspunkte im Unterricht zu schaffen. Diese Ausgangslage soll in den Didaktisierungsvorschlägen derart genutzt werden, dass den Schülerinnen und Schülern über die Reflexion (formal-ästhetischer und sprachenpolitischer Funktionen) von Mehrsprachigkeit schrittweise transkulturelle literarische Kompetenzen vermittelt werden.

3. Interlinguale Mehrsprachigkeit bei H. C. Artmann

Das Mundartgedicht *waun zwa oede bem...* von H. C. Artmann (1958) zeichnet sich vor allem durch Erwartungsbrüche hinsichtlich von Gattungswissen und standardsprachlichen Normen und durch Mehrdeutigkeit im Wortsinn gegenüber der dem Text immanenten Ironie aus:

waun zwa oede bem[5]

waun zwa oede bem brakn
faungd sboed zun renga r au.

sogt da r ane zun aundan
wasd tschermak
dostal jsem dvacet schijlink.

---

5 **wenn zwei alte böhmen**//wenn zwei alte böhmen plaudern/fängt es bald zu regnen an.//sagt der eine zum anderen/weißt du tschermak/dostal jsem dvacet schijlink.//oje!//kein wunder dass sich gleich ein unwetter/draußen über dornbach zusammenzieht//(und ich/ich will einen ausflug machen/mit der hilde..!)//was soll ich euch sagen?/seine zwanzig schilling/verderben mir jetzt ganz hütteldorf/mitsamt der umgebung!!/ich habe noch nie einen brotneid gekannt/ich vergönne einem alten rentner sein geld./aber wenn er es nur deutsch gesagt hätte/und nicht bömisch (wo sind wir denn!?)/hätte es vielleicht erst morgen zu mittag/zum regnen angefangen...//

ui jessas!
kar wunda das se glei a weda
draustn iwar duanboch zaumziagt

(und ii
i wüü an ausflug mochn
met da hüde..!)

wos sol e eich song?
den seine zwanzk schüleng
fardeam ma jetzt gaunz hitlduaf
mezzaumt da r umgewung!!

I hob no nii an brodneid kend
i fargun an oedn pfrintna sei göd.
owa waun a s nua deidsch xogt hed
und ned bemesch (wo sama den!?)
hed s feleicht eascht muang zmitog
zaun renga r augfaungd... (Artmann 1958, 50)

Dieses Gedicht ist ein Beispiel für interlinguale Literatur mit dialektalen und tschechischen Anteilen. Besonders daran ist, dass es sich um eine Sprachmischung von gleich drei Sprach(varietät)en mit unterschiedlichem sozialen Prestige handelt, was für die Textkonstruktion eine entscheidende Rolle spielt. Das Gedicht gibt eine Alltagssituation wieder, was einerseits durch die inhaltliche Seite suggeriert, zusätzlich dazu aber auch durch die Verwendung einer dialektalen/soziolektalen Varietät unterstützt wird (vgl. Eder 2009, 32). Mehrsprachigkeit kommt darin in zweifacher Form vor:
(1) als Kontrast zwischen außersprachlichen Varietäten (Dialekt/Soziolekt und Tschechisch) sowie
(2) zwischen innersprachlichen Varietäten (Dialekt/Soziolekt und Standardsprache).
Dabei ist ersteres das vordergründige Thema des Textes: Eine Österreicherin oder ein Österreicher (das suggeriert zumindest die dialektale Färbung) hört in einem deutschsprachigen Land („wo sama den!?"[6]) zwei als „bem" (also als „Böhmen" oder Tschechen) identifizierte Figuren reden und sieht darin die Ursache für ihr drohendes Unglück begründet. Dabei verschwimmen die Grenzen zwischen dialektaler/soziolektaler Varietät

---

6 Standarddeutsch: „wo sind wir denn!?", wobei diese Phrase im Wienerischen auch Entrüstung ausdrückt.

und Tschechisch auf Ebene der Schriftsprache durch die nicht-normierte Schreibweise. Es ist zunächst unklar, in welchen Sprachen überhaupt gesprochen wird, sodass der Effekt der Verfremdung (vgl. Eder 2009, 32) des Tschechischen gegenüber dem Deutschen durch das Schriftbild abgeschwächt wird. Der Unterschied zwischen den beiden Sprachen, mit dem für die Lesenden sozial wie textimmanent auch ein hierarchischer Unterschied verknüpft ist, muss von den Lesenden erst mühsam konstruiert werden. Gleichzeitig drückt sich die Dominanz der dialektalen/ soziolektalen Varietät gegenüber dem Tschechischen nicht nur inhaltlich, sondern auch strukturell im Gedicht aus. Dem lyrischen, dialekt-/ soziolektsprechenden Ich wird deutlich mehr Text sowie die Subjektposition zugestanden. Die Perspektive der ‚fremden Objekte', der „Böhmen", bleibt hingegen auf zwei beiläufige Strophen beschränkt, die für das lyrische Ich umso mehr Gewicht besitzen. Interessant in der dargestellten Konstellation ist, dass scheinbar alle drei beteiligten Figuren mindestens zweisprachig sind – die „bem" („wasd Tschermak, dostal jsem dvacet schijlink"[7]) sowie auch das lyrische Ich, das umstandslos die Übersetzung davon liefert („den seine zwanzk schüleng fardeam ma jetzt gaunz hitlduaf"[8]). Die Szene vollzieht sich in einem Umfeld, in dem Mehrsprachigkeit keine Besonderheit darstellt, sodass das Ärgernis des lyrischen Ich nicht darin liegt, dass hier eine unverständliche Sprache gesprochen wird. Die Situation verweist vielmehr darauf, dass das lyrische Ich über Vorstellungen von anerkannten bzw. legitimen und illegitimen Sprachen verfügt (vgl. Mecheril/Quehl 2006, 364) und diese unreflektiert reproduziert. Die mehrsprachige Konstellation der drei Figuren steht also im Kontext einer monolingualen Umgebung und der damit zusammenhängenden Vorstellungen über sprachliche Homogenität.

Die zweite Ebene von Mehrsprachigkeit, die Innersprachliche, ist erst auf den zweiten Blick erfassbar und drückt sich am augenscheinlichsten in der Wendung „owa waun a s nua deidsch xogt hed" aus. Durch diesen Satz, der nur schwer als „deidsch" (also: deutsch) entzifferbar ist und den abschließenden Gedanken des lyrischen Ich einleitet, wird die ironische Wendung des Textes markiert, indem die dominante Stellung des „Deidschen" plötzlich relativiert wird. Das lyrische Ich wird so seinerseits als

---

7 Standarddeutsch: „weißt du tschermak, dostal jsem dvacet schijlink" (ich habe zwanzig schilling). Bei „schilling" handelt es sich um eine ehemalige österreichische Währungseinheit.
8 Standarddeutsch: „seine zwanzig schilling verderben mir jetzt ganz hütteldorf". Hütteldorf ist ein Bezirk in Wien.

Sprecher einer wenig anerkannten Sprachvarietät entlarvt. Die dialektale Varietät markiert in diesem Zusammenhang nicht so sehr eine regionale als vielmehr eine soziale Zugehörigkeit. Die Doppelmarkierung dialektale/soziolektale Varietät ist deswegen entscheidend für das Verständnis des Textes. Erst über die Inszenierung dieses Mehrebenenkonflikts durch den gezielten Einsatz interlingualer Textbausteine ist es für die Rezipierenden (im Gegensatz zum lyrischen Ich) möglich, die Situation zu reflektieren (vgl. Eder 2009, 35).

4. Interlinguale Mehrsprachigkeit bei Ernst Jandl

Im zweiten Text mit dem Titel *calypso* (Jandl 1997) wird eine weitere Spielart interlingualer Mehrsprachigkeit in Lyrik umgesetzt. Den Text kennzeichnen wiederum Charakteristika wie Mehrdeutigkeit, die durch das unzuverlässige lyrische Ich bedingt ist. Das Gedicht setzt den gekonnten Umgang mit Symbolik voraus, wobei etwa bereits der Titel auf die Themen Exotik und Erotik oder schlicht auf kolonialistische Traditionen verweist.

calypso

ich was not yet
in brasilien
nach brasilien
wulld ich laik du go

wer de wimen
arr so ander
so quait ander
denn anderwo

ich was not yet
in brasilien
nach brasilien
wulld ich laik du go

als ich anderschdehn
mange lanquidsch
will ich anderschdehn
auch lanquidsch in rioo

ich was not yet
in brasilien

nach brasilien
wulld ich laik du go

wenn de senden
mi across de meer
wai mi not senden wer
ich wulld laik du go

yes yes de senden
mi across de meer
wer ich was not yet
ich laik du go sehr

ich was not yet
in brasilien
yes nach brasilien
wulld ich laik du go (Jandl 1963/1997, 18)

Die erste und augenscheinlichste Eigenheit des Textes besteht in der eigentümlichen Sprachmischung. Für Eder ist *calypso* das Beispiel einer Mischform, wo Sprachen nicht homogen oder klar voneinander trennbar angeordnet sind, sondern in der die „einzelnen Sprachelemente in radikal anti-sprachpuristischer Weise zu einer neuen Kunstsprache zusammenwachsen" (Eder 2009, 24). In der Sprachmischung zwischen Deutsch und der Verballhornung des Englischen bleibt offen, welche Sprache letztlich dominant ist, sodass die Folgerung, es handle sich deshalb um eine neue Kunstsprache, einsichtig wirkt.

Das Thema des Textes ist der Wunsch des lyrischen Ich nach Brasilien zu gehen, allerdings werden dafür gleich mehrere, irritierende Begründungen gegeben. Bereits in der zweiten Strophe wird ein begehrendes, nach heteronormativen Vorstellungen vermutlich männliches, lyrisches Ich inszeniert, das Reiz an der (weiblichen) Andersartigkeit findet. Das Befinden der „begehrten Objekte", sprich der „so quait ander wimen"[9], wird nicht zur Disposition gestellt, was auf eine kolonialistische Haltung des lyrischen Ich verweist. Die nächste Begründung aus der vierten Strophe scheint dahingegen wenig zuverlässig, wird darin doch behauptet, „ich anderschdehn mange lanquidsch", was in Anbetracht der Englischkenntnisse nur ein vorgeschobener Vorwand für die Reise sein dürfte. Das lyrische

---

9   Standarddeutsch „so ganz andere Frauen" bzw. englisch „so quite other women". Die Veränderung des Englischen orientiert sich hier phonetisch an ostösterreichischem Dialekt.

Ich inszeniert sich als kosmopolitischer Entdecker und Weltreisender, was in Kontrast zu den vorgeführten sprachlichen Fähigkeiten steht. Schließlich stellt sich in der sechsten Strophe heraus, dass es sich nicht um eine freiwillige Reise handelt. Das lyrische Ich wird scheinbar gegen seinen Willen wohin geschickt („de senden mi"), was eine inhaltliche Wendung markiert. Es zeigt sich nun inhaltlich, was sprachlich bereits von Anfang an angedeutet wurde. Das scheinbar welterfahrene erzählerische Ich vom Anfang des Gedichts offenbart zum Ende hin seine Kontrolllosigkeit über das eigene Leben. Die fehlende sprachliche Souveränität des lyrischen Ich korrespondiert in Jandls Gedicht inhaltlich mit der fehlenden Souveränität über die eigenen Entscheidungen. Oder anders ausgedrückt, die Mehrsprachigkeit ist hier nicht wie im Fall von *waun zwa oede bem* von H. C. Artmann eine absichtliche, sondern eine erzwungene und auch unsouveräne Mehrsprachigkeit. In der Wirkung ist sie aber wiederum mit der in Artmanns Gedicht vergleichbar, nur betrifft die sprachliche Illegitimität diesmal nicht Subjekt und Objekt gleichermaßen. Bei Jandl wird nur das lyrische Ich, das Subjekt, als illegitimer Sprecher stigmatisiert. Die Lesenden sind somit direkter als bei Artmann mit Gefühlen und Ressentiments gegenüber der illegitimen Sprechweise konfrontiert. Die Reflexion über sprachenpolitische Hierarchien wird diesmal nicht wie bei Artmann durch eine kommentierende Figur mitinszeniert, sondern muss von den Rezipierenden selbst geleistet werden. Dennoch hat auch die hier vorgeführte Form interlingualer Mehrsprachigkeit bezüglich der Sprachhierarchien eine relativierende Wirkung.

5. Didaktisierungsvorschläge

Der folgende Didaktisierungsvorschlag ist für zwei bis drei Unterrichtseinheiten in der 10. oder 11. Schulstufe konzipiert. Gründe dafür sind die inhaltlichen Vorgaben der österreichischen Lehrpläne (vgl. Rechtsinformationssystem des Bundes 2022, 128ff), das hohe Anforderungsniveau der Aufgabenstellungen und die Annahme, dass ein halbwegs routinierter Umgang mit Literatur oder sogar mit experimenteller Lyrik hilfreich – wenngleich auch nicht zwingend notwendig – für die Umsetzung ist.

Der Unterrichtsentwurf könnte beispielsweise in den Kontext literaturgeschichtlicher oder gattungstheoretischer Stunden eingebettet werden, die sich speziell mit Ernst Jandls (vgl. Nagy/Schweiger 2013) oder H. C. Artmanns lyrischem Werk auseinandersetzen. Durch die Kenntnis literarischer Gattungsspezifika und literaturgeschichtlicher Epochen ließen sich des Weiteren Vergleiche mit eher kanonischen Gedichten, zu Gattungsgrenzen und rezeptionsästhetischen Konventionen anstellen.[10] Eine andere Möglichkeit bestünde darin, die Didaktisierung mit anderen Stunden zu interlingualer Mehrsprachigkeit zu verknüpfen (z.B mit Rösch 2010 und Eder 2015).

Die hier präsentierten Unterrichtseinheiten folgen im Ablauf den Phasen der „differenzialistischen Deutschdidaktik" (Dawidowski 2013, 32), die versucht, deutschdidaktische mit interkulturellen Ansätzen zu vereinen.

5.1. Irritation (Phase 1)

In dieser Phase steht das erste subjektive Annähern und Zurechtfinden in den Texten im Vordergrund. Deshalb sind hier vor allem die Aufbereitung und Präsentation der Gedichte zu berücksichtigen. Wie weiter oben bereits besprochen wurde, stellt im Fall beider Gedichte die Entschlüsselung der Schriftsprache das vorrangige Problem in der Textbegegnung dar. Es sollte hierfür ausreichen, die Schülerinnen und Schüler vorerst nur mit den **Überschriften** und der ersten Strophe beider Texte zu konfrontieren. Als Einstieg und zur weiteren Differenzierung können darüber hinaus Hilfestellungen wie „Anmerkungen, grafische Bearbeitungen, Zusatzinformationen" (Paule 2016, 12) etc. angefügt werden. Das Ziel dieser ersten irritierende Begegnung ist es, Interesse am Text zu wecken. Dafür sind zwei sich gegenseitig beeinflussende Faktoren ausschlaggebend. Indem zuerst eine Konfrontation mit den Texten stattfindet, deren Lösung der genauen Wahrnehmung bedarf, wird idealerweise die subjektive Involviertheit und (sprachliche) Selbstreflexion bei den Schülerinnen und Schülern angeregt und dadurch ein wechselseitiger dynamischer Prozess angestoßen. Spinner fasst dies in der literarischen Kompetenz „subjektive Involviertheit und genaue Wahrnehmung" zusammen (Spinner 2006, 8f).

Um zu vermeiden, dass die Schülerinnen und Schüler vor den Texten kapitulieren, sollten die folgenden Aufgabenstellungen in dieser Phase möglichst affektive, erfahrungsbezogene sowie handlungsorientierte Zugänge (vgl. Dawidowski 2013, 30) ermöglichen. Eine Möglichkeit, die

---

10 Im Konzept der literarischen Bildung ist diesbezüglich von dem „Gewinn prototypischer Vorstellungen von Gattungen" und der „Entwicklung literarhistorischen Bewusstseins" (Spinner 2006, 13) die Rede. Ein Hinweis auf die Strahlkraft des Lyrikers H. C. Artmann bis in die Gegenwart ist beispielsweise ein Gedichtband von Michael Stavarič (2017). Dieser könnte zur Illustration der Aktualität und Bedeutung des Autors thematisiert werden.

Schülerinnen und Schüler subjektiv zu involvieren, besteht darin, sie mit Hilfe der Überschriften und der ersten Strophe in Kleingruppen mental **(Vor-)Annahmen über die Texte anstellen** zu lassen (vgl. Winkler 2015, 162). Hierbei sollen persönliche Einstellungen, Erfahrungen und Erwartungen abgerufen und anhand der Lektüre überprüft werden. Außerdem erfordert die Übung eine erste genaue Wahrnehmung gegenüber der sprachlichen Gestaltung der Texte. Um die Aufmerksamkeit in einem zweiten Schritt auf die lautsprachliche Gestaltung zu lenken (vgl. Winkler 2015, 162) werden die Gedichte nach kurzer Vorbereitungsphase von Lernenden, die sich freiwillig melden, **laut vorgelesen**. Dies ermöglicht es den Schülerinnen und Schülern über spielerische, individuelle Intonierungsversuche zu ersten Deutungen zu gelangen (vgl. Geipel/Sterba 2015, 41ff). Die freie Interpretation soll die Involviertheit der Schülerinnen und Schüler steigern und sowohl die oberflächliche Entzifferung der Texte erleichtern als auch die „aufmerksame Wahrnehmung sprachlicher Gestaltung" (Spinner 2006, 9) anregen. Entscheidend für das laute Vorlesen sind vier Dinge: erstens muss ihm eine ausreichend lange Erarbeitungs- und Vorbereitungsphase vorausgehen. Zweitens darf bezüglich der Wortmeldungen kein Zwang herrschen. Drittens ist es wichtig, Multiperspektivität zu fördern. Die Schülerinnen und Schüler sollten nicht zu der Überzeugung gelangen, dass es lediglich *eine* korrekte Intonation oder Interpretation gebe, sondern dass eine Vielzahl gleichrangiger Vorannahmen und Deutungen zulässig ist. Viertens müssen nicht-anerkannte Sprechweisen vor Stigmatisierung geschützt werden, sodass sich sprachliche Machtverhältnisse nicht weiter reproduzieren und verfestigen. Wird das Gelingen eines dieser vier Punkte in Frage gestellt, sollte besser ganz auf das Lautlesen durch die Schülerinnen und Schüler verzichtet werden (vgl. Nix/Rosebrock 2014, 34ff). Die Präsentationen bilden den Übergang zu den folgenden Phasen, in denen, um transkulturelles Lernen sicherstellen zu können, Raum für „kritische Reflexion" und „dialogische Aushandlungsprozesse" (Freitag-Hild 2019, 369f) über Funktions- und Wirkungsweisen von Standardsprache bzw. Sprachhierarchien geschaffen wird.

5.2. Transparenz (Phase 2)

In der zweiten Phase geht es um die Konstruktion einer elaborierten Interpretation der Gedichte, um von einer ersten, subjektiven Deutung zu einer reflektierteren zu gelangen. Dafür sollte nun globale Textkohärenz, also Verständnis für den gesamten Text, hergestellt werden. In der Phase der Transparenz steht deshalb auch die Interpretation der Texte im Mittelpunkt, die aber auf „Dezentrierung" (Freitag-Hild 2019, 369) bzw. „Entroutinisierung des individuellen und kollektiven Ethnozentrismus" (Dawidowski 2013, 26) abzielt. Die Mittel dafür liegen laut Freitag-Hild (2019, 370f) in der kulturellen Kontextualisierung der Texte und dem empathischen Hineinversetzen in literarische Figuren. Für eine Aufgabenstellung, die das zu leisten imstande ist und sowohl formal-ästhetische als auch sprachenpolitische Aspekte in den Gedichten berücksichtigt, scheint mir das **Schreiben und Vortragen von Rollenbiografien** besonders geeignet zu sein. Die Methode stellt einen produktionsorientierten Zwischenschritt zwischen dem Erschließen und dem Interpretieren der Texte dar, indem die Schülerinnen und Schüler dazu angehalten werden, die Perspektive des lyrischen Ich bewusst nachzuvollziehen. Methoden wie diese eignen sich laut Spinner (2006, 8) auch zur Förderung der Vorstellungsbildung und des ästhetischen Textverständnisses. Zuerst werden hierfür die vollständigen Texte ausgeteilt. Die Schülerinnen und Schüler können sich nun entscheiden, an welchem der beiden Gedichte sie in Kleingruppen (zu zweit oder dritt) arbeiten. Den Ausgangspunkt für die Aufgabe bilden die eigenen Vorannahmen und die vorangegangenen Interpretationen der Gedichte. Davon ausgehend sollen die Sichtweisen des lyrischen Ich nachvollzogen und in Ich-Form eine Figur beschrieben werden. Dabei können sich die Schülerinnen und Schüler kooperativ und interpretierend an den Informationen aus den Texten orientieren, diese aber auch um weitere Aspekte eigenständig erweitern (vgl. Baurmann/ Brand/Menzel/Spinner 2015, 101f). Die Methode bietet somit „kreative Schreibanlässe" (Dawidowski 2013, 30) und verlangt einerseits ein empathisches Verstehen und Hineinversetzen, befördert andererseits aber auch die kulturelle Kontextualisierung der Figuren innerhalb der jeweiligen literarischen Szenerien. Dadurch kann ein erster Perspektivwechsel, hin zur Erzählperspektive, angeregt werden (vgl. Spinner 2006, 9f und Freitag-Hild 2019, 369f). Inwiefern diese Aufgabe beispielsweise in Form eines strukturierten Arbeitsblattes gesteuert oder ob eine Personenbeschreibung als Fließtext umgesetzt werden kann, liegt im persönlichen Ermessen der Lehrperson. Wichtig ist lediglich, dass die Schülerinnen und Schüler die Informationen aus den Gedichten nicht wie aus einem Sachtext beziehen, sondern ebenso auf sprachliche, formal-ästhetische Merkmale eingehen. Nur so kann später Verständnis für sprachliche Hierarchien und ungleiche (Macht-)Verhältnisse in den Gedichten entwickelt werden, die darin wesentlich über den Einsatz interlingualer Mehrsprachigkeit hergestellt werden. Exemplarische Orientierungsfragen könnten

dabei lauten: *Wer ist die Hauptperson? Und welche (sprachlichen) Merkmale stehen zu einer Charakterisierung zur Verfügung?*
Der freiwillige Vortrag einzelner Rollenbiografien bildet wiederum den Ausgangspunkt für die nächste Unterrichtsphase. Zu beachten ist, dass gegebenenfalls Rollenbiografien von beiden Gedichten präsentiert werden. Mit Rücksicht auf die verbleibenden zeitlichen Ressourcen kann nach Beendigung des schriftlichen Teils der Aufgabe als erstes damit begonnen werden, das Setting für die Präsentation und das darauffolgende *literarische Gespräch* vorzubereiten.

5.3. Perspektivwechsel (Phase 3)

Während der Perspektivwechsel ungesteuert schon während der vorangehenden Unterrichtsphasen stattfinden kann, meint der Perspektivwechsel hier die bewusste und gezielte Abstrahierung und Reflexion dieses Vorgangs (vgl. Dawidowski 2013, 31). Für den Unterrichtsverlauf heißt das, dass nun, nachdem durch die Rollenbiografie die Perspektive des lyrischen Ich eingenommen wurde, der Fokus darauf liegt, „Dezentrierung zu unterstützen und eine kritische Reflexionsfähigkeit zu fördern" (Freitag-Hild 2019, 369). Um dies zu bewerkstelligen sollten dialogische Aushandlungsprozesse (Freitag-Hild 2019, 369) im Zentrum dieser Unterrichtsphase stehen. Ohne diese Form dialogischer Pluralität und Multiperspektivität kann literarisches Lernen im Sinne transkulturellen Lernens kaum gewährleistet werden.

Das folgende **literarische Gespräch** ist im Ablauf an das Heidelberger Modell (Steinbrenner/Wiprächtiger-Geppert 2010) angelehnt, in der Zielsetzung aber fokussierter als es das Konzept eigentlich vorsieht.[11] Die Einstiegssequenz, die am Beginn des Gesprächs steht, wird hier aufgrund der Phasen 1 und 2 bereits als abgeschlossen betrachtet. In der anschließenden Sequenz, der „Textbegegnung" (Steinbrenner/Wiprächtiger-Geppert 2010, 8), empfiehlt es sich, die Gedichte zuerst nochmals (interpretierend vor-)lesen zu lassen (vgl. Mayer 2017, 49) und dann erst auszugsweise die Rollenbiografien zu präsentieren. Das eigentliche Gespräch beginnt daraufhin mit der „ersten Runde", in der durch eine allgemein gehaltene Einstiegsfrage der Lehrperson die Gesprächsbereitschaft angeregt werden soll (Steinbrenner/Wiprächtiger-Geppert 2010, 8). In der Folge kön-

---

11 Die Eignung der Heidelberger Modells für das transkulturelle Lernen diskutieren aktuell etwa Wintersteiner (2019) und Thösen (2019).

nen die Entwürfe der Schülerinnen und Schüler dahingehend untersucht werden, dass die Annahmen und Entscheidungen, auf denen ihre Rollenbiografien beruhen, in den Fokus der Analyse rücken. Es geht also nicht primär darum, die Qualität der Rollenbiografien zu beurteilen, sondern den Konstruktionsprozess selbst sichtbar zu machen, der sowohl den Gedichten als auch den Rollenbiografien zugrunde liegt. Als Anfangsimpuls wird zu diesem Zweck die Frage vorgeschlagen: *Welche der Personeninformationen aus den Gedichten waren aus meiner Sicht für das Schreiben der Rollenbiografien wichtig und welche unwichtig?* Nachdem die Schülerinnen und Schüler mit kurzen Redebeiträgen zu der Frage Stellung nehmen können, ist am Ende ein Beitrag der Lehrperson vorgesehen, der den Blick der Schülerinnen und Schüler nochmals auf ihre eigenen Konstruktionsleistungen lenken soll. Denkbar wäre etwa, dass darauf hingewiesen wird, wie Annahmen über Geschlecht, Herkunft, sozialen Status, Alter etc. in die Rollenbiografien eingeflossen sind, ohne explizite Informationen aus den Gedichten darüber zur Verfügung zu haben. Von hier aus wird nun in das offene Gespräch übergeleitet. Die Schülerinnen und Schüler haben jetzt die Gelegenheit, eigenständig zu Auffälligkeiten und Irritationen Stellung zu nehmen. Die Lehrperson nimmt in dieser Zeit eher eine moderierende Rolle ein und versucht die Gesprächsbeiträge zu strukturieren und auf den geordneten Ablauf zu achten (vgl. Steinbrenner/Wiprächtiger-Geppert 2010, 8f). Die Frage nach gesprächsfördernden Impulsen und wie weit ein Gespräch gelenkt werden sollte, ist äußerst ambivalent, wird in diesem Fall aber als adäquates Mittel angesehen, um das Risiko der Re-Iteration von Stereotypen zu minimieren, ohne die Diskussion dabei aber notwendigerweise um ihre Widersprüchlichkeiten glätten zu müssen. Gelingt dies, kann neben bereits angesprochenen transkulturellen Kompetenzen auch das Bewusstsein für die „Unabschließbarkeit des Sinnbildungsprozesses" bei literarischen Analysen und der Umgang mit dem „literarischen Gespräch" (Spinner 2006, 12f) gefördert werden. Nach dem offenen Gespräch folgt noch eine Schlussrunde, in der ähnlich wie in der ersten Runde möglichst partizipativ nach resümierenden Wortmeldungen der Schülerinnen und Schüler gefragt wird. Den Abschluss des literarischen Gesprächs bildet die Überleitung zu anschließenden Aufgabenstellungen (vgl. Steinbrenner/Wiprächtiger-Geppert 2010, 8).

5.4. Transfer (Phase 4)

Nach Beendigung des Gesprächs kann die herkömmliche Sitzordnung wiederhergestellt und die Phase des Transfers begonnen werden. Diese entspricht „einer Festigung und einer Übertragung des Perspektivwechsels auf andere soziale Situationen" (Dawidowski 2013, 27). Ziel ist es somit, die zwar doppelbödigen, letztlich aber doch voreingenommenen Sichtweisen der jeweiligen Erzählperspektiven in den Gedichten zu durchbrechen und Raum für Kommentare, Neuinterpretationen, Widerspruch und Ergänzungen zu den Perspektiven der Ausgangstexte zu schaffen. Dafür eignen sich insbesondere handlungs- und produktionsorientierte Verfahren (vgl. Dawidowski 2013, 32) wie das **imitative Schreiben** (Spinner 2019, 250f). Die Schülerinnen und Schüler wählen sich dazu zunächst einen der Texte von Ernst Jandl und H. C. Artmann als Vorlage aus. Danach verfassen sie in Einzelarbeit eigene Texte, die die Vorlagen formal nachahmen, im Inhalt aber durchaus davon abweichen können. Grammatikalische und (schrift-)sprachliche Experimente sind dabei explizit erwünscht. Denkbar wären hier etwa sprachliche Repliken aus der Perspektive beteiligter oder anwesender Figuren, die Fortsetzung der Ereignisse, der Kommentar einer unbeteiligten Zuhörerin beziehungsweise eines unbeteiligten Zuhörers oder die Schilderung einer vergleichbaren Situation.

Nachdem ein Problembewusstsein für das Thema Sprache und Macht entwickelt wurde, gelangen die Schülerinnen und Schüler nun in Anknüpfung an ihre eigenen Erfahrungen und über den reflektierten Einsatz von (interlingualer) Mehrsprachigkeit, *code-mixing* bzw. *-switching*, Jugendsprache etc. zu einer Neuinterpretation, einer eigenständigen Ausdrucksweise und zu individuellen Lösungsansätzen für die besprochenen Problematiken. Das imitative Schreiben unterstützt abschließend nochmals die aufmerksame Wahrnehmung sprachlicher Konstruktionen und ihrer Wirkungsweisen durch den kreativen Nachvollzug der Vorlage (vgl. Spinner 2006, 9). Darüber hinaus bietet die Methode Gelegenheit einen weiteren, vorübergehenden Perspektivwechsel zu vollziehen (vgl. Freitag-Hild 2019, 362).

6. Fazit

Es zeigt sich, dass die interlinguale Mehrsprachigkeit in den besprochenen Texten diverse formal-ästhetische und sprachenpolitische Funktionen erfüllt. Die so konstruierten Sprachhierarchien lassen sich in verschiedener Form im Unterricht zum Gegenstand machen und mittels entsprechender Aufgabenstellungen vielseitig zur Förderung rezeptiver und produktiver transkultureller literarischer Kompetenzen einsetzen. Allerdings greifen Begriffe literarischer Kompetenz wie Spinner sie 2006 entworfen hat in diesem Fall zu kurz. Es wird deutlich, dass Aspekte wie sprachliche Dominanzverhältnisse, Eigen- und Fremdperspektiven oder gesellschaftliche Hierarchien durch die gezielte Wahrnehmung und Herausarbeitung der jeweiligen Funktionen von Mehrsprachigkeit deutlicher sichtbar werden. Deshalb wurde versucht, den Aspekt Mehrsprachigkeit mit Kompetenzen der literarischen Bildung zu verschränken. Unter dem Blickwinkel einer transkulturellen literarischen Bildung kann hinsichtlich der präsentierten Didaktisierung festgehalten werden, dass die Förderung literarischer Kompetenzen und die Auseinandersetzung mit den hier vorgestellten Texten sich sinnvoll ergänzen und gegenseitig unterstützen können.

Ob diese Feststellung auch auf weitere Beispiele mehrsprachiger Lyrik zutrifft müsste durch die Analyse der entsprechenden Texte erst noch untersucht werden. Hierfür böten sich beispielsweise H.C. Artmanns parallel mehrsprachige Gedichte *šteln s inen for* und *schdön s ina fua*[12] (Artmann 1993, 142f) an. Für besonders geeignet erachte ich in dem Zusammenhang auch den Einbezug nicht-europäischer, nicht-männlicher Literatur als Ausgangstexte, um so möglicherweise weitere Interpretationen von sprachlichen Dominanzverhältnissen und zusätzliche intersektionale Themenstellungen in den Blick zu bekommen.

7. Literatur

7.1. Primärliteratur

Artmann, H. C. (1958): waun zwa oede bem. In: Artmann, H. C.: med ana schwoazzn dintn. gedichtar aus bradnsee. – Salzburg: Otto Müller, S. 50.

Artmann, H. C. (1993): šteln s inen for. schdön s ina fua. In: Reichert, Klaus (Hrsg.): H.C. Artmann. Gesammelte Dialektgedichte. – München/Salzburg: Klaus G. Renner, S. 142-143.

Jandl, Ernst (1963/1997): calypso. In: Jandl, Ernst: Laut und Luise. Verstreute Gedichte 2. – München: Luchterhand, S. 18.

Stavarič, Michael (2017): in an schwoazzn kittl gwicklt. – Wien: Czernin.

---

12 Standarddeutsch: „stellen sie sich vor"

7.2. Sekundärliteratur

Baurmann, Jürgen/Brand, Tilman von/Menzel, Wolfgang/Spinner, Kaspar (2015): Methoden im Deutschunterricht. Exemplarische Lernwege für die Sekundarstufe I und II. – Seelze: Klett.

Brand, Tilmann von (2016): Literarisches Lernen in inklusiven Lerngruppen – Eckpunkte einer inklusiven Literaturdidaktik. In: Frickel, Daniela/Kagelmann, Andre (Hrsg.): Der inklusive Blick. Die Literaturdidaktik und ein neues Paradigma. – Frankfurt am Main: Peter Lang (Beiträge zur Literatur- und Mediendidaktik, Band 33), S. 89-103.

Dawidowski, Christian (2013): Theoretische Entwürfe zur Interkulturellen Literaturdidaktik. Zur Verbindung pädagogischer und deutschdidaktischer Interkulturalitätskonzepte. In: Dawidowski, Christian/Wrobel, Dieter (Hrsg.): Interkultureller Literaturunterricht. Konzepte – Modelle – Perspektiven. – Baltmannsweiler: Schneider Hohengehren (Diskussionsforum Deutsch, Band 22), S. 18-36.

Eder, Ulrike (2009): Mehrsprachige Kinder- und Jugendliteratur für mehrsprachige Lernkontexte. – Wien: Praesens.

Eder, Ulrike (2013): Mehrsprachige Kinderliteratur und ihre Didaktisierung. Beschreibung eines Habilitationsprojekts. In: Theorie und Praxis. Jahrbuch für Deutsch als Fremd- und Zweitsprache, Jg. 2, S. 250-277.

Eder, Ulrike (2015): „Alles gut" für den DaZ-Unterricht. Exemplarische Literaturanalyse eines mehrsprachigen Bilderbuchs als Basis für mögliche Didaktisierungen. In: Eder, Ulrike (Hrsg.): Sprache erleben und lernen mit Kinder- und Jugendliteratur I. Theorien, Modelle und Perspektiven für den Deutsch als Zweitsprachenunterricht (Kinder- und Jugendliteratur im Sprachenunterricht 1). – Wien: Praesens, S. 143-173.

Freitag-Hild, Britta (2019): Interkulturelle Literaturdidaktik. In: Lütge, Christiane (Hrsg.): Grundthemen der Literaturwissenschaft: Literaturdidaktik. – Berlin/Boston: de Gruyter, S. 359-372.

Geipel, Maria/Sterba, Maximilian (2015): Durch lautes Lesen Deutungshypothesen entwickeln. In: Deutschunterricht, Jg. 68, H. 6, S. 41-45.

Kammler, Clemens (2010): Literarische Kompetenzen beschreiben, beurteilen und fördern. In: Rösch, Heidi (Hrsg.): Literarische Bildung im kompetenzorientierten Deutschunterricht. – Freiburg: Fillibach, S. 197-214.

Kremnitz, Georg (2015): Mehrsprachigkeit in der Literatur. Ein kommunikationssoziologischer Überblick. – Wien: Praesens.

Lösener, Hans (2015): Elf Aspekte des literarischen Lernen auf dem Prüfstand. In: Leseräume. Zeitschrift für Literalität in Schule und Forschung, Jg. 2, H. 1, S. 1-5.

Mecheril, Paul/Quehl, Thoma (2006): Sprache und Macht. Theoretische Facetten eines (migrations)pädagogischen Zusammenhangs. In: Mecheril, Paul/Quehl, Thoma (Hrsg.): Die Macht der Sprachen. Englische Perspektiven auf die mehrsprachige Schule. – Münster: Waxmann, S. 355-381.

Nagy, Hajnalka/Schweiger, Hannes (Hrsg.) (2013): Wir Jandln! Didaktische und wissenschaftliche Wege zu Ernst Jandl. – Innsbruck/Wien/Bozen: Studienverlag (ide-extra, Band 18).

Nix, Daniel/Rosebrock, Cornelia (2014): Grundlagen der Lesedidaktik und der systematischen schulischen Leseförderung. – Baltmannsweiler: Schneider Hohengehren.

Paule, Gabriela (2016): Literarische Texte präparieren – eine Lese- und Verstehenshilfe. In: Deutschunterricht Jg. 69, H. 6, S. 12.

Rechtsinformationssystem des Bundes (2022): Gesamte Rechtsvorschrift für Lehrpläne – allgemeinbildende höhere Schulen. – https://www.ris.bka.gv.at/GeltendeFassung/Bundesnormen/10008568/Lehrpl%c3%a4ne%20%e2%80%93%20 allgemeinbildende%20h%c3%b6here%20Schulen%2c%20Fassung%20vov%20 29.11.2022.pdf (13. Dezember 2022).

Rösch, Heidi (2010): „Wolkenkarte" und „Kannitverstan" interlingual lesen. In: Deutschunterricht Jg. 63, H. 6, S. 22-27.

Rösch, Heidi (2017): Deutsch in der Migrationsgesellschaft. Eine Einführung. – Stuttgart: J.B. Metzler.

Spinner, Kaspar (2006): Literarisches Lernen. In: Praxis Deutsch, Jg. 33, H. 200, S. 6-16.

Spinner, Kaspar (2015): Elf Aspekte auf dem Prüfstand. Verbirgt sich in den elf Aspekten literarischen Lernens eine Systematik? In: Leseräume. Zeitschrift für Literalität in Schule und Forschung, Jg. 2, H. 2, S. 188-194.

Spinner, Kaspar (2019): Methoden des Literaturunterrichts. In: Kämper-van den Boogaart, Michael/Spinner, Kapsar (Hrsg.): Lese- und Literaturunterricht Teil 2. Kompetenzen und Unterrichtsziele, Methoden und Unterrichtsmaterialien. – Baltmannsweiler: Schneider Hohengehren (DTP, Band 11/2), S. 217-267.

Steinbrenner, Marcus/Wiprächtiger-Geppert, Maja (2010): Verstehen und Nicht-Verstehen im Gespräch. Das Heidelberger Modell des Literarischen Unterrichtsgesprächs. In: leseforum.ch – Onlineplatform für Literalität, Jg. 1, H. 3, S. 1-15. – https://www.leseforum.ch/sysModules/obxLeseforum/Artikel/434/ verstehen-und-nicht-verstehen-im-gespraech.pdf (29. Oktober 2022).

Thösen, Yvonne (2019): Literarische Unterrichtsgespräche im transkulturellen Literaturunterricht. Eine qualitativ-empirische Untersuchung an Gemeinschafts- und Realschulen In: Heizmann, Felix/Mayer, Johannes/Steinbrenner, Marcus (Hrsg.): Das literarische Unterrichtsgespräch. Didaktische Reflexionen und empirische Rekonstruktionen – Baltmannsweiler: Schneider Hohengehren, S. 277-294.

Winkler, Iris (2015): Subjektive Involviertheit und genaue Wahrnehmung miteinander ins Spiel bringen. Überlegungen zur Spezifikation eines zentralen Konzepts für den Literaturunterricht. In: Leseräume. Zeitschrift für Literalität in Schule und Forschung, Jg. 2, H. 2, S. 155-168.

Wintersteiner, Werner (2019): Fremdheit – Konflikt – Dialog. Das literarische Unterrichtsgespräch aus transkultureller Perspektive. In: Heizmann, Felix/Mayer, Johannes/Steinbrenner, Marcus (Hrsg.): Das literarische Unterrichtsgespräch. Didaktische Reflexionen und empirische Rekonstruktionen. – Baltmannsweiler: Schneider Hohengehren, S. 95-112.

Sabrina Melissa Huber und Isabella Katzenbeisser

Die schreckliche deutsche Sprache
Sprachenbewusster Unterricht in der Sekundarstufe II
auf der Grundlage eines Essays von Mark Twain

Nachfolgend soll zunächst das Konzept Language Awareness erläutert werden, ehe anhand eines Unterrichtsvorschlags zu Mark Twains Essay *Die schreckliche deutsche Sprache. The Awful German Language* gezeigt wird, wie dieses praktisch im Sprachenunterricht umgesetzt werden kann. Die vorgeschlagenen Arbeitsaufträge veranschaulichen das für den Unterrichtskontext bisher selten genützte Potenzial von Twains Büchlein, Mehrsprachigkeit sichtbar zu machen und Sprachenbewusstheit zu fördern.

1. Einleitung

Mehrsprachigkeit spielt nicht nur in unserer globalisierten Gesellschaft eine immer größer werdende Rolle, sondern sie stellt auch Lehrkräfte im Schulalltag vor spezifische Herausforderungen, die nach unterstützenden Maßnahmen verlangen. Zu diesen zählen geeignete didaktische Konzeptionen, welche die multilinguale Lebensrealität der Schülerinnen und Schüler wertschätzend in den Unterricht integrieren. Dieser Beitrag soll daran anknüpfen und eine Didaktisierung zu Mark Twains Essay *Die schreckliche deutsche Sprache. The Awful German Language* für den Deutschunterricht nach dem österreichischen Lehrplan in der 10. oder 11. Schulstufe der Sekundarstufe II bieten. Die dafür erstellte Didaktisierung stellt dabei insofern einen Bezug zum Lehrplan her, als dass Schülerinnen und Schüler

> „befähigt werden, mit Sprache Erfahrungen und Gedanken auszutauschen, Beziehungen zu gestalten und Interessen wahrzunehmen, (...) Einblicke in Struktur, Funktion und Geschichte der deutschen Sprache gewinnen sowie Sprachreflexion, Sprachkritik und ein Bewusstsein von der Vielfalt der Sprachen entwickeln sowie befähigt werden, Informationen alleine oder in Team-

arbeit zu finden, aufzunehmen, zu verarbeiten und zu vermitteln" (Rechtsinformationssystem des Bundes 2022).

„Jemand, der nie Deutsch gelernt hat, macht sich keinerlei Vorstellung, welchen Ärger diese Sprache bereiten kann", klagt Mark Twain in seinem Essay (Twain 2010, 9). Humorvoll bringt er die Frustration zum Ausdruck, die bei vielen Deutschlernenden während des Lernprozesses aufkommt. Twain hebt in seinem Aufsatz spezifische Schwierigkeiten der deutschen Sprache im Vergleich zum Englischen hervor, die auch von Lehrkräften bewusst wahrgenommen werden sollten, damit sie in der Lage sind, die Schülerinnen und Schüler für weiteres Lernen zu motivieren (vgl. Gürsoy 2010, 2). Die von Twain genannten Schwierigkeiten können im Rahmen des Sprachunterrichts aufgegriffen werden, mit dem Ziel, den Lernenden etwaige Ängste, die durch Unsicherheiten aufgrund von sprachlichen Schwierigkeiten entstehen können, zu nehmen.

The Awful German Language wurde ursprünglich im Jahr 1880 als Appendix D (Anhang) des Reisebuches *A Tramp Abroad* (Bummel durch Europa) in Hartford, Connecticut bei der American Publishing Company veröffentlicht. 2010 erschien Twains Aufsatz im Anaconda Verlag als parallel mehrsprachiger Text (Englisch und Deutsch[1]), der einen direkten Vergleich zwischen den beiden Sprachen ermöglicht und sich für eine reflektierende Auseinandersetzung im (fächerübergreifenden) Deutsch- oder Englischunterricht in der Sekundarstufe II eignet.

Mark Twain selbst hielt sich jahrelang auf deutschem Sprachboden auf, beschäftigte sich eingehend mit der deutschen Sprache und war bemüht, diese zu erlernen (vgl. Hibler 1941, 207ff). Das Lesen bereitete ihm keinerlei Schwierigkeiten, die gesprochene Sprache dafür umso mehr, weshalb er gerne auf die Dienste seines Dolmetschers zurückgriff oder es vorzog, Englisch zu sprechen (vgl. Hibler 1941, 207ff). Er beherrschte jedoch auch „die gesprochene Sprache genügend, um auf Banketten auf Ersuchen seiner Bewunderer kurze Reden in deutscher Sprache zu halten, allerdings mit meist komischer Absicht und ebensolcher Wirkung" (Hibler 1941, 208).

Twain war „sich seiner sprachlichen Unzulänglichkeiten bewusst" und sah „die Schuld daran zum Teil in sich selbst, was stets heitere Selbstverspottung zur Folge" hatte, zum Teil aber auch „in der deutschen Sprache: sie ist viel zu schwer und muss vereinfacht werden", meinte er (Hibler

---

[1] Der Essay wurde von Kim Landgraf aus dem amerikanischen Englisch ins Deutsche übersetzt.

1941, 208). Mit einem Blick auf die Vorwürfe, die Twain der deutschen Sprache entgegenbrachte, betont Leo Hibler jedoch, dass „hinter all diesen humoristischen Übertreibungen" auch viel Kenntnis der deutschen Sprache „und viel Liebe zu ihr" steckt (Hibler 1941, 213). Hibler konstatiert, dass Mark Twain auch Deutschland große Sympathien entgegenbrachte, was seine langen Aufenthalte dort bewiesen (vgl. Hibler 1941, 213). So finden sich, zwischen all der Klage über die deutsche Sprache, auch positive Zeilen über diese in seinem Essay:

> „Es gibt deutsche Lieder, die auch den Sprachfremden zu Tränen rühren. Das zeigt, dass der Klang der Worte stimmig ist – er reicht die Bedeutungen mit großer Wahrhaftigkeit und Genauigkeit weiter; und so gelangen sie ans Ohr und durch das Ohr ins Herz." (Twain 2010, 77)

> „There are German songs which can make a stranger to the language cry. That shows that the sound of the words is correct, – it interprets the meanings with truth and exactness; and so the ear is informed, and through the ear, the heart." (Twain 2010, 76)

Im Rahmen des Unterrichtskonzepts Language Awareness spielt der Sprachenvergleich, wie bei Twain praktiziert, eine bedeutende Rolle (vgl. Eder 2014, 3). Sprache soll zum Gegenstand der Aufmerksamkeit werden, mit dem Ziel, das Interesse an Sprachen- und Kulturvielfalt, sprachlichen Phänomenen und Sprache(n) zu wecken (vgl. Gürsoy 2010, 2). Der Schwerpunkt dieses Beitrags liegt nicht auf einer theoretischen Abhandlung zu Language Awareness,[2] sondern es soll vor allem die Fragestellung beantwortet werden, wie dieses relativ komplexe Unterrichtskonzept anhand von Twains Essay konkret in der Praxis umgesetzt werden könnte. Dabei wird kein systematischer Spracherwerb angestrebt, sondern entdeckend-handelndes Lernen mit dem Fokus auf Sprachbetrachtung in den Vordergrund gestellt. Die Sprachenvielfalt der Schülerinnen und Schüler dient dabei als Anknüpfungspunkt, um eine aktive Akzeptanz sprachlicher Vielfalt herzustellen (vgl. Gürsoy 2010, 1f). Durch die Arbeit mit Twains zweisprachigem Büchlein sollen die sprachanalytischen Fähigkeiten der Lernenden gestärkt werden. Im Zentrum steht folglich nicht das Erlernen von Sprachen oder Grammatikunterricht, sondern eine Sensibilisierung für sprachliche Phänomene, die Ängste abbauen, motivierend wirken und Neugier wecken soll. Auch Basil Schader betont, wie wichtig es ist, „Sprache selbst zum Thema zu machen, über Sprache(n) nachzudenken, statt

---

[2] Vgl. hierzu ausführlicher den Beitrag von Titelbach in diesem Sammelband.

sie nur zu gebrauchen", denn dies bedeutet eine „Bewusstmachung und Sensibilisierung in einem für uns sehr existentiellen Bereich" (Schader 2000, 8f). Kontrastive Spracharbeit dient als Werkzeug zum Erreichen dieses Ziels.

2. Language Awareness und die vielen Zugänge zu diesem Konzept

Seit sich das Konzept Language Awareness mit der Gründung der Association for Language Awareness in den 1990er Jahren in Großbritannien herausgebildet hat, etablierte sich dieser Ansatz immer mehr in der Sprachdidaktik und wird seither kontinuierlich aufgegriffen (vgl. Luchtenberg 2008, 107ff). Mittlerweile existieren dazu die verschiedensten Zugänge (vgl. hierzu etwa die fünf Dimensionen von Language Awareness nach Carl James und Peter Garrett 1992, Critical Language Awareness von Norman Fairclough 1992 und Literary Awareness von Sonja Zyngier 1994).

Heidi Rösch übersetzt den Begriff nicht, wie in der Literatur gängig, als Sprachbewusstheit, sondern als Sprach/en/bewusstheit und sie kombiniert diesen mit dem Konzept der Literature Awareness (vgl. Rösch 2017). Rösch lenkt die Aufmerksamkeit auf

> „die Strukturen, Funktionen und Wirkungen, den Gebrauch, Erwerb und die Vermittlung der Bildungssprache Deutsch als Erst-, vor allem aber als Zweitsprache, um die Spracherwerbssituation derjenigen in den Blick zu nehmen, die Deutsch als Zweitsprache (DaZ) erwerben und gleichzeitig ausschließlich in dieser Sprache geschult werden." (Rösch 2017, 36f)

Eine präzise Übersetzung und Definition des Begriffs Language Awareness ist trotz vielfacher Diskussion kaum möglich, da die Bezeichnung sowohl Sprachbewusstheit als auch Sprachbewusstsein, Sprachaufmerksamkeit, Sprachsensibilisierung und ähnliches beinhaltet (vgl. Gürsoy 2010, 1). Die Association for Language Awareness definiert den Begriff folgendermaßen: „We define Language Awareness as explicit knowledge about language, and conscious perception and sensitivity in language learning, language teaching and language use" (Association for Language Awareness o.J., o.S.).

Für den hier entwickelten Unterrichtsentwurf ist der Ansatz von Sigrid Luchtenberg relevant. Luchtenberg bezieht sich auf das Konzept im deutschsprachigen Raum im Kontext von Migration und sie begreift Sprachenvielfalt als Vorbereitung auf ein Leben in einer mehrsprachigen Gesellschaft (vgl. Luchtenberg 2009, 281). In diesem Zusammenhang betont die Autorin auch die Abgrenzung von Language Awareness zum Grammatikunterricht. Die Beherrschung grammatischer Phänomene ist zwar ein Bestandteil dieser Konzeption, dabei wird jedoch nicht das Ziel der Vermittlung grammatischer Regeln verfolgt; vielmehr geht es um eine weitreichende Sprachreflexion, welche ein Nachdenken über Sprache auf einer kognitiven, emotionalen und sozialen Ebene beinhaltet. Kramsch und Huffmaster (2008) wiederum betonen, dass der gegenwärtige Diskurs des Fremdsprachenunterrichts, welcher auf Kommunikation und messbare Kompetenzen abzielt, eine Reflexion von Sprachen hinsichtlich der „multifaceted nature of language and the intercultural conditions under which language makes meaning" (Kramsch/Huffmaster 2008, 295) etwa im Rahmen von Übersetzungen behindert.

Darüber hinaus zielt das Konzept Langue Awareness auf die Sensibilisierung der Schülerinnen und Schüler ab. Zudem hebt Luchtenberg die Bedeutung von Sprachvergleichen für die Ermöglichung eines Perspektivenwechsels hervor (vgl. Luchtenberg 2008, 110ff). Laut Luchtenberg leistet Language Awareness einen wesentlichen Beitrag zur Identitätsentwicklung der Lernenden (vgl. Luchtenberg 2009, 282).

Die Autorin betont, dass die Ziele von Language Awareness in den Lehrplänen zum Teil bereits verankert sind, selbst wenn diese nicht explizit mit dem Unterrichtskonzept in Verbindung gebracht werden, und fügt hinzu: „Language Awareness-Konzeptionen erweisen sich als erstaunlich leicht integrierbar in die bestehende Deutschdidaktik, da sie nicht nur neue Impulse verleihen können, sondern auch beim Ziel der Vermittlung sprachlicher Kompetenzen helfen" (Luchtenberg 2009, 282). Weiters umfasst die Konzeption von Language Awareness „die Berücksichtigung von Sprache und sprachlicher Vielfalt in allen Fächern und im Schulalltag" mit dem Ziel einer weitreichenden „Sensibilisierung für sprachliche Aspekte verschiedener Themen" (Luchtenberg 2008, 110).

„Die Berücksichtigung sprachlicher Vielfalt unter Anwendung der Methode des Vergleichens führt zu einer deutlich erhöhten Sprachaufmerksamkeit. Damit kommt LA-Konzeptionen in mehrsprachigen Klassen besondere Bedeutung zu. Sie werden dann Teil interkulturellen Lernens." (Luchtenberg 2008, 114)

Zu berücksichtigen ist bei der Methode des Übersetzens, dass auch die Ambiguität des Verhältnisses von Signifikat und Signifikant eine Rolle spielt.

3. Projektvorschlag zur Arbeit mit Mark Twains Essay Die schreckliche deutsche Sprache. The Awful German Language

Das im Folgenden vorgestellte Unterrichtsprojekt ist als ein Vorschlag zur Inklusion von Language Awareness in den Unterricht zu verstehen. In dem Zusammenhang ist es wichtig, das „interkulturelle Bewusstsein" von Lehrkräften zu stärken. Basil Schader meint hierzu, dass

> „Unterricht nicht glaubwürdig interkulturell sein [kann], wenn er nicht von einer entsprechenden Grundhaltung der Lehrperson getragen ist. Merkmale eines solchen interkulturellen Bewusstseins (...) sind etwa: Offenheit, Toleranz, Interesse und Anteilnahme gegenüber anderen Kulturen; Sensibilität gegenüber Rassismus, Nationalismus und Diskriminierung; die Überzeugung, dass alle Sprachen und Kulturen gleichwertig sind, und das Bestreben, alle Schülerinnen und Schüler in ihrer Eigenheit ernst zu nehmen und zu fördern." (Schader 2013, 46f)

Aus diesem Grund sollte dieses Projekt nicht isoliert betrachtet werden. Schader betont zudem, dass Sprachen und Mehrsprachigkeit keine Themen sind, die nach einer Unterrichtseinheit oder nach einer Unterrichtsreihe abgeschlossen werden können. Es handelt sich hierbei vielmehr um stetig präsente Faktoren, die ebenso behandelt werden müssen, und „sei es im unspektakulären Rahmen von Alltagsritualen" (Schader 2000, 11).

Das Büchlein *Die schreckliche deutsche Sprache. The Awful German Language* sollte vor Beginn des hier vorgestellten Projekts bereits gelesen worden sein, und dies idealerweise nicht nur im Deutsch-, sondern auch im Englischunterricht; wie erwähnt enthält die hier zugrundeliegende Ausgabe des Verlags Anaconda zwei Texte, den englischen Originaltext und parallel dazu die deutsche Übersetzung. Beide Texte können im Unterricht vergleichend erarbeitet werden. Außerdem bietet es sich an, sowohl im Englisch- als auch im Deutschunterricht die von Mark Twain genannten Unterschiede zwischen dem Deutschen und dem Englischen zu thematisieren. Bereits hier wird der Forderung nach kontrastiver Spracharbeit als Möglichkeit zur Steigerung der Sprachaufmerksamkeit nachgekommen, wie von Luchtenberg (vgl. 2008, 114) gefordert. Hierbei wird auch deutlich werden, dass es manche der von Twain vorgestellten Eigenheiten des Deutschen heute gar nicht mehr in dieser Form gibt. So schreibt Twain etwa in Bezug auf die Deklination der Nomen:

> „sobald er sie jedoch im Dativ verwendet, klebt er ein albernes, sinnloses e hinten dran und schreibt Hause, Pferde, Hunde. Folglich wird, da ein ange-

hängtes e, so wie das s bei uns, in der Regel Plural bedeutet, der Anfänger vermutlich erst einmal vier Wochen lang aus einem Dativ-Hund Zwillinge machen." (Twain 2010, 33)

„but if he is referring to them in the Dative case, he sticks on a foolish and unnecessary e and spells them Hause, Pferde, Hunde. So, as an added e often signifies the plural, as the s does with us, the new student is likely to go on for a month making twins out of a Dative dog." (Twain 2010, 32)

Da im Deutschen die Endung -e bei Substantiven im Dativ inzwischen als veraltet gilt, handelt es sich hier um eine sprachliche Schwierigkeit, die zwar zu Twains Zeiten bestand, im Gegenwartsdeutsch jedoch nicht mehr existent ist. Anhand dieses Beispiels können Sprachwandel und die diachrone Veränderung von Sprachen thematisiert werden. Lehrende sollten bei der Verwendung dieses Textes den historischen Aspekt mitberücksichtigen und entsprechend sensibel gegenüber solchen Differenzen zum gegenwärtigen Sprachgebrauch sein.

Zu Beginn des Projekts werden zunächst alle in der Klasse vertretenen Erstsprachen sichtbar gemacht, indem sie, entweder von der Lehrkraft oder von den Schülerinnen und Schülern selbst, auf die Tafel geschrieben werden. Dabei ist wichtig, dass die Lehrkraft sich im Vorfeld nicht nur darüber informiert, welche Sprachen in der Klasse vorhanden sind, sondern dass sie sich auch einen groben Überblick über die Unterschiede zwischen diesen Sprachen und dem Deutschen verschafft. Eine Hilfestellung bieten dabei die Sprachensteckbriefe des Bundesministeriums für Bildung, Wissenschaft und Forschung (BMBWF), welche „das Interesse an Sprachen wecken (sollen), die in Österreich gesprochen werden (... und) die Möglichkeit (bieten), fundierte Einblicke in unterschiedliche Sprachen zu gewinnen" (Sprachensteckbriefe o.J., o.S.). Durch diese Vorbereitungsarbeit kann die Lehrkraft die Schülerinnen und Schüler im weiteren Verlauf des vorgestellten Projekts bei den sprachenvergleichenden Aufgaben unterstützen. Auch dies ist Teil eines Sprachunterrichts im Sinne von Language Awareness. So betont Luchtenberg etwa, wie wichtig das Bewusstmachen der sprachlichen Vielfalt einer Klasse für die Akzeptanz von Mehrsprachigkeit ist (vgl. Luchtenberg 1998, 142).

Der Großteil des Projekts, das etwa zwei bis drei Unterrichtseinheiten umfasst, konzentriert sich demnach auf Sprachreflexion sowie auf einen Vergleich zwischen Englisch, Deutsch und den vorhandenen Erstsprachen der Lernenden. Hierfür arbeiten die Schülerinnen und Schüler zunächst in Kleingruppen zu je drei bis vier Personen zusammen. Ideal wäre es, wenn alle Lernenden in einer Gruppe die gleiche Erstsprache sprechen und sie somit in gewisser Weise Expertinnen und Experten in Bezug auf diese Sprache (Arabisch, Italienisch, Türkisch, Slowenisch, ...) sind. Für den Fall, dass eine bestimmte Sprache nur von einer einzigen Schülerin oder einem einzigen Schüler beherrscht wird sowie bei den Lernenden mit Deutsch als Erstsprache bietet es sich an, eine weitere, im Unterricht erlernte Fremdsprache als Gruppensprache auszuwählen. Es sollte jedenfalls eine Sprache sein, die allen Schülerinnen und Schülern der Gruppe vertraut ist. Englisch sollte hierbei nach Möglichkeit nicht gewählt werden, da Mark Twain in seinem Essay bereits einen Sprachenvergleich zwischen Deutsch und Englisch durchführt.

In ihren Gruppen lesen die Schülerinnen und Schüler zunächst folgenden Auszug aus Twains Text in der deutschen Übersetzung:

„Als die Koffer endlich gepackt waren, REISTE er, nachdem er seine Mutter und seine Schwestern geküsst und noch einmal sein angebetetes Gretchen an seinen Busen gedrückt hatte, die, gekleidet in einfachen, weißen Musselin und mit einer einzelnen Tuberose in den ausladenden Wogen ihres üppigen braunen Haars, kraftlos die Treppe heruntergewankt war, immer noch bleich vom Schrecken und der Aufregung des vergangenen Abends, doch voller Sehnsucht, ihren armen, schmerzenden Kopf noch ein letztes Mal an die Brust dessen zu lehnen, den sie inniger liebte als das Leben selbst, AB." (Twain 2010, 25)

Hier der entsprechende Textausschnitt in der Originalsprache:

„The trunks being now ready, he DE- after kissing his mother and sisters, and once more pressing to his bosom his adored Gretchen, who, dressed in simple white muslin, with a single tube-rose in the ample folds of her rich brown hair, had tottered feebly down the stairs, still pale from the terror and excitement of the past evening, but longing to lay her poor aching head yet once again upon the breast of him whom she loved more dearly than life itself, PARTED." (Twain 2010, 24)

Anhand dieses Satzes, der ein Beispiel für die Eigenart der Schachtelsätze im Deutschen darstellt, sollen die Gruppenmitglieder diskutieren, ob solche Konstruktionen in ihrer Gruppensprache ebenfalls üblich beziehungsweise möglich sind. Im Fokus steht dabei eine Beschäftigung mit Sprache, die kein explizites metasprachliches Wissen voraussetzt, beziehungsweise auch die Vermittlung dessen nicht beabsichtigt. Falls sich die Schülerinnen und Schüler unsicher fühlen, empfiehlt es sich, eine Grammatik der jeweiligen Sprache zu konsultieren; dies kann durchaus auch digital erfolgen. Für die Verwendung der in der Schule gelernten Fremdsprachen bietet es sich außerdem an, die entsprechende Fremdsprachenlehrkraft zurate zu ziehen.

In Anlehnung an Twains wörtliche Übersetzung des Satzes ins Englische, also unter Einbehaltung der für das Englische unüblichen Trennung des Verbs und der langen Sätze (vgl. Twain 2010, 24), sollen die Schülerinnen und Schüler nun diesen Satz in ihre Kleingruppensprachen übersetzen und dabei die syntaktischen Strukturen des Deutschen beibehalten, um zu vergleichen, ob und inwiefern dies in ihren Sprachen möglich ist. Eine Wort-für-Wort-Übersetzung ist hierbei natürlich nicht erforderlich und in vielen Fällen wohl auch gar nicht möglich. An manchen Stellen ist auch die sprachliche Kreativität der Lernenden gefragt, vielleicht auch zu Lasten der sprachlichen Korrektheit. Entsprechend dient auch Twains Trennung des englischen Verbs im oben angeführten Beispieltext nur der Veranschaulichung einer im Deutschen üblichen Form und ist im Englischen grundsätzlich nicht möglich.

Die Ergebnisse der Gruppendiskussion werden schließlich im Plenum besprochen.

Als nächste Etappe gilt es, Stolpersteine der deutschen Sprache zu identifizieren. Twain beklagt in seinem Essay eine Reihe von Schwierigkeiten, die sich Lernenden der deutschen Sprache präsentieren. So meint er:

„Es gibt bestimmt keine andere Sprache, die so schludrig und planlos gebaut ist und sich dem Zugriff so aalglatt und flüchtig entzieht. (...) und wenn man endlich glaubt, eine Regel gefunden zu haben, die einem sicheren Boden unter den Füßen bietet (...), blättert man um und liest: 'Man trage nun Sorge, dass der Schüler folgende Ausnahmen beachtet'." (Twain 2010, 9)

„Surely there is not another language that is so slip-shod and systemless, and so slippery and elusive to the grasp. [...]; and when at last he thinks he has captured a rule which offers firm ground [...], he turns over the page and reads, 'Let the pupil make careful note of the following exceptions'." (Twain 2010, 8)

Im Verlaufe des Textes schildert Twain einige solcher Stolpersteine, was die Schülerinnen und Schüler dazu anregen soll, über ihre eigenen Erfahrungen mit dem Deutschen und über die Schwierigkeiten, die sie selbst mit dieser Sprache haben, zu reflektieren. Laut Luchtenberg werden Fehler verständlicher, wenn die Schülerinnen und Schüler über ihre bisherigen Spracherfahrungen nachdenken (vgl. Luchtenberg 2008, 113). Der genaue Blick auf die deutsche Sprache ist durchaus auch für Lernende mit Deutsch als Erstsprache relevant, da dieser ein Bewusstsein für die Besonderheiten der deutschen Grammatik schafft und dazu anregen kann, über Aspekte zu reflektieren, die sonst als gegeben betrachtet werden. Gerade die richtige Verwendung des Kasus sorgt etwa auch bei Schülerinnen und Schülern mit Deutsch als Erstsprache immer wieder für Schwierigkeiten. Zu erkennen, dass dies selbst für Lernende mit Deutsch als L1 eine Herausforderung darstellt, kann wiederum helfen, Ängste bei Schülerinnen und Schülern mit Deutsch als Zweitsprache abzubauen. Außerdem eröffnet es die Möglichkeit, die Perspektive einer Mitschülerin oder eines Mitschülers mit einer anderen Erstsprache als Deutsch anzunehmen. Durch diese Perspektivenübernahme können auch soziale Kompetenzen, wie beispielsweise Empathie, gefördert werden.

Die Diskussion über Stolpersteine beim Erlernen der deutschen Sprache findet im Plenum statt und die Ergebnisse werden an der Tafel festgehalten. Anschließend wird von der Lehrkraft ein Handout mit den gesammelten Schwierigkeiten erstellt und verteilt.[3]

Im darauffolgenden Unterrichtsschritt erarbeiten die Schülerinnen und Schüler – nun wieder in den Kleingruppen – mögliche Stolpersteine in ihren jeweiligen Gruppensprachen (vgl. oben). Diese werden zunächst als Notizen gesammelt; als Hilfestellung können das Internet oder andere Hilfsmittel herangezogen werden. Die Lehrkraft sollte die Lernenden unterstützen, indem sie entsprechende Nachschlagewerke und Grammatiken zu den jeweiligen Sprachen bereitstellt (analog oder digital).

In der letzten Übungsphase sind die Schülerinnen und Schüler dazu eingeladen, kreativ zu arbeiten: In Anlehnung an Twains humoristische Ausführungen sollen sie in ihren Gruppen nun selbst einen kurzen Text zu den Stolpersteinen in den von ihnen fokussierten Sprachen schreiben. Die so entstehenden Texte können ähnlich gestaltet sein, wie die Textvorlage, alternativ dazu können die Lernenden aber auch ein Gedicht oder einen Songtext schreiben. Wichtig ist hierbei, dass die Lehrkraft Auswahlmöglichkeiten an kreativen Textsorten zur Verfügung stellt und diese kurz präsentiert, sodass die Lernenden nicht durch eine vollkom-

---

3   Siehe hierfür als Anregung die Vorlagen des Landesinstituts für Schule, welche eine Unterstützung zur kontrastiven Spracharbeit mit Hilfe identifizierter deutscher Besonderheiten darstellen (vgl. Landesinstitut für Schule 2002, 107ff).

mene Wahlfreiheit überfordert sind. Die so entstehenden Texte können – um nicht zu sagen sollen – mehrsprachig sein. Die Schülerinnen und Schüler sind dazu aufgefordert, Beispiele zu besagten Stolpersteinen in ihrer Gruppensprache zu finden.

Einen motivierenden Abschluss des Projekts könnte die Veröffentlichung (z.B. auf der Schulhomepage) darstellen. Die entstandenen Texte der Lernenden bekommen somit ein größeres Lesepublikum und zugleich wird die vorhandene Mehrsprachigkeit an der Schule ein Stück weit sichtbar gemacht. Ist dies nicht möglich, können die Texte alternativ auch in einem selbst gestalteten Projekt-Büchlein gesammelt und präsentiert werden.

4. Zusammenfassung und Ausblick

Angesichts der lebensweltlichen Mehrsprachigkeit in unseren Schulen wird es immer wichtiger, Konzepte wie Language Awareness im Unterricht umzusetzen, um die Akzeptanz sprachlicher Vielfalt zu erhöhen, eine sprachenfreundliche Klassenatmosphäre zu schaffen und Schülerinnen und Schülern ein reflektiertes Bewusstsein über Sprachen zu vermitteln.

Hierfür ist es wesentlich, dass zunächst die Lehrkraft selbst eine grundlegende Sensibilität gegenüber den Sprachen der Lernenden entwickelt, sodass die Schülerinnen und Schüler diese adäquat in den Unterricht integrieren können. Damit dies gelingen kann, bedarf es auch einer verstärkten Berücksichtigung des Themas Mehrsprachigkeit innerhalb der Lehrerinnen- und Lehrerausbildung über alle sogenannten 'Sprachenfächer' hinaus.[4]

Dieser Beitrag zeigt eine von vielen Möglichkeiten, Mehrsprachigkeit wertschätzend in den Unterricht zu integrieren. Der Aufsatz *Die schreckliche deutsche Sprache. The Awful German Language* des amerikanischen Schriftstellers Mark Twain eignet sich hierfür in mehrfacher Hinsicht: Einerseits ermöglicht der parallel mehrsprachige Text kontrastive Spracharbeit, andererseits werden sprachliche Schwierigkeiten, welche der Autor beim Erlernen der deutschen Sprache feststellte, dezidiert thematisiert. Durch die humorvoll satirische Darstellung wird den Lernenden der Zugang zur Thematik erleichtert und ihre Mehrsprachigkeit rückt auf vielschichtige Weise in den Fokus der Betrachtung.

---

4 Vgl. hierzu auch die Anregungen von Theresa Hochholzer zur fächerübergreifenden Arbeit mit Literatur im ersten Band von Mehr Sprachigkeit (vgl. Hochholzer 2021).

5. Literatur

5.1. Primärtext

Twain, Mark (2010): Die schreckliche deutsche Sprache. The Awful German Language. Aus dem amerikanischen Englisch übersetzt von Kim Landgraf. – Köln: Anaconda.

5.2. Sekundärliteratur

Association for Language Awareness (o.J.): About. – https://www.languageawareness.org/?page_id=48 (1. November 2022).

Eder, Ulrike (2014): Mehrsprachigkeit interpretieren. Eine exemplarische Literaturanalyse des Bilderbuchs Die letzten Riesen von François Place. – Wien: Studien- und Beratungsstelle für Kinder- und Jugendliteratur – STUBE (focus. Fernkurs Kinder- und Jugendliteratur).

Fairclough, Norman (1992): Critical Language Awareness. – London/New York: Longman.

Gürsoy, Erkan (2010): Language Awareness und Mehrsprachigkeit. Pro DaZ, Deutsch als Zweitsprache in allen Fächern. – Duisburg/Essen: Universität Duisburg-Essen. – https://www.uni-due.de/imperia/md/content/prodaz/la.pdf (1. November 2022).

Hibler, Leo (1941): Mark Twain und die deutsche Sprache. In: Anglia – Zeitschrift für englische Philologie, H. 65, S. 206-213.

Hochholzer, Theresa (2021): DAS machen in Biologie und Deutsch? Analyse und Didaktisierung eines erzählenden Sachbilderbuches zum Thema Sexualerziehung. In: Titelbach, Ulrike (Hrsg.): Mehr Sprachigkeit. Unterrichtsvorschläge für die Arbeit mit mehrsprachiger Literatur in der Sekundarstufe. – Wien: Praesens (Kinder- und Jugendliteratur im Sprachenunterricht 7), S. 215-241.

James, Carl/Garrett, Peter (Hrsg.) (1992): Language Awareness in the Classroom. – London/New York: Longman.

Kramsch, Claire/Huffmaster, Michael (2008): The Political Promise of Translation. In: FluL – Fremdsprachen Lehren und Lernen, Jg. 37, H. 1, S. 283-297.

Landesinstitut für Schule (2002): Stolpersteine der deutschen Sprache und Hilfen zur kontrastiven Spracharbeit. In: Heinz, Jochen (Hrsg.): Schreiberfolg ermöglichen. Handreichungen zur Förderung der Schreibkompetenz in der deutschen Sprache bei Schülerinnen und Schülern mit Migrationshintergrund in der Sekundarstufe I. – Soest: Kettler 2002, S. 107-116.

Luchtenberg, Sigrid (1998): Möglichkeiten und Grenzen von Language Awareness zur Berücksichtigung von Mehrsprachigkeit im Deutschunterricht. In: Kuhs, Katharina/Steinig, Wolfgang (Hrsg.): Pfade durch Babylon. Konzepte und Beispiele für den Umgang mit sprachlicher Vielfalt in Schule und Gesellschaft. – Freiburg: Fillibach, S. 137-156.

Luchtenberg, Sigrid (2009): Vermittlung interkultureller sprachlicher Kompetenz als Aufgabe des Deutschunterrichts. In: Nauwerck, Patricia (Hrsg.): Kultur und Mehrsprachigkeit in Schule und Kindergarten. Festschrift für Ingelore Oomen-Welke. – Freiburg: Fillibach, S. 277-290.

Luchtenberg, Sigrid (2008): Language Awareness. In: Ahrenholz, Bernt/Oomen-Welke, Ingelore (Hrsg.): Deutschunterricht in Theorie und Praxis. Deutsch als Zweitsprache. – Baltmannsweiler: Schneider Hohengehren, S. 107-117.

Rechtsinformationssystem des Bundes (2022): Bundesrecht konsolidiert: Gesamte Rechtsvorschrift für Lehrpläne – allgemeinbildende höhere Schulen. – Wien: Bundesministerium für Digitalisierung und Wirtschaftsstandort. https://www.ris.bka.gv.at/GeltendeFassung.wxe?Abfrage=Bundesnormen&Gesetzesnummer=10008568 (1. November 2022).

Rösch, Heidi (2017): Language und Literature Awareness im Umgang mit Kinder- und Jugendliteratur. In: Eder, Ulrike/Dirim, İnci (Hrsg.): Lesen und Deutsch lernen. Wege der Förderung früher Literalität durch Kinderliteratur. – Wien: Praesens (Kinder- und Jugendliteratur im Sprachenunterricht 4), S. 35-56.

Schader, Basil (2000²): Begegnung mit Sprachen auf der Unterstufe. Didaktisches Begleitheft zur Geschichte: Hilfe! Help! Aiuto! Mit weiterführenden Ideen und Informationen zu Sprachenprojekten und zum interkulturellen Unterricht. – Zürich: Orell Füssli.

Schader, Basil (2013): Sprachenvielfalt als Chance. Das Handbuch. Hintergründe und 101 praktische Vorschläge für den Unterricht in mehrsprachigen Klassen. – Zürich: Orell Füssli.

Sprachensteckbriefe (o.J.): Schule mehrsprachig. Sprachensteckbriefe. – Wien: Bundesministerium für Bildung, Wissenschaft und Forschung. – https://www.schule-mehrsprachig.at/wissen/wissen-ueber-sprachen/sprachensteckbriefe (30. Oktober 2022).

Zyngier, Sonja (1994): Introducing Literary Awareness. In: Language Awareness, Jg. 3, H. 2, S. 95-108.

Lisa Horak

Wie literarisch kann Sprache brechen?
Lernendenvarietät in der Literatur und im Unterricht am Beispiel von Tomer Gardis *Broken German*

Tomer Gardi schreibt in seinem Buch *Broken German* (2016) in ‚gebrochener' Sprache. Dieser Umstand ist nicht dem Versehen geschuldet, sondern stellt eine bewusst getroffene Entscheidung dar, die der Autor bereits im Titel seines Buches sichtbar hervorhebt. Er entscheidet sich ausdrücklich für das Brechen, nicht nur hinsichtlich seiner Sprache, sondern auch in Bezug auf seinen Umgang mit den Konventionen des Literaturbetriebs, dessen Auswirkungen sich auch deutlich in der Rezeption des Buches zeigen. 2016 wurde *Broken German* für den Ingeborg-Bachmann-Preis nominiert und löste in der Jurywertung eine Diskussion über Grundfragen der Literatur aus. Kritisch fragte Meike Freßmann etwa, ob Sprache in der Literatur auch gebrochen sein dürfe, wenn dies keine ästhetisch-konstruierte Entscheidung der Autor*innen, sondern ihre tatsächliche Sprechweise sei (vgl. Freßmann in: Ingeborg-Bachmann-Preis Archiv 2016, #06:10-06:42#). „Wie sind die Einwanderungsbedingungen in die Sprache" (Freßmann in: Ingeborg-Bachmann-Preis Archiv 2016, #06:02-06:06#) formulierte die Jurorin als Diskussionspunkt und eröffnet und enthüllt dadurch einen vielschichtigen Diskurs darüber, wer wann und wie Sprache in der Literatur verwenden und wer sie unter welchen Umständen brechen darf.

Diese Frage steht auch im Zentrum dieses Beitrags, wobei die Literarizität von genau dieser ‚gebrochenen' Sprache im Folgenden argumentiert und daraufhin das Potenzial ihrer Integration in den Deutschunterricht aufgezeigt werden soll. Zunächst wird dafür auf die linguistische Einordnung sowie die gesellschaftliche Verortung dieser Varietät eingegangen.

1. Lernendenvarietät in der Literatur

Als Lernendenvarietät/-sprache, Interlanguage oder Interimsprache wird die spezifische Varietät bezeichnet, die sich beim Fremdsprachenerwerb ausbildet (vgl. Edmondson/House 2011, 233). Die Hypothese, die hierbei zugrunde liegt, ist, dass sprachliche Normabweichungen nicht allein durch die jeweilige Erstsprache in Form von Interferenzen verursacht werden, sondern die Lernendenvarietät ein eigenständiges linguistisches System darstellt, das auf angeborene sowie universelle Prozesse zurückgeführt werden kann (vgl. Tarone 2016, 8). Sprachliche Merkmale innerhalb dieses Sprachsystems können sowohl aus Erst-, Zweit- und anderen Sprachen kommen als auch unabhängige, spezifische Besonderheiten dieser autonomen Varietät umfassen (vgl. Edmondson/House 2011, 233).

Die Entscheidung, in diesem Beitrag den Begriff *Lernendenvarietät* zu verwenden, hängt damit zusammen, dass dieser Ausdruck die Eigenständigkeit des Sprachsystems hervorhebt, um so einer Hierarchisierung von Zielsprache und Lernendensprache entgegenzuwirken. Durch diese Begrifflichkeit wird von der Vorstellung Abstand genommen, dass es sich bei dieser Sprache um ein ‚Zwischenstadium' handle, das nur als Übergang zwischen sprachlichen Niveaus fungiere. Stattdessen wird die Lernendenvarietät als für sich stehende Sprechweise positioniert und durch den Begriff *Varietät* die Verortung im Deutschen als überstehende Dachsprache verdeutlicht (vgl. Dimroth 2019, 22f). Die Lernendenvarietät ist demnach eine Varietät des Deutschen, dies ist auch in Hinblick auf den Autor Tomer Gardi wichtig zu betonen, den die Jurorin Meike Freßmann als nicht-deutschsprechend titulierte, obwohl er einen Roman in deutscher Sprache verfasst hatte.

Die hier dargelegte Definition der Lernendenvarietät spiegelt einen sprachwissenschaftlichen Zugang zu der Sprechweise von Menschen, die sich eine Sprache aneignen, wider. In diesem Bereich muss jedoch von einer beträchtlichen Diskrepanz zwischen der wissenschaftlichen, deskriptiven Analyse von Sprache und dem Bedürfnis bzw. der Forderung der „laienlinguistischen Sprachgemeinschaft" (Rössler 2019, 408) nach einem ‚guten Deutsch' ausgegangen werden. Bei der Frage danach, wer Deutsch sprechen kann, geht es im gesellschaftlichen Diskurs nicht um das *Was*, also darum, ob die Sprache erfolgreich Kommunikationsziele erfüllen kann, sondern um das *Wie*, also um die spezifische Sprechweise, die in Bezug auf die Normsprache als legitim anerkannt wird (vgl. Dirim/Pokitsch 2018, 14). Gesellschaftlich wird diese nicht-normsprachliche Varietät von dominanzsprachlichen Sprecher*innen aufgrund linguizistischer[1] Machtverteilungen oftmals „als defizitär wahrgenommen und zur Zielscheibe von Inferiorisierung" (Filsinger/Bauer 2021, 73). Die Inferiorisierung erfolgt durch die Fokussierung auf nicht-normgerechte Merkmale als Fehler, die zu einer Abwertung der Sprecher*innen führt (vgl. Filsinger/Bauer 2021, 76). Diese Abwertung steht auch in Bezug zu einer homogen imaginierten nationalen Einheit, die durch Mehrsprachigkeit in unterschiedlicher Form gestört wird (vgl. Gouma 2020, 79). Varietäten von Menschen, die das Deutsche lernen, sind stark von Diskursen um Migration geprägt, die wiederum Sprachideologien sichtbar machen (vgl. Gouma 2020, 133; Dirim/Pokitsch 2018, 14).

Die Verwendung einer Lernendenvarietät muss demnach auch im Kontext einer von linguizistischen Strukturen geprägten Migrationsgesellschaft gesehen werden, in der Hierarchisierungen zwischen ‚Muttersprachler*innen' und ‚Anderen' etabliert werden (vgl. Gouma 2020, 80f). Dadurch wird es dominanzsprachlichen Sprecher*innen möglich, durch die Sprache Machtverhältnisse aufrechtzuerhalten und die eigene Position durch sprachliche Grenzziehungen zu etablieren. Die dichotome Gegenüberstellung der rassifizierten Gruppe mit der sich als hegemonial etablierenden Majorität durch die Sprache ist dabei konstitutiv, um Hierarchisierungen und Macht zu fixieren (vgl. Dirim/Pokitsch 2018, 14f; 20).

So stehen die Lernendenvarietät und mit ihr ihre Sprecher*innen dem Konzept der Einsprachigkeit sowie dem monolingualen Habitus, wodurch die Normsprache als einzig gültige Form des Deutschen etabliert wird (vgl. Gogolin 1994), gegenüber. Die Inklusion von Mehrsprachigkeit oder Spuren davon im Deutschen durch linguistische Abweichungen zur Normsprache innerhalb einer medialen Öffentlichkeit benennt Gouma als „marginales Phänomen" (vgl. 2020, 81). Stattdessen wird Einsprachigkeit, auch ohne gesetzlichen Zwang, in der Öffentlichkeit reproduziert, was wiederum dafür sorgt, dass sowohl „eine Multiplizierung von Stimmen (*voices*), die zu kollektiven Formen führt" (Gouma 2020, 82), als auch „die Übersetzung des Gebrauchswerts der Erfahrungen von subalternen Gruppen in die Öffentlichkeit" (Gouma 2020, 82) verhindert wird. Da sprachenpolitisch die Nation als monolinguale Einheit forciert wird, in der auch die Medien zu dieser homogenen sprachlichen Zusammensetzung

---

1   (Neo-)Linguizismus kann als eine Form des Rassismus verstanden werden, bei der die Differenzkategorie Sprache als Machtinstrument zur Abwertung, Ausgrenzung und hierarchischen Positionierung der Sprecher*innen herangezogen wird (vgl. Dirim 2010, 91f; Dirim/Pokitsch 2018, 21f).

beitragen, wird nach Wegen gefragt, migrationsbedingte Mehrsprachigkeit in öffentlichen Räumen zuzulassen und somit auch ein Gegengewicht zu staatlicher Sprachenpolitik zu ermöglichen. Ziel ist es demnach, innerhalb der Migrationsgesellschaft die vorzufindenden Hierarchien, die durch Sprache erschaffen werden, bewusst zu machen, sie zu hinterfragen und letztlich auch zu verändern, „um soziale Gruppen zu stärken, die aufgrund ihrer Sprachen und Aussprachen in der nationalstaatlichen Ordnung diskreditiert oder nicht berücksichtigt werden" (Gouma 2020, 80f).

Eine Möglichkeit, genau dies zu tun, zeigt sich in dem Buch von Tomer Gardi, der sich kompromisslos Raum schafft, in dem er spricht, ohne zu fragen, ob er das gesellschaftlich denn dürfe. Tomer Gardi, so Vlasta, „deterritorialisiert die deutsche Sprache und die deutschsprachige Literatur und stellt damit Konzepte wie das einer an ein bestimmtes Territorium gebundenen Nationalliteratur in Frage" (Vlasta 2019, 156). Dieses Einfordern der eigenen Stimme ermöglicht es, Erfahrungen gesellschaftlich zu verorten und so auf ästhetisch-künstlerische Weise literarisch Platz zu schaffen.

Der Autor war dabei nicht der erste, der migrationsbedingte Mehrsprachigkeit literarisch aufgriff. Ein früheres Beispiel ist etwa Feridun Zaimoğlus Buch *Kanak Sprak - 24 Mißtöne vom Rande der Gesellschaft* aus dem Jahr 1995, durch das der Ethnolekt als Varietät in den gesellschaftlichen Diskurs gebracht wurde (vgl. Androutsopoulos 2019, 352ff). Der Unterschied, der sich hierbei zu *Broken German* ergibt, ist die porträtierte Varietät. Beim Ethnolekt handelt es sich nicht um eine generelle Bezeichnung der Sprache von Menschen mit Migrationshintergrund, sondern diese Varietät bezieht sich explizit auf Jugendliche und junge Erwachsene, die mit Deutsch als Zweitsprache aufwachsen (vgl. Androutsopoulos 2019, 352ff). Bei Kindern wurde Lernendenvarietät beispielsweise bereits im Buch *Blume ist Kind von Wiese* (1993) von Helga Glantschnig literarisch verarbeitet. Die kindliche Verwendung von Sprache ist hierbei mit dem ‚gebrochenen' Deutsch gut zu verbinden, da meines Erachtens in der kindlichen Aneignung der Sprache Fehlern eine andere Wertigkeit zukommt. Die normabweichende Varietät bei Erwachsenen stellt allerdings einen weiteren Erwartungsbruch dar, der in *Broken German* zum Vorschein kommt[2].

---

2   Auch Rössler schreibt, dass die Erwartungen nach einer Norm abhängig von der Person, ihrem Alter und dem Geschlecht unterschiedlich sein können (vgl. Rössler 2019, 408).

2. Funktionen der Mehrsprachigkeit in *Broken German*

Ausgehend von Titelbachs Formen der Mehrsprachigkeit in literarischen Texten kann Lernendenvarietät in der Literatur als ein besonderer Fall der Sprachmischung verstanden werden (vgl. Eder[3] 2014, 3f). Zwar dominiert eindeutig das Deutsche, doch sind mehrsprachige Bezüge durch die spezifische Anwendung des linguistischen Systems der Lernendenvarietät durchgängig in den Text verwoben. Mehrsprachigkeit wird in diesem Sinne innerhalb der deutschen Ausdrucksform abgebildet und manifestiert sich auf unterschiedlichen linguistischen Ebenen. Es kann daher von einer impliziten Mehrsprachigkeit gesprochen werden. Das bedeutet, dass innerhalb der verwendeten Sprache Einflüsse anderer Sprachsysteme strukturell ersichtlich werden (vgl. Rösch 2021, 22; Filsinger/Bauer 2021, 69). *Broken German* war in diesem Kontext der erste Roman, in dem die Lernendenvarietät als durchgängige Erzählinstanz verwendet wurde (vgl. Rösch 2021, 22). Mehrsprachigkeit wird dabei nicht so verstanden, dass es eine ‚echte' Mehrsprachigkeit gäbe, die nur Sprachen umfasst, die ‚perfekt' und mit gleicher Kompetenz angeeignet wurden. Dieser Zustand stellt in der Realität eine Seltenheit dar. Stattdessen verfügt „(d)ie große Mehrheit derer, die im Alltag zwei oder mehrere Sprachen nutzen, (…) weder über eine vergleichbare noch über eine perfekte Kenntnis der beteiligten Sprachen" (Grosjean 2020, 13f). Mehrsprachige Menschen benutzen mehrere Sprachen in ihrer Realität, abseits davon, welches Kompetenzniveau sie in diesen Sprachen aufweisen (vgl. Grosjean 2020, 13f).

Um die Literarizität dieser mehrsprachigen Sprachverwendung innerhalb von *Broken German* deutlich zu machen, analysiere ich im Folgenden Tomer Gardis Werk hinsichtlich der Funktionen seiner Mehrsprachigkeit (nach Eder 2014, 7f). Den Fokus lege ich dabei einerseits auf die sprachenpolitischen Funktionen, andererseits auf die formal-ästhetischen Funktionen der Lernendenvarietät.

2.1. Sprachenpolitische Funktionen

Wie bereits Filsinger und Bauer (2021) vermerken, handelt es sich bei Tomer Gardis Werk um einen Sprach-Raum, den Gardi selbst einen „Gebrochenesdeutschsprachigesraum" (Gardi 2016, 23) nennt. Dieser Raum bricht mit Regeln des Literaturbetriebs sowie mit den Erwartungen da-

---

[3] Ulrike Titelbach hieß mit ihrem Geburtsnamen Eder.

ran, wie Sprache in Literatur zu sein hat. Dadurch wird „ein Denkraum, der das Reflektieren über Sprach(en), Sprachnorm und Sprachhierarchien fordert und fördert" (Filsinger/Bauer 2021, 83) ermöglicht.

Einen Blick auf Mehrsprachigkeit in Bezug auf Räume zu werfen, ist nach Busch ertragreich, „um der Prozesshaftigkeit, dem In-Bewegung-Sein und der Komplexität sprachlicher Konfigurationen besser gerecht zu werden" (Busch 2017, 126). Der Vorteil, der sich durch diesen Fokus ergibt, ist jener, Mikro- und Makrobedingungen gemeinsam zu betrachten. Räume sind sozial konstruiert, dynamisch und werden durch Praktiken immer wieder neu verhandelt und verändert. Gleichzeitig produzieren diese Räume durch die sprachlichen Praktiken ein Sprachenregime. In diesem Beitrag wird Raum als ein sozial konstituiertes Produkt, wie bei Busch beschrieben, gesehen (vgl. 2017, 136f). Sie unterscheidet in diesem Zusammenhang drei Dimensionen in Bezug auf Räume:

„(1) habitualisierte sprachliche Praktiken, die dazu beitragen, den sozialen Raum als solchen zu konstituieren;
(2) Diskurse über das Verhältnis von Sprache und Raum, die als sprachideologische Referenzrahmen wirksam werden;
(3) Formen, in denen Subjekte den Raum erfahren, interpretieren und sich in ihm positionieren." (Busch 2017, 136f)

Darauf Bezug nehmend sollen nun die sprachenpolitischen Funktionen der Mehrsprachigkeit in *Broken German* unter Anbetracht der Räume, mit denen sie in Verbindung stehen, analysiert und kategorisiert werden. Erstens bildet Tomer Gardi innerhalb seines Buches selbst einen Raum, der Erfahrungen von migrationsbedingter Mehrsprachigkeit sichtbar macht, zweitens kann *Broken German* innerhalb des Literaturbetriebs verortet werden und befindet sich dadurch in einem Spannungsfeld von Erwartungen, die mit literarischen Werken einhergehen. Drittens kann diese Thematisierung auch in der Migrationsgesellschaft und somit in einem politisch-öffentlichen Diskurs verstanden werden. Die drei Räume können wiederum in Hinblick auf die drei zuvor beschriebenen Dimensionen nach Busch (2017, S. 136f) betrachtet werden. Diese Räume und Dimensionen sind ausschlaggebend für die folgende Analyse der sprachenpolitischen Funktionen der Mehrsprachigkeit in Tomer Gardis Roman.

2.1.1. Sprachräume eröffnen

Der Abbildung von migrationsgeprägten Realitäten und der Sprechweise, die in dieser Realität verortet ist, wohnt ein Potenzial inne, migrationsgesellschaftliche Sprach-Räume zu eröffnen (vgl. Filsinger/Bauer, 2021, 69; Röggla 2020, 27). Tomer Gardi schreibt in seinem Roman:

> „Viele fragen mich oft, wie ich nach Bestellung erzählen kann. Dazu denke ich, die die es fragen, die wissen nicht, dass alle Geschichten bestellt sind. Denn Geschichten sind Auswege von eine Stellung. Rücken zum Wand, zum Gitter oder zum Podium, ist in dem Sinne egal." (Gardi 2016, 59)

Tomer Gardi verweist hier auf die Macht der Narration, die anhand von Geschichten, oder auch der Geschichte selbst, etabliert wird. Ein Narrativ, das entscheidet, wie eine Gesellschaft verstanden werden soll, ist prägend für den Umgang von Menschen miteinander. Dies gilt auch für die Sprache, wie zuvor mit dem Verweis auf die Rolle der Sprache in der Aufrechterhaltung einer nationalen, homogenen Einheit gezeigt wurde. Tomer Gardi rückt jedoch den emanzipatorischen Moment des Geschichtenerzählens in diesem Zitat in den Vordergrund. Es verweist auf den Fakt, dass wir Räume und Repräsentationen selbst kreieren und demnach auch entgegen gängigen Narrativen erzählen können. Gardi schreibt, dass Geschichten auch dafür genutzt werden können, sich gesellschaftlich anders zu verorten und dadurch „Auswege von eine Stellung" (Gardi 2016, 59) sein können. Durch die Verwendung der Lernendenvarietät schreibt der Autor eine Geschichte, die im Kontext der Migrationsgesellschaft Teil einer nationalen Erzählung wird bzw. eine nationale Erzählung aufbricht. Aus dieser Perspektive wird in seinem Buch nicht nur inhaltlich Kritik geübt, sondern das Erzählen ist durch die Varietät selbst bereits ein sprachenpolitischer Akt, der das Narrativ mitbestimmt. Es ist eine Entscheidung, eine vorgefertigte Positionierung nicht zu akzeptieren, sondern gegen sie anzuschreiben.

Hierbei geht es nun nicht nur um das, was erzählt wird, sondern auch darum, wer etwas erzählen darf. Der Autor schreibt provokant in seiner ‚gebrochenen' Sprache, gerade weil sie irritiert und weil sie in dem Raum, den der Autor betritt, nicht erwartet wird. Er verursacht dadurch einen Bruch, durch den ein Zugang sichtbar wird, der zuvor (meist unausgesprochen) für Menschen mit nicht-normgerechter Sprache großteils verschlossen war (vgl. Filsinger/Bauer 2021, 76). Da Sprache nie abgekoppelt von Sprecher*innen und Lebenswelten verstanden werden kann, ist die Verwendung der Lernendenvarietät auch dahingehend als emanzipatorisch einzustufen, da durch sie nicht nur die Sprache, sondern auch die lebensweltlichen Räume abgebildet werden, die ansonsten kaum in der Literatur repräsentiert werden (vgl. Vlasta 2019, 156). Dies zeigt sich auch in folgendem Zitat:

> „Radili Anuan. (...) Lieblingsbier leider Jever. Egal wie viel er es übt, schaft er es nicht das Jever genau auszusprechen. Im Kneipe deshalb kriegt er viel zu oft dann ein Hefe. Jever ist Radili Anuans Lieblingsbier aber ein Hefe schmekt ihm nach saueren Spuck." (Gardi 2016, 21)

Tomer Gardi thematisiert in diesem Ausschnitt die funktionale Rolle der Sprache als Praktik. Es findet eine Repräsentation der Realität statt, in der Sprache Handlungsmöglichkeiten einschränkt und versperrt. In diesem humoristischen Ausschnitt wird so das Scheitern einer Bierbestellung in einer Bar dargestellt, konkret umreißt die Passage jedoch den Versuch einer Handlung, die nicht gelingt. Sprache in ihrer ausschließenden, einschließenden und handlungsmöglichkeitseinschränkenden Funktion wird hier erfahrbar gemacht und zugleich werden die Auswirkungen einer monolingualen Gesellschaft auf mehrsprachige Sprecher*innen verdeutlicht.

So schafft es Tomer Gardi in seinem Werk, Bezüge zur Lebensrealität in der Migrationsgesellschaft herzustellen und zu repräsentieren. Er bricht dabei mit seiner Sprache die Form, in der normalerweise Narrationen innerhalb der nationalen Einheit artikuliert werden. Demnach konfrontiert er den Sprachraum, der habituell monolingual ist, mit einer ‚gebrochenen' Sprache und enthüllt dadurch auch das sprachideologische Bedürfnis nach einer einheitlichen deutschen Sprache. Durch genau diesen Bruch wird es aber auch für Individuen, die eine Lernendenvarietät sprechen, möglich, in einem gesellschaftlichen Kontext gesehen zu werden und sich dadurch neu positionieren und erfahren zu können.

2.1.2. Sprachräume einnehmen

Tomer Gardis Nominierung beim Ingeborg-Bachmann-Preis löste, wie zu Beginn erwähnt, eine rege Diskussion über die Grenzen der Literatur aus. So meinte etwa Meike Freßmann in ihrem Versuch der Einordnung seines Werks:

> „Gibt es sozusagen einen Liberalismus des Sprachgebrauchs, dass man sagt, wir freuen uns, Tomer Gardi ist da, er nimmt als Israeli an unserem Wettbe-

werb teil, es macht aber nichts aus, dass er nicht Deutsch spricht, sondern das ist gerade das Erfrischende, was wir normalerweise schwierig avantgardistisch konstruieren, ne Kunstsprache, die irgendwie gebrochen ist in Silben, ne Verwirrung der Grammatik, das kann er ganz von alleine und das bringt er ein und das ist eine schöne Bereicherung unseres Wettbewerbs. Oder ob man sagt, bei einem Literaturwettbewerb sollte die Grundvoraussetzung die Beherrschung der Sprache sein." (Freßmann in: Ingeborg-Bachmann-Preis Archiv 2016, #06:10-06:42#)

Die Jurorin greift in ihren Überlegungen mehrere Dinge auf – sie schließt von der Art, wie das Buch geschrieben ist, darauf, dass Tomer Gardi kein Deutsch spricht. Des Weiteren stellt sie zwar zwei Perspektiven gegenüber, macht dabei jedoch klar ersichtlich, dass ihrer Ansicht nach Lernendenvarietäten keinen Eingang in die Literatur finden sollten. Aus ihrer Sicht löst die Lernendenvarietät als Grenzfall die Notwendigkeit aus, die Zulassung zur Literatur durch Beschränkungen und durch die Forderungen nach Voraussetzungen zu kontrollieren. Sie wünscht sich eine Beherrschung der Sprache, die dafür sorgen soll, dass ein Werk als für den Literaturwettbewerb geeignet eingestuft werden kann. Damit werden unsichtbare Grenzen deutlich, die teilweise im Literaturbetrieb immer noch gezogen werden und an denen sich die Lernendenvarietät stößt (vgl. Asgari 2021, 429; Filsinger/Bauer 2021, 83; Vlasta 2019, 143). Wie sehr der Raum des Literaturbetriebs auch von politischen Diskussionen geprägt ist, zeigt die Anknüpfung der Jurorin an politische Migrationsdiskurse, in denen auch die Frage diskutiert wird, wer in eine Nation unter welchen Voraussetzungen zuwandern darf. Die Analogie, die sie hier zieht, verweist zusätzlich auf die Verbindung von Literatur und Nation unter dem Deckmantel der Sprache.

Diese Reaktion sagt nicht nur etwas über den Raum des Literaturbetriebs aus, sondern sie spiegelt eine generelle Einstellung und ein allgemeines Bedürfnis nach einem ‚guten' Deutsch wider. Interessant in diesem Zusammenhang ist auch, dass es sich in dem Werk von Tomer Gardi um einen schriftlichen Text handelt, der damit auch Erwartungen an Schriftsprache bricht. Dürscheid und Brommer vermerken in diesem Kontext, dass „(g)ute Texte (...), so die vorherrschende Meinung, regelkonform und hinsichtlich Wortwahl und Satzbau wohlgeformt (sind), d.h. sie weisen beispielsweise keine umgangssprachliche Lexik und keine unvollständige Syntax auf" (2019, 324f). Sowohl die Grammatik als auch die Regeln der Orthografie werden in Tomer Gardis Text missachtet. Durch die vorgegebenen Parameter, nach denen die Rechtschreibung in richtig und falsch eingeteilt werden kann, lässt sich in diesem Bereich noch genauer zwischen guter und schlechter Schriftsprache unterscheiden. Die Orthografie erfüllt außerdem eine kommunikative Funktion, da das Befolgen oder Verletzen der Rechtschreibregeln mit einer Wertung einhergeht. Kontextabhängig werden Rechtschreibfehlern unterschiedliche Bedeutungen zugesprochen und in diesem Sinne werden sie mehrheitlich auf fehlende Kenntnisse zurückgeführt und mit mangelnder Bildung und fehlender Intelligenz gleichgesetzt. Das normgerechte Schreiben ist daher ein Beweis für Kompetenz, wodurch der Rechtschreibung und auch Grammatik ein besonderes Prestige zukommt (vgl. Dürscheid/Brommer 2019, 318ff und Rössler 2019, 410). Diese Interpretation wird auch in der Jurywertung ersichtlich, in der explizit ein Unterschied zwischen Fehlern, die künstlerisch konstruiert werden und jenen, die aus ‚fehlender Kenntnis' entstehen, gemacht wird.

Tomer Gardi hält genau diesen Bedürfnissen nach ‚guter Sprache' absichtlich einen Spiegel vor. Bewusst entscheidet er sich, wie auch Filsinger und Bauer (vgl. 2021, 83) anführen, gerade nicht in Hebräisch oder ‚gutem', korrigiertem Deutsch zu schreiben, sondern adressiert beabsichtigt ein deutschsprachiges Publikum, bei dem ein Bruch in der Erwartungshaltung anzunehmen ist. Er entscheidet sich so für eine Irritation und die durchgängige Konfrontation mit seinem ‚gebrochenen' Deutsch, mit dem er die Geschichte seines Protagonisten erzählt (vgl. Filsinger/ Bauer 2021, 76).

Welche Auswirkung eine derartige Fokussierung auf ‚gutes Deutsch' für Sprecher*innen der Varietät hat, wird gleich zu Beginn des Romans anhand einer Situation dargestellt:

> „Hallo ihr! Was für Sprache redet ihr da! Radili und Amadou und Mehmet reden Deutsch aber kein Arier Deutsch sondern ihr Deutsch wie mein Deutsch auch die ich hier schreibe und wie ich die rede. (...) Nein, sagt er. Das ist kein Deutsch, sagt er. Was WIR reden ist Deutsch, sagt er. Das was WIR reden ist Deutsch. Was ihr redet ist kein Deutsch. Die drei wollen uns, sagt er zu seine Freunde, die drei wollen uns ancheint verarschen." (Gardi 2016, 6)

Dieser Ausschnitt beschreibt einen Vorfall, der von Linguizismus geprägt ist und dadurch die Machtverteilung aufzeigt, die durch Sprache etabliert wird. Durch die Differenzkategorie Sprache entstehen hierarchische Strukturen, die sich auf die Protagonisten auswirken. Auch hier wird den Betroffenen ihr Deutsch abgesprochen und damit eine Vorstellung einer homogenen, puren Sprache reproduziert. Es wird ein Prozess des

Othering[4] offengelegt, auf das der Autor selbst durch die Großschreibung des Personalpronomens *Wir* aufmerksam macht. Die Sprechenden in der Szene äußern den Anspruch einer Deutungsmacht, wodurch suggeriert wird, bestimmen zu können, wem Deutsch ‚gehört' – eine Art Besitzanspruch auf Sprache (vgl. Khakpour 2016, 213f). Zugleich wird basierend darauf, dieselbe Sprache unterschiedlich zu sprechen, ein ‚Wir' und ein ‚Ihr' konstruiert. Diese Idee kann auch einem sprachideologischen Diskurs rund um Native-speakerism zugeordnet werden, der auf der historischen und sprachrelativistischen Verbindung von Muttersprache, Nation und Kultur basiert (vgl. Bonfiglio 2013, 29). Die sprechende Person des Zitats geht hier jedoch noch einen Schritt weiter, indem sie das Sprechen einer bestimmten Varietät als persönlichen Angriff, als ‚Verarschen' darstellt. Dies verweist auf die zuvor beschriebene Angst vor der Störung der vermeintlich homogenen Einheit durch Mehrsprachigkeit. Humoristisch greift Tomer Gardi auch diese Diskurse auf und integriert sie in sein Werk:

> „Ich sagte ich bin ein Arbeitsmigrant in der deutsche Sprache. Ein Arbeitsmigrant in der Prosa eine fremde Sprache. Dass ich hier Sachen in die Prosa diese Sprache zu tuhn habe. Also, in die Prosa diese Sprache Arbeit zu tun habe. Die schwarze Arbeit nur. Also keinen Angst. Ich nehme keiner Deutsche Literat sein Arbeit weg." (Gardi 2016, 101)

Auch hier wird explizit auf den politischen Migrationsdiskurs Bezug genommen, wie es auch Meike Freßmann in ihrer Bewertung tut (vgl. oben und Freßmann in: Ingeborg-Bachmann-Preis Archiv 2016, #06:10-06:42#). Tomer Gardi greift so migrationspolitische Semantiken auf, in denen zugewanderte Menschen als Gefahr, Arbeitsplätze zu besetzen, dargestellt werden. Spielerisch thematisiert der Autor in dem angeführten Zitat diese emotionsgeladenen Diskurse, um sie an diesem Beispiel ad absurdum zu führen. So enthüllt er gleichzeitig die Angst, die in Bezug auf Migration vorherrscht und die von Seiten der Politik instrumentalisiert wird. Er verweist dadurch ebenfalls auf Befürchtungen von Personen mit Deutsch als Erstsprache hinsichtlich ‚ihrer' Sprache. Literatur in ‚gebrochener' Sprache wird zu einer Bedrohung, Privilegien, die mit der Geburt erhalten wurden, aufgeben zu müssen (vgl. Khakpour 2016, 213f).

---

4   Der Begriff *Othering* wurde von Edward Said geprägt und beschreibt einen Prozess, in dem durch diskursive Praktiken ein gemeinschaftliches ‚Wir' als Gegenstück zu ‚den Anderen' konstruiert wird. Durch diese Fremdmachung wird eine ‚Wir-Identität' erzeugt, die durch die Abwertung ‚der Anderen' ein hegemoniales Machtverhältnis kreiert und aufrechterhält (vgl. Mecheril 2010, 42; Dirim/Pokitsch 2018, 25).

2.1.3. Sprachräume kritisieren

Die zuvor besprochenen Bereiche können ebenso als Kritik an linguizistischen Diskursen verstanden werden, in denen immer noch monolinguale und normforcierende Ideologien verfolgt werden. So macht der Text auch die eigene Positionierung analysierbar und zeigt so diskursive Rahmenbedingungen auf, die kritisierbar werden. Durch das Lesen des Romans kann ein reflexiver Prozess ausgelöst werden, der mit jeder Irritation deutlich macht, welche internalisierten Vorannahmen und Erwartungshaltungen die eigene Rezeption des Werkes beeinflussen (vgl. Filsinger/Bauer 2021, 70).

In Bezug auf die Literaturrezeption macht das Werk auch deutlich, dass es durch die Adressierung von Menschen mit Migrationshintergrund häufig zu einer Essentialisierung oder Reduktion von komplexen Personen auf ein Identifikationsmerkmal, oft auch anhand der Sprache, kommt (vgl. Rösch 2021, 18). Auf diesen Aspekt geht auch Tomer Gardi in seinem Buch ein, wenn er schreibt:

„Geschichten sind aus Sprache gemacht. Gut. Muss aber Sprache das Thema jeder Geschichte sein? Muss Sprache Thema jeder meine Geschichte sein? Bin ich wegen meiner Sprache für immer verurteilt als Schwerpunkt mein Prosa zu haben?" (Gardi 2016, 15)

Wie in der Jurywertung von Meike Freßmann (vgl. oben und Freßmann in: Ingeborg-Bachmann-Preis Archiv 2016, #06:10-06:42#) erkenntlich wurde, stand in der Kritik des Werkes weniger das literarische Potenzial von *Broken German* im Vordergrund, sondern es wurde insbesondere die darin verwendete Sprache beinahe isoliert vom Inhalt thematisiert. Rösch schreibt hierzu, dass „Migrationsliteratur häufig autobiografisch bzw. dokumentarisch und nicht literarisch rezipiert und didaktisiert" (Rösch 2021, 19) wird.

Tomer Gardis Text handelt zwar einerseits von Migration und Linguizismus, andererseits steht aber auch die jüdisch-deutsche Geschichte als zentraler Aspekt im Vordergrund (vgl. Rösch 2021, 22). Dies wird auch in folgendem Zitat deutlich, in dem der Protagonist ein Gespräch mit einem Mann in einer Kneipe führt. Dieser versucht zu erraten, welcher Religion das Medaillon des Protagonisten zugeordnet werden kann.

„Er ging weiter. Neopagan? Shinto? Die genaue Liste errinere ich natürlich nicht. Ist konstruiert, diese Liste hier. Im Wesen aber ist diese hier ähnlich zu seine, am Tresen. Bahai? Rastafari? Leise dann war er. Kugte mich an. Ich kugte in seine Augen. Und dann sagte ich es. Das Wort. Der nur auf Deutsch so klingelt. Auf keine andere Sprache klingt das so. Jude." (Gardi 2016, 120)

Dieses Zitat verdeutlicht einen Verdrängungsprozess – Das Wort ‚Jude' wirkt wie eine Alarmglocke, die an etwas erinnert, das man sich nur ungerne ins Gedächtnis rufen möchte. Das Wort erweckt das bewusst und unbewusst Vergessene und ruft es wieder ins Bewusstsein, um so, wie Tomer Gardi es selbst in seinem Roman als Aufgabe der Schriftsteller*innen nennt, metaphorisch die Tür zur Besenkammer zu öffnen (vgl. Gardi 2017, 101). Der Begriff ist mit einem unangenehmen Gefühl verbunden, das jedoch nicht an der Bedeutung hinter dem Wort, sondern wie im Textausschnitt ersichtlich, an der deutschen Sprache haftet. Das Wort ‚Jude' auf Deutsch verweist auf eine Geschichte, die sich in die Lexik eingebrannt hat. Diese Geschichte hinterlässt auch Spuren an den Wörtern, die verwendet wurden und werden. Asgari greift die Vorbelastung der deutschen Sprache auf und zeigt ein weiteres literarisches Mittel der ‚gebrochenen' Sprache bei Tomer Gardi, dass es ein „zerbrochene(s) Deutsch (ist), das sich nicht mehr so wie vor der Schoah verwenden lässt" (Asgari 2021, 430). Es ist somit Produkt zerbrochener Geschichten in Deutschland und einer zerrissenen, verdrängten Vergangenheit. In diesem Sinne spricht er auch die kulturell-historische Wirkungsmacht von Sprachen an, zeigt wie Sprachen vom Kontext und wie der Kontext von Sprachen geprägt ist, was wiederum die literarischen Funktionen der Mehrsprachigkeit offenlegt.

2.2. Formal-ästhetische Funktionen

Doch nicht nur aus sprachenpolitischer Perspektive kann die Funktion der Mehrsprachigkeit in *Broken German* betrachtet werden, sondern auch ihr Beitrag zur ästhetischen Gestaltung des Werks zeigt die Literarizität der Lernendenvarietät in der Verwendung von Tomer Gardi. Die ‚Gebrochenheit' der Sprache wird durch die literarische Verwendung zur ästhetischen Ausdrucksmöglichkeit. Verschiedenartige Brüche innerhalb der Sprache machen die künstlerische Konstruktion des Buchs aus. In diesem Zusammenhang verweise ich nun auf drei verschiedene literarische Brüche, die formal-ästhetische Funktionen der Mehrsprachigkeit darstellen.

2.2.1. Die Ästhetik des Brechens

Tomer Gardis Roman bricht Sprachen, Normen, Konventionen, die Orthografie und auch den Inhalt seines Werks und eröffnet damit neue literarische Zusammenhänge (vgl. Vlasta, 2019, 147).

> „Aber hier, jetzt, als er mit ihr am Tressen sitzt, sieht Fikret etwas dass er vorher nicht märkte. Eine traurige Ton. Ein schwarzes Licht in ihren Schein. Und er sagts ihr. Vielleicht weil er, so wie ich auch, die Sprachregeln nicht gut kennt, vielleicht will er die Regeln nicht akzeptiert, wozu, denkt er, wofür sonst sollen die Menschen mit einander reden? Und er sagts ihr. Und sie schauen ihm an (...) und schauen einander an und jetzt ist die Trauer offen und da." (Gardi 2016, 19)

Das Brechen ist ein ästhetisches Mittel, das Tomer Gardi auch in diesem Zitat zielgerichtet einsetzt und explizit kommentiert. Durch das Verletzen der Sprachregeln und die Abweichung von Formalitäten gelingt die Wandlung der Situation ins Informelle. Auf diese Weise wird ein Miteinander auf einer anderen Ebene möglich. Durch den Bruch kann anders miteinander agiert und kommuniziert werden. Auch Filsinger und Bauer beschreiben den „Gebrochenesdeutschsprachigesraum" (Gardi 2016, 23; vgl. Kapitel 2.1.), den Tomer Gardi durch seine Sprache inszeniert, als einen

> „Ort des Austauschs für Migrierte, der die herrschende sprachliche Norm des Deutschen aushebelt und in dem frei von (sprachlichem) Druck und Erwartungen einer Mehrheitsgesellschaft, Migrationsmehrsprachigkeit als Normalität erfahrbar wird." (Filsinger/Bauer 2021, 84)

So wird die Lernendenvarietät zu einem Kommunikationsmittel, das verbindet und das gerade dadurch, dass die ‚Gebrochenheit' die Norm darstellt, den Druck, regelkonform sein zu müssen, abfallen lässt. In dem gewählten Ausschnitt wird durch das bewusste Verstoßen gegen Normen ein emotionaler Zustand überhaupt erst angesprochen, er wird dadurch empfindbar und empathisch greifbar. Vlasta sieht in Tomer Gardis Werk die Mehrsprachigkeit konstitutiv auf verschiedenen Ebenen mit der Emotion verbunden, die sowohl beim Rezipieren des Werks als auch bei den Protagonisten innerhalb des Romans durch die Sprache ausgelöst wird. Durch die durchgängige Verwendung der Lernendenvarietät wird es möglich, die Perspektive zu wechseln und so einen neuen empathischen Blick zu gewinnen (vgl. Vlasta 2019, 157).

2.2.2. Ästhetik in Ambiguitäten

Die Verwendung des Deutschen in Tomer Gardis Buch ist von Ambiguitäten geprägt. Die Perspektive, die uns durch die dargestellte Lernendenvarietät zuteil wird, zeigt einen Prozess der Zuordnung von Zeichen und Bezeichneten auf. Zugleich rückt die Sprache als Darstellungsmöglichkeit in den Vordergrund und es werden als inhärent gedachte Zusammenhänge zwischen Symbol und Referent aufgelöst. Was sich zu erkennen gibt, ist ein spielerischer Umgang, eine Mehrfachbesetzung von Wörtern, eine Entfremdung des Selbstverständlichen (vgl. Vlasta 2019, 156). Diesen Prozess beschreiben Dobstadt und Riedner als charakteristisch für die Rezeption von Literatur, weswegen sie Literatur auch als Fremdsprache titulieren (vgl. Dobstadt/Riedner 2011, 8ff). In *Broken German* wird dies deutlich anhand der eingesetzten Lernendenvarietät gezeigt, die genau *weil* sie eine Distanz zwischen Wort und Gedanke zulässt, meiner Ansicht nach für die Literatur besonders geeignet ist. Indem Tomer Gardi mit der Grammatik, mit Idiomen und der Orthografie spielt, löst er einen kreativen Prozess der mehrfachen Zuordnungen von Symbolen aus. Die Irritation, die Neukontextualisierung, die Umdeutung und die Neubesetzung, die entstehen, können dazu führen „im Lesefluss einzuhalten und gewohnte Konzepte zu überdenken" (Asgari 2021, 437). In nachfolgendem Beispiel zeigt sich dies anhand der Rechtschreibung:„Wie sagt man auf Deutsch. Geschäftsmännerinnen? Nein nein. Ich lach nur. Ich weiss. Hier ist Geschlächtsgerechtigkeit. Sehr lange Wort. Geschlächtsgerechtigkeit" (Gardi 2016, 123).

In diesem Zitat wird die Abbildung von geschlechterspezifischen Berufsfeldern innerhalb der Sprache aufgezeigt. Der Begriff ‚Geschäftsmann' wird gegendert, weil er die noch immer herrschende Norm darstellt, an der nur zur Adaption eine feminine Endung angehängt wird. Das Wort „Geschlächtsgerechtigkeit" macht durch die orthografische Abweichung ein neues semantisches Feld auf – im ‚Geschlecht' verortet Tomer Gardi die ‚Schlacht'. Dadurch negiert er seine zuvor getätigte, fast ironisch zu deutende Aussage, es gebe ‚hier' Geschlechtergerechtigkeit. Diese zum Wort hinzugefügte Doppeldeutigkeit verweist auf die noch lange nicht beendeten Kämpfe, in dem sich als geschlechtergerecht postulierenden Deutschland. Die Orthografie stellt das umstrittene Terrain zwischen Selbstdarstellung und Realität als eine Art Schlacht dar, die zu der Bedeutung des Worts durch einen ‚Rechtschreibfehler' hinzugefügt wird. Ähnlich erweiterte Interpretationsmöglichkeiten bietet Tomer Gardi auch in anderen Kontexten.

„Aber nicht nur für das Geld foltert Nabokov sein Pnin. Nicht nur für das Geld. Er foltert und quält und so baut sich Nabokov als eine Author. Ein Master. Ein Herr. Denn was ist ja eine Author ohne Authorität? Und was ist ein Author ohne sein Sprachherrschaft? Und was ist ein Herr ohne sein Herrschaft?" (Gardi 2016, 15)

Hier zeigt sich erst durch die Orthografie die Verbindung des Wortes mit dem Englischen und das macht darüber hinaus die Sprachverwandtschaft der beiden Sprachen erkenntlich. Des Weiteren wird in diesem Textausschnitt der Autor mit der Autorität in Verbindung gebracht und so die Sprache als Machtinstrument dargestellt. In diesem Kapitel schreibt Tomer Gardi über einen Autor, der seine Figur mit seinem Foltergerät, der Sprache, quält. Herrschaft über Sprache bekommt durch diesen Kontext etwas Bedrohliches, etwas, womit über andere bestimmt werden kann. Es wird so ein Blick auf Machtverhältnisse geworfen, die mit dem ‚Beherrschen' der Sprache einhergehen. Zugleich lässt sich diese Autorität im Kontext der zuvor beschriebenen Kontrolle über Narrative und die nationale Sprache verstehen, die auch von der Literatur mitgeschrieben wird. Der Absatz kann jedoch auch ironisch gelesen werden, etwa als Vorwegnahme der Kritik am Deutsch des Autors, das von außen als ‚nicht beherrscht' klassifiziert wird. Doch wie ist nun eine Sprache, wenn sie nicht beherrscht wird? Vielleicht ein „Gebrochenesdeutschsprachigesraum" (Gardi 2016, 23; vgl. Kapitel 2.1.), wie er zuvor dargestellt wurde, in dem niemand Sprache beherrschen muss, sondern sie einfach fließen kann.

Durch die ‚gebrochene' Sprache fühlen sich auch Leser*innen mit Deutsch als Erstsprache in der für sie als selbstverständlich erachteten Sprache fremd. Es werden Zusammenhänge zwischen Wörtern und Bedeutungen aufgezeigt, die durch die Internalisierung von Symbol und Bedeutung unsichtbar geworden sind. Wenn Lesende sich auf genau diesen Prozess einlassen und so einen anderen Blick auf die eigene Sprache und auf Literatur gewinnen, dann kann, nach Dobstadt und Riedner, bemerkt werden,

„dass uns ihre nie ganz auflösbare Rätselhaftigkeit den Zugang zu Sinn und Bedeutung nicht in erster Linie erschwert und verstellt, sondern ihn uns vielmehr öffnet. Denn indem die Literatur uns die Sprache fremd erscheinen lässt oder besser gesagt: uns auf ihre nie ganz zu beseitigende Fremdheit aufmerksam macht, verhilft sie uns zugleich zu einem neuen Ausdruckspotenzial." (Dobstadt/Riedner 2011, 8)

Da für Tomer Gardi Deutsch eine Fremd-/Zweitsprache ist, ermöglicht er genau diesen Zugang allein durch den Einsatz seiner Lernendenvarietät.

Broken German ist aus dieser Perspektive auch eine Erinnerung daran, welche Bedeutungsebenen gar nicht zugänglich sind, auch wenn wir denken eine Sprache ‚perfekt' zu sprechen. Der Autor stellt durch neue, vorher nicht in Verbindung gebrachte Zusammenhänge von sprachlichen Äußerungen, die Frage danach, wem die Sprache gehört, auf den Kopf. Gleichzeitig demonstriert er die Essenz dessen, was Literarizität und Literatur in Bezug auf Sprache bedeutet. Er gibt dabei einen Anstoß, auf ästhetische Weise mit der eigenen Sprache fremd zu werden, um so neue Ebenen der Sprache überhaupt wahrnehmen zu können. Das Potenzial der Literatur wird dadurch nicht nur verstärkt, sondern es wird aufs Neue die gleichzeitige Fremdheit und Vertrautheit der Sprache aufgezeigt (vgl. Dobstadt/ Riedner 2011, 12). Diese sprachlichen Möglichkeiten, die sich durch das Erlernen einer Sprache und die dadurch entstehende Lernendenvarietät ergeben, halten den unantastbaren und mystifizierten Sprachkompetenzen von Native-Speaker*innen einen Spiegel vor. Es zeigen sich Sprachfähigkeiten, die sich genau durch die Mehrsprachigkeit und durch die Non-Nativespeaker-Kompetenzen ergeben, die nicht defizitär, sondern literarisch besonders ertragreich sein können (vgl. Khakpour 2016, 212f).

2.2.3. Ästhetik durch Authentizität

Broken German ist von seiner Mündlichkeit geprägt. Das Buch zu lesen gleicht einer Gesprächssituation, an der die Leser*innen Teil haben können. Dies wird durch den generellen Schreibstil, wie etwa Ein-Wort-Sätze, direktes Ansprechen der Leser*innen etc., verstärkt, doch lässt insbesondere die Lernendenvarietät diese Kommunikationssituation besonders authentisch wirken, weil sie die Erwartungen an Schriftsprachlichkeit nicht erfüllt (vgl. Kapitel 2.1.2.).

Authentizität wird jedoch auch in Bezug auf die Lebensrealität von mehrsprachigen Personen hergestellt. Tomer Gardi selbst sagte, dass er hoffe, sein Buch würde die Möglichkeit eröffnen, sich fremd in der eigenen Sprache zu fühlen und so authentisch ein Gefühl vermitteln, das Menschen mit Migrationshintergrund nur zu gut kennen würden (vgl. Vlasta 2019, 144 und Röggla 2020, 27). Literarisch verweist Tomer Gardi dabei immer wieder auf seine Sprachen, die parallel zum Geschriebenen auch thematisiert werden. Die Frage ‚Wie sagt man auf Deutsch?', die kontinuierlich innerhalb des Buches gestellt wird, kann als eine Art Spur der Mehrsprachigkeit verstanden werden, mit der der Autor auf gelebte implizite Mehrsprachigkeit Bezug nimmt. Diese Phrase repräsentiert ein

Suchen nach einem deutschen Pendant zu einem anderssprachigen Wort und zeigt uns demnach einen inneren Prozess, in dem sich Sprachen teilweise gegenseitig ergänzen und vermischen. Das Sprechen, das hier porträtiert wird, ist auch deshalb authentisch, weil es der Vorstellung eines ‚reinen' Deutsch, das als eine isolierte Entität zu verstehen ist, entgegenwirkt. Stattdessen referiert Tomer Gardi auf ein sprachliches Repertoire (vgl. Busch 2017, 12), das die Realität von Mehrsprachigkeit viel authentischer darzustellen weiß.

Durch die spezifische Verwendung von Sprache wird hier also auch Einblick in die Lebenswelt mehrsprachiger Sprecher*innen und in den Prozess mehrsprachiger Sprachverwendung gegeben, was für Menschen, die ebenso eine Lernendenvarietät sprechen, auch als möglicher Anknüpfungspunkt gesehen werden kann. Zusätzlich wird es als normal dargestellt, ein Wort nicht zu wissen und es auch nicht unbedingt wissen zu wollen. Der Prozess des Nachfragens und des Nach-Dem-Richtigen-Wort-Suchens wird im Buch als selbstverständlicher Teil eines Gesprächs verwirklicht. Diese Normalität geht mit dem Gefühl einer Freiheit einher, zu sprechen, ohne sich rechtfertigen oder verbessern zu müssen.

„Mach das Buch auf. Fang an zu singen. Zu beten. Und unsere Wörter fliessen und füllen, und die Wörter. Wie sagt man auf Deutsch. Und die Wörter leben. Aufleben. Beleben." (Gardi 2016, 140f)

Diese letzte Passage im Buch sehe ich auch als Appell, mit Sprache zu handeln, Räume zu betreten, einzunehmen und zu kritisieren. Gleichzeitig wird durch das (Auf)Brechen der Sprache auch deren poetische Schönheit deutlicher erkennbar. Aufgrund dessen eignet sich meines Erachtens dieses Buch besonders für eine Didaktisierung im Deutschunterricht.

3. Tomer Gardis *Broken German* im Deutschunterricht – ein Unterrichtsentwurf

Der Unterrichtsentwurf zielt auf Schüler*innen der 11. Schulstufe (Sekundarstufe 2) ab, wie es auch Filsinger und Bauer für die Integration von *Broken German* nahelegen (vgl. Filsinger/Bauer 2021, 70). Dies kann dadurch argumentiert werden, dass in dieser Schulstufe bereits ein gewisses Literaturwissen vorhanden ist, auf dem aufgebaut werden kann. Zusätzlich passen das Buch und die darin behandelten Themen zu den Anforderungen des Lehrplans dieser Schulstufe (vgl. Rechtsinformationssystem des Bundes 2022, 502ff).

Broken German kann meiner Ansicht nach mehreren mehrsprachigen Literaturtypen für den Unterricht nach Rösch (2021, 26ff) zugeordnet werden. Zunächst kann es als Migrationsliteratur verstanden werden, da das Buch von migrationsbedingter Mehrsprachigkeit geprägt ist. Das Leben in der Stadt Berlin aus Perspektive von Personen, die nach Deutschland migrierten, ist dabei der urbane Rahmen für Tomer Gardis Erzählung (vgl. Rösch 2021, 26). Zugleich ordne ich das Buch auch der dominanz- und linguizismuskritischen Literatur zu, da sowohl die Rolle des Deutschen als auch Deutschland im Umgang mit seiner eigenen Geschichte und historischen und gesellschaftlichen Verantwortung kritisch beleuchtet werden (vgl. Rösch 2021, 25). Tomer Gardis *Broken German* kann dabei auch als Beispiel mehrsprachiger Literatur verstanden werden, die „sprachlich Inferiorisierten (Lingualisierten) eine Stimme gibt" (Rösch 2021, 28). Zusätzlich, und so verortet auch Rösch das Werk, kann *Broken German* als Literatur der sprachlichen Vielfalt gesehen werden, da die Lernendenvarietät durchwegs als Erzählinstanz verwendet und so als normal präsentiert wird (vgl. Rösch 2021, 27f).

Da Mehrsprachigkeit in der Schule keinen Ausnahmefall, sondern die Norm darstellt, ist die Abbildung und Thematisierung dieser mehrsprachlichen Realität von besonderer Bedeutung (vgl. Busch 2017, 170). Durch die literarische Aufarbeitung der migrationsgesellschaftlichen Wirklichkeit kann die Rezeption zu einer ganzheitlichen ästhetischen Erfahrung werden. Diese Erfahrung kann einen Reflexionsprozess einleiten, der es ermöglicht, eine Verbindung zwischen dem Gelesenen und dem eigenen Erlebten herzustellen (vgl. Filsinger/Bauer 2021, 89). Dieser Reflexionsprozess ist auch im Sinne eines kulturreflexiven Lernens nach Schweiger, Hägi und Döll (2015) zu verstehen, indem ästhetisch-literarisches Lernen auch als kulturreflexives Lernen gesehen wird.

Der Roman eignet sich für den Unterricht, da er selbst Sprache thematisiert und Mehrsprachigkeit als poetisch-ästhetisches Element innerhalb des Textes verankert. Allerdings sollte berücksichtigt werden, dass den Lesenden hier explizite rassistische und linguizistische Szenarien begegnen und dass die Lektüre im Unterricht daher entsprechend vorbereitet und sensibel an die jeweilige Lernendengruppe angepasst werden muss. Wichtig ist dabei anzumerken, dass die Dekonstruktion von Diskriminierungsstrukturen ein Spannungsfeld eröffnet, das das Klassenzimmer und die Atmosphäre darin prägt. Die Verantwortung und herausfordernde Aufgabe der Lehrperson besteht darin, Schüler*innen einen Raum zu bieten, in dem sie ihre Meinungen frei äußern können, aber gleichzeitig einer Reproduktion von Rassismen und Machtdynamiken entgegenzuwirken. Das Klassenzimmer sollte in diesem Sinne auch zu einem Ort werden, der konstruktive Diskussionen fördert und Platz für eventuelle Verletzungen und negative Erfahrungen bietet (vgl. Simon 2022, 407f). Dies schließt ein, dass Lehrpersonen eine klare Haltung zu den beschriebenen Diskriminierungserfahrungen beziehen, ihre antirassistische Position deutlich machen und die Erfahrungen der betroffenen Subjekte ernst nehmen und benennen (vgl. Breit 2022, 90f und Kourabas/Mecheril 2022, 26ff). Eine Voraussetzung dafür ist die Reflexion der eigenen Rolle und Involviertheit sowie die Auseinandersetzung mit Rassismuskritik (vgl. Mecheril 2022, 23ff). Den Erfahrungen sollte stets respektvoll zugehört werden, um so als Klasse sensibler auf rassistisch-diskriminierende Strukturen zu werden (Kourabas/Mecheril 2022, 26).

Bjegac und Waczek (2017) weisen darauf hin, dass in den meisten Curricula und Lehrbüchern nicht nur kaum mehrsprachige Autor*innen und Werke Eingang in den Unterricht finden, sondern, dass im Falle einer Thematisierung die Aufgabenstellungen weniger die literarischen Funktionen von Mehrsprachigkeit fokussieren, sondern stattdessen die deutsche Standardsprache als Vergleichsobjekt ins Zentrum stellen. So beschreiben Sie etwa als Beispiel ein Lehrbuch, in dem Feridun Zaimoğlus Buch *Kanak Sprak* hinsichtlich der potenziellen ‚Gefahr' der Verwendung dieser als defizitär dargestellten Varietät eingebracht wird. Die Aufgabe, die im Zuge dessen gestellt wird, ist, die sprachlichen ‚Fehler' des Gelesenen zu korrigieren (vgl. Bjegac/Waczek 2017, S. 45f). Diese fehlenden mehrsprachigen Literaturbeiträge und die Problematisierung der Varietät zeigt die Notwendigkeit adäquate und literaturdidaktisch ansprechende Angebote mehrsprachiger Literatur in den Unterricht zu bringen.

3.1. Die Didaktisierung

Diese Didaktisierung ist für drei Unterrichtsstunden (3 x 50 Minuten) konzipiert und nimmt Bezug auf das Konzept der Literature and Language Awareness (vgl. Rösch 2021), der Critical Language Awareness (vgl. u.a. Busch 2017) sowie des kulturreflexiven Lernens (vgl. Schweiger/Hägi/Döll 2015).

Die Critical Language Awareness eignet sich für *Broken German* deshalb, weil „die im Bildungswesen verbreitete Ideologie der ‚Sprachangemessenheit' aufgrund ihrer nahezu ausschließlichen Orientierung am Lernziel Standardsprache oft an einer kreativen und kritischen Auseinandersetzung mit Sprache vorbeigeht" (Busch 2017, 181). Durch *Broken German* soll Standardsprache als Varietät kritisch und auch in Bezug auf Diskriminierungsstrukturen betrachtet werden. Auch Filsinger und Bauer sehen den Text als Anreiz, den Fokus auf Fehler im Deutschunterricht zu hinterfragen und so ein emanzipatorisches Element freizulegen. Sie sprechen sich dafür aus, die Lernenden zu motivieren, von der eigenen Stimme Gebrauch zu machen, auch wenn sie sich in einer nicht-normgerechten Sprache äußert (vgl. Filsinger/Bauer 2021, 89). Durch das Bewusstmachen von gesellschaftlichen Normen und Strukturen wird es möglich, zuvor unsichtbare Hierarchisierungen und Machtverhältnisse in einem ersten Schritt zu erkennen und in einem zweiten Schritt zu hinterfragen und zu verändern. Das Brechen dieser Selbstverständlichkeiten, wie es Tomer Gardi in seinem Buch vorzeigt, macht die Veränderbarkeit von als fixiert gedachten Strukturen deutlich. Die Veränderungsmöglichkeit birgt auch das Potenzial, Handlungsmöglichkeiten zu eröffnen, die zu mehr Partizipation führen können, wie es auch Anspruch des kulturreflexiven Lernens ist (vgl. Schweiger/Hägi/Döll 2015, 7ff). Im Sinne der Literature and Language Awareness hat diese Didaktisierung das Ziel, die literarische Funktion der Lernendenvarietät in *Broken German* als Gegenstand in den Unterricht zu bringen, um so nicht nur diese Varietät in der Gesellschaft einzuordnen, sondern ihren literarischen Wert und ihre Rolle innerhalb des ästhetisch-literarischen Werks zu analysieren. Sprachenbewusstsein wird hier als Analysewerkzeug gebraucht, mit dem Literatur gelesen, verstanden und interpretiert wird (vgl. Rösch 2021, 24f).

Die Didaktisierung konzipierte ich basierend auf den soeben erwähnten Konzepten und Ansätzen und orientierte mich dabei an den darin formulierten Prinzipien und Zielen. Zusätzlich kann der Unterrichtsentwurf den Zielen des österreichischen Grunderlass zur interkulturellen Bildung (Bundesministerium für Bildung 2017), dem österreichischen AHS-Oberstufenlehrplan für das Fach Deutsch (Rechtsinformationssystem des Bundes 2022) und dem Curriculum Mehrsprachigkeit (Krumm/Reich 2011; siehe auch Reich/Krumm 2013) zugeordnet werden. Ausgehend von diesen bildungspolitischen und curricularen Vorgaben werden folgende Ziele verfolgt:

Die Didaktisierung soll
- neue Perspektiven innerhalb der Migrationsgesellschaft eröffnen und so einen empathischen Austausch über verschiedene Lebensrealitäten einleiten (vgl. Bundesministerium für Bildung 2017, 4; Rechtsinformationssystem des Bundes 2022, 510)
- Mehrsprachigkeitserfahrungen, Sprachhierarchien und -diskriminierungen sowie verschiedene sprachliche Varietäten wahrnehmbar so-

wie hinterfragbar machen und so das Spannungsverhältnis zwischen Normen und Fehlern aufzeigen (vgl. Krumm/Reich 2011, 4)
- die Reflexion und Interpretation von literarisch-ästhetischen Texten und die Kontextualisierung dieser in gesellschaftliche Strukturen einleiten (vgl. Rechtsinformationssystem des Bundes 2022, 509ff)
- Kritikfähigkeit fördern, um im Kontext einer plurizentrischen, migrationsgeprägten Gesellschaft reflektierte/kritische Standpunkte einzunehmen (vgl. Rechtsinformationssystem des Bundes 2022, 505 und 509; Bundesministerium für Bildung 2017, 4)
- die Ausdrucksfähigkeit der eigenen Meinung stärken (vgl. Bundesministerium für Bildung 2017, 4)
- Handlungsmöglichkeiten sichtbar machen und erweitern (vgl. Rechtsinformationssystem des Bundes 2022, 502f)

Die Didaktisierung umfasst vier Phasen, die inhaltlich an den sprachenpolitischen Funktionen der Mehrsprachigkeit angelehnt sind.

3.1. Denkräume sichtbar machen (30 Min.)

Zu Beginn der Unterrichtseinheiten steht die Textarbeit sowie die Bewusstmachung der eigenen Wahrnehmungs- und Deutungsmuster im Zentrum (vgl. Schweiger/Hägi/Döll 2015, 10). Die Lehrperson teilt das erste Kapitel von *Broken German* (Gardi 2016, 5ff) aus und gibt den Auftrag, das Kapitel individuell und still zu lesen.

Unterrichtsmaterial 1: **Denkräume sichtbar machen**
Lies das erste Kapitel des Buches *Broken German* von Tomer Gardi. Wenn dir ein Gedanke durch den Kopf geht, dann halte ihn bei der jeweiligen Textstelle in Form einer kurzen Notiz fest.

Diese Phase ist wichtig, da hierbei das Werk als ästhetisches Produkt behandelt wird und so die Literatur als ästhetischer Gegenstand samt seiner individuellen Rezeption im Zentrum steht (vgl. Dobstadt/Riedner 2011, 5ff; Rösch 2021, 19). Zusätzlich werden die Schüler*innen angehalten, während des Lesens sogenannte *Remindings* vorzunehmen. Das bedeutet, dass Gedanken, die während der Lektüre aufkommen, neben der entsprechenden Textstelle anhand eines kurzen Kommentars angebracht werden sollen. Dieses Verfahren, so Bjegac und Waczek (2017, 54), ermöglicht die Verbalisierung und Sichtbarmachung der eigenen Assoziationen und

Vorstellungen während des Lesens und eignet sich gut, um die persönlichen Rezeptionen der Schüler*innen im Unterrichtsverlauf aufzugreifen. Für dieses Werk ist das besonders bedeutsam, um so auch Irritationen, Reflexionen, Emotionen und auch Unverständliches deutlich zu machen.

Nach der individuellen Lektüre wird das Gelesene in Kleingruppen zu je vier Personen diskutiert. Als Ausgangspunkt dienen hierbei die *Remindings*. Die Schüler*innen besprechen zunächst ihre Gedanken zum Text und ordnen diese daraufhin in einer Tabelle. Dieser Prozess ermöglicht die Strukturierung der eigenen Wahrnehmungen und Emotionen und dient als Basis für einen gemeinsamen Austausch über die individuelle Leseerfahrung. Abgeschlossen wird diese erste Phase im Plenum, indem die Gruppen ihre geordneten Gedanken präsentieren. So entsteht ein erstes Stimmungsbild zu der anfänglichen Lektüre der Klasse, wodurch die „Bedingtheit eigener Sicht- und Handlungsweisen" (Bundesministerium für Bildung 2017, 4) deutlich wird.

Unterrichtsmaterial 2: **Leseerfahrungen teilen**	
1. Diskutiert gemeinsam die Textstellen, die ihr markiert habt, und besprecht eure Gedanken dazu.	
2. Versucht nun eure Überlegungen zu ordnen und in diese Tabelle einzutragen:	
überraschend	
irritierend	
aufwühlend	
traurig/ärgerlich	
schön/lustig	
unverständlich	
Sonstiges	

3.2. Sprachräume kontextualisieren – Wissen aneignen (20 Min.)

Nun steht die Lehrperson als moderierende Instanz im Zentrum, die Input zum Gelesenen liefert und kurz auf Linguizismus, *Othering* durch die Differenzkategorie Sprache und auf das Spannungsfeld von Normsprache und ‚Fehlern' eingeht (vgl. Kapitel 1 und 2). Das Einbringen dieser Themen in den Deutschunterricht ist besonders wichtig, da es sich bei dem Fach um ein Feld handelt, das ebenfalls Gefahr laufen kann, diese Phänomene und Sprachideologien zu reproduzieren. Eine linguizismuskritische Perspektive ist demnach notwendig, um entsprechende Strukturen auch beispielsweise in pädagogischen Konzepten ausfindig und kritisierbar zu machen (vgl. Dirim/Pokitsch 2018, 28).

Zunächst erklärt die Lehrperson die genannten Begriffe und ordnet sie auch in Bezug auf ihre gesellschaftliche und machterhaltende Funktion ein. Daraufhin sind die Schüler*innen angehalten das Gehörte in Form von eigenen Definitionen zusammenzufassen und mit dem/der Sitznachbar*in zu vergleichen. Dieses Wissen soll als theoretisches Gerüst dienen, mit dem im weiteren Verlauf das Kapitel untersucht wird.

> Unterrichtsmaterial 3: **Wissen aneignen**
> Du hast soeben gehört, was die unten genannten Begriffe bedeuten. Formuliere nun selbst passende Definitionen für die Ausdrücke und vergleiche diese anschließend mit deiner Sitznachbarin/deinem Sitznachbarn. Ergänze gegebenenfalls deine Definitionen.
> **Was ist ...?**
> - **Othering**
> - **Linguizismus**

Diese Unterrichtsphase zielt auf die Verdeutlichung von sozialen und kulturellen Aspekten von Sprachen ab, die eng mit gesellschaftlichen Vorannahmen und politischen Einstellungen verbunden sind. Die Vermittlung von explizitem Wissen um diese Dimensionen ist wesentliches Ziel der Language Awareness, wobei Sprachenprestige und Linguizismus und die Auswirkungen davon auf die jeweiligen Sprecher*innen der Sprachen nähergebracht werden sollen. Dieses Sprachenbewusstsein dient wiederum als Ausgangspunkt für die literarische Analyse, wie es die Literature and Language Awareness vorsieht (vgl. Rösch 2021, 17f).

3.3. Sprachräume eröffnen und repräsentieren – Perspektiven analysieren (50 Min.)

Anhand eines diskursanalytischen Vorgehens sollen nun die zuvor besprochenen Strukturen und Funktionen von Sprache innerhalb des Buchs analysiert werden. Aus postkolonialer Perspektive steht hierbei vor allem die Perspektivenstruktur im Zentrum. Hier wird gefragt, „wer über wen mit welcher Autorität spricht und in der Rede auch gehört wird" (Kißling 2020, 323). Es soll untersucht werden, wie viel Personen sprechen, was sie sagen und was über sie gesagt wird. Ein besonderer Fokus liegt dabei auf dem Fremd- und Selbstbild und der Rolle der Sprache in diesem Zusammenhang (vgl. Kißling 2020, 323f).

> Unterrichtsmaterial 4: **Perspektiven analysieren**
> 1. Wer ist die Erzählinstanz in dieser Geschichte und wie kann diese in fünf Stichpunkten beschrieben werden?
> 2. Wer ist die Hauptfigur (Protagonist) in dem gelesenen Abschnitt und wie wird er von der Erzählinstanz beschrieben?
> 3. Wie verhalten sich die anderen Figuren zum Protagonisten?
>   a. Welche Figuren kommen vor und in welcher Beziehung stehen sie zu ihm?
>   b. Wer spricht mit wem/über wen?
>   c. Wie oft spricht welche Figur?
>   d. Wie sprechen die einzelnen Figuren (laut/leise etc.)?
> 4. Zeichnet auf ein Blatt Papier wie die verschiedenen Figuren zueinander in Beziehung stehen (mit Strichen, durch Farben, durch die Positionierung auf dem Blatt etc.). Achtet dabei darauf, welche Rolle die Sprache in diesen Beziehungen spielt.

In der ersten Aufgabe soll das Verständnis für die Erzählweise gefördert werden. So wird der Fokus auf die Erzählinstanz gelegt, die durch das erste Kapitel führt. Durch die Charakterisierung wird die Perspektive der Erzählinstanz eingenommen und so der Blickwinkel, der die Geschichte bestimmt, deutlich. Dies ist auch von Bedeutung, um die Rolle der Erzählinstanz als wichtige Komponente im Werk aufzuzeigen und als nicht-neutral darzustellen. Aus diskursanalytischer Perspektive ist dieses Verständnis unabdingbar, um Strukturen erkennbar und analysierbar zu machen.

In einem zweiten Schritt sollen nun die präsentierten Hauptfiguren näher betrachtet und die Beschreibung durch die Erzählinstanz analysiert werden. Dadurch werden die Schüler*innen darauf geschult, zu betrachten, wie jemand beschrieben wird und welche Implikationen dies auf die Leser*innen hat.

Drittens sollen die Verhältnisse der Figuren zueinander verbildlicht werden, um so die Verbindungen, die zwischen den Figuren beschrieben werden, darzustellen. Durch eine Visualisierung der Beziehungsgeflechte und die Reflexion in Bezug auf die Sprechanteile sollen die Dynamiken, die durch Sprache und Sprachgebrauch entstehen, auf kreative Weise abgebildet werden. Danach erklären die Lernenden ihre Zeichnung. Die Rolle der Lehrperson ist hier, die Zeichnungen zu hinterfragen und die

Schüler*innen zu einer tieferen Reflexion anzuregen. So soll etwa auf die Abstände zwischen den Figuren, etwaige Linien, die gezogen wurden, Platzierungen (oben/unten), Farben und die Größe der Figuren etc. genau eingegangen werden und diese anhand der gelesenen Textstellen erläutert werden. Dies soll auch unterbewusste Annahmen und Deutungen des Textes sichtbar machen. Meiner Ansicht nach kann der Akt des Aufzeichnens den Beziehungen im Buch einen Raum geben, der wiederum Interpretationen und tiefergehende Auseinandersetzungen zulässt, die alleine mit der verbalen Beantwortung der Frage nicht zugänglich wären.

Anschließend beschäftigen sich die Schüler*innen in den Kleingruppen mit der Szene, in der der Protagonist und seine Freunde von einer Gruppe von betrunkenen Fußball-Fans abgewertet, beschimpft und bedroht werden. Die Analysefragen dienen dazu, die zuvor theoretisch vermittelten Praktiken des Otherings und des Linguizismus anhand eines praktischen Beispiels erkennbar zu machen (vgl. Rösch 2021, 28 und Filsinger/Bauer 2021, 69f).

> Unterrichtsmaterial 5: **Machtstrukturen erkennen**
> Auf Seite 6 von Tomer Gardis Roman *Broken German* (2016) sagt eine Figur: „Was WIR reden ist Deutsch. Was ihr da redet ist kein Deutsch". Diskutiert folgende Fragen:
> 1. Wieso ist dieses *Wir* in Blockbuchstaben geschrieben, welches *Wir* meint die Figur und wie grenzt sie den Protagonisten und seine Freunde dadurch ab?
> 2. Warum klassifiziert der Fußball-Fan das Deutsch des Protagonisten nicht als Deutsch und was möchte er damit erreichen? (Denkt dabei auch an die zuvor gemeinsam besprochenen Aspekte)
> 3. Welche Auswirkungen hat dieser Vorfall auf den Protagonisten und seine Freunde?

Ein wesentliches Ziel, dem mithilfe der letzten Frage nachgegangen wird, ist ein empathisches Nachempfinden der Szene aus Sicht des Protagonisten, das die Auswirkungen derartiger Situationen auf Betroffene in den Vordergrund stellt (vgl. Bundesministerium für Bildung 2017, 4 und Krumm/Reich 2011, 3). Durch die besondere Sprache des Werkes eignet sich *Broken German* nach Vlasta insbesondere für die Förderung der Empathie und des Mitgefühls (vgl. Vlasta 2019, 156).

Die Kleingruppendiskussion wird nach einiger Zeit in die Großgruppe ausgeweitet. Die Gruppen teilen und besprechen ihre Ergebnisse. Die Lehrperson versucht hierbei auf Augenhöhe zu diskutieren, aber dennoch kritisch zu bleiben. Zum Abschluss dieser Analysephase wird nun erneut in der Kleingruppe der Blick auf die sprachliche Gestaltung des Kapitels gelenkt:

> Unterrichtsmaterial 6: **Lernendenvarität analysieren**
> Auf Seite 6 von *Broken German* (2016) schreibt die Erzählinstanz: „Radili und Amadou und Mehmet reden Deutsch aber kein Arier Deutsch sondern ihr Deutsch wie mein Deutsch auch die ich hier schreibe und wie ich die rede".
> 1. Welches Deutsch ist hier gemeint? Charakterisiert es kurz (Ausdruck, Stil, Satzstruktur etc.)
> 2. Der Autor hat die Sprache bewusst so gewählt. Zu welchem Zweck hat er das getan? Wie hängt die Sprache mit dem Inhalt zusammen?

Während die Schüler*innen in der Kleingruppe die Fragen besprechen, hängt die Lehrperson ein großes Plakat an die Tafel, auf dem als Überschrift *Broken German – Lernendenvarietät in der Literatur* steht. Die Diskussionsphase in der Kleingruppe mündet anschließend in eine Diskussion im Plenum. Die Lehrperson führt in dieser Phase des Unterrichts aus, dass es sich hierbei um eine Varietät des Deutschen handelt, die als Lernendenvarietät bezeichnet wird und als legitime und vollwertige Sprache gesehen werden kann (vgl. Kapitel 1.1.). Implizite Mehrsprachigkeit wird als Ressource und als bereichernd vermittelt und eine Diskussion gefördert, die dazu anregt, die eigene gesellschaftliche Position in der Gesellschaft in Bezug auf Sprache zu hinterfragen (vgl. Rösch 2021, 33). Diese Auseinandersetzung und die Aufwertung der Lernendenvarietät soll eine Einstellung bestärken, in der Mehrsprachigkeit als selbstverständlicher Teil der Gesellschaft positioniert wird, wie es auch der Lehrplan der Allgemeinbildenden Höheren Schulen in Österreich vorsieht (vgl. Rechtsinformationssystem des Bundes 2022, 504f). Wichtig ist jedoch, hierbei immer nah an der Rezeption des Buchs zu bleiben, um so Sprecher*innen der Varietät nicht zu lingualisieren. Es muss eindeutig das Werk und seine sprachliche Gestaltung sowie die Funktion, die der Mehrsprachigkeit im Sinne eines literarischen Schaffens zukommt, im Vordergrund stehen. Aufgrund dessen wird auch nicht explizit nach eigenen Erfahrungen gefragt oder gar danach verlangt, diese in der Klasse zu erzählen (vgl. Rösch 2021, 33). Wenn Schüler*innen von eigenen Erlebnissen erzählen möchten, soll dennoch ein Raum geboten werden, in dem Erfahrungen mit der Klasse und der Lehrperson geteilt werden können.

Die Lehrperson fasst die Antworten der Klasse zusammen, die daraufhin von Schüler*innen auf das Poster geschrieben werden. Als Hilfestellung kann die Lehrperson geeignete Überbegriffe finden, die die Schüler*innen ebenfalls auf das Poster schreiben (vgl. Kapitel 2: *Sprachräume eröffnen/einnehmen/kritisieren*; *Ästhetik durch Ambiguitäten* usw.). Dieses Poster wird als Orientierung für die letzte Unterrichtsphase genutzt.

3.4. Räume kritisieren – Ermächtigen (50 Min.)

Das angeeignete Wissen, die Analyse des Werks und die herausgearbeiteten Funktionen der Lernendenvarietät in *Broken German* dienen nun als Grundlage für die letzte Phase. Im Zentrum steht hier die kritische Betrachtung von (Sprach-)Räumen und das ermächtigende Potenzial, das machtkritischen Praktiken innewohnt (vgl. Schweiger/Hägi/Döll 2015, 9). So soll es Gegenstand des Unterrichts werden, „zu erkennen, wie mit kulturellen Zuschreibungen Macht ausgeübt und Herrschaft legitimiert wird" (Bundesministerium für Bildung 2017, 4).

Im Plenum wird nun von der Besprechung des Inhalts des Werks zur Besprechung der Verortung des Buchs in der Realität gewechselt. Die Lehrperson legt den Schüler*innen dar, dass *Broken German* 2016 zwar eine Nominierung für den Ingeborg-Bachmann-Preis erhielt, jedoch aufgrund der Sprache diskutiert, kritisiert und vereinzelt als nicht-literarisch bezeichnet wurde. Um die Situation wiederzugeben, werden Videoausschnitte des Ingeborg-Bachmann-Preis Archivs (2016) von der Jurywertung von Meike Freßmann (#05:13-09:05#), Stefan Gmünder (#09:06-09:50#), Sandra Kegel (#11:17-11:58#) und Klaus Kastberger (#18:30-19:46#) gezeigt. Die Videos eignen sich insbesondere deshalb, weil sich dadurch die räumliche Situation, die Personenkonstellation und die persönliche Art und Weise der Argumentation darlegen lassen.

Durch die Klasse werden nun Argumente gesammelt, ob (und warum) das Werk den Preis doch gewinnen sollte. Die Schüler*innen können und sollen in diesem Kontext kritisch zu den gehörten Bewertungen Stellung beziehen. So wird das literarische Werk als Ausgangspunkt für Kommunikation auf diskursiver Ebene herangezogen (vgl. Rösch 2021, 29). Die Schüler*innen schlüpfen hierbei in die Rolle von Literaturkritiker*innen und präsentieren am Ende der Einheit ihre Bewertung vor dem Publikum. Die entsprechenden Anhaltspunkte finden die Schüler*innen in den zuvor durchgeführten Arbeitsaufträgen, den gesehenen Videobeiträgen und den Inhalten des in der letzten Unterrichtsphase erstellten Plakats. Hierbei lernen die Schüler*innen, „mit Texten emotional, kognitiv und produktiv-handelnd umzugehen, eine eigenständige Interpretation und ästhetisches und kritisches Urteilsvermögen zu entwickeln und unterschiedliche Rezeptionshaltungen zu reflektieren" (Rechtsinformationssystem des Bundes 2022, 504). Dies soll auch dazu beitragen, Strategien zu entwickeln, um sich gegen diskriminierende Sprachäußerungen zur Wehr setzen zu können (vgl. Bundesministerium für Bildung 2017, 4).

Die Diskussion setzen die Schüler*innen mithilfe der Methode des Schreibgesprächs in Zweiergruppen um. Die gesamte Kommunikation verläuft schriftlich und stellt einen stillen Austausch dar.

> Unterrichtsmaterial 7: **Einen literarischen Text bewerten**
> (Warum) Sollte *Broken German* den Ingeborg-Bachmann-Preis doch gewinnen?
> Findet mindestens 5 Argumente, die mit der allgemeinen Ästhetik, der Sprache und dem Inhalt des Werkes zusammenhängen.
> **Wie?** Nutzt hierfür ein Schreibgespräch. Dafür legt ihr ein Blatt Papier in die Mitte eures Tisches und schreibt darauf eure Gedanken, Argumente und Überlegungen. Ihr könnt schriftlich kommunizieren und dürft alle bisher erarbeiteten Materialien nutzen. Ihr habt zehn Minuten Zeit.

In einem nächsten Schritt bekommen die Schüler*innen die Aufgabe, zu zweit zu überlegen, wie die gesammelten Ideen strukturiert werden können. Daraufhin werden die Sätze so umformuliert, dass sie für die Situation einer Jurywertung angemessen erscheinen (vgl. Rechtsinformationssystem des Bundes 2022, 510). Dazu stellt die Lehrperson als Hilfsmittel eine Tabelle mit Satzanfängen und Sätzen zur Verfügung. Diese Tabelle soll im Sinne eines sprachbewussten Fachunterrichts den Erwerb der Bildungssprache fördern.

Meinungs-äußerung	Zustimmung	Ablehnung	Argumentation
Ich bin der Meinung/der Auffassung, dass...	Ich stimme zu, dass...	Hier bin ich anderer Meinung.	Ein wesentliches Argument dafür ist...
Meiner Ansicht nach...	Dem kann ich mich anschließen/ Ich möchte mich dem anschließen	Ich sehe das anders.	Deshalb denke ich, dass/ Daraus ergibt sich, dass...
Meines Erachtens/Meiner Meinung nach....	In diesem Punkt bin ich gleicher Meinung.	Dem stimme ich nicht zu.	Aufgrund dessen denke ich, dass...
Ich denke/glaube/finde, dass...		Ich glaube nicht, dass...	Wie man an dieser Textstelle sehen kann...
		Diese Aussage ist für mich nicht nachvollziehbar.	Zusätzlich/Des Weiteren/Außerdem...
		Seine/Ihre Argumentation überzeugt mich nicht.	

Zum Schluss können die Schüler*innen ihre Ergebnisse in Form eines Rollenspiels vortragen, durch neue Perspektiven kritische Standpunkte einnehmen und so mit Sprache handlungsfähig werden (vgl. Schweiger/ Hägi/Döll 2015, 8). Gleichzeitig werden die Schüler*innen im Sinne des Lehrplans für die mündliche Kompetenz im Fach Deutsch darin geschult, Sprache kontextabhängig anzuwenden (vgl. Rechtsinformationssystem des Bundes 2022, 504). Dies steht auch in Zusammenhang mit dem Curriculum Mehrsprachigkeit, in dem das Ziel formuliert ist, dass die Schüler*innen dabei unterstützt werden, verschiedene Sprachen sowie Register unterschiedlichen Kontexten zuzuordnen und in verschiedenen Situationen anwenden zu können (vgl. Krumm/Reich 2011, 3).

Die Einheiten enden damit, dass die Schüler*innen in den letzten fünf Minuten einen Text im Sinne des *Freewriting* anfertigen. Dafür schreiben die Schüler*innen fünf Minuten lang ununterbrochen, ohne den Stift abzusetzen, um so uneingeschränkt alle ihre Gedanken zu Papier zu bringen. Thema sollen hierbei die Inhalte der Unterrichtsstunden sein. Zuvor wird betont, dass die Lernenden ihre Texte der Lehrperson abgeben können, aber nicht verpflichtend abgeben müssen. Auf diese Weise findet eine abschließende Reflexion und individuelle Auseinandersetzung mit dem Lernprozess statt (vgl. Rösch, 2021, 31).

4. Zusammenfassung und Ausblick

Gegenstand dieses Beitrags ist das Potenzial der ‚gebrochenen Sprache', die gesellschaftlich zumeist als unbeabsichtigt, defizitär und nicht-literarisch wahrgenommen wird. Hier wurde gegenteilig argumentiert, dass gerade dieses Brechen der Sprache die besondere Eignung sowohl für die Literatur als für den Unterricht ausmacht. Den Ausgangspunkt stellte dabei Tomer Gardis Buch *Broken German* (2016) dar, das durch seine Brüche auf verschiedenen Ebenen Diskurse, Räume und gesellschaftliche Dispositive aufzuzeigen weiß. Es bildet eine sprachliche Realität ab, der wir in der Migrationsgesellschaft als Normalität begegnen und durchbricht zugleich in Bezug auf Literatur Erwartungshaltungen hinsichtlich literarischer Sprache. *Broken German* eignet sich daher sowohl aufgrund seiner literarisch-ästhetischen Wirkung als auch wegen seiner sprachenpolitischen Relevanz für eine Thematisierung im Deutschunterricht.

Um die Literarizität der Lernendenvarietät aufzuzeigen, wurden zunächst sprachenpolitische sowie formal-ästhetische Funktionen der Mehrsprachigkeit in *Broken German* analysiert. In Bezug auf die sprachenpolitische Funktion wurde ersichtlich, dass durch die Verwendung der Lernendenvarietät andere Sprach-Räume eröffnet werden können. So kann eine sprachliche Realität repräsentiert werden, die sonst kaum Eingang in den Literaturbetrieb findet. Des Weiteren nimmt Tomer Gardi diese Räume provokant ein und nutzt seine ‚gebrochene' Sprache um zu irritieren. Diese Irritation kann auch als Kritik an monolingualen Räumen und dem Umgang mit Mehrsprachigkeit in der Migrationsgesellschaft verstanden werden. In Bezug auf formal-ästhetische Funktionen wurde ersichtlich, dass das Brechen der Sprache mit einer Emotionalität einhergeht, die einen sinnlich erfahrbaren Raum schafft. Durch sprachliche Brüche werden neue Bedeutungskontexte sichtbar und das Potenzial der Literatur, Zeichen von dem Bezeichneten zu lockern, und dadurch neue Sinnzusammenhänge wahrzunehmen, wird spielerisch genutzt. Dies geschieht in einer von Mündlichkeit geprägten Sprache, die dadurch authentisch und frei wirkt. Tomer Gardis Buch kann auch als Plädoyer verstanden werden, die eigene Sprache zu verwenden, damit zu handeln und Literarizität auch in ihrem Brechen zu erkennen. Diese Literarizität in der Sprache von Menschen, die eine Lernendenvarietät sprechen, entsteht dabei „ganz von allein" (Freßmann in: Ingeborg-Bachmann-Preis Archiv 2016, #6:30-6:32#) und kann sich völlig unbeherrscht entfalten.

Das Werk wurde für einen Unterrichtsentwurf im Fach Deutsch der 11. Schulstufe herangezogen, mit dem Ziel Lernendenvarietät zu repräsentieren, ihre gesellschaftlichen Verortungen sowie literarischen Funktionen zu verdeutlichen und Möglichkeiten zu eröffnen, kritische und ermächtigende Standpunkte diesbezüglich zu beziehen. Obwohl dieser Unterrichtsentwurf für Schüler*innen konzipiert wurde, sehe ich in der Auseinandersetzung mit dem Text auch einen großen Mehrwert für Lehrpersonen. Durch das Lesen des Buches und die Konfrontation mit der ‚gebrochenen' Sprache werden Vorannahmen, internalisierte Verhaltensmuster und Erwartungshaltungen, die durch eine stark defizitorientierte und auf ‚Richtigkeit' fokussierte Schule entstehen, sichtbar. Diese Bewusstmachung kann als erster Schritt verstanden werden, um die eigenen Einstellungen zu reflektieren, zu hinterfragen und gegebenenfalls auch zu ändern.

5. Bibliografie

5.1. Primärliteratur

Gardi, Tomer (2016): Broken German. – Graz/Wien: Droschl.
Glantschnig, Helga (1993): Blume ist Kind von Wiese oder Deutsch ist meine neue Zunge. Lexikon der Falschheiten. – Hamburg: Luchterhand.
Zaimoğlu, Feridun (1995): Kanak Sprak: 24 Misstöne vom Rande der Gesellschaft. – Hamburg: Rotbuch.

5.2. Sekundärliteratur

Androutsopoulos, Jannis (2019): Ethnolekt im Diskurs. Geschichte und Verfahren der Registrierung ethnisch geprägter Sprechweisen in Deutschland. In: Antos, Gerd/Niehr, Thomas/Spitzmüller, Jürgen (Hrsg.): Handbuch Sprache im Urteil der Öffentlichkeit. – Berlin/Boston: De Gruyter, S. 353-383.
Asgari, Marjan (2021): Sprachlicher Common Sense in gebrochenem Deutsch – Tomer Gardis Roman Broken German und seine besondere Eignung für den Fremdsprachenunterricht. In: Info DaF. Informationen Deutsch als Fremdsprache, Jg. 48, H. 4, S. 428-441.

Bernstein, Nils/Lerchner, Charlotte (2014): Ästhetisches Lernen im DaF-/DaZ-Unterricht. Literatur, Theater, Bildende Kunst, Musik, Film. – Göttingen: Universitätsverlag Göttingen.

Bjegac, Vesna/Waczek, Anna (2017): Rezeption mehrsprachiger und interkultureller Literatur - zwischen Alteritätserfahrung und Identifikation. In: Zeitschrift für interkulturellen Fremdsprachenunterricht, Jg. 22, H. 1, S. 44–56.

Bonfiglio, Thomas Paul (2013): The Invention of the Native Speaker. In: Critical Multilingualism Studies, Jg. 1, H. 2, S. 29-58.

Breit, Helen (2022): Zwischen Diskriminierung, Anerkennung und Unterstützung – zur Rolle pädagogischer Akteurinnen bei der Deutung und Bewältigung von Diskriminierungserfahrungen. In: Stock, Miriam/Hodaie, Nazli/Immerfall, Stefan/Menz, Margarete (Hrsg.): Arbeitstitel: Migrationsgesellschaft. – Wiesbaden: Springer, S. 85-103.

Bundesministerium für Bildung (2017): Interkulturelle Bildung – Grundsatzerlass 2017. – https://rundschreiben.bmbwf.gv.at/rundschreiben/?id=770 (5. November 2022).

Busch, Brigitta (2017): Mehrsprachigkeit. – Wien: Facultas.

Dimroth, Christine (2013): Lernersprachen. In: Jeuk, Stefan/Settinieri, Julia (Hrsg.): Sprachdiagnostik Deutsch als Zweitsprache. Ein Handbuch. – Berlin/Boston: De Gruyter Mouton, S. 21-46.

Dirim, İnci (2010): „Wenn man mit Akzent spricht, denken die Leute, dass man auch mit Akzent denkt oder so." Zur Frage des (Neo-)Linguizismus in den Diskursen über die Sprache(n) der der Migrationsgesellschaft. In: Mecheril, Paul/Dirim, İnci/Gomolla, Mechtild/Hornberg, Sabine/Stojanov, Krassimir (Hrsg.): Spannungsverhältnisse. Assimiliationsdiskurse und interkulturell-pädagogische Forschung. – Münster: Waxmann, S. 91-114.

Dirim, İnci/Pokitsch, Doris (2018): (Neo-)Linguizistische Praxen in der Migrationsgesellschaft und ihre Bedeutung für das Handlungsfeld 'Deutsch als Zweitsprache'. In: Roth, Kersten Sven/Schramm, Karen/Spitzmüller, Jürgen (Hrsg.): Phänomen 'Mehrsprachigkeit'. Einstellungen, Ideologien, Positionierungspraktiken. – Duisburg: Universitätsverlag Rhein-Ruhr (Osnabrücker Beiträge zur Sprachtheorie 93), S. 13-32.

Dobstadt, Michael/Riedner, Renate (2011): Fremdsprache Literatur. Neue Konzepte mit Literatur im Fremdsprachenunterricht. In: Fremdsprache Deutsch, Jg. 1, H. 44, S. 5-14.

Dürscheid, Christa/Brommer, Sarah (2019): Schrift und Schreiben in der gegenwärtigen Sprachreflexion. In: Antos, Gerd/Niehr, Thomas/Spitzmüller, Jürgen (Hrsg.): Handbuch Sprache im Urteil der Öffentlichkeit. – Berlin/Boston: De Gruyter, S. 309-332.

Eder, Ulrike (2014): Mehrsprachigkeit interpretieren. Eine exemplarische Literaturanalyse des Bilderbuchs „Die letzten Riesen" von François Place. – Wien: STUBE (Fernkurs Kinder- und Jugendliteratur).

Edmondson, Willis/House, Juliane (2011): Einführung in die Sprachlehrforschung. – Stuttgart/Bern: UTB/Francke.

Filsinger, Ute/Bauer, Susanne (2021): „Gebrochenesdeutschsprachigesraum" als sprachlich-literarischer Lernraum. Zur Gestaltung von Migrationsmehrsprachigkeit in (Jugend-)Literatur zu Flucht und Migration. In: Titelbach, Ulrike (Hrsg.): Mehr Sprachigkeit. Unterrichtsvorschläge für die Arbeit mit mehrsprachiger Literatur in der Sekundarstufe. –Wien: Praesens (Kinder- und Jugendliteratur im Sprachenunterricht 7), S. 69-96.

Gogolin, Ingrid (1994): Der monolinguale Habitus der multilingualen Schule. – Münster u.a.: Waxmann (Internationale Hochschulschriften).

Gouma, Assimina (2020): Migrantische Mehrsprachigkeit und Öffentlichkeit: Linguizismus und oppositionelle Stimmen in der Migrationsgesellschaft. – Wiesbaden: Springer VS.

Grosjean, François (2020): Individuelle Zwei- und Mehrsprachigkeit. In: Gogolin, Ingrid/Hansen, Antje/McMonagle, Sarah/Rauch, Dominique (Hrsg.): Handbuch Mehrsprachigkeit und Bildung. – Wiesbaden: Springer VS, S. 13-21.

Ingeborg-Bachmann-Preis Archiv (2016): Diskussion Tomer Gardi. In: Videobeitrag von ORF Kärnten am 25. Mai 2016 (28:19 Minuten). – https://bachmannpreis.orf.at/v3/stories/2773156/ (25. Oktober 2022).

Khakpour, Natascha (2016): Die Differenzkategorie Sprache. In: Hummerich, Merle/Dirim, İnci/Pfaff, Nicolle/Freitag, Christine (Hrsg.): Kulturen der Bildung: Kritische Perspektiven auf erziehungswissenschaftliche Verhältnisbestimmungen. – Wiesbaden: Springer VS, S. 209-220.

Kißling, Magdalena (2020): Weiße Normalität.: Perspektiven einer postkolonialen Literaturdidaktik. – Bielefeld: Aisthesis.

Kourabas, Veronika/Mecheril, Paul (2022): Über Rassismus sprechen. Auf dem Weg zu einer rassismuskritischen Professionalität. In: Stock, Miriam/Hodaie, Nazli/Immerfall, Stefan/Menz, Margarete (Hrsg.): Arbeitstitel: Migrationsgesellschaft. – Wiesbaden: Springer, S. 13-33.

Krumm, Hans-Jürgen/Reich, Hans H. (2011): Sekundarstufe II (AHS Oberstufe) Schulstufen 11 und 12. In: Krumm, Hans-Jürgen/Reich, Hans H. (Hrsg.): Curriculum Mehrsprachigkeit, S. 1-5. – https://www.oesz.at/download/cm/CurriculumMehrsprachigkeit2011.pdf (5. November 2022).

Mecheril, Paul (2010): Migrationspädagogik. – Weinheim u.a.: Beltz.

Rechtsinformationssystem des Bundes (2022): Gesamte Rechtsvorschrift für Lehrpläne – allgemeinbildende höhere Schulen, Fassung vom 30. Oktober 2022. – Wien: Bundesministerium für Digitalisierung und Wirtschaftsstandort. – https://www.ris.bka.gv.at/GeltendeFassung.wxe?Abfrage=Bundesnormen&Gesetzesnummer=10008568 (30. Oktober 2022).

Reich, Hans H./Krumm, Hans-Jürgen (2013): Sprachbildung und Mehrsprachigkeit. Ein Curriculum zur Wahrnehmung und Bewältigung sprachlicher Vielfalt im Unterricht. – Münster: Waxmann.

Röggla, Kathrin (2020): It's the language, stupid. In: Fleig, Anna/von Scheve, Christian (Hrsg.): Public Spheres of Resonance. Constellations of Affect and Language. – Milton: Routledge, S. 17-28.

Rösch, Heidi (2021): Literature und Language Awareness (LitLA). In: Titelbach,

Ulrike (Hrsg.): Mehr Sprachigkeit. Unterrichtsvorschläge für die Arbeit mit mehrsprachiger Literatur in der Sekundarstufe. – Wien: Praesens (Kinder- und Jugendliteratur im Sprachenunterricht 7), S. 17-39.

Rössler, Paul (2019): Gutes Deutsch, schlechtes Deutsch. Sprachrichtigkeit und Normen als metasprachliches Thema. In: Antos, Gerd/Niehr, Thomas/Spitzmüller, Jürgen (Hrsg.): Handbuch Sprache im Urteil der Öffentlichkeit. – Berlin/Boston: De Gruyter, S. 400-423.

Schweiger, Hannes/Hägi, Sara/Döll, Marion (2015): Landeskundliche und (kultur-)reflexive Konzepte. Impulse für die Praxis. In: Fremdsprache Deutsch, Jg. 2, H. 52, S. 3-10.

Simon, Nina (2022): Der Jugendroman *Unser wildes Blut* – Rassismuskritische Analyse und deutschdidaktische Überlegungen. In: Fereidooni, Karim/Simon, Nina (Hrsg.): Rassismuskritische Fachdidaktiken. Theoretische Reflexionen und fachdidaktische Entwürfe rassismuskritischer Unterrichtsplanung. – Wiesbaden: Springer VS (Pädagogische Professionalität und Migrationsdiskurse 2), S. 387-410.

Tarone, Elaine (2014): Enduring questions from the Interlanguage Hypothesis. In: Han, ZhaoHong/Tarone, Elaine (Hrsg.): Interlanguage: Forty Years Later. – Amsterdam: John Benjamins, S. 7-27.

Vlasta, Sandra (2019): „Was ist ihre Arbeit hier, in Prosa der deutschsprachige Sprach?" Mehrsprachige Räume der Begegnung und Empathie in Tomer Gardis Roman *broken german*. In: Acker, Marion/Fleig, Anne/Lüthjohann, Matthias (Hrsg.): Affektivität und Mehrsprachigkeit. Dynamiken der deutschsprachigen Gegenwartsliteratur. – Tübingen: Narr/Francke/Attempto, S. 143-156.

Hannah Balogh

Sprachen und Identität(en) in autofiktionaler Literatur
Herkunft von Saša Stanišić im diskursiven Literaturunterricht der Sekundarstufe II

1. Einleitung

„Herkunft sind die süß-bitteren Zufälle, die uns hierhin, dorthin getragen haben. Sie ist Zugehörigkeit, zu der man nichts beigesteuert hat" (Stanišić 2019, 67). So klingt Herkunft, wenn Saša Stanišić darüber schreibt. In seinem 2019 erschienenen Roman *Herkunft* sammelt er Erinnerungen an ein Land, Jugoslawien, das es nicht mehr gibt. Er schreibt vom Ankommen in einem neuen Land, Deutschland, und davon, wie sich die eigene Identität dadurch verändert. Der Protagonist des Buches ist Saša Stanišić, und doch ist es keine Autobiographie, die Stanišić da geschrieben hat. Indem er die Grenzen zwischen Fakt und Fiktion auslotet, dehnt er auch aus, was Identität alles sein kann – und schreibt dabei mit „Selbstbewusstsein gegen Fremdbestimmung (auch in der Sprache)" (Stanišić 2019, 234). Zu zeigen, wie dieser vielschichtige Roman spannend und gewinnbringend in einem Literaturunterricht eingesetzt werden kann, der Schüler*innen in ihrer Diskursfähigkeit fördert und sie zu reflektierter Teilhabe an einer multilingualen Gesellschaft befähigt, ist Anliegen des vorliegenden Beitrags. Dafür werden zunächst die Spannungs- und Subversionspotenziale eines progressiven neuen literarischen Genres – der Autofiktion – literaturwissenschaftlich beleuchtet und mit dem Schreiben in und über Mehrsprachigkeit in Verbindung gebracht. Anschließend wird ein Vorschlag dargelegt, wie Autofiktion und Mehrsprachigkeit in einem diskursiven Literaturunterricht der Sekundarstufe II in der zwölften Schulstufe anhand von Saša Stanišić' Roman *Herkunft* (2019) gelesen, diskutiert und kreativ weiterverarbeitet werden können.

2. Wie die Rezeption eines literarischen Textes von der Gattung abhängt

Wie wir einen Text lesen, hängt zu einem nicht geringen Anteil davon ab, welche Art von Text wir erwarten. Gemeint ist hier die Frage nach der Gattung eines (literarischen) Textes. Darauf verweist etwa Genette, wenn er schreibt „Das Wissen um die Gattungszugehörigkeit eines Textes lenkt und bestimmt, wie man weiß, in hohem Maß den Erwartungshorizont des Lesers und damit die Rezeption des Werkes" (Genette 2015, 14). Auch Zymner konstatiert in seinen Ausführungen über literarische Gattungsfragen und -probleme, „daß die Zuordnung eines Textes zu einer Gattung (...) Interpretationsmöglichkeiten im Hinblick auf den Text lenkt oder einschränkt (weil wir dann nämlich den Text mit bestimmten Erwartungen lesen)" (Zymner 2003, 75). Welcher Gattung ein Text angehört, diese Frage ist nicht immer eindeutig beantwortbar. Wichtig ist hierbei auch die Perspektive der Rezipient*innen, denn „(l)etztlich ist es nicht Aufgabe des Textes, seine Gattung zu bestimmen, sondern die des Lesers, des Kritikers, des Publikums, denen auch freisteht, die über den Paratext beanspruchte Gattungszugehörigkeit zu bestreiten" (Genette 2015, 14). Was Genette hier anspricht, ist die Streitbarkeit um die Frage, welcher Gattung ein Text angehört. Er kann sich als Roman ausgeben, aber durch Gattungsbrüche eine entsprechende Rezeption zugleich in Frage stellen. Außerdem lässt sich daraus bereits ableiten, dass Lesen keine reine Informationsentnahme aus einem Text ist, sondern ein dialogischer Prozess der Sinnkonstruktion, an dem Lesende aktiv beteiligt sind:

> „Bei der Lektüre eines literarischen Textes wandern nicht Informationen und Bedeutungen in Form einer Nachricht von einem Sender (dem realen Autor) zu einem Empfänger (dem realen Leser), sondern lediglich Signale, die vom Leser bzw. der Leserin durch eigene Bedeutungszuweisung interpretiert werden." (Nünning/Surkamp 2006, 19)

Im Kontext der literarischen Bildung kann man daraus schlussfolgern, dass Lesen gelernt sein will. Der Wichtigkeit der Rezeption hinsichtlich der Gattung eines Textes tragen Nünning und Nünning in ihrem Entwurf einer „narrativen Kompetenz" Rechnung (vgl. Nünning/Nünning 2007, 96f). Eine der von ihnen postulierten sechs Dimensionen narrativer Kompetenz ist gattungsbezogen und meint „die Kenntnis der wichtigsten narrativen Genres und die Fähigkeit, sie erkennen und ggf. verwenden zu können" (Nünning/Nünning 2007, 97). Für einen kompetenten wie auch lustvollen Umgang mit literarischen Texten braucht es eine geschulte Rezeptionsfähigkeit. Dies ist gerade für eine Gattung wie die Autofiktion von Belang, da sie sich vor allem durch Brüche und Spannungen auszeichnet. Wie weitreichend die Konsequenzen der Gattungsbezeichnung sein können, wird vor allem an dem Spannungsfeld *faktual – fiktional* erkennbar.[1] Betreten wir nun dieses Spannungsfeld exemplarisch anhand einer Gegenüberstellung von faktualem und fiktionalem literarischem Erzählen.

3. Autofiktion im Spannungsfeld von Fakt & Fiktion

Wer über Autofiktion sprechen möchte, sollte sich auch mit Gattungstheorie auseinandersetzen, zeichnet sich das Genre der Autofiktion doch gerade durch seine Brüche mit gattungstheoretischen Konventionen aus. Im Spannungsfeld von faktualem und fiktionalem Erzählen ist das Genre der Autofiktion irgendwo dazwischen anzusiedeln. Herauslesen kann man aus der Gattungsbezeichnung jedenfalls zweierlei: Das Genre der Autobiographie, das die Selbstreferenzialität des Autors und der Autorin auf die eigene Lebensgeschichte impliziert und die Fiktion, die eine imaginierte literarische Welt suggeriert. Die Berücksichtigung dieser gegensätzlichen Schreibkonventionen ist unumgänglich für die Betrachtung der Autofiktion. Darauf verweist auch Schaefer, die betont: „Die Diskussion um den Status der Autofiktion kann freilich nicht losgelöst von der Bestimmung dessen geführt werden, was unter ‚Autobiographie' und ‚Roman' zu verstehen ist" (2008, 301). In verknappter Form folgt eine prägnante Gegenüberstellung von autobiographischem und fiktionalem Schreiben. Für die Gattung der Autobiographie bis heute grundlegend sind die Ausführungen von Lejeune, der in seinem Standardwerk *Le pacte autobiographique* (1975) eine Theorie des autobiographischen Paktes entwirft, welchen Leser*in und Autor*in eingehen (vgl. Lejeune 1975, 14ff). Demnach wird Rezipient*innen eine faktuale Lesart angeboten. Evoziert wird eine solche Lesehaltung durch die Namensidentität von Autor*in, Erzähler*in und Protagonist*in, wie Lejeune konstatiert: „Damit es sich um eine Autobiographie (...) handelt, muß Identität zwischen dem *Autor*, dem *Erzähler* und dem *Protagonisten* bestehen" (Lejeune 1994, 15). Auch paratextuelle Angaben, wie etwa Gattungsbezeichnungen oder Klappentexte, können auf eine Autobiographie hindeuten. Zentral ist für Lejeune jedoch die bereits angesprochene „Namensidentität" (Lejeune 1994, 27), welche Auslöser für den autobiographischen Pakt ist, also für „die Be-

---

[1] Wie wird beispielsweise ein Film rezipiert, dem die Information „auf wahren Begebenheiten beruhend" vorangestellt ist?

hauptung dieser Identität im Text, die letztlich auf den Namen des Autors auf dem Umschlag verweist" (Lejeune 1994, 27). Während die Autobiographie eine faktuale Lesart suggeriert, verlangt die Fiktion das Gegenteil von ihren Adressat*innen – Zipfel spricht in diesem Zusammenhang vom Konzept des *make-believe*:

> „Der Autor produziert einen Erzähl-Text mit nicht-wirklicher Geschichte mit der Intention, dass der Rezipient diesen Text mit der Haltung des *make-believe* aufnimmt, und der Rezipient erkennt diese Absicht des Autors und lässt sich aus diesem Grunde darauf ein, den Erzähl-Text unter der Bedingung eines *make-believe*-Spiels zu lesen." (Zipfel 2009, 289)

Auch hierbei spielt die Haltung der Lesenden eine zentrale und aktive Rolle; ein fiktionaler Text wird wissentlich als eine Erzählung nicht realer Ereignisse gelesen. Dem autobiographischen Pakt stellt Zipfel den Fiktionsvertrag gegenüber, welchen Rezipient*innen und Autor*innen eingehen: „Ein Fiktionsvertrag wird stillschweigend bei jeder Produktion und Rezeption von fiktionalen Erzähl-Texten auf der Grundlage der die soziale Praxis *Fiktion* bestimmenden Regeln abgeschlossen" (Zipfel 2009, 293). Fiktionales Schreiben hat den Wahrheitsanspruch, dass etwas so passiert ist, wie es geschildert wird – mit der Einschränkung, dass dies nicht in der realen Welt geschehen ist, sondern in der dargestellten, imaginierten. Bredella betont, dass Fiktion einen eigenen Wahrheitsbegriff birgt:

> „Fiktion bedeutet nicht, dass etwas bloß ausgedacht ist und keinen Anspruch auf Wahrheit erheben kann. Auch ein Gedicht, in dem ein Autor aufrichtig seine Erfahrungen darstellt, ist eine Fiktion. Auch was in einen Roman zur Darstellung kommt, kann wirklich stattgefunden haben." (Bredella 2012, 33)

Hier wird die Komplexität von Wahrheit generell deutlich. Im literarischen Schreiben veräußert sich dieses komplexe Verhältnis von Fakt und Fiktion. Dieser Umstand lässt sich weniger als Problem denn als ästhetisches Potenzial begreifen. Vom Wahrheits- zum Wirklichkeitsbegriff hin schreibt Nünning der Literatur ihr eigenes Konzept von Wirklichkeit zu, wenn er konstatiert,

> „daß literarische Texte nicht wirkliches Geschehen abbildend repräsentieren, sondern eigenständige Manifestationsformen gesellschaftlicher Wirklichkeitskonstruktion darstellen und mit spezifisch fiktionalen Gestaltungsmitteln selbst zur Herausbildung neuer Wirklichkeitsmodelle beitragen können." (Nünning 2004, 179)

Ausgangspunkt ist hier die Frage nach der Repräsentation von Wirklichkeit in literarischen Texten. Während wir von einem Zeitungsartikel valide Aussagen über reale Ereignisse erwarten, haben wir andere Erwartungen an einen Roman (vgl. Nünning 2008, 21). Die Frage nach der Wirklichkeitsabbildung teilt literarische Texte in faktuale und fiktionale:

> „Two central criteria for differentiating between fictional and non-fictional narratives have traditionally been the specific way in which literature positions itself in relation to reality, and, in particular, the view that literature makes no claim to convey or represent 'facts'." (Nünning 2008, 21)

Diese auf den ersten Blick sinnvoll erscheinende Dichotomie von Fakt und Fiktion erweist sich bei genauerem Betrachten literarischer Texte als nicht immer eindeutig bestimmbar. Wie Rezipient*innen einen Text auffassen – faktual oder fiktional – hängt von sogenannten Fiktionssignalen (vgl. Martinez 2007, 240) ab. Dies können einerseits paratextuelle Angaben wie Gattungsbezeichnungen (Roman, Autobiographie, Memoiren, etc.) sein, andererseits auch textinterne Darstellungsmerkmale, wie die Erzählform eines allwissenden Erzählers, der als Hinweis auf fiktionales Erzählen gelesen werden kann. Der Ordnungsrahmen einer Gattung kann Konventionsbrüche evozieren: „Manche Werke spielen auf paradoxe Weise mit der Grenze zwischen fiktionalem und nichtfiktionalem Erzählen" (Martinez 2007, 240). Eine, von Martinez als relativ „jung" (2007, 240) bezeichnete Gattung, die Konventionsbrüche begeht, ist die Autofiktion. Dreh- und Angelpunkt ist dabei nach Martinez „ein mit dem Autor offenbar weitgehend identischer Erzähler (...), der unter der Bez(eichnung) *Roman* eine womöglich autobiographische Geschichte wiedergibt" (Martinez 2007, 240). In einem autofiktionalen Text werden konventionelle Gattungshinweise widersprüchlich miteinander vermischt. Mit der scheinbaren Identitätsübereinstimmung von Autor*in und Erzähler*n im Text kann ein autofiktionaler Text autobiographisch gelesen werden. Paratextuelle Angaben wie *Roman* erzeugen einen Widerspruch zur faktualen Lesart. Ein Spannungsfeld entsteht, Konventionen werden gebrochen und Fragen werden aufgeworfen. Es folgt eine literaturwissenschaftliche Annäherung an das Genre der Autofiktion, wobei dreierlei Definitionsversuche nachgezeichnet werden.

3.1. Definitionsversuch 1: Autofiktion als Gattungsaktualisierung

In seinem 1977 veröffentlichten Roman *Fils* erzählt der französische Schriftsteller und Literaturwissenschaftler Serge Doubrovsky aus dem Leben des gleichnamigen Protagonisten (vgl. Doubrovsky 2001). Der Roman gilt in der Literaturwissenschaft als prägendes Referenzwerk für das Genre der Autofiktion (vgl. Schaefer 2008, 299; Wagner-Egelhaaf 2013, 9; Zipfel 2009, 285). Spätestens seit der Ende der 1970er Jahre angestoßenen Debatte „gilt die damit visierte neue Form autobiographischen Schreibens als schwer klassifizierbarer Grenzfall im Spektrum von fiktionaler und faktualer Literatur" (Schaefer 2008, 299). Schaefer fasst die Gegensatzpaare *Fakt* und *Fiktion* unter dem Überbegriff des Konstrukts zusammen, mit dem Hinweis, „dass auch Fakten das Ergebnis kognitiver Selektion und Reorganisation von Erfahrung oder (auch sprachlicher) Formung, kurz: eines Konstruktionsprozesses sind" (2008, 302). Hier spricht Schaefer ein Problem an, mit dem sich die Autobiographie in einer faktualen Lesart konfrontiert sieht, denn diese „ist selbst bereits, mehr noch als der Roman, eine umstrittene Gattung (…) hinsichtlich ihrer Definition" (2008, 301). Gemeint ist damit die Tatsache, dass sich auch die Autobiographie durch Retrospektion, Selektion und Inszenierung des Selbst auszeichnet und dahingehend konstruiert ist, was an die Kategorie *faktual* berechtigte Zweifel heranträgt. Anders bei der Fiktion, bei welcher die Gemachtheit kein Problem darstellt, sondern sie gerade konstituiert. Noch sichtbarer wird das Problem der Autobiographie an Lejeunes bereits dargelegtem Konzept des autobiografischen Pakts (vgl. Kapitel 3). Zwar gelten Lejeunes Ausführungen in der Gattungstheorie als grundlegend, jedoch auch als überholt (vgl. Zipfel 2009, 287). Sie blenden aus, dass auch die Autobiographie keine reine referentielle Darstellung der Wirklichkeit, sondern konstruiert ist. In einer ersten Konsequenz lässt sich das Genre der Autofiktion als die Aktualisierung der Autobiographie lesen, wobei dem Fiktionalitätsanteil im autobiographischen Schreiben Rechnung getragen wird. Dieser Autofiktionsbegriff ist zulässig und zugleich schwach. „Natürlich kann man mit Blick auf Goethe und andere sagen, dass jede Autobiographie ‚eigentlich' Autofiktion sei, aber dies wäre kein ‚starker' Autofiktionsbegriff" (Wagner-Egelhaaf 2013, 9). Und auch Schaefer plädiert dafür, der Autofiktion „einen eigenen Ort im Gattungsgefüge, jenseits von ‚rein' autobiographisch und ‚rein' fiktionalen Texten, zuzuerkennen" (2008, 300). Folglich sei ein weiterer Definitionsversuch angestellt.

3.2. Definitionsversuch 2: Autofiktion als Raum für Ambivalenz

Eine prägnantere und produktive Eigenheit von Autofiktion sieht Schaefer in der bewussten Offenlegung ihrer Ambiguität zwischen Fakt und Fiktion: „Anders als die Autobiographie verschleiert die Autofiktion ihre fiktionalen Anteile nicht, im Gegenteil, sie kehrt sie hervor" (2008, 305). Autofiktion spielt offen mit ihrem ambigen Status, „und anders als der Roman bietet sie dem Leser zumindest teilweise offen einen autobiographischen Pakt an" (2008, 305). Ein Indiz dafür ist die Namenssynonymie von Autor*in, Erzähler*in und Protagonist*in bei gleichzeitiger paratextueller Angabe *Roman*, womit an die Rezipient*innen offenkundig mehrdeutige Signale gesendet werden. „Der autofiktionale Text tut alles, um als beides, fiktional *und* faktual, rezipiert zu werden, und lässt sich nach dem binären Schema nicht eindeutig klassifizieren" (Schaefer 2008, 305). Und weiter: „Während die Autobiographie die Identifikation von Autor und Erzähler proklamiert und der Roman zwischen beidem streng zu unterscheiden gebietet, verlangt die Autofiktion beides" (Schaefer 2008, 306). In dieser Lesart autofiktionaler Texte wird das eingangs erwähnte produktive Moment dieser Gattung deutlich: Die Autofiktion oszilliert nicht vage zwischen den beiden Polen von Fakt und Fiktion, sie dekonstruiert diese Dichotomie und eröffnet einen neuen Raum innerhalb dieses Spannungsfeldes:

> „Anzusetzen wäre also ggf. ein *dritter Typ* zwischen ‚fiktionalem Text' und ‚faktualem Text', der all jenen Texten Rechnung trüge, die auf einer *ambivalenten Mischung fiktionaler und faktualer Elemente* beruhen, wo also nicht mehr klar ist, ob der Text nun überwiegend fiktional oder faktual ist." (Schaefer 2008, 306)

Autofiktionale Texte bieten dem Leser und der Leserin ihre Ambivalenz offen an. Bedenkt man, dass auch Personen und ihre Geschichten nicht eindeutig sind, sondern immer auch Widersprüche in sich tragen, ist die Autofiktion vielleicht die authentischste Form der Lebenserzählung.

3.3. Definitionsversuch 3: Autofiktion als Diskurs

Unter Bezugnahme auf den foucaultschen Diskursbegriff (vgl. Foucault 1991) fordert Aulf mehr Spielraum für die Beschreibung dessen, was autofiktionales Schreiben ist. Hier wird Autofiktion nicht als literarisches Genre, sondern als eine diskursive Praxis verstanden. Denn Texte, die unter den autofiktionalen Diskurs fallen, können unterschiedliche Ausgestaltungen des autofiktionalen Potenzials aufweisen. Nach Aulf ist Autofiktion daher weniger geeignet als ein Genre, sondern mehr als ein „Beschreibungsinstrument" (2015, 184):

> „die Tatsache, dass autofiktionale Texte weiterhin mit den unterschiedlichen Fiktionsgehalten unter dem Oberbegriff der Autofiktion geschrieben werden und sich zudem in immer weitere Auszweigungen weiterentwickeln, untermauert m. E. die Forderung nach einem beweglicheren Beschreibungsinstrument." (Aulf 2015, 184)

Allen autofiktionalen Texten zugrundeliegend ist ihr Wahrheitsbegriff, dessen zentrale Stellung im bereits diskutierten Spannungsfeld von Fakt und Fiktion hier nochmals zutage tritt: „Gerade der Wahrheitsgehalt autofiktionaler Texte stellt den ungelösten Diskussionspunkt der langen wissenschaftlichen Diskussion dar" (Aulf 2015, 184). Der Wahrheitsbegriff ist hier nicht gattungs-, sondern diskurskonstituierend. Im Lichte des autofiktionalen Diskurses ergibt sich dadurch ein beschreibbares Verständnis von Wahrheit:

> „Geht man nun davon aus, dass für autofiktionale Texte eine eigene, vom schreibenden Subjekt abhängige Wahrheit gelten kann, da jeder Diskurs eine ihm inhärente Wahrheit hat, so wird dieses Problem ausgehebelt. Die Wahrheit innerhalb des Autofiktionsdiskurses wäre die des schreibenden Subjekts, beziehungsweise seiner Autofiktion." (Aulf 2015, 184)

Mit diesem Verständnis von autofiktionalem Schreiben tritt nochmals deutlich das schreibende Subjekt in den Vordergrund, welches in selbstermächtigender Weise selbst bestimmt, wie die eigene Geschichte erzählt wird. Hierin wird das Potenzial der Autofiktion für den diskursiven Literaturunterricht deutlich (vgl. Siepmann 2021). Begreift man Autofiktion als Diskurs im Sinne von Foucault (1991), so wird autofiktionales Schreiben zu einer Praxis und einer Handlung

> „und der Diskurs – dies lehrt uns immer wieder die Geschichte – ist auch nicht bloß das, was die Kämpfe oder die Systeme der Beherrschung in Sprache übersetzt: er ist dasjenige, worum und womit man kämpft; er ist die Macht, deren man sich zu bemächtigen sucht." (Foucault 1991, 11)

Autofiktionales Schreiben ist das *Womit*, das Werkzeug, mit dem man sich selbst erzählt, und das *Worum*, die Absicht, selbst zu bestimmen, wie man sich erzählt. Denkt man an die Tatsache, dass Subjekte immer auch mit

Fremdzuschreibungen konfrontiert sind, ist autofiktionales Schreiben eine Möglichkeit, gegen eine solche Fremdbestimmung anzuschreiben. Dies wäre im autobiographischen Schreiben bereits möglich. Autofiktionales Schreiben hingegen ermöglicht mehr: die widersprüchliche, unabgeschlossene Selbstschreibung und die Reflexion über die eigene Vielzahl an Identitäten, ohne eine eindeutige Antwort geben zu müssen. Das Subjekt geht dabei dem Schreibprozess nicht voraus, es entsteht, indem es aufgeschrieben wird. Darin liegen das reflexive und das identitätsbildende Potenzial autofiktionalen Schreibens. Im folgenden Abschnitt wird das subversive Potenzial der Autofiktion im Sinne der postkolonialen Literaturkritik (vgl. Neumann 2010, 276) ausgelotet, das ebenso in die didaktischen Überlegungen miteinfließen soll.

3.4. Autofiktion und postkoloniale Literaturkritik

Versteht man Autofiktion als Diskurs im foucaultschen Sinne, zeigt sich diese Gattung als ein Ort, an dem Konstrukte wie Identität, Zuschreibung und Alterität von einem postkolonialen Standpunkt her literarästhetisch verhandelt werden können. Wie eingangs beschrieben, werden in autofiktionalem Schreiben tradierte Gattungskonventionen, die auf der Dichotomie *Fakt* und *Fiktion* beruhen, vermischt, was in der postkolonialen Literaturkritik als literarisches Verfahren „zur Inszenierung von kultureller Hybridität" (Neumann 2010, 279) gelesen werden kann. Im übertragenen Sinne unterläuft die autofiktionale Identität jedwede Zuschreibungsmechanismen, da sie sich nicht endgültig festlegen lässt. Autofiktionales Schreiben kann demnach im postkolonialen Sinne als ein *Writing-Back* (Neumann 2010, 276) verstanden werden, das darauf abzielt, Fremdzuschreibungen zurückzuweisen bzw. das die „Subversion hegemonialer Ordnungssysteme" (Neumann 2010, 276) anstrebt.

4. Autofiktionale Identität(en) und Widerstandspotenzial in *Herkunft* von Saša Stanišić

Stanišić' subversives Schreiben in *Herkunft* (2019) erfolgt auf zwei Ebenen: auf der Ebene der literarischen Gattung, die selbst schon als Subversion herkömmlicher Tradition gelesen werden kann und auf inhaltlicher Ebene, wobei Stanišić Themen wie Identität(en) und Zuschreibungen thematisiert und diese explizit in Machtverhältnisse einbettet. In seinem Essay *Wie ihr uns seht. Über drei Mythen vom Schreiben der Migranten* schreibt

Stanišić bereits im Jahr 2008 gegen Zuschreibungen wie *Migrationshintergrund* und daraus resultierende Kategorisierungen wie *migrantisches Schreiben* an (Stanišić 2008, 104ff). Er setzt sich skeptisch mit der Kategorie der *Migrationsliteratur* und den damit einhergehenden Erwartungen und Rezeptionsformen seitens der Leser*innen auseinander. In humoristischem Ton gepaart mit kritischer Schärfe hinterfragt er die Sinnhaftigkeit einer Vereinheitlichung migrantischen Schreibens:

> „Auch beim Lesen meiner Kollegen, der anderen schreibenden Migranten, bin ich einer Reihe von Vorurteilen begegnet, wie und worüber Ausländer erzählen sollten (und wie und worüber nicht). Allerdings haben meine ‚Migrantenkollegen' und ich nicht so viel gemeinsam, wie manche Kritiker und Philologen gerne sähen; es ist sehr schwierig, uns ordentlich nebeneinander in einem Regalfach unterzubringen." (Stanišić 2008, 104)

Stanišić thematisiert und kritisiert hier Zuschreibungen aufgrund der Herkunft. Elf Jahre später widmet Stanišić dem Thema *Herkunft* unter gleichnamigem Titel ein ganzes Buch und erhält dafür 2019 den Deutschen Buchpreis. Darin erzählt Stanišić aus der Ich-Perspektive von einem Protagonisten namens Saša Stanišić, dessen Großmutter an Demenz erkrankt. Der Protagonist Saša Stanišić beschließt, Erinnerungen aufzuschreiben: „Als meine Großmutter Kristina Erinnerungen zu verlieren begann, begann ich, Erinnerungen zu sammeln" (Stanišić 2019, 64). Herausgekommen ist ein literarischer Text zwischen Roman und Autobiographie, in dem Stanišić darüber nachdenkt, was Herkunft bedeutet. Stanišić gießt autobiographisch anmutende Versatzstücke erzählerisch in einen Erinnerungsfluss. Entstanden ist dabei ein „Selbstporträt mit Ahnen" (Stanišić 2019, 50), bei dem ganz nebenbei auch der Prozess der Auseinandersetzung mit der eigenen Geschichte reflektiert wird: „Es ist auch ein Porträt meiner Überforderung mit dem Selbstporträt" (Stanišić 2019, 50). Gemäß dem authentischen Prozess des Erinnerns erzählt Stanišić anachronistisch von Erinnerungsfragmenten (vgl. Genette 2010, 18). Geschildert wird die Geschichte des Protagonisten Saša Stanišić, die Geschichte seiner Vorfahren und seiner Familie im Hier und Jetzt. Es wird vom Jugoslawienkrieg erzählt, vor dem die Familie 1992 in ein neues Land – Deutschland – flüchtet. Mit seinem Schreiben setzt Stanišić autobiographische Fragmente in gesellschaftliche Kontexte. An den Themen des Buches, wie Stanišić sie beschreibt, werden Spannungsfelder deutlich. Zunächst geht es um die Herkunft, um die eigene Geschichte, um die Vorfahren, um die Familie im Jetzt und deren Zersplitterung. Hier kommt das gesellschaftliche Umfeld ins Spiel. Da wird vom Krieg berichtet, vor dem die Familie flüchten muss, weil die Mutter Muslima ist. Es wird eine Gesellschaft beschrieben, die Stanišić Zuschreibungen gibt. Mit dem Landeswechsel ändert sich seine Identität – er ist plötzlich fremd, Geflüchteter, jemand vom Balkan. Herkunft ist die diskursive Achse, an der Stanišić seine Überlegungen misst. Was bedeutet Herkunft für das Leben des Einzelnen? Diese Frage bedenkt Stanišić im Kontext der heutigen Zeit und Gesellschaft:

> „Ich begann mich mit meiner Herkunft zu beschäftigen, gab es aber lange nicht zu. Es erschien mir rückständig, geradezu destruktiv, über *meine* oder *unsere* Herkunft zu sprechen in einer Zeit, in der Abstammung und Geburtsort wieder als Unterscheidungsmerkmale dienten, Grenzen neu befestigt wurden und sogenannte nationale Interessen auftauchten aus dem trockengelegten Sumpf der Kleinstaaterei. In einer Zeit, als Ausgrenzung programmatisch und wieder wählbar wurde." (Stanišić 2019, 64)

Versteht man Ambivalenz als „Doppelwertigkeit" (von Wilpert 2001, 22), ist damit der Widerspruch von zwei Gegensätzen gemeint. Akrobatische Widersprüchlichkeiten, die in ihrer Ambivalenz einen neuen Sinn eröffnen, finden sich in Saša Stanišić' *Herkunft* (2019) ab der ersten Seite, wo eine Großmutter eine Großmutter ist – und zugleich ein kleines Mädchen: „Es ist der 7. März 2018 in Višegrad, Bosnien und Herzegowina. Großmutter ist siebenundachtzig Jahre alt und elf Jahre alt" (Stanišić 2019, 5). Liebevoll und ehrlich wird da die Demenzkrankheit der Großmutter beschrieben. Die Welt der Tatsachen, die in Orte, Daten und Uhrzeiten geordnet ist, wird der Zufälligkeit und Willkür einer Lebensgeschichte spannungsvoll gegenübergestellt. Exemplarisch zeigt sich hier Ambivalenz als Programm des Buches, aber Autofiktion ist es noch keine. Autobiographisch klingt es ab Seite zwei, wo der Text klassisch mit der Geburt beginnt: „Am 7. März 1978 wurde ich in Višegrad an der Drina geboren" (Stanišić 2019, 6). Der Autor Saša Stanišić ist am 7. März 1978 in Višegrad im damaligen Jugoslawien und heutigen Bosnien und Herzegowina geboren (PEN-Zentrum Deutschland 2020, 302). Durch diese Eröffnung des Textes ist der Leser und die Leserin dazu verleitet, jene Gleichung anzustellen, die nach Lejeune auf eine Autobiographie hinweist: *Autor*in = Erzähler*in = Protagonist*in*. Autofiktional ist Stanišić' Geschichte jedoch nicht zuletzt durch ihre Rahmung. Beginnt das Buch bei der Geburt Stanišić' in klassisch-autobiographischer Manier, so hebt der Schluss ab in den fiktionalen Kosmos. Ein eindeutiges Ende gibt es hier nicht. In der Tradition der Rollenspiele und Fantasyromane, die der Protagonist Stanišić angibt, selbst als Jugendlicher gelesen und geliebt zu haben, entscheidet stattdessen die Leserin und der Leser, wie das Buch enden soll. Gleich in zehn Versionen – je nachdem, auf welcher Seite man weiterlesen möchte – kann die Geschichte von Saša und seiner Oma Kristina unterschiedlich ausgehen. Letzten Endes entzieht sich die Geschichte mit ihren Figuren dadurch einer finalen Eindeutigkeit. Zwar liegt jedem literarischen Text eine Vieldeutigkeit zugrunde, das gewählte Ende des Romans treibt diese jedoch auf die Spitze und kann als ultimatives Anschreiben gegen die eindeutige Interpretierbarkeit eines sich erzählenden Subjekts gelesen werden. Autofiktional über sich selbst zu schreiben eröffnet Räume und Möglichkeiten, eindimensionale Zuschreibungen auszuloten und sich selbst etwas weniger fassbar zu machen. Indem man keine Eindeutigkeiten anbietet, verunmöglicht man feste Zuschreibungen, die man möglicherweise als einschränkend empfindet. Gleichzeitig bleibt man selbst der- oder diejenige, der oder die spricht und die eigene Geschichte erzählt. Die Fluidität der individuellen Sprachverwendung unterläuft im autofiktionalen Raum limitierende Fremdwahrnehmungen. Autofiktional sind bei Stanišić auch jene Stellen, an denen die Konstruiertheit der Erinnerung offengelegt wird. Wenn der Ich-Erzähler etwa zugibt, für die Ortsbeschreibung seiner ehemaligen Heimat in Wahrheit *Google Maps* verwendet zu haben (Stanišić 2019, 68). Oder wenn da eine Anekdote über eine *Poskok*, eine Hornotter, erzählt wird (Stanišić 2019, 18ff), von der später in einem Chatverlauf mit dem Vater hervorgeht, dass sie nie passiert ist (Stanišić 2019, 223f). Scheinbare narrative Brüche, die man beinahe übersehen könnte – und doch sind sie bewusst eingesetzt. Interpretatorisches Potenzial besitzen sie allemal. Denn an diesen Textstellen wird der Konstruktcharakter der Erzählungen sichtbar gemacht. Die Erinnerungen sind klug komponiert, sie wurden von jemandem gesammelt, in eine Form gebracht und aufgeschrieben. Dass man nicht alles für bare Münze nehmen darf, wenn jemand von sich erzählt, wäre der erste – noch etwas kurz gegriffene –Schluss daraus. Man kann dieser formalen Gestaltung mehr interpretatorische Bedeutung beimessen. Form und Inhalt kongruieren hier. So werden immer wieder Situationen beschrieben, in denen der Protagonist mit Fremdzuschreibungen konfrontiert ist. Dass er plötzlich als Fremder wahrgenommen wird, ist für die Figur Saša eine irritierende Erfahrung, für jene, die ihm das Fremdsein zuschreiben, eine unbewusste Selbstverständlichkeit. Genau da wird eine Bruchstelle deutlich – jene von Selbst- und Fremdwahrnehmung, von Zuschreibungen, welche als Konstrukte hervortreten, und nicht als naturgegeben. Diese Brüche thematisiert Stanišić und wählt dafür eine literarische Form, die auch formale Bruchstellen aufweist. So werden Konstrukte als solche auf beiden Ebenen – inhaltlich und formal – dekonstruiert. Autofiktionales Schreiben tritt hier als subversives Schreiben *gegen* machtvolle Zuschreibungen durch Fremdwahrnehmung zutage, indem es die Bruchstellen solcher Konstrukte veräußert. Eine Erinnerung kann mehrere Versionen haben – ein Mensch kann mehrere Subjektpositionen und Identitäten haben. Sprache als Trennlinie solcher Positionen durchdringt dabei die Geschichte des Menschen, der hier erzählt wird. Indem Zuschreibungen als konstruiert enttarnt werden, lassen sie sich auch zurückweisen. Man kann *Herkunft* (Stanišić 2019) als eine große literarische und kraftvollpoetische Zurückweisung von Zuschreibungen lesen, denen eine eigene Version entgegengehalten wird. Eine Version, die selbst nie ganz greifbar wird. Darin liegt wahrscheinlich die größte widerständige Kraft dieser Selbsterzählung.

5. Mehrsprachigkeit und die Rolle der Sprachen in *Herkunft* von Saša Stanišić

Saša Stanišić lernte mit 14 Jahren Deutsch, und das „nebenbei", wie er im Gespräch mit Barbara Siller erzählt (Stanišić in: Siller/Stanišić 2020, 346). Auf die Frage, welche Bedeutung seine Sprachen für sein literarisches Schaffen haben, meint er:

„Da ich seit längerem nur noch auf Deutsch schreibe, denke ich beim literarischen Schreiben nicht über meine Muttersprache nach oder in ihr. Wenn ich eine Figur erschaffe, die Serbisch/Kroatisch spricht oder eine Situation, in der die Sprachen zu hören sind, dann übersetze ich ins Deutsche und mache mir höchstens noch Gedanken, die sich auch ein Übersetzer wahrscheinlich machen würde: Wie komme ich dem am nächsten, was da gesagt wird, in der deutschen ‚Fremdsprache'. Dass ich quasi zwei Muttersprachen habe, nutzt also ein wenig und stört nie." (Stanišić in: Siller/Stanišić 2020, 346)

Und auf die Anschlussfrage, warum Stanišić auf Deutsch schreibe, antwortet er: „Ich schreibe auf Deutsch, weil das meine bessere Sprache ist. Ich kann das Erzählen genauer und mannigfaltiger lösen als auf Serbisch/Kroatisch" (Stanišić in: Siller/Stanišić 2020, 346). Der Autor betont hier eine Souveränität in der Sprachverwendung. Er positioniert sich nicht als mehrsprachiges Subjekt, sondern als Schriftsteller, der bestmöglich erzählen will. Und das ist sein gutes Recht. Kritisch geäußert hat er sich ebenso mannigfaltig, wenn es um Fragen zu seiner Herkunft und seinem Sprachrepertoire geht. An der Stelle sei nochmals an seinen Essay über migrantisches Schreiben erinnert (vgl. Stanišić 2008 und Kapitel 4). Auch beim Blick in sein Buch *Herkunft* begegnen wir der Sprachenvielfalt auf eher subtile Weise: „Tatsächlich ist das Serbisch/Kroatische in Stanišić' Texten kaum präsent. Wo es zur Erscheinung kommt, ist es fast immer eine ins Deutsche übersetzte Sprache" (Codina Solà 2020, 353). Eine erste Begegnung mit dem Serbisch/Kroatischen[2] – in *Herkunft* nennt es der Protagonist Serbokroatisch – macht man in der Episode „Oskoruša, 2009" (Stanišić 2019, 18ff). Bei einem Besuch des bosnischen Bergdorfs Oskoruša, im Buch der Geburtsort von Stanišić' Großvater, trifft der Protagonist auf eine Schlange:

> „Eine Schlange kreuzte unseren Weg. 'Poskok', zischte Gavrilo. Ich trat einen Schritt zurück, und es war, als schritte ich auch zurück in der Zeit, zu einem ähnlich heißen Tag in Višegrad vor vielen Jahren. *Poskok bedeutet: ein Kind* – ich? – *und eine Schlange im Hühnerstall. Poskok bedeutet: Sonnenstrahlen, die zwischen den Brettern durch die staubige Luft schneiden. Poskok: ein Stein, den Vater über den Kopf hebt, um die Schlange zu erschlagen.* In *poskok* steckt *skok* – Sprung, und das Kind malt sich die Schlange aus: *an deinen Hals springt sie, spritzt dir Gift in die Augen.* Vater spricht das Wort aus, und ich fürchte das Wort mehr als das Reptil im Hühnerstall." (Stanišić 2019, 27)

Das serbisch/kroatische Wort *Poskok* wird von Gavrilo, einem Dorfbewohner, genannt. Der Protagonist denkt über den Begriff nach und übersetzt ihn zunächst noch nicht direkt, sondern kontextualisiert ihn. Assoziationen, die nach Kindheitserinnerungen klingen, geben dem Begriff einen erweiterten Bedeutungshorizont, immer in Verbindung stehend mit der Vergangenheit des Protagonisten Stanišić. Wörtlich übersetzt wird es an späterer Stelle: „Das übersetzte Wort – Hornotter – lässt mich kalt." (Stanišić 2019, 27). Die Übersetzung ist für den Protagonisten emotional indifferent. Der Sprachwechsel ins Serbisch/Kroatische gestaltet in der beschriebenen Episode das Narrativ; Ort (Bosnien), Zeit (Erinnerungen) und Figur (Gavrilo, Dorfbewohner des bosnischen Bergdorfes Oskoruša). Der Autor entspinnt hier eine Vielstimmigkeit an Bedeutungen, die ein Wort in einer bestimmten Sprache aus einer spezifischen Subjektperspektive haben kann. Serbisch/kroatische Wörter, Phrasen und Lieder tauchen in *Herkunft* vor allem in jenen Episoden auf, die in Bosnien spielen und von Erinnerungen erzählen. Sprache dient dabei der Verortung der Geschichte, die erzählt wird. Die Sprachbezeichnung *Serbokroatisch*,

---

[2] Im Gespräch mit Barbara Siller nennt der Autor selbst seine Herkunftssprache Serbisch/Kroatisch (Stanišić in: Siller/Stanišić 2020, 346). Der hier vorliegende Beitrag orientiert sich an der Sprachbezeichnung des Autors.

wie sie im Buch vorliegt, kann dabei selbst als Stilmittel gelesen werden. So merkt Codina Solà an, dass es sich hier um einen Autor handelt, „der den Zerfall Jugoslawiens am eigenen Leib erfahren hat und die Auswirkungen der nationalistischen Debatten auf die Sprachpolitik mit Sicherheit gut kennt" (2020, 355). Das Serbokroatische als Entität befindet sich selbst seit dem Zerfall Jugoslawiens in einem Spannungsfeld zwischen linguistischer Realität und nationalistisch motivierter Sprachpolitik (vgl. Gröschel 2009, 1ff; 360ff). An der Debatte wird die Macht ideologischer Sprachpolitik anschaulich. Der ideologischen Sprachpolitikdebatte entzogen ist der Protagonist, der die Sprache so bezeichnet, wie sie in seiner Kindheit hieß. Die Bezeichnung könnte somit selbst als eine zeitliche und auch räumliche Verortung der Figur Saša Stanišić, als Topos der Erinnerung gelesen werden.

Im Gegensatz zum Serbisch/Kroatischen, welches, wie eben beschrieben, subtil zur Ausgestaltung der Erinnerungserzählungen dient, wird das Verhältnis zur deutschen Sprache im Roman durchgehend expliziert. Von ersten Begegnungen und auch Schwierigkeiten mit Deutsch hin zu dem Wendepunkt, wo der Protagonist erstmals seine Geschichten auf Deutsch schreibt, wird da ein Prozess nachgezeichnet:

> „Du stehst vor der Tür und liest: *Ziehen*. Das ist eine Tür. Das sind Buchstaben. Das ist Z. Das ist I. Das ist E. Das ist H. Das ist E. Das ist N. *Ziehen*. Willkommen an der Tür zur deutschen Sprache. Und du drückst" (Stanišić 2019, 132, vgl. Unterrichtsmaterial 1).

In der Episode „Bruce Willis spricht Deutsch" (Stanišić 2019, 132ff) erzählt Stanišić von seinem ersten Tag an der deutschen Schule, die er durch die eingangs beschriebene Türe dann doch noch betritt. Busch konstatiert in Bezug auf das sprachliche Repertoire in Zusammenhang mit Lebensphasen:

> „In Sprachbiografien wird der Moment des Schuleintritts immer wieder als ein Schlüsselerlebnis thematisiert, als auslösendes Moment der Irritation in Bezug auf das eigene Sprachrepertoire. Das kann sich als ein Gefühl manifestieren, *out of place*, deplatziert zu sein, sich mit der falschen Sprache am falschen Ort zu befinden." (2013, 52)

Die deutsche Sprache wird in der Episode zum Packgut:

> „Die neue Sprache lässt sich einigermaßen gut packen, aber ganz schlecht transportieren. Du verstehst mehr, als du sagen kannst. An den Gepäckbän-

dern der Deklination vergisst du Endungen, die deutschen Wörter sind zu sperrig, die Fälle geraten durcheinander und die Aussprache guckt immer raus, ganz egal, wie du die Sätze zusammenlegst." (Stanišić 2019, 134)

Der Sprachlernprozess, von dem hier metaphernreich berichtet wird, entwickelt sich schnell weiter. Der Protagonist gelangt zum Wendepunkt:

> „Du stehst wieder vor der Tür. Du nimmst nicht mehr wahr, dass da *Ziehen* steht. Etwas können ist das Beste. Der Koffer aus Sprache ist mit mehr Gepäck leichter geworden. Die vielen Vokabeln und Regeln und Fertigkeiten schicken dich auf eine neue Reise: Du beginnst Geschichten zu schreiben." (Stanišić 2019, 136)

Der Protagonist erzählt, wie er sich früh das Deutsche aneignet und sich darin immer wohler fühlt. Symbolisch beschreibt Stanišić hier die Sprache nicht nur als Packgut, sondern implizit auch als Zutrittskarte zu einer Dominanzgesellschaft, die die Mehrheitssprache spricht. An anderer Stelle wird der Aneignungsprozess des Deutschen literarästhetisch verarbeitet. Da geht es um Genuslernen und Tempusformen: „Von einem der Balkone hing eine deutsche Fahne (f). Ich hatte sie zuvor schon gesehen, jetzt fragte ich mich, wer sie warum dort angebracht hatte (anbringen, -gebracht)" (Stanišić 2019, 142). Oder aber um die trennbaren Verben: „Verbpräfixe. Du austrägst Zeitungen" (Stanišić 2019, 135). Hier tritt nicht nur der Lernprozess in den Vordergrund der Erzählung, sondern auch die Souveränität in einer ursprünglich fremden Sprache:

> „Durch die Fähigkeit, die Sprache als eine ursprünglich fremde zu inszenieren, wird einerseits die Präsenz einer anderen Sprache implizit signalisiert. Andererseits lässt der Autor gerade dadurch performativ erkennen, dass es sich beim Deutschen nicht mehr um eine Fremdsprache handelt, sondern um eine Sprache, die er gewandt zu nutzen weiß." (Codina Solà 2020, 357)

Mit anderen Worten wird hier vorgeführt, dass man sich jede Sprache, die zunächst fremd ist, aneignen darf und kann. Im Nachzeichnen des Aneignungsprozesses auf literarische Weise wird der Erfolg des Prozesses hervorgehoben. Noch etwas zeigt sich an dem Text: die literarische Verarbeitung und Aufwertung von Lerner*innenvarietäten, welche die „innere Migrationsmehrsprachigkeit" (Filsinger/Bauer 2021, 69) spiegeln. Auf das ästhetische Potenzial von Interimsprache hat unter anderem Eder hingewiesen (vgl. Eder 2016). In *Herkunft* steht die Interimsprache des Protagonisten als eigenständige Sprache neben anderen. Die subjektkonstituierende Macht von Sprachen wird in der Episode „Einander ausreden lassen" (Stanišić 2019, 180ff) deutlich. Ein akustisches Missverständnis lässt den Protagonisten Saša nicht mehr aus Bosnien, sondern aus Boston stammen. Mit fragmentarischem Englisch bestreitet er den Smalltalk:

> „Ich ließ sie reden, nickte, wenn ich etwas verstand, antwortete recht ehrlich auf ihre Fragen – was ich in Deutschland machte, *school*, wo ich gewohnt hätte, *close to the river*, wann ich wieder zurückfahren würde, *soon, I hope* – mit meinem Bruce-Willis-Akzent, und sie nahm die Antworten bestens an, es war sagenhaft." (Stanišić 2019, 181)

In dem Gespräch mit der Forscherin Andrea, die einen Lehrauftrag am MIT in Boston hatte, wird der Protagonist Saša durch seine veränderte Herkunft zu einem anderen Menschen, und zwar durch die Fremdwahrnehmung seines Gegenübers:

> „Ich fühlte mich durch jeden Satz der sympathischen Rinderexpertin irgendwie ... anwesender. Ein Missverständnis hatte mich der Herkunftslast entledigt. Ein Austauschschüler aus Boston zu sein war so viel einfacher als ein Bosnier mit befristeter Aufenthaltserlaubnis – *Have you ever been to a Celtics game?*" (Stanišić 2019, 181)

Englisch macht den bereits erwähnten „Koffer aus Sprache" (Stanišić 2019, 136) nicht nur leichter, es entlastet den Protagonisten auch von jeglicher sprach- und herkunftsbedingten Last. Sprache steuert die Fremdwahrnehmung, die den Protagonisten Saša als neues Subjekt konstituiert. Sprachideologische Wirkungsmächte, die bestimmten Sprachen – dem Englischen voran – Prestige verleihen und es anderen Sprachen absprechen, werden hier in einer Smalltalk-Szene veräußert, wobei das Subjekt die unmittelbare Veränderung des Diskurses, in dem es steht, am eigenen Leib erfährt.

6. *Herkunft* im diskursiven Literaturunterricht

6.1. Didaktische Grundprinzipien des diskursiven Literaturunterrichts

Hinsichtlich des Einsatzes autofiktionaler Literatur im Unterricht hält Aulf die folgenden didaktischen Potenziale fest:

(i) das Identifikationspotenzial und die Selbstreflexion,
(ii) den Perspektivenwechsel und
(iii) die Reflexion von Selbstdarstellungsverfahren (vgl. Aulf 2015, 185ff).

Diese Potenziale von Autofiktion lassen sich gut im diskursiven Literaturunterricht ausschöpfen. Siepmann versteht im Kontext des Literaturunterrichts *Diskurs* als „Gespräch und Erörterung" (2021, 333). Im Deutschunterricht lässt sich die Schulung von Diskursfähigkeit mit dem Ziel gesellschaftlicher Teilhabe mit ästhetisch-literarischer Bildung verknüpfen. Unter dem Blickwinkel der Rezeptionsästhetik (vgl. Iser 1976) ist der oder die Lesende aktiv durch den Leseakt an der Sinnstiftung des Textes beteiligt. So betont auch Bredella, „dass die Rezeption von Geschichten kein monologischer, sondern ein dialogischer Prozess ist, bei dem wir auf das, was wir verstehen, antworten" (Bredella 2012, 12). Lesende bringen eigene Vorerfahrungen mit und tragen diese an den Text heran. Für die Bedeutungsaushandlung eines Textes kann daher ein literarisches Gespräch förderlich sein, bei dem Schüler*innen und Lehrende sich aktiv über den literarischen Text austauschen. Siepmann betont die Wichtigkeit des Austausches zur Sinnstiftung: „Das didaktische Verfahren des literarischen Gesprächs trägt insgesamt der Tatsache Rechnung, dass sich literarische Texte einem unmittelbaren Verstehen und einer eindeutigen Auslegung entziehen" (2021, 326). Ein grundlegendes Axiom ist, dass die Bedeutung eines literarischen Textes von der Rezeption abhängig und nie abgeschlossen ist. Widerspruch und Ambivalenz sind die Grundlage für diskursive Aushandlungsprozesse und zugleich das autofiktionale Leitmotiv in *Herkunft*. Aushandlung von Bedeutung kann dabei in einem offenen Dialog entstehen, „der davon ausgeht, dass Subjekte unterschiedliche, widersprüchliche und ambivalente Sichtweisen besitzen" (Siepmann 2021, 329). Das Lesen literarischer Texte sollte nicht darauf abzielen, eindeutige Antworten und Interpretationen zu liefern, sondern die Ästhetik ihrer „Pluralität, Widersprüchlichkeit und Ambivalenz zu erkennen" (Siepmann 2021, 329). Wichtiger als richtige Antworten zu finden kann es im diskursiven Literaturunterricht sein, überlegte Fragen an den Text zu stellen. Siepmann betont das Potenzial von Fragen in der Rezeption: „Die Bedeutung von Fragen im Literaturunterricht ist immens. Literatur ist wie ein Ensemble von Antworten zu lesen, zu dem die Fragen erst noch formuliert werden müssen" (2021, 333). Diskursfähigkeit kann dabei gefördert werden, wenn die Fragen nicht nur von der Lehrkraft kommen, sondern auch Schüler*innen dazu ermutigt werden, Fragen an den Text zu stellen und diese gemeinsam auszuhandeln, wobei eine Vielstimmigkeit an – auch gegensätzlichen – Antworten Raum erhalten sollte. Die Vielschichtigkeit der Identität im sprachideologischen und autofiktionalen Diskurs in *Herkunft* erscheint hier als sehr geeigneter Anlass für einen diskursiv angelegten Literaturunterricht.

In ihrem Entwurf eines diskursiven Literaturunterrichts betont Siepmann weiters das Potenzial der Identitätsbildung der Schüler*innen:

„Literatur bietet vielfältige Identifikationsmöglichkeiten für Kinder und Jugendliche, sodass über ein literarisches Probehandeln Probleme in der Alltagswelt bearbeitet werden können. Dies birgt auch die Chance für die Arbeit an der eigenen Identität." (Siepmann 2021, 323)

Mit Literatur über die eigene Identität nachzudenken ist ein schönes Ziel für einen literarischen Unterricht, der die Lernenden ansprechen, die Welt ins Klassenzimmer holen und dabei eine *ästhetische Erfahrung* im Sinne Küsters ermöglichen will, durch die sich der Blick auf die Welt verändern kann (vgl. Küster 2015, 20f).

6.2. Lehrplanbezug

Didaktische Ausrichtung des vorliegenden Vorschlags ist die Schulung einer kritischen Diskursfähigkeit der Schüler*innen im Hinblick auf das verknüpfte Feld von Identität und Sprache. Dies erfolgt im Sinne einer literarischen Bildung über das Besprechen von literarischen Selbstdarstellungsverfahren im Genre der Autofiktion. Die Unterrichtsvorschläge sind für die zwölfte Schulstufe konzipiert. Dazu heißt es im Lehrplan für *Literarische Bildung*, Kompetenzmodul sieben: „Texte und Kontexte: Interkulturelle Bezüge (Exil, ethnische Minderheiten, Migration) kennenlernen; Merkmale ästhetischer Sprache erkennen" (Bundesministerium 2018, o.S.). Dabei werden sowohl die Diskursfähigkeit als auch die ästhetisch-literarische Bildung angesprochen, welche im vorliegenden Vorschlag durch die diskursiven Sprachreflexionen im Kontext von Migration einerseits und die literarische Gattung der Autofiktion andererseits miteinander verbunden sind.

6.3. Didaktisierung entlang der Achsen des Spracherlebens nach Busch (2013) in *Herkunft*

Nach Busch ist mit Spracherleben gemeint, „wie sich Menschen selbst und durch die Augen anderer als sprachlich Interagierende wahrnehmen" (Busch 2013, 19). In *Herkunft* können die Leser*innen das Spracherleben des Protagonisten durch dessen Wahrnehmung miterleben. Im Kontext des (literarischen) Schreibens lässt sich mit Busch sagen: „Jede Darstellung von Spracherleben ist singulär und entsteht situativ. Dennoch lassen sich einige grundlegende Achsen identifizieren, die in vielen Erzählungen vorkommen". Zu diesen Achsen zählt Busch

(i) Selbst- und Fremdwahrnehmung,
(ii) Zugehörigkeit oder Nichtzugehörigkeit und
(iii) sprachliche Macht oder Ohnmacht (Busch 2013, 19).

Diese drei Achsen lassen sich auch bei den Erzählstrategien in *Herkunft* ausmachen, wenn es um das Spracherleben des Protagonisten geht. Die Vorschläge sind so gestaltet, dass entweder das Buch als Ganzes oder nur einzelne Episoden daraus gelesen werden können. Für die gesamten drei Unterrichtsimpulse sind drei Unterrichtseinheiten á 50 Minuten anberaumt.

6.3.1. Unterrichtsimpuls I: *Die Tür*

Zu Beginn werden die Schüler*innen mit einem Irritationsmoment konfrontiert. Sie erhalten den Anfang der sechsseitigen Episode „Bruce Willis spricht Deutsch" mitsamt Episodentitel (vgl. Unterrichtsmaterial 1 und Kapitel 5). Diesen Auszug diskutieren sie nun in Partner- oder Kleingruppenarbeit anhand folgender Leitfragen, welche in Anlehnung an einen Unterrichtsvorschlag von Wicke (2013, 15) zur Behandlung von Kunst im DaF-Unterricht adaptiert und erweitert wurden:

Unterrichtsmaterial 1: **Bruce Willis spricht Deutsch**
(in *Herkunft*, Stanišić 2019)

„**Bruce Willis spricht Deutsch.**
Du stehst vor der Tür und liest: *Ziehen.* Das ist eine Tür. Das sind Buchstaben. Das ist Z. Das ist I. Das ist E. Das ist H. Das ist E. Das ist N. *Ziehen.* Willkommen an der Tür zur deutschen Sprache. Und du drückst" (Stanišić 2019, 132).

Lest den Textauszug aus Herkunft von Saša Stanišić und diskutiert in Kleingruppen die folgenden Fragen:
* Wo befindet sich diese Tür? Wie schaut sie aus?
* Wohin führt die Tür? Wer geht durch diese Tür?
* Woher kommt die Person, die hier spricht?
* Warum ist sie an dieser Tür?
* Was denkt und fühlt sie?
* Wohin wird die Person anschließend gehen?

Zur Ergebnissicherung steht den Schüler*innen frei, ob sie die Fragen in kreativer Form bearbeiten und einen literarischen Impulstext schreiben möchten, oder ob sie die Leitfragen als Diskussionsanlass in der Partner- oder Kleingruppenarbeit verwenden. Sie können auch eine Skizze oder Zeichnung der Tür und der Person anfertigen. Anschließend werden die Ergebnisse im Plenum präsentiert und diskutiert. Für die Plenumsdiskussion stellt die Lehrkraft als weiteren Impuls die Frage nach sprachlicher Macht und Ohnmacht (vgl. Busch 2013, 19). Bei der Ergebnispräsentation kann es interessant sein, als Lehrkraft zu beobachten, inwiefern auch der Titel der Episode Eingang in die Lerner*innenprodukte gefunden hat, was ebenso thematisiert werden kann.

6.3.2. Unterrichtsimpuls II: *Der Koffer aus Sprache*

Anschließend an die Impulsdiskussion wird die Episode „Bruce Willis spricht Deutsch" (Stanišić 2019, 132ff) fertiggelesen. Optional kann anknüpfend an die Diskussion auf die Szene mit Susanne eingegangen werden: Susanne ist das Mädchen, in das sich der Protagonist Saša verliebt und das nach vierundzwanzig Stunden nicht mehr „mit ihm gehen" möchte (Stanišić 2019, 135). Ihren performativen Akt des Schlussmachens versteht er allerdings nicht, da ihn seine rudimentären Deutschkenntnisse zu einem Missverständnis führen. Sprachliche Ohnmacht kann hier nochmals aufgegriffen werden. Als weiteren Arbeitsschritt soll dann „(d)er Koffer aus Sprache" (Stanišić 2019, 136) besprochen werden. In einem ersten Schritt können die Schüler*innen, ähnlich wie in einem Sprachenporträt[3] (vgl. Jenkins/Krumm 2001; Busch 2013, 36ff), über ihren eigenen Koffer aus Sprache nachdenken (vgl. Unterrichtsmaterial 2a). Zu zweit tauschen sie sich darüber aus, welche Sprachen sie seit wann in ihrem eigenen ‚Koffer' mit sich tragen.

---

3 Ziel von Sprachenporträts ist es, alle sprachlichen Ressourcen, über die ein Sprecher oder eine Sprecherin verfügt, anzuerkennen und sichtbar zu machen. Busch beschreibt die kreative Methode folgendermaßen: „Die Beteiligten werden eingeladen, über die sprachlichen Ressourcen, Ausdrucks- und Kommunikationsmöglichkeiten nachzudenken, die in ihrem Leben eine Rolle spielen, und sie – ihren Bedeutungen entsprechend – mit farbigen Stiften in Beziehung zu einer vorgegebenen Körpersilhouette [...] zu setzen. Die Zeichnungen werden anschließend von den Zeichner*innen mit einer Legende versehen und erläutert." (Busch 2013, 36)

> **Unterrichtsmaterial 2a: Dein Sprachenkoffer**
> Stell dir vor, du trägst deine Sprachen in einem Koffer mit dir. Überlege:
> * Welche Sprachen sind in deinem „Sprachenkoffer"?
> * Welche Sprachen kannst du sprechen?
> * Seit wann sprichst du diese Sprachen?
> * Möchtest du noch weitere Sprachen in deinen Koffer packen? Welche?
> * Tausche dich mit einem Mitschüler oder einer Mitschülerin aus.

Anschließend lesen sie die dreiseitige Episode „Einander ausreden lassen" (Stanišić 2019, 180ff), in der es zu der bereits beschriebenen Herkunftsverwechslung des Protagonisten von Boston statt Bosnien kommt (vgl. Kapitel 5). Nachdem die Schüler*innen die Episode gelesen haben, überlegen sie, welches Gewicht (oder in einem erleichternden Sinne „Negativgewicht") die Sprachen im Koffer des Protagonisten haben (vgl. Unterrichtsmaterial 2b). Sie wissen aus den zwei Episoden nun, dass die Erstsprache des Protagonisten Serbisch/Kroatisch ist. In Partner- oder Kleingruppenarbeit gewichten sie unter Angabe der Maßeinheit Kilogramm die Sprachen der Figur Saša.

> **Unterrichtsmaterial 2b: „Der Koffer aus Sprache"**
> (in *Herkunft*, Stanišić 2019)
> „Du stehst wieder vor der Tür. Du nimmst nicht mehr wahr, dass da *Ziehen* steht. Etwas können ist das Beste. Der Koffer aus Sprache ist mit mehr Gepäck leichter geworden. Die vielen Vokabeln und Regeln und Fertigkeiten schicken dich auf eine neue Reise: Du beginnst Geschichten zu schreiben." (Stanišić 2019, 136)
>
> Lest den Textauszug aus *Herkunft* von Saša Stanišić und diskutiert in Kleingruppen die folgenden Fragen:
> * Welche Sprachen trägt der Protagonist in seinem Koffer mit sich?
> * Welches Gewicht haben die Sprachen in seinem Koffer?
> * Schreibt das Gewicht der jeweiligen Sprache in Kilogramm (kg) auf.
> * Was denkt ihr, warum wird der Sprachenkoffer des Protagonisten mit mehr Gepäck leichter?

Die Lehrkraft bringt in der Diskussionsphase die Achse von Selbst- und Fremdwahrnehmung (vgl. Busch 2013, 19) durch Sprache ins Spiel. Die Ergebnisse und insbesondere die Zahlen werden im Plenum verglichen und diskutiert. Abschließend bietet es sich an, dass die Schüler*innen ihre eigenen Sprachen gewichten und ihre Auswahl begründen.

6.3.3. Unterrichtsimpuls III: Das Wörterbuch der Erinnerungen

Bei dieser Aufgabe sollen die Schüler*innen im Sinne eines produktionsorientierten Literaturunterrichts selbst ins Schreiben kommen. Zunächst wird aber als Vorbereitung auf die Stunde von den Schüler*innen die achtzehnseitige Episode „Oskoruša, 2009" (Stanišić 2019, 18ff) unter den Gesichtspunkten von Sprache und Autofiktion vorab gelesen. Hierzu formulieren die Schüler*innen jeweils mindestens eine Frage, die sie an den Text, an eine Figur oder an den Autor haben. In der Stunde werden diese Fragen präsentiert und gemeinsam im Plenum besprochen. Die Lehrkraft beobachtet und thematisiert dabei, ob es Parallelen in den Fragestellungen gibt. Die nächste Phase widmet sich dem in der Episode prominent platzierten Begriff *Poskok*. In Partner- oder Kleingruppenarbeit setzen sich die Schüler*innen damit auseinander. Auf der sprachlichen Ebene tauschen sie sich darüber aus, ob sie das Wort in der Sprache schon kannten, wie es auf Deutsch heißt und ob sie es in anderen Sprachen kennen. In einem zweiten Schritt arbeiten sie gemeinsam heraus, welche Gefühle der Protagonist ihrer Meinung nach mit dem Begriff verbindet und präsentieren wiederum im Plenum ihre Ergebnisse (vgl. Unterrichtsmaterial 3a).

Unterrichtsmaterial 3a: **Oskoruša, 2009** (in *Herkunft*, Stanišić 2019)
„Oskoruša, 2009
Eine Schlange kreuzte unseren Weg. 'Poskok', zischte Gavrilo. Ich trat einen Schritt zurück, und es war, als schritte ich auch zurück in der Zeit, zu einem ähnlich heißen Tag in Višegrad vor vielen Jahren. *Poskok bedeutet: ein Kind – ich? – und eine Schlange im Hühnerstall. Poskok bedeutet: Sonnenstrahlen, die zwischen den Brettern durch die staubige Luft schneiden. Poskok: ein Stein, den Vater über den Kopf hebt, um die Schlange zu erschlagen.* In *poskok* steckt *skok* – Sprung, und das Kind malt sich die Schlange aus: *an deinen Hals springt sie, spritzt dir Gift in die Augen.* Vater spricht das Wort aus, und ich fürchte das Wort mehr als das Reptil im Hühnerstall." (Stanišić 2019, 27)

Lest den Textauszug aus *Herkunft* von Saša Stanišić und diskutiert in Kleingruppen die folgenden Fragen:
* Kennt ihr das Wort „Poskok"?
* Welche Sprache ist das?
* Was bedeutet es auf Deutsch?
* Was bedeutet das Wort in anderen Sprachen, die ihr kennt? Übersetzt.

Zum Abschluss werden die Schüler*innen dazu angeregt, einen eigenen Text zu produzieren. Zuvor werden sie allerdings mit dem Whats-App-Gespräch zwischen Saša und seinem Vater in der Episode „Vater und die Schlange" (Stanišić 2019, 223f) konfrontiert, in dem sich herausstellt, dass die beschriebene Erinnerung mit der *Poskok* wahrscheinlich nie passiert und demnach fiktiv ist. Die Schüler*innen suchen gemeinsam Antworten auf die Frage, inwiefern es sich bei dem Buch um ein autobiographisches handeln könnte. Dazu recherchieren sie über den realen Autor Stanišić, über den es viel im Internet zu finden gibt und überlegen anschließend, warum Stanišić das Whats-App-Gespräch geschrieben hat (vgl. Unterrichtsmaterial 3b).

Unterrichtsmaterial 3b: **Vater und die Schlange**
(in *Herkunft*, Stanišić 2019)

A) Recherchiert im Internet über den Autor Saša Stanišić. Vergleicht die Informationen über den Autor mit den Informationen über den Protagonisten in *Herkunft* von Saša Stanišić.

B) „**Vater und die Schlange**
(…) Am Friedhof hat ein poskok die ganze Zeit über uns gehockt im Baum
    Ich glaube der ist nicht mehr da
☺☺☺
    Ich hass die Viecher
Du hast mal einen erschlagen bei den Hühnern
    Bestimmt nicht
Im Hühnerstall? Den poskok?
    Das wüsst ich. Ich wär weggelaufen.
Ich weiß es" (Stanišić 2019, 223).

Lest das WhatsApp-Gespräch zwischen dem Protagonisten und seinem Vater aus *Herkunft* von Saša Stanišić und diskutiert in Kleingruppen die folgenden Fragen:
* Ist das Buch *Herkunft* von Saša Stanišić eine Autobiographie?
* Ist die Episode **Oskoruša, 2009** (Stanišić 2019, 27) erfunden?
Begründet eure Antworten.

Anschließend sind die Schüler*innen angehalten, einen Text über einen für sie emotional aufgeladenen Begriff aus ihrer Kindheit zu schreiben. Ihnen ist dabei freigestellt, in welcher Sprache sie den Begriff wählen.

Wichtig ist, dass sie im Text thematisieren, welche Bedeutung der Begriff für sie hat. Sie sollen dabei Übersetzungen in der Art wie es im Text vorkommt, entwerfen (vgl. Stanišić 2019, 27). Ziel sind dabei keine lexikalischen Erläuterungen, sondern Kontextualisierungen, wie in *Herkunft (vgl. Unterrichtsmaterial 3c).*

> Unterrichtsmaterial 3c: **Das Wörterbuch der Erinnerungen**
> * Wähle ein Wort, das in deiner Kindheit für dich wichtig war.
> * Entscheide, in welcher Sprache du das Wort schreibst.
> * Schreibe einen kurzen Text (50 Wörter) darüber, was das Wort für dich bedeutet, so wie es der Protagonist in *Herkunft* mit dem Wort „Poskok" in der Episode **Oskoruša, 2009** macht (Stanišić 2019, 27).

Die Lehrkraft sollte darauf hinweisen, dass die Erzählungen auch erfunden sein können. Aus den Schüler*innentexten kann am Ende ein literarisches *Wörterbuch der Erinnerungen* zusammengefügt werden, indem alle Begriffe mitsamt den Erläuterungen in den gewählten Sprachen der Schüler*innen aufgelistet werden. Wie viel Wahrheit aus dem eigenen Leben in den Texten steckt, ist den Schüler*innen – ganz im Sinne des autofiktionalen Schreibens – selbst überlassen. Denn: „Die Möglichkeiten, eine Geschichte zu erzählen, sind quasi unendlich" (Stanišić 2019, 235).

7. Literaturverzeichnis

7.1. Primärliteratur

Doubrovsky, Serge (1977[4]/2001): Fils. – Paris: Gallimard.
Stanišić, Saša (2019): Herkunft. – München: Luchterhand.

7.2. Sekundärliteratur

Aulf, Annika (2015): Autofiktionale Texte als Anlässe von Selbstreflexion und Persönlichkeitsbildung. In: Küster, Lutz/Lütge, Christiane/Wieland, Katharina (Hrsg.): Literarisch-ästhetisches Lernen im Fremdsprachenunterricht. Theorie – Empirie – Unterrichtsperspektiven. – Frankfurt a. M.: Peter Lang, S. 179-191.
Bredella, Lothar (2012): Narratives und interkulturelles Verstehen. Zur Entwicklung von Empathie-, Urteils- und Kooperationsfähigkeit. – Tübingen: Narr Francke Attempto.

---

4 Der Roman erschien erstmals 1977 bei Éditions Galilée in Paris.

Bundesministerium Bildung, Wissenschaft und Forschung (2018): Lehrpläne der allgemeinbildenden höheren Schulen. – https://www.ris.bka.gv.at/Geltende-Fassung.wxe?Abfrage=Bundesnormen&Gesetzesnummer=10008568&FassungVom=2018-09-01 (10. November 2022).

Busch, Brigitta (2013): Mehrsprachigkeit. – Wien: Facultas.

Codina Solà, Núria (2020): Schreiben als „Auseinandersetzung mit der [...] immer neuen Sprache". Literarische Sprachen im Werk von Saša Stanišić. In: Siller, Barbara/Vlasta, Sandra (Hrsg.): Literarische (Mehr)Sprachreflexionen. – Wien: Praesens, S. 349-372.

Eder, Ulrike (2016): „Blume ist Kind von Wiese". Die Literarizität der Interimsprache von Kindern, die Deutsch als Zweitsprache erlernen. In: Ahamer, Vera/Schweiger, Hannes/Tonsern, Clemens/Welke, Tina/Zuzok, Nadja (Hrsg.): In die Welt hinaus. Festschrift für Renate Faistauer zum 65. Geburtstag. – Wien: Praesens, S. 241-269.

Filsinger, Ute/Bauer, Susanne (2021): „Gebrochenesdeutschsprachigesraum" als sprachlich-literarischer Lernraum. Zur Gestaltung von Migrationsmehrsprachigkeit in (Jugend-)Literatur zu Flucht und Migration. In: Titelbach, Ulrike (Hrsg.): Mehr Sprachigkeit. Unterrichtsvorschläge für die Arbeit mit mehrsprachiger Literatur in der Sekundarstufe. – Wien: Praesens (Kinder- und Jugendliteratur im Sprachenunterricht 7), S. 69-95.

Foucault, Michel (1971[5]/1991): Die Ordnung des Diskurses. Aus dem Französischen übersetzt von Walter Seitter. – Frankfurt a. M.: Fischer.

Genette, Gérard (1982[6]/2015): Palimpseste. Die Literatur auf zweiter Stufe. Aus dem Französischen übersetzt von Wolfram Bayer und Dieter Hornig. – 7. Auflage. – Frankfurt a. M.: Suhrkamp.

Gröschel, Bernhard (2009): Das Serbokroatische zwischen Linguistik und Politik: mit einer Bibliographie zum postjugoslawischen Sprachenstreit. – München: LINCOM Europa.

Iser, Wolfgang (1976): Der Akt des Lesens: Theorie ästhetischer Wirkung. – München: Fink.

Jenkins, Eva-Maria/Krumm, Hans-Jürgen (2001): Kinder und ihre Sprachen – lebendige Mehrsprachigkeit. Sprachenporträts. – Wien: Eviva.

Küster, Lutz (2015): Warum ästhetisch-literarisches Lernen im Fremdsprachenunterricht? Ausgewählte theoretische Fundierungen. In: Küster, Lutz/Lütge, Christiane/Wieland, Katharina (Hrsg.): Literarisch-ästhetisches Lernen im Fremdsprachenunterricht. Theorie – Empirie – Unterrichtsperspektiven. – Frankfurt a. M.: Peter Lang, S. 15-32.

Lejeune, Philippe (1975): Le pacte autobiographique. – Paris: Éditions du Seuil.

Lejeune, Philippe (1994): Der autobiographische Pakt. Aus dem Französischen

---

5 Originalfassung: Foucault, Michel (1971): L'ordre du discours. – Paris: Gallimard.
6 Originalfassung: Genette, Gérard (1982): Palimpsestes. La littérature au second degré. – Paris: Seuil.

übersetzt von Wolfram Bayer und Dieter Hornig. – 4. Auflage. – Frankfurt a. M.: Suhrkamp.

Martinez, Matias (2007): Fiktionalität. In: Burdorf, Dieter/Fasbender, Christoph/Moennighoff, Burkhard (Hrsg.): Metzler Lexikon Literatur. Begriffe und Definitionen. – Stuttgart/Weimar: Metzler, S. 240.

Neumann, Birgit (2010): Methoden postkolonialer Literaturkritik und anderer ideologiekritischer Ansätze. In: Nünning, Ansgar/Nünning, Vera (Hrsg.): Methoden der literatur- und kulturwissenschaftlichen Analyse. Ansätze – Grundlagen – Modellanalysen. – Stuttgart/Weimar: Metzler, S. 271-292.

Neumann, Birgit/Nünning, Ansgar (2008): An Introduction to the Study of Narrative Fiction. – Stuttgart: Klett.

Nünning, Ansgar (2004): Literatur, Mentalitäten und kulturelles Gedächtnis. Grundriß, Leitbegriffe und Perspektiven einer anglistischen Kulturwissenschaft. In: Nünning, Ansgar (Hrsg.): Literaturwissenschaftliche Theorien, Modelle und Methoden. Eine Einführung. – Trier: Wissenschaftlicher Verlag Trier, S. 173-198.

Nünning, Ansgar/Nünning, Vera (2007): Erzählungen verstehen – verständlich erzählen. Dimensionen und Funktionen narrativer Kompetenz. In: Bredella, Lothar/Hallet, Wolfgang (Hrsg.): Literaturunterricht, Kompetenzen und Bildung. – Trier: Wissenschaftlicher Verlag Trier, S. 87-106.

Nünning, Ansgar/Surkamp, Carola (2006): Englische Literatur unterrichten 1. Grundlagen und Methoden. – Seelze-Velber: Kallmeyer in Verbindung mit Klett.

PEN-Zentrum Deutschland (2020): Lexikon der Autorinnen und Autoren 2020/2021. – Tübingen: Klöpfer, Narr.

Schaefer, Christina (2008): Die Autofiktion zwischen Fakt und Fiktion. In: Rajewsky, Irina O./Schneider, Ulrike (Hrsg.): Im Zeichen der Fiktion: Aspekte fiktionaler Rede aus historischer und systematischer Sicht. – Stuttgart: Steiner, S. 299-326.

Siepmann, Katja (2021): Diskursiver Literaturunterricht: Didaktische Annäherungen an das literarische Unterrichtsgespräch. In: Pädagogische Rundschau, Jg. 75, H. 3, S. 323-338.

Siller, Barbara/Stanišić, Saša (2020): Im E-Mail-Gespräch mit Saša Stanišić war Barbara Siller im Mai 2018. In: Siller, Barbara/Vlasta, Sandra (Hrsg.): Literarische (Mehr)Sprachreflexionen. – Wien: Praesens, S. 346-348.

Stanišić, Saša (2008): Wie ihr uns seht. Über drei Mythen vom Schreiben der Migranten. In: Busch, Bernd/Pörksen, Uwe (Hrsg.): Eingezogen in die Sprache, angekommen in der Literatur. Positionen des Schreibens in unserem Einwanderungsland. Aus dem Englischen übersetzt von Joachim Kalka. – Göttingen: Wallstein, S. 104-109.

von Wilpert, Gero (2001): Sachwörterbuch der Literatur. – Stuttgart: Kröner.

Wagner-Egelhaaf, Martina (2013): Einleitung: Was ist Auto(r)fiktion? In: Wagner-Egelhaaf, Martina (Hrsg.): Auto(r)fiktion. Literarische Verfahren der Selbstkonstruktion. – Bielefeld: Aisthesis, S. 7-21.

Wicke, Rainer E. (2013): Kompetenzförderung im projektorientierten Unterricht unter Berücksichtigung unterschiedlicher Sozialformen? In: Praxisorientierte Zeitschrift der kroatischen DeutschlehrerInnen, Jg. 22, H. 42/43, S. 8-19.

Zipfel, Frank (2009): Autofiktion. Zwischen den Grenzen von Faktualität, Fiktionalität und Literarität? In: Jannidis, Fotis/Lauer, Gerhard/Winko, Simone (Hrsg.): Grenzen der Literatur. Zu Begriff und Phänomen des Literarischen. – Berlin/New York: De Gruyter, S. 285-314.

Zymner, Rüdiger (2003): Gattungstheorie. Probleme und Positionen der Literaturwissenschaft. – Paderborn: mentis.

„Wasser, das sich im Meer wie ein Fluss bewegt"

Ulrike Titelbach im Gespräch mit dem Schriftsteller und Literaturvermittler Michael Stavarič

U.T.: In deiner Stefan-Zweig-Poetikvorlesung machst du Anfänge zum Thema, auch Anfänge mit und in der Sprache. Poetisch pointiert erzählst du dort davon, wie es ist, Sprache „plötzlich als etwas zutiefst Eigenes" zu empfinden, „wie einen Herzschlag im Mund und ein Blinzeln im Kopf, Sprache war plötzlich alles, nur mit ihrer Hilfe konnte man in der Welt Fuß fassen" (Stavarič 2016, 16).
Gibt es einen konkreten Moment in deiner Erinnerung, den du mit diesen Worten verbindest? Und hatte dieser Moment auch etwas mit deiner Entscheidung zu tun, in der Welt der Literatur Fuß zu fassen?
M.S.: Ich habe tatsächlich versucht, mich nach diesem konkreten Moment umzusehen. In meinem Kopf bleibe ich nach wie vor bei dem Bild hängen, als mir zum ersten Mal das Licht vorbeifahrender Autoscheinwerfer in der Dunkelheit meines Kinderzimmers in Brno begegnete. Ich habe darüber auch in der besagten Poetikvorlesung geschrieben.[1] Mit Literatur hatte das allerdings noch gar nichts zu tun. Ich denke, erst in der Schule habe ich dann verstanden, dass Sprache mehr sein kann als bloße Verständigung.

**

U.T.: 2006 erschien dein erster Roman „stillborn" und im gleichen Jahr auch dein erstes Bilderbuch „gaggalagu"(2006 bei kookbooks)[2]*.*
Hattest du von Anfang an beide Zielgruppen im Auge? Oder gab es so etwas wie eine Initialzündung, die dich dazu inspirierte, auch für Kinder zu schreiben?

---

1 Vgl. Stavarič 2016, S. 10f.
2 Das Bilderbuch „gaggalagu" (Stavarič/Habinger 2006) wurde – wie auch einige andere Bilderbücher von Michael Stavarič – mit dem Österreichischen Staatspreis für Kinder- und Jugendliteratur ausgezeichnet.

M.S.: Ich hatte bei meinem Schreiben für Erwachsene stets die eine oder andere Idee von der ich glaubte, dass sie besser in einem Kinderbuch aufgehoben wäre. Außerdem dachte ich mir, Kinderliteratur, das ist doch die wahre Königsklasse der Literatur[3] und die eigentliche Mission, denn dort entscheidet es sich, ob später jemand zu anspruchsvoller Literatur greift, oder nicht. Wer als Kind kein Gespür für Bücher aufbringt, wird es später auch schwerlich tun. Ich halte also Kinderliteratur für essenziell.

U.T.: *Es gibt nur wenige (zeitgenössische) Autor*innen, die für Kinder (und Jugendliche) und für Erwachsene schreiben. Woran könnte das liegen?*

M.S.: Das hat wohl damit zu tun, dass wir in unserer Welt dazu neigen, alles zu schubladisieren. Man gehört zu dieser oder zu jener Gruppe. Mal abgesehen davon, dass Kinderbuchautor*innen eher misstrauisch beäugen, was man in ihrem Genre macht. Ähnlich ergeht es umgekehrt auch den Kinderbuchautor*innen, die sich an Literatur für Erwachsene wagen, Spott ist ihnen jedenfalls sicher. Das ist einfach die falsche Herangehensweise.

U.T.: *In den Rezensionen zu deinen Bilderbüchern wird immer wieder betont, dass sie nicht nur für Kinder, sondern auch für Erwachsene eine spannende und anregende Lektüre darstellen.[4] Das ist bei Bilderbüchern ja (leider) nicht immer der Fall. Sind deine Kindertexte bewusst auf diese Mehrfachzugänglichkeit hin ausgerichtet?*

M.S.: Ich habe den Wunsch, alle bei einer Lektüre vereinen zu können – Erwachsene, Jugendliche und Kinder. Das gelingt mir manchmal auch, denke ich. Es liegt an der genauen Auswahl eines Themas – und sicherlich auch an der genialen Ausarbeitung meiner Illustratorinnen. Wenn alle gemeinsam ein Buch lesen können und alle was davon haben – mir scheint, das ist die ideale Lese- und nachfolgend Gesprächssituation.

**

U.T.: *Eine weitere Grenze, die du in deiner Literatur überschreitest, ist die zwischen fiktionaler Literatur und Sachbuch. So erfahren die Lesenden etwa bereits in deinem frühen Bilderbuch „BieBu oder Ameisen haben vom Blütenbe-*

---

3 Vgl. dazu auch das Kapitel „Die Königsklasse der Literatur" in: Stavarič 2016, S. 147ff.
4 Katja Maria Engel schreibt beispielsweise über „Faszination Krake" (Stavarič/Ganser 2021), dies sei ein Bilderbuch „bei dem nicht nur Kinder", sondern auch Erwachsene „aus dem Alltag abtauchen können" (Engel 2021, o.S.).

stäuben wirklich keine Ahnung" (Stavarič/Habinger 2008) Erstaunliches aus der Welt der Insekten und Blumen.⁵ In „Hier gibt es Löwen" erzählst du uns – wiederum gemeinsam mit der Illustratorin Renate Habinger – en passant einiges über die Anatomie des menschlichen Körpers (Stavarič/Habinger 2011). Zugleich führen uns diese Bücher aber auch jeweils durch eine fiktionale Geschichte. Diesen doppelten Zugang greifst du in „Faszination Krake" (2021)⁶ erneut auf. Was ist für dich das Besondere an der Verknüpfung von Fiktion mit der Vermittlung von (oftmals erstaunlichem) Sachwissen?

M.S.: Sachwissen ist eigentlich auch nichts anderes als Fiktion. Wenn Forscher*innen nach etwas suchen, es entdecken, benennen und beschreiben, dann war zuvor schon eine (imaginierte) Vorstellung von allem da, eine Idee, ein Wunsch, ein Traum. Nur so lassen sich Entdeckungen machen – und nur so lässt sich unser Wissen erweitern. Ich würde das also gar nicht auseinander dividieren wollen. Alles beginnt mit unserer Vorstellungskraft, mit Neugier und vermutlich mit der kindlichen Lust, uns auf etwas einzulassen.

Abgesehen davon finde ich, dass auch in einem Buchprojekt Wissensvermittlung und Fiktion eine wunderbare Mischung abgeben.

U.T.: *Das finde ich auch – insbesondere in deinen Büchern. Und aus deinem aktuellen Bilderbuch habe ich wirklich viel Wissenswertes über Kraken gelernt. So wusste ich zwar, dass sich diese vor Angreifern in einer Wolke aus Tinte verbergen können, dass diese Tinte aber auch Dopamin enthält, war mir bis dahin nicht bekannt. Ein Tier, das eben noch im Begriff war, den Tintenfisch zu fangen um ihn zu fressen, befindet sich nun aufgrund dieses Hormons plötzlich in einer ungeahnt zufriedenen, friedfertigen und geradezu freundlichen Stimmungslage. Gerade so, als hätte es ihn bereits verspeist – während das vermeintliche Festmahl sich still und heimlich aus dem Staub macht. Als ich das gelesen habe, war ich wirklich beeindruckt. Oktopoden sind offenbar unglaublich gewitzte Wesen. Vielleicht war es wegen der Tinte, doch ich konnte nicht umhin, zwischen Schriftsteller*innen und Kraken gewisse Ähnlichkeiten zu entdecken. Was ich mich sogleich fragte war: Wenn der Oktopus hier für einen Literaten steht, wen oder was will er mit der glücksverheißenden ‚Waffe' seiner Tinte täuschen? Und wem versucht er zu entkommen?*

M.S.: Der Schriftsteller versucht wohl immer sich selbst zu entkommen –

---

5 Etwa, dass jede „Bienenlarve ca. 2000 Pflegebesuche durch Ammenbienen erhält" (Stavarič/Habinger 2008, o.S.).
6 Dieses Sachbilderbuch wurde vom österreichischen Bundesministerium für Bildung, Wissenschaft und Forschung zum Wissenschaftsbuch des Jahres 2022 in der Kategorie Junior-Wissensbücher gekürt.

der schnöden Realität, den Kritiker*innen, dem Alltag. Da käme eine Verwandlung in einen Oktopus gerade recht, von mir aus auch in einen Käfer.

U.T.: Bereits wenige Wochen nach seinem Erscheinen war dein Krakenbuch vergriffen und musste in zweiter Auflage nachgedruckt werden. Offenbar hatte der Verlag nicht mit einer dermaßen großen Nachfrage gerechnet. Wie erklärst du dir den Erfolg dieses Buches beim Publikum? Was ist sein Geheimnis?

Möglicherweise haben ja die Kraken selbst es zu ihrem Lieblingsbuch erklärt und jeder Krakenarm will nun sein eigenes Buch haben?

M.S.: Wir haben mit dem Krakenbuch etwas Neues gewagt – eine Kombination zwischen Literatur und Sachbuch, zwischen persönlichen Zeilen und einer zoologisch-poetischen Dozentur geschaffen. Und das Ganze ist ja auch als Reihe geplant. Insofern ist dieses Buch ein Startschuss, der aufzeigen soll: Ich habe mit diesem Zwischengenre noch einiges vor.

U.T.: Kannst du hier schon ein wenig mehr verraten? Sind bereits Folgebände geplant? Welche Themen und Tiere kommen dabei ins Spiel?

M.S.: Im Jahr 2023 wird der nächste Band erscheinen – darin widme ich mich den Medusen, sprich Quallen. Diese sind sowohl als Lebensform als auch in ästhetischer Hinsicht überaus spannend. Es wird natürlich wieder ein umfassendes Buch über Ozeane, das Leben usw. werden. Insbesondere auch über Gifte im Tierreich.

**

U.T.: In einigen deiner frühen Bilderbücher spielt Mehrsprachigkeit eine besondere Rolle,[7] während deine Romane lange Zeit kaum anderssprachige Textelemente aufwiesen – zumindest nicht auf den ersten Blick.[8]

Insbesondere in deinem Bilderbuch „gaggalagu" ist diese Mehrsprachigkeit offenkundig. Hier gelingt dir eine onomatopoetische Annäherung an die Sprache(n) der Tiere, wobei auch diese Tiersprachen im Grunde Menschensprachen sind bzw. menschliche Imitationen der Sprachen von Tieren, in denen sich die jeweiligen Sprachkonzepte widerspiegeln. Was hat dich dazu

---

7   Vor allem im „gaggalagu" (Stavarič/Habinger 2006), aber auch in „Hier gibt es Löwen" (Stavarič/Habinger 2011) und – auf subtile Weise – auch in „Die kleine Sensenfrau" (Stavarič/Schwab 2010).

8   Anne Hultsch weist allerdings darauf hin, dass bei genauerer Betrachtung in den Romanen auf verschiedenen Ebenen Elemente der tschechischen Sprache mitschwingen (vgl. Hultsch 2021).

bewogen, die Themen Onomatopoesie und Mehrsprachigkeit poetisch zu verbinden?

M.S.: Ich interessiere mich seit jeher für Sprachen, alte Kulturen, altes Wissen – nicht zuletzt auch für Linguistik im weitesten Sinne. Immer, wenn ich neue Wörter für mich entdecke, bin ich glücklich. Und Onomatopoesie schien mir ein wunderbares Thema, um mich mit Kindern auf eine linguistische Reise zu begeben. Außerdem hatte ich damals große Lust auf Reime.

U.T.: *In deinem aktuellen Roman „Fremdes Licht" gibt es einige Texteinschübe aus dem Inuktitut, der Sprache der Inuit. Besonders schön finde ich, wie du hier Wörter und Sätze aus dieser uns so fremden Sprache in Originalschrift (mit Transkription) in deinen Text hinein verwebst – etwa ᐃ ᒃᑯᔭᖅ (itqujaq), wörtlich übersetzt als: „lose im Meer umher irrende Schneeflocken" (Stavarič 2020, 34), womit offenbar Quallen gemeint sind. Manche der in den Text eingearbeiteten Sätze wirken auf mich wie Lebensweisheiten oder Leitsprüche aus einer anderen Welt, etwa „Sinnaliuqpuq (ᓯᓐᓇᓕᐅᖅᐳᖅ), versuch zu schlafen, ganz egal, was der Frost auch im Schilde führt" (Stavarič 2020, 35).*
Was war ausschlaggebend dafür, dass du dich in „Fremdes Licht" für eine so explizite Verwendung des Inuktitut entschieden hast?

M.S.: Bei dem Roman hat es sich wirklich angeboten, in die Kultur (und Sprache) der Inuit einzutauchen. Ich hatte viel recherchiert und mir gefiel vor allem die Metaphorik dieser Sprache. Also war schon bald klar, ich würde es ins Erzählen einbinden.

U.T.: *In deinem Roman schreibt der Großvater der Hauptprotagonistin Elaine Duval in einem Brief an seine Enkelin: „Werd dir nicht fremd, Elaine, du bist das Eis und du bist der Berg, du bist der Wind, der die Erde formt, du bist imaq (ᐃᒪᖅ), das Wasser, das sich im Meer wie ein Fluss bewegt, du bist lebendig!" (Stavarič 2020, 79)*
Und etwas später erfahren wir: „Bei den Inuit hieß das Papier titiraakhaq (ᑎᑎ ᕌᖅ), ein dünnes Eis, das nicht wegschmilzt, weil es sich warm anfühlt" (Stavarič 2020, 102).
Ist es die Fremdheit des Inuktitut, die diese Textpassagen so poetisch macht? Oder hast du – wie Elaines Großvater[9] – an manchen Stellen etwas nachgeholfen, um diesen verfremdenden Effekt auszubauen und zu verstärken?

M.S.: Das Wasser, das sich im Meer wie ein Fluss bewegt, also eigentlich das Wort für Strömung, ist ein echter Ausdruck aus dem Inuktitut. An

---

9 In „Fremdes Licht" erzählt die Protagonistin Elaine, ihr Großvater habe früher „täglich neue Wörter" für sie „kreiert, die bislang nicht mal den Inuit eingefallen waren: diese Sprache gehörte fortan mir ganz allein" (Stavarič 2020, 66).

anderen Stellen habe ich aber ein wenig nachgeholfen und mich zum Teil bewusst dafür entschieden, falsche Fährten zu legen. Ich habe einiges an Inuit-Neologismen geschaffen, nicht jede Formulierung ist also tatsächlich echt. Und würde sie ein Inuit sehen, er würde wohl lachen – oder irritiert den Kopf schütteln. Aber: die Wahrheit ist irgendwo da draußen.

Ich liebe es, meine Leser*innen ein wenig an der Nase herumzuführen. Oder drücken wir es einmal anders aus: Manchmal halte ich es aus dramaturgischen Gründen für besser, mir selbst etwas einfallen zu lassen.

U.T.: *Während der letzten Jahre fühlte sich unser Leben bisweilen selber an wie ein dystopischer Roman. Als ich deinen Roman im Frühjahr 2020 las, wurde mir das sehr deutlich. Im Grunde hast du die Isolation und Kälte dieser Zeit in „Fremdes Licht" bereits orakelhaft vorweggenommen. Obwohl dein Roman bereits vor der Pandemie entstanden ist, zielt er – wie Roland Pohl in einer Rezension sehr treffend schreibt – sehr „weit hinaus, ins kalt Geschaute, klar Gedachte, hinein ins froststarrende Herz gesellschaftlicher Einsamkeit" (Pohl 2020, o.S.). Fühlst du dich als Dichter bisweilen wie eine Kassandra?*

M.S.: Ich denke alle Autor*innen haben ein Gefühl dafür, was kommt. Oder sie sind auf der Suche nach Themen und Geschichten, die in die Zukunft weisen. Sie haben auch künftige Leser*innen vor Augen, bei mir ist das jedenfalls so. Man hat manchmal das Gefühl, die Dinge liegen in der Luft. Und dass es wichtig ist, sie zu benennen.

**

U.T.: *Zwischen deinen Bilderbüchern und den Romanen gibt es oftmals spannende Verbindungslinien und Interdependenzen. In deiner Poetikvorlesung weist du etwa explizit auf die thematische Verbindung zwischen dem Bilderbuch „Hier gibt es Löwen" (Stavarič/Habinger 2011) und deinem Roman „Brenntage" (Stavarič 2011) hin (vgl. Stavarič 2016, 153). Und eine Binnengeschichte aus deinem vorletzten Roman „Gotland" (Stavarič 2017) erschien parallel als bibliophiles Bilderbuch unter dem Titel „Als der Elsternkönig sein Weiß verlor" (Stavarič/Wolfsgruber 2017).*

Wird es auch zu „Fremdes Licht" ein korrespondierendes (mehrsprachiges) Bilderbuch geben? Oder denkst du hier vielleicht eher an ein Sachbilderbuch „Faszination: Polarbär"?

M.S.: Tatsächlich dachte ich bei „Fremdes Licht" an eine Art Sequel als Graphic Novel. Ich habe diesbezüglich auch schon konkret mit einer Fotografin und einer Illustratorin gesprochen, wie man das alles angehen könnte und überlegt, Eisbilder, Übermalungen, eine eigene Art der Ästhetik zu extrahieren. Leider kam uns dann mit Corona einiges dazwischen. Es ist als Projekt allerdings noch nicht vom Tisch. Graphic Novel ist generell ein Genre, das mich interessiert.

**

U.T.: Spätestens seit den hier bahnbrechenden Schriften von Umberto Eco (1962/1973) und Wolfgang Isers (1976) wissen wir, dass jeder literarische Text beim Akt des Lesens von seinen Rezipient*innen ein Stück weit neu geschaffen wird. In deinen aktuellen Werken treibst du diese rezeptionsästhetische Grundannahme, wie mir scheint, allerdings noch weiter und auf die Spitze. So staunte ich nicht schlecht, als du deine Online-Community wenige Monate vor Erscheinen deines Romans „Fremdes Licht" dazu aufgefordert hast, selbst Figuren für deinen Roman zu erfinden, die dann gemeinsam mit deiner Protagonistin Elaine in ein interstellares Flugschiff einchecken sollten. Gefragt waren die Namen der Flugpassagiere, aber auch persönliche Angaben wie Alter, Beruf und Herkunft. Zudem sollte jede Figur eine passende Antwort auf folgende Frage parat haben: Wer sind sie wirklich?
Auf diese Weise erfahren wir nun im Roman in wenigen Worten einiges über diese Passagiere, beispielsweise, dass die Bienenzüchterin Nebi Tahiri aus Albanien nicht nur ein blinder Passagier, sondern „wirklich blind" ist (Stavarič 2020, 150). Am besten gefällt mir allerdings die Selbstbeschreibung des Pilzzüchters Otto Schwarz: „Gestern war ich Wasser, heute Sprache." (Stavarič 2020, 149)[10]. Ich finde es sehr spannend, wie hier durch deine künstlerische Intervention die Grenzen zwischen Autor, Text und Leser*innen verschwimmen. Was war deine Idee hinter diesem Schreibexperiment? War es schwer, den Verlag von diesem – doch recht außergewöhnlichen – Einfall zu überzeugen? Und ist das, was du dir dazu gedacht hast, schlussendlich aufgegangen?
M.S.: Ich liebe so kleine Einfälle, die ein Buch für mich besonders machen. Ich gehe dabei immer davon aus, woran ich mich grundsätzlich auch gerne beteiligen würde. Eine gleichsam ‚echte' Passagierliste zu kreieren, ich finde es gibt dem Roman eine feine Note. Und ich mag es, wenn ich andere in meine Projekte einbinden kann. Ich bin längst darüber hinaus, alles für mich selbst und allein ausarbeiten zu wollen – die Literatur muss Verbindungen herstellen. Das beflügelt schlussendlich auch meine eigene Inspiration.

---

10 Insgesamt kamen auf diese Weise 46 weitere Passagiere ins Raumschiff (vgl. Stavarič 2020, 149ff).

Ulrike Titelbach im Gespräch mit dem Schriftsteller und Literaturvermittler Michael Stavarič

U.T.: Wie würdest du dein Verhältnis zu den Leserinnen deiner Texte beschreiben?
M.S.: Ich will sie ein jedes Mal überraschen – wobei mir klar ist, dass ich somit bestimmt auch einige enttäusche.

**

U.T.: Deine schriftstellerische Kariere begann mit Poesie. 2021 hast du nun mit dem Band „zu brechen bleibt die See" nach langer Zeit wieder einen Lyrikband vorgelegt, in dem du die Poesie selbst zur Sprache bringst, um ihr auf dem Weg des Negierens ihrer Sinnhaftigkeit „die ultimative Liebeserklärung zu machen"(Stavarič 2021, o.S.). Du gehst in diesem Band der Frage nach, was Poesie nicht kann und beantwortest sie auf sehr poetische Weise. Nun aber die Gegenfrage: Was kann Poesie?
M.S.: Poesie vermag es, sogar andere Poet*innen in ein Buch zu integrieren, wer hätte sich das gedacht? In der Literatur ist dies sonst eher nur in Anthologien möglich, wo dann doch jeder wieder eigenständig für sich etwas erschafft.
U.T.: „zu brechen bleibt die See" ist also – wie du hier bereits andeutest – auch ein gemeinschaftliches Schreibprojekt. du hast dafür zwölf weitere Schriftsteller*innen ins Boot geholt, die im letzten Abschnitt des Buches den von dir ausgerollten poetischen Faden aufgreifen und weiterspinnen.[11]
M.S.: Bei „zu brechen bleibt die See" ist die Herangehensweise tatsächlich besonders. Wer mitgemacht hat, ging im Gesamttext auf, ohne einer namentlichen Zuschreibung. Ich hatte die Idee, schrieb meinen Teil des Buches und fragte dann relativ frech herum, wer mir dazu etwas beisteuern mag. Inklusive einer Anleitung, wie denn so eine ‚Beisteuerung' aussehen könnte. Ich war überrascht, wie viele Lust darauf hatten. Aber natürlich habe ich vor allem jene Kolleg*innen gefragt, bei denen ich mir zuvor schon dachte, es könnte sie interessieren. Ich würde jederzeit wieder so ein Buchprojekt wagen.
U.T.: Mittlerweile habt ihr auch schon mehrmals gemeinsam aus dem Band gelesen. Wie fühlt es sich an, wenn du als Autor hier einmal nicht alleine auf der Bühne stehst, sondern gemeinsam mit einem kleinen ‚Orchester' aus Mitautor*innen? Ergeben sich dadurch auch andere Möglichkeiten der Präsentation?

---

[11] Die zwölf Autor*innen sind: Isabella Feimer, Katharina J. Ferner, Andrea Grill, Nancy Hünger, Helga Locher, Hanno Millesi, Martin Piekar, Petra Piuk, Helene Proißl, Tanja Raich, Barbara Rieger und Julia Willmann.

M.S.: Mein Traum wäre es ja, irgendwann tatsächlich in vollständiger Besetzung daraus lesen zu können, doch ist das wohl illusorisch. Die drei kollektiven Auftritte, die es mit dem Buch bisher gab, waren jedenfalls ein Ereignis. So wurde es mir vom Publikum auch bestätigt. Es wird unweigerlich zu etwas Polyphonem, einer Performance.

U.T.: Insgesamt scheint mir die Kooperation mit anderen Autor*innen seit der Pandemie einen größeren Stellenwert in deinem Schreiben einzunehmen als zuvor. Hat die prekäre und zum Teil auch existenzgefährdende Lebenssituation in dieser Zeit hier bei dir (und/oder allgemein) zu einem größeren Wunsch nach gegenseitiger Unterstützung und zu mehr Solidarität unter den Kunstschaffenden geführt? Und ergeben sich dadurch nun auch neue künstlerische Optionen?

M.S.: Die Pandemie war eine gute Zeit, um sich an solche Projekte zu wagen. Ich glaube fest daran, dass man gemeinsam mehr schaffen kann als alleine. Sogar in der Literatur. Es wäre zum Beispiel spannend, ein Schreibkollektiv zu begründen, das es den Serienautor*innen im Fernsehen nachmacht; man kann doch gemeinsam die besten Ideen zusammenlegen, um ganz besondere Bücher zu erschaffen.

U.T.: In der englischsprachigen Jugendliteratur gibt es solche Ansätze ja bereits. Ich denke hier etwa an das Autorinnenteam Erin Hunter und deren bekannte Fantasyserien (vor allem „Warrior Cats", aber auch „Survivor Dogs" u.a.). Denkst du hier an etwas Vergleichbares?

M.S.: So in der Art, wobei es bei Genreliteratur vielleicht sogar einfacher ist – z.B. auch im Krimibereich. Mir schwebt aber tatsächlich ein Roman vor – und erste Gespräche hierzu laufen bereits. Es ist ein weiter Weg, aber einen Versuch wert.

U.T.: Auch Kinder finden sich als Mitautor*innen in deinen Texten. So bedankst du dich etwa am Ende von „Fremdes Licht" bei den Schüler*innen, mit denen du im Rahmen des WeltenSchreiber-Projektes gearbeitet hattest, und die Sätze und Gedanken zu dessen Epilog beisteuerten (vgl. Stavarič 2020, 507). Das Projekt WeltenSchreiber wurde, soweit ich weiß, 2018 von der Bosch-Stiftung ins Leben gerufen. Was ist die Idee dahinter? Und was war oder ist dabei deine Aufgabe?

M.S.: Das WeltenSchreiber-Projekt hat ein klares Ziel: Literatur wieder maßgeblich im Deutschunterricht zu verankern. So etwas geht in Deutschland tatsächlich – und es wäre wichtig, ähnliche Projekte auch in Österreich umzusetzen. Ich habe mich drei Jahre lang mit einer Schule (und verschiedenen Klassen) beschäftigt, um Literatur wieder fest im Unterricht zu etablieren. Das geht natürlich nur dort, wo es ein dafür begeistertes Lehrpersonal gibt. Kinder und Jugendliche lassen sich immer für Sprache und Literatur begeistern, man muss ihnen wirklich nur die Zeit dafür geben – und ihnen diese Möglichkeit einräumen.

U.T.: Ich gehe davon aus, dass es Kindern und Jugendlichen, die kreativ mit Sprache umgehen können, auch leichter fällt, ihr Leben aktiv mitzugestalten. Entsprechende Kompetenzen erweitern also ihren Handlungsradius. Somit haben eine adäquate Vermittlung von Literatur und die Förderung von kreativem Schreiben auch etwas mit gesellschaftlicher Teilhabe zu tun.
Denkst du, dass ein bewussterer Umgang mit Sprache auch die Welt, in der wir leben, konstruktiv verändern könnte? Und inwiefern?

M.S.: Nur wer über sprachliches Rüstzeug verfügt, kann in dieser Welt bestehen. Es ist damit jedenfalls allemal leichter. Unserem Zusammenleben ist es förderlich, sich vielfältigst ausdrücken zu können. Nur sehen das manche Politiker*innen wohl nicht so gern, denn sprachliche Kompetenzen bedingen mündigere Bürger*innen. Und somit wird das Regieren schwieriger. Wenn man so will, ist auch die Literatur ein spitzer Dorn im Fußballen der Mächtigen.

U.T.: Umso wichtiger wäre es, dass Workshops, wie du sie seit Jahren an Schulen hältst, auf längere Sicht zu einem fixen Bestandteil des Lehrplans werden. Im Grunde weist ja auch das WeltenSchreiber-Projekt in diese Richtung. Erst durch die „Integration in den regulären Deutschunterricht wird möglichst vielen Schülern der Zugang zu Literatur und Sprache ermöglicht – insbesondere denjenigen, die zum Schreiben keinen besonderen Bezug haben" (Robert Bosch Stiftung 2019, o.S.).
Das Projekt wurde bereits in der Pilotphase nicht nur in Deutschland umgesetzt. Basierend auf einer Kooperation mit dem Goethe-Institut konnten auch sieben Schulen in Belarus, Lettland, Polen, Tschechien, Rumänien, Russland und der Ukraine an dem Programm teilnehmen.[12] Sollten solche internationalen Kooperationen weiter gefördert werden?

M.S.: Ich wäre sehr dafür, solche und ähnliche Projekte weiter auszubauen. Autor*innen sollten sich überall mehr mit Schulunterricht auseinanderzusetzen, denn dort entscheidet sich die Zukunft der Literatur und ihre Präsenz in künftigen Gesellschaften.

**

U.T.: Katja Maria Engel vermutet in ihrer Rezension zu Faszination Krake, dass du – wie das Wesen mit den acht Tentakeln – über drei Herzen verfügst, von

---

12 Vgl. zu ersten Ergebnissen: „7 Orte – 7 Schreibwerkstätten" (o.J.)

denen eines ganz gewiss für Kinder schlägt (vgl. Engel 2021, o.S.). Mir scheint da liegt sie nicht ganz falsch.
In „Faszination Krake" gibt es eine Seite mit wirklich witzigen Scherzfragen zum Thema:
„Wann läuft ein Oktopus blau an? Wenn ihm der Kraken platzt. (Nelson, 8, Pfaffstätten) [...]
Wie fährt ein Meerestier zur Schule? Mit dem Oktobus. (Laura und Mailin, 13, Graz)
Wie verlieben sich zwei Kraken? Auf Tinter! (Thomas, 13, Graz)" (Stavarič 2021, 31)
Hast du Nelson, Laura, Mailin und Thomas im Zusammenhang mit deiner Tätigkeit als Literaturvermittler kennengelernt? Möglicherweise in einem (offenbar sehr unterhaltsamen) Literaturworkshop zum Thema Kraken? Oder handelt es sich hier um literarische Figuren, die du für dein Buch erfunden und denen du diese Sätze in den Mund gelegt hast?

M.S.: Wir (der Verlag und ich) haben uns hier tatsächlich an Kinder in Schulklassen gewandt und sie gebeten, uns bei dieser Aufgabe zu helfen. Ich muss schon sagen, den Kindern ist da wahrlich etwas Gutes eingefallen.

U.T.: *Wie hat das konkret ausgesehen? Warst du (im Vorfeld) vor Ort in den Schulklassen (in Berlin, Frankfurt, Graz, Pfaffstätten, Salzburg, Wien) und hast mit den Schüler*innen dort über Kraken gesprochen? Oder habt ihr euch virtuell getroffen?*

M.S.: Wir mussten das alles virtuell angehen in diesen seltsamen Zeiten – aber der Verlag ist hier sehr engagiert. Es lässt sich für alles eine Lösung finden.

**

U.T.: *Viele Kinder und Jugendliche sprechen ja nicht nur Deutsch, sondern auch andere Sprachen. Spielen diese in deinen Workshops eine Rolle? Werden sie beim kreativen Schreiben von den Schüler*innen aktiv in die Texte eingebracht?*

M.S.: Ich habe viele Workshops in Klassen gehalten, die durch und durch mehrsprachig waren. Man passt dann sein Programm etwas an. Und versucht natürlich, Sprachen, die man selbst nicht spricht (und versteht), in den Unterricht zu integrieren. So können alle voneinander lernen – und ich vielleicht sogar am meisten.

U.T.: *Was ist für dich besonders reizvoll an der Arbeit mit Kindern und Jugendlichen?*

M.S.: Ich habe dann das Gefühl, etwas Sinnvolles zu tun. Und jungen Menschen etwas Zauber (und Wissen) mit auf dem Weg zu geben.
U.T.: *Und worin liegt für dich dabei die größte Herausforderung?*
M.S.: Mir immer wieder etwas Neues einfallen zu lassen, was nicht leicht ist.
U.T.: *Aber wie ich dich kenne wird dir das bestimmt auch weiterhin gelingen. Vielen Dank für das Gespräch!*

Literatur

Primärliteratur

Stavarič, Michael (2006): stillborn. – Salzburg: Residenz.
Stavarič, Michael (2011): Brenntag. – München: C.H.Beck.
Stavarič, Michael (2017): Gotland. – München: Luchterhand.
Stavarič, Michael (2020): Fremdes Licht. Roman. – München: Luchterhand.
Stavarič, Michael u.a. (2021): zu brechen bleibt die See. Ein Plädoyer. – Wien: Czernin.
Stavarič, Michael/Ganser, Michèle (Ill.) (2021): Faszination Krake. Wesen einer unbekannten Welt. – Wien: leykam.
Stavarič, Michael/Habinger, Renate (Ill.) (2006): Gaggalagu. – Berlin/Idstein: Kookbooks.
Stavarič, Michael/Habinger, Renate (Ill.) (2008): BieBu. Mein Bienen und Blümchenbuch oder Ameisen haben vom Blütenbestäuben wirklich keine Ahnung! – St. Pölten/Salzburg: Residenz.
Stavarič, Michael/Habinger, Renate (Ill.) (2011): Hier gibt es Löwen. – St. Pölten/Salzburg: Residenz.
Stavarič, Michael/Schwab, Dorothee (Ill.) (2010): Die kleine Sensenfrau. – Wien: Luftschacht.
Stavarič, Michael/Wolfsgruber, Linda (Ill.) (2017): Als der Elsternkönig sein Weiß verlor. – Mannheim: KUNSTANST!FTER.

Sekundärliteratur

Eco, Umberto (1973): Das offene Kunstwerk. Ins Deutsche übersetzt von Jürgen Trabant. – Frankfurt a.M.: Suhrkamp.[13]
Engel, Katja Maria (2021): Wenn ein Krake Fahrrad fährt. Liebenswerte Geschichten rund um die ältesten intelligenten Lebewesen unseres Planeten, bei denen nicht nur Kinder aus dem Alltag abtauchen können. In: Spektrum.de, 11. Ok-

---

13 Die italienische Originalfassung mit dem Titel *Opera aperta* erschien bereits im Jahr 1962.

tober 2021. – https://www.spektrum.de/rezension/buchkritik-zu-faszination-krake/1918231 (13. Jänner 2022).

Hultsch, Anne (2021): „Die Sprache ein Mühlstein". Zur textuellen Mehrsprachigkeit im Werk Michael Stavaričs. In: Titelbach, Ulrike (Hrsg.): Mehr Sprachigkeit. Unterrichtsvorschläge für die Arbeit mit mehrsprachiger Literatur in der Sekundarstufe (Kinder- und Jugendliteratur im Sprachenunterricht 7). – Wien: Praesens; S. 243-271.

Iser, Wolfgang (1976): Der Akt des Lesens. Theorie ästhetischer Wirkung (Uni-Taschenbücher 636). – München: W. Fink.

Pohl, Ronald (2020): Stavarič-Roman „Fremdes Licht": Der Eisbär ist los. In: Der Standard, 4. Juni 2020. – https://www.derstandard.at/story/2000117863211/stavaric-roman-fremdes-licht-der-eisbaer-ist-los (22. Oktober 2021)

Robert Bosch Stiftung (2019): Mit Wörtern eine eigene Welt erfinden. – https://www.bosch-stiftung.de/de/story/mit-woertern-eine-eigene-welt-erfinden (28. Oktober 2021).

7 Orte – 7 Schreibwerkstätten (o.J.) – https://www.goethe.de/de/spr/unt/ver/wel.html (14. Dezember 2021).

Stavarič, Michael (2016): Der Autor als Sprachwanderer. Stefan Zweig Poetikvorlesung. – Wien: Sonderzahl (Salzburger Stefan Zweig Poetikvorlesung 4).

Titelbach, Ulrike (2021): Hier gibt es Löwen. Funktionen vom Mehrsprachigkeit und Intertextualität in einem Bilderbuch von Michael Stavarič und Renate Habinger. In: Titelbach, Ulrike (Hrsg.): Mehr Sprachigkeit. Unterrichtsvorschläge für die Arbeit mit mehrsprachiger Literatur in der Sekundarstufe (Kinder- und Jugendliteratur im Sprachenunterricht 7). – Wien: Praesens; S. 7-15.

Verzeichnis der Abbildungen

Cover

Abb. auf U1: Illustration von Renate Habinger. Aus: Michael Stavarič/Renate Habinger: Gaggalagu © 2006 by kookbooks

**In: Titelbach, Ulrike: *Hilfe! Help! Aiuto!*
Language Awareness in einem mehrsprachigen Bilderbuch von Basil Schader und Jürg Obrist**

Abb. S. 14: Cover des Bilderbuches Hilfe! Help! Aiuto! (Schader/Obrist 1999, U1)
Abb. S. 18: Verzweifelte Lehrerin im Bilderbuch Hilfe! Help! Aiuto! (Schader/Obrist 1999, 4)
Abb. S. 19: Rückkehr zum monolingualen Schulalltag (Schader/Obrist 1999, 12f)
Abb. S. 20: Tafelbild mit Begrüßungen in verschiedenen Sprachen im Bilderbuch (Schader/Obrist 1999, 16)
Abb. S. 21: Fi und ihre Eltern in Hilfe! Help! Aiuto! (Schader/Obrist 1999, 2f)
Abb. S. 25 und 30: Hundewörter in diversen Sprachen (Schader/Obrist 1999, 18f)

In: Winter, Veronika/Balogh, Hannah: Reise durch ein Sprachenmeer. Vorschläge zur Didaktisierung des mehrsprachigen Bilderbuches Kommt ein Boot von Heinz Janisch

Abb. S. 98: Das Gedicht in deutscher Sprache mit polnischen Schlüsselwörtern, illustriert von Helga Bansch (Janisch u.a. 2012, U2f)
Abb. S. 99: Das Gedicht in türkischer Sprache mit deutschsprachigen Schlüsselwörtern, illustriert von Verena Hochleitner (Janisch u.a. 2012, o.S.)

Abb. S. 100: Das Gedicht in slowenischer Sprache mit albanischen Schlüsselwörtern, illustriert von Dorothee Schwab (Janisch u.a. 2012, o.S.)

Abb. S. 101: Das Gedicht in russischer Sprache mit italienischen Schlüsselwörtern, illustriert von Annett Stolarski (Janisch u.a. 2012, o.S.)

Abb. S. 104: Das Gedicht in französischer Sprache mit rumänischen Schlüsselwörtern, illustriert von Sibylle Vogel (Janisch u.a. 2012, o.S.)

Abb. S. 106: Cover des Bilderbuches Kommt ein Boot; Bild: Michael Roher (Janisch u.a. 2012, U1)

Bibliographie zu den Abbildungen:

Janisch, Heinz u.a. (2012): Kommt ein Boot... Ein Gedicht in 11 Bildern und vielen Sprachen. - St. Pölten/Salzburg/Wien: Residenz.

Schader, Basil/Obrist, Jürg (Ill.) (1999): Hilfe! Help! Aiuto! - Zürich: Orell Füssli.

Stavarič, Michael/Habinger, Renate (Ill.) (2006): Gaggalagu. - Idstein: koobooks.

Über die Autor*innen

Hannah BALOGH hat Vergleichende Literaturwissenschaften studiert. Im Rahmen ihres Studiums Deutsch als Fremd- und Zweitsprache an der Universität Wien schreibt sie derzeit ihre Masterarbeit, für die der vorliegende Beitrag als Ausgangspunkt dient. Sie ist seit zwei Jahren in der Erwachsenenbildung im Bereich Deutsch als Fremd- und Zweitsprache tätig. Hannah Balogh lebt und arbeitet in Wien und Berlin.
Kontakt: hannah_balogh@hotmail.com

Lisa HORAK absolvierte das Masterstudium Deutsch als Fremd- und Zweitsprache an der Universität Wien. In ihrem Studium beschäftigte sie sich insbesondere mit Mehrsprachigkeit, kulturreflexivem Lernen und Sprachideologien in der Migrationsgesellschaft. Sie arbeitete an verschiedenen Bildungsinstitutionen als DaF-/DaZ-Lehrerin und ist derzeit in der Vereinigung für Frauenintegration in Wien tätig.
Kontakt: lisa.horak@outlook.at

Sabrina Melissa HUBER unterrichtet Deutsch an einer höheren, berufsbildenden Schule. Sie schloss 2020 ihr Lehramtsstudium Psychologie/Philosophie und Deutsch an der Universität Wien mit einer Zusatzqualifikation im Bereich Deutsch als Fremd- und Zweitsprache ab. Seit 2019 wirkt sie unterstützend beim Zertifikatskurs *Kompetenzfeld Auslandslektorat* am Postgraduate Center der Universität Wien mit und engagiert sich zudem ehrenamtlich für den ÖDaF.
Kontakt: sabrina.melissa.huber@gmx.at

Isabella KATZENBEISSER schloss 2019 ihr Lehramtsstudium Englisch und Deutsch mit einer Zusatzqualifikation im Bereich Deutsch als Fremd- und Zweitsprache an der Universität Wien ab. In ihrer Abschlussarbeit beschäftigte sie sich mit dem didaktischen Potenzial von Fanfictions im schulischen DaF-Unterricht und erarbeitete dafür eine Didaktisierung für die Arbeit mit diesen im Rahmen eines Projekts. 2019 arbeitete sie als Sprachassistentin für Deutsch als Fremdsprache in einer Schule im Süden Englands, seit 2020 ist sie als Deutsch- und Englischlehrkraft an einem Gymnasium in Niederösterreich tätig.
Kontakt: isabella.katzenbeisser@inode.at

Dr. habil. Annette KLIEWER studierte Germanistik, Romanistik, Erziehungswissenschaften und evangelische Theologie und arbeitet im Gymnasium im Alfred-Grosser-Schulzentrum in Bad Bergzabern. Sie promovierte im Bereich Genderforschung und habilitierte zur interkulturellen Literaturdidaktik in der Oberrheinregion. Ihre Schwerpunkte sind Holocaustforschung, interkulturelle Literaturdidaktik, Kinder- und Jugendliteraturforschung und Genderforschung.
Kontakt: annette.kliewer@laposte.net

Prof. Dr. Heidi RÖSCH studierte Germanistik und Politologie an der Universität Stuttgart und an der Freien Universität Berlin. Sie arbeitete in verschiedenen Forschungsprojekten im Bereich interkultureller und sprachlicher Bildung an der TU Berlin, promovierte dort über Migrationsliteratur und habilitierte sich in Deutschdidaktik und Deutsch als Zweit- und Fremdsprache. Seit 2007 ist sie Professorin für Interkulturelle Literaturwissenschaft und Literaturdidaktik an der Pädagogischen Hochschule Karlsruhe, leitete dort bis 2018 den Masterstudiengang Interkulturelle Bildung, Migration und Mehrsprachigkeit, war von 2010 bis 2019 Dekanin der Fakultät für Sprach-, Literatur- und Sozialwissenschaften und ist seit 2020 in Rente.
Kontakt: heidi.roesch@ph-karlsruhe.de

Marlene SCHADEN schloss 2020 an der Universität Wien ihr Lehramtsstudium für die Fächer Deutsch und Geschichte, Sozialkunde und politische Bildung ab. Seit September 2020 ist sie an der Höheren Lehranstalt für wirtschaftliche Berufe in Hollabrunn beschäftigt und unterrichtet dort die Fächer Deutsch, Geschichte und politische Bildung sowie Persönlichkeitsentwicklung und Kommunikation.
Kontakt: marlene.schaden@gmx.at

Martina SCHUCH begann nach ihrem Abschluss in Betriebswirtschaft an der Wirtschaftsuniversität Wien Lehramt Deutsch und Bosnisch/Kroatisch/Serbisch zu studieren. Neben Ihrem Studium ist sie aktuell als Sprachlehrerin für Kroatisch in der Erwachsenenbildung tätig.
Kontakt: martina.schuch@gmail.com

Michael STAVARIČ wurde in Brno (CSSR) geboren, er lebt heute als freier Schriftsteller, Übersetzer und Dozent in Wien; Studium der Bohemistik, Publizistik und Kommunikationswissenschaft, Stefan Zweig Poetikdozentur an der Universität Salzburg, Literaturseminare an diversen

Universitäten (München, New York, Prag, ...). Seine Werke wurden mit zahlreichen Preisen ausgezeichnet (u.a. Österreichischer Staatspreis für Kinder- und Jugendliteratur, Hohenemser Literaturpreis, Literaturpreis Wartholz, Adelbert-von-Chamisso-Preis). Publikationen zuletzt: *Phantom* (Luchterhand 2023), *Fremdes Licht* (Luchterhand 2020), *zu brechen bleibt die See* (Czernin 2021), *Die Suche nach dem Ende der Dunkelheit* (Limbus 2023), *Faszination Krake* (Leykam 2021) und *Faszination Qualle* (Leykam 2023).
Kontakt: autobiography_of_red@gmx.at

Jan THEURL studierte Geschichte, Germanistik sowie die Lehramtsfächer Deutsch und Geschichte, Sozialkunde, Politische Bildung an der Universität Wien. 2017/18 verbrachte er ein halbes Jahr als Sprachassistent in Paris, um Deutsch als Fremdsprache am Collège Molière und am Lycée Jean-Baptiste-Say zu unterrichten. 2020 absolvierte er eine Zusatzausbildung in Deutsch als Zweit- und Fremdsprache. Aktuell arbeitet er an der Wiener Mittelschule Roterdstraße als Lehrer im Fachbereich *Sprache und Gesellschaft*.
Kontakt: jan.theurl@edu.magwien.gv.at

Dr. Ulrike TITELBACH wirkte bereits während ihres Studiums der Deutschen Philologie (Universität Wien) in mehreren literaturwissenschaftlichen Projekten zur Österreichischen Kinder- und Jugendliteratur mit. Außerdem leitete sie für den Österreichischen Buchklub Literaturwerkstätten mit Kindern und Jugendlichen. Seit 1999 ist sie Universitätsassistentin und Senior Lecturer am Institut für Germanistik der Universität Wien (Fachbereich Deutsch als Fremd- und Zweitsprache). Ihre Lehr- und Forschungsschwerpunkte sind die Geschichte des Deutschen als Fremd- und Zweitsprache, (mehrsprachige) Literatur im Fremd- und Zweitsprachenunterricht, Kinder- und Jugendliteraturforschung und Kreatives Schreiben.
Kontakt: ulrike.titelbach@univie.ac.at

Veronika WINTER beschäftigte sich bereits im Rahmen ihres Lehramtsstudiums (Fächer: Deutsch, Biologie) mit dem Thema Mehrsprachigkeit in der Migrationsgesellschaft. Sie arbeitete beim Forschungsprojekt *Sprachraum Schule. Mehrsprachige Realität an Schulen in Wien und Brünn der Masaryk-Universität in Brünn* mit und absolvierte ein Deutsch-als-Fremdsprache-Praktikum am Österreich Institut Warschau. Durch ihre mehrjährige Arbeit als Wissenschaftsvermittlerin beim Kinderbüro der Universität Wien sowie als Lernbetreuerin für Deutsch als Zeitsprache an der Volks-

hochschule Wien sammelte sie wertvolle Praxiserfahrungen. Seit 2022 ist sie Doktorandin am Österreichischen Kompetenzzentrum für Didaktik der Biologie an der Universität Wien und promoviert im Bereich Klimabildung.
Kontakt: veronika.winter@univie.ac.at

Liste der Didaktisierungen in beiden Bänden von *Mehr Sprachigkeit*

Hier finden Sie alle mehrsprachigen Texte, zu denen es in den beiden Bänden von Mehr Sprachigkeit Unterrichtsvorschläge gibt. Sie sind nach deren Autor*innen alphabetisch gereiht. Zudem wurden die Sprachen, in denen diese literarischen Werken verfasst sind, aufgelistet.

Neben den Verfasserinnen der Didaktisierungen können Sie der Tabelle auch die jeweilige Schulstufe entnehmen, für die die Vorschläge konzipiert wurden.

Mehrsprachige Literatur (Genre)	didaktisiert von .. (in Bd. ..)	für ...	Sprachen[1]
Artmann, H.C. (1958): waun zwa oede bem ... (Lyrik)	Theurl (Bd. 2)	Sek II (10/11)[2]	Deutsch (Wiener Dialekt), Tschechisch
Axster, Lilly/Aebi, Christine (2007): Alles gut. Die Geschichte von Leonies Umzug. (Bilderbuch)	Federlein (Bd. 1)	Sek I (5/6)	Deutsch, Türkisch u.a.
Axster, Lilly/Aebi, Christine (2012): DAS machen? Projektwoche Sexualerziehung in der Klasse 4c. (erzählendes Sachbilderbuch)	Hochholzer (Bd. 1)	Sek I (5)	Deutsch, Chinesisch/Englisch/Kroatisch/Persisch/Türkisch
Biondi, Franco (1979): nicht nur gastarbeiterdeutsch (Lyrik)	Rösch (Bd. 2)	Sek I (7ff)	Deutsch (incl. Lernendenvarietät)

Boie, Kirsten (2016): Thabo – Detektiv und Gentleman. Der Nashorn-Fall: Band 1. *(Jugendroman)*	Katzenbeisser/ Huber (Bd. 2)	Sek I (5/6)	Deutsch, siSwati[3]
Çirak, Zehra (1991): Allianz *(Lyrik)*	Rösch (Bd. 2)	Sek I (7ff)	Deutsch, Türkisch
Crossan, Sarah/Conaghan, Brian (2017a): We come apart. *(Jugendroman in Versform)*	Filsinger/Bauer (Bd. 1)	Sek II (9/10)	Englisch (incl. Lernendenvarietät), Rumänisch
Crossan, Sarah/Conaghan, Brian (2017b): We come apart. *(Audiobook)*	Filsinger/Bauer (Bd. 1)	Sek II (9/10)	Englisch (incl. Lernendenvarietät), Rumänisch
Crossan, Sarah/Conaghan, Brian (2018): Nicu & Jess.[4] *(Jugendroman in Versform)*	Filsinger/Bauer (Bd. 1)	Sek II (9/10)	Deutsch (incl. Lernendenvarietät)[5], Rumänisch
Fresh, Eko (2011): Türken Slang *(Rapsong)*	Rösch (Bd. 2)	Sek I (7ff)	Deutsch (incl. Ethnolekt), Türkisch
Fink, Adrien (1980): Nirgendheim. *(Lyrik)*	Kliewer (Bd. 1)	Sek II (11/12)	Deutsch (incl. Dialekt), Französisch
Gardi, Tomer (2016): Broken German. *(Roman)*	Filsinger/ Bauer (Bd. 1)	Sek II (11/12)	Deutsch (Lernendenvarietät)
Gardi, Tomer (2016): Broken German. *(Roman)*	Horak (Bd. 2)	Sek II (11)	Deutsch (Lernendenvarietät)
Hauptmann, Gerhart (1889): Vor Sonnenaufgang. *(Drama)*	Wizany (Bd. 1)	Sek II (11/12)	Deutsch (incl. Dialekt)
Hergé (1997): Tim im Kongo. *(Comic)*	Schaden (Bd. 2)	Sek II (10)	Deutsch, Französisch

Liste der Didaktisierungen in beiden Bänden von Mehr Sprachigkeit

Hergé (1946/1974): Tintin au Congo. (Comic)	Schaden (Bd. 2)	Sek II (10)	Französisch
Jandl, Ernst (1957): Calypso. (Lyrik)	Theurl (Bd. 2)	Sek II (10/11)	Deutsch, Englisch
Janisch, Heinz u.a. (2012): Kommt ein Boot ... Ein Gedicht in 11 Bildern und vielen Sprachen (Bilderbuch)	Winter/Balogh (Bd. 2)	Sek I (5/6)	Deutsch, Französisch, Russisch, Slowenisch, Türkisch, Englisch, Kroatisch, Serbisch, Spanisch, Ungarisch, Albanisch, Italienisch, Polnisch, Rumänisch, Arabisch, Bosnisch, Chinesisch, Farsi, Mazedonisch, Suaheli, Tschechisch
Laubscher, Werner (1996): Bilingualitis. (Lyrik)	Kliewer (Bd. 1)	Sek II (11/12)	Deutsch (incl. pfälzischer Dialekt), Französisch
Michaelis, Antonia (2018): Tankstellenchips. Ein Heldenepos. (Jugendroman)	Filsinger/ Bauer (Bd. 1)	Sek II (9/10)	Deutsch (incl. Lernendenvarietät)
Moers, Walter (1999): Die 13 ½ Leben des Käpt'n Blaubär. (Roman)	Berdaguer (Bd. 1)	Sek II (11/12)	Deutsch, fiktionale Sprachen
Moers, Walter (2002): Ensel und Krete. Ein Märchen aus Zamonien. (Roman)	Berdaguer (Bd. 1)	Sek II (11/12)	Deutsch, fiktionale Sprachen
Moers, Walter(2007): Der Schrecksenmeister. Ein kulinarisches Märchen aus Zamonien [...]. (Roman)	Berdaguer (Bd. 1)	Sek II (11/12)	Deutsch, fiktionale Sprachen

Liste der Didaktisierungen in beiden Bänden von Mehr Sprachigkeit

Poulain, Véronique (2015): Les mots qu'on ne me dit pas. (Jugendroman)	Schuch (Bd. 2)	Sek II (9/10)	Französisch, Französische Gebärdensprache
Poulain, Véronique (2015): Worte, die man mir nicht sagt. Mein Leben mit gehörlosen Eltern. (Jugendroman)	Schuch (Bd. 2)	Sek II (9/10)	Deutsch, Französische Gebärdensprache, Französisch
Schader, Basil/Obrist, Jürg (1999): Hilfe! Help! Aiuto! (Bilderbuch)	Titelbach (Bd. 2)	Sek I (5)	Deutsch (incl. Schweizer Standardvarietät), Albanisch, Englisch, Italienisch, ...
Sellier, Marie/Chanel, Diagne (2016): Miriam, Mafou métisse./Miriam, Misch-Mafu. (Bilderbuch)	Pieber (Bd. 1)	Sek I und II (8/9)	Französisch, Deutsch
Stanišić, Saša (2019): Herkunft. (Autofiktionaler Roman)	Balogh (Bd. 2)	Sek II (8)	Deutsch, Serbisch/Kroatisch[6], Englisch
Stavarič, Michael (2000 bis 2017): [Zahlreiche Texte aus dem Gesamtwerk des Autors] (Bilderbücher, Essays, Romane)	Hultsch (Bd. 1)	Sek I und II (6/7/ 9/10)	Deutsch, Tschechisch
Stavarič, Michael/Habinger, Renate (2006): Gaggalagu. (Bilderbuch)	Kliewer (Bd. 2)	Sek I (5/6)	Deutsch; Tierstimmen in Dänisch, Isländisch, Italienisch, Rumänisch, Russisch, Tschechisch, Türkisch und vielen weiteren Sprachen

Stavarič, Michael/Habinger, Renate (2011): Hier gibt es Löwen. *(Bilderbuch)*	Titelbach (Bd. 1)	Sek I und II (5/6/11)	Deutsch (incl. Dialekt), Italienisch, Englisch, Latein, Französisch
Tawada, Yoko (2010): Wortstellung *(Lyrik)*	Rösch	Sek I (7ff)	Deutsch, Japanisch
Twain, Mark (1880/2010): Die schreckliche deutsche Sprache. The Awful German Language. *(Essay)*	Huber/Katzenbeisser (Bd. 2)	Sek II (10/11)	Englisch, Deutsch
Zaimoglu, Feridun (1995): Kanak Sprak. *(fiktionale Reportage)*	Rösch (Bd. 2)	Sek I (7ff)	Deutsch (incl. Ethnolekt)
Zaimoglu, Feridun (2008): Leyla. *(Roman)*	Wizany (Bd. 1)	Sek II (11/12)	Deutsch (incl. Ethnolekt)

1 Die Reihenfolge der hier aufgelisteten Sprachen spiegelt deren Bedeutung im jeweiligen literarischen Text wider.
2 In der Klammer finden sich Hinweise auf die Schulstufe, für die diese Didaktisierung konzipiert wurde.
3 Eine Bantusprache
4 aus dem Englischen ins Deutsche übersetzt von Cordula Setsman
5 Manche Primärtexte operieren auch mit Varietäten der deutschen Sprache. Angaben dazu finden sich hier in dieser Form.
6 Der Autor beschreibt seine Erstsprache selbst als Serbisch/Kroatisch (vgl. dazu den Beitrag von Hannah Balogh in diesem Band).

Bibliographie

Artmann, H. C. (1958): waun zwa oede bem... In: Artmann, H. C.: med ana schwoazzn dintn. gedichtar aus bradnsee. – Salzburg: Otto Müller.
Axster, Lilly/Aebi, Christine (2007): Alles gut. Die Geschichte von Leonies Umzug. – Gumpoldskirchen: de'A.
Axter, Lilly/Aebi, Christine (2012): DAS machen? Projektwoche Sexualerziehung in der Klasse 4c. – Gumpoldskirchen: de'A.

Biondi, Franco (1979[1]/1983): nicht nur gastarbeiterdeutsch. In: Ackermann, Irmgard (Hrsg.): In zwei Sprachen leben. – München: Deutscher Taschenbuchverlag, S. 84-87.
Boie, Kirsten (2016): Thabo – Detektiv und Gentleman. Der Nashorn-Fall: Band 1. – Hamburg: Oetinger.
Çirak, Zehra (1991): Allianz. In: Çirak, Zehra: Vogel auf dem Rücken eines Elefanten. – Köln: Kiepenheuer & Witsch, S. 16-17.
Crossan, Sarah/Conaghan, Brian (2017a): We come apart. – London: Bloomsbury.
Crossan, Sarah/Conaghan, Brian (2017b): We come apart. [Audiobook, gelesen von Rosie Jones und Oliver Hembrouch]. – Grand Haven: Brilliance Publishing.
Crossan, Sarah/Conaghan, Brian (2018): Nicu & Jess. Aus dem Englischen übersetzt von Cordula Setsman. – München: Mixtvision.
Fink, Adrien (1980): Nirgendheim. In: Finck, Adrien/Weckmann, André/Winter, Conrad: In dieser Sprache. Neue deutschsprachige Dichtung aus dem Elsaß. – Hildesheim/New York: Olms, S. 13.
Fresh, Eko (2011): Türken Slang. In: SongtexteMania. – https://www.songtextemania.com/turken_slang_songtext_eko_fresh.html (17. Oktober 2022); Musikvideo: https://www.youtube.com/watch?v=eIIDS6D1NOI (17. Oktober 2022).
Gardi, Tomer (2016): Broken German. – München: Droschl.
Hauptmann, Gerhart (1889/2012): Vor Sonnenaufgang. – Berlin: Ullstein.
Hergé (1974): Les Aventures de Tintin. Tintin au Congo.[2] – Tournai: Casterman.
Hergé (1997): Tim und Struppi. Tim im Kongo.[3] Aus dem Französischen übersetzt von Jens Roedler. – Hamburg: Carlsen Comics.
Jandl, Ernst (1957/1997): calypso. In: Jandl, Ernst: Laut und Luise. Verstreute Gedichte 2. – München: Luchterhand, S. 98.
Janisch, Heinz u.a. (2012): Kommt ein Boot... Ein Gedicht in 11 Bildern und vielen Sprachen. – St. Pölten/Salzburg/Wien: Residenz.
Laubscher, Werner (1996): Bilingualitis. In: Laubscher, Werner (1996): Die Germansviller Dokumente. Auf der Suche nach einer kleinen Winzerhütte. – Blieskastel: Gollenstein, S. 212.
Michaelis, Antonia (2018): Tankstellenchips. Ein Heldenepos. – Hamburg: Oetinger.
Moers, Walter (1999): Die 13 ½ Leben des Käpt'n Blaubär. – Frankfurt: Eichborn.
Moers, Walter (2002): Ensel und Krete. Ein Märchen aus Zamonien. – München: Goldmann.
Moers, Walter (2007): Der Schrecksenmeister. Ein kulinarisches Märchen aus Zamonien von Gofid Letterkerl. Neu erzählt von Hildegunst von Mythemetz. Aus

---

1 Erstveröffentlichung in: Biondi, Franco (1979): Nicht nur Gastarbeiterdeutsch. Gedichte. – Klein-Winterheim: Selbstverlag.
2 Nach der überarbeiteten Farbausgabe von 1946.
3 Ebenfalls nach der überarbeiteten Farbausgabe von 1946.

dem Zamonischen übersetzt und illustriert von Walter Moers. - München: Piper.

Poulain, Véronique (2015): Worte, die man mir nicht sagt. Mein Leben mit gehörlosen Eltern. - 2. Auflage. - Aus dem Französischen von Lis Künzli. - Berlin: Ullstein.

Poulain, Véronique (2015): Les mots qu'on ne me dit pas. - Paris: Le Livre de Poche.

Schader, Basil/Obrist, Jürg (Ill.) (1999): Hilfe! Help! Aiuto! - Zürich: Orell Füssli.

Sellier, Marie/Chanel, Diagne (2016): Miriam, Mafou métisse./Miriam, Misch-Mafu. - Wien: Bernest.

Stanišić, Saša (2019): Herkunft. - München: Luchterhand.

Stavarič, Michael/Habinger, Renate (2006): Gaggalagu. - Idstein: kookbooks.

Stavarič, Michael/Habinger, Renate (2011): Hier gibt es Löwen. - St. Pölten/Salzburg: Residenz.

Tawada, Yoko (2010): Wortstellung. In: Tawada, Yoko: Abenteuer der deutschen Grammatik. - Tübingen: Konkursbuch, S. 18.

Twain, Mark (1880/2010): Die schreckliche deutsche Sprache. The Awful German Language. Aus dem amerikanischen Englisch übersetzt von Kim Landgraf. - Köln: Anaconda.

Zaimoglu, Feridun (1995): Kanak Sprak. 24 Mißtöne vom Rande der Gesellschaft. - Berlin: Rotbuch.

Zaimoglu, Feridum (2008): Leyla. - Köln: Kiepenheuer & Witsch.

Bisherige Bände der Reihe *Kinderliteratur im Sprachenunterricht*

Ulrike Eder (Hrsg.): Sprache erleben und lernen mit Kinder- und Jugendliteratur I. Theorien, Modelle und Perspektiven für den Deutsch als Zweitsprachenunterricht. Wien: Praesens 2015 (Kinder- und Jugendliteratur im Sprachenunterricht 1).
ISBN 978-3-7069-0780-4
240 Seiten

Der Sammelband wird der inzwischen immer größeren Nachfrage nach einer lehr- und lerntheoretischen Einbettung und nach der empirischen Untersuchung der Arbeit mit Kinder- und Jugendliteratur im Deutsch als Zweitsprache-Unterricht gerecht. International anerkannte Expertinnen und Experten stellen hier ihre aktuellen Untersuchungen zum Thema vor.

***

Ulrike Eder (Hrsg.): Sprache erleben und lernen mit Kinder- und Jugendliteratur II. Theorien, Modelle und Perspektiven für den Deutsch als Fremdsprachenunterricht. Wien: Praesens 2015 (Kinder- und Jugendliteratur im Sprachenunterricht 2).
ISBN 978-3-7069-0827-6
208 Seiten

In diesem Band, der auf die Internationale DeutschlerInnentagung 2013 zurückgeht, beleuchten Kolleginnen und Kollegen aus Bulgarien, Deutschland, Indonesien, Österreich, Polen, Rumänien, Russland, der Türkei und den USA aus ihrer jeweils spezifischen Perspektive die Bedeutung von Kinder- und Jugendliteratur für das Erlernen von Deutsch als Fremdsprache.

***

Eva Burwitz-Melzer/Emer O'Sullivan (Hrsg.): Einfachheit in der Kinder- und Jugendliteratur. Ein Gewinn für den Fremdsprachenunterricht. Wien: Praesens 2016 (Kinder- und Jugendliteratur im Sprachenunterricht 3).
ISBN 978-3-7069-0883-2
212 Seiten

Macht die tatsächliche oder vermeintliche Einfachheit von Kinder- und Jugendliteratur diese besonders geeignet für das Fremdsprachenlernen? Der vorliegende Sammelband ist aus der ersten Tagung der Arbeitsgemeinschaft für die interdisziplinäre Erforschung und Förderung der Kinder- und Jugendliteratur im Fremdsprachenunterricht (AIDEFF) zum Thema *Einfachheit in der Kinder- und Jugendliteratur* hervorgegangen, die im September 2014 stattfand. Neben zwei umfangreichen Basisbeiträgen zur Einfachheit aus literaturwissenschaftlicher und aus fremdsprachendidaktischer Perspektive untersuchen und begründen zwölf Artikel aus den Fächern Deutsch als Fremdsprache, Anglistik, Romanistik und Skandinavistik Formen der Einfachheit in Bilderbüchern, *bandes dessinées*, Sachbilderbüchern, Jugendromanen und Bearbeitungen und loten ihr jeweiliges Potenzial für den Fremdsprachenunterricht aus.

***

Ulrike Eder/İnci Dirim (Hrsg.): Lesen und Deutsch lernen. Wege der Förderung früher Literalität durch Kinderliteratur. Wien: Praesens 2017 (Kinder- und Jugendliteratur im Sprachenunterricht 4).
ISBN 978-3-7069-0884-9
230 Seiten

In der Migrationsgesellschaft und unter den Bedingungen lebensweltlicher Mehrsprachigkeit steht die Förderung der Literalität vor spezifischen Aufgaben. Aktuelle erwerbstheoretische Untersuchungen zeigen deutlich, dass im Zusammenhang mit der kindlichen Ausbildung medialer und konzeptioneller Schriftlichkeit der Arbeit mit Kinderliteratur im schulischen und familiären Kontext eine grundlegende Bedeutung zukommt. Oftmals müssen Kinder, die in amtlich deutschsprachigen Regionen den Unterricht besuchen nicht nur Lesen und Schreiben, sondern zugleich auch Deutsch lernen. Dieser Sammelband geht der Frage nach, welchen grundlegenden Beitrag Kinderliteratur zur sprachlichen Bildung und Sprachförderung im Deutschen sowie zur literarischen Sozialisation leisten kann. Die einzelnen Beiträge bringen konkrete Unterrichtserfahrungen und ihre empirische Untersuchung in die Diskussion ein und zeigen wichtige Ansätze zu deren lehr- und lerntheoretischer Einbettung.

***

Marion Rana: Disruptive Desire. The Negotiation of Sexuality in Millennial-Era Adolescent Fantasy Novels from *Twilight* to *Hunger Games*. - Wien: Praesens 2017 (Kinder- und Jugendliteratur im Sprachenunterricht 5).
ISBN 978-3-7069-0959-4
309 Seiten

From *Twilight* to *Vampire Diaries*, *Hunger Games* to *Artemis Fowl* and *Harry Potter*: This volume provides detailed analyses of the treatment of sexuality in a se-

lection of bestselling millennial-era adolescent fantasy novels, and highlights the benefits of using these texts in the classroom.
Adolescent novels implicitly serve as guides to instruct teenagers in the norms of (socially acceptable) sexual behavior. Their depiction thus resonates with adult reservations and fears of teenage sexuality as much as it reflects adolescents' own unease with the growing immediacy of their carnal desires.
Desruptive Desire argues that sexuality in mainstream adolescent fantasy novels is thus regularly depicted as an unpleasant disruptive force that has to be kept in check. This notion is accompanied by a general unease around explicit, adult and/or alternative sexualities, many of which are occluded from the novels altogether.

***

Eva Burwitz-Melzer/Emer O'Sullivan (Hrsg.): Komik in der Kinder- und Jugendliteratur. Subversivität und Vergnügen im Fremdsprachenunterricht. – Wien: Praesens 2018 (Kinder- und Jugendliteratur im Sprachenunterricht 6).
ISBN 978-3-7069-0995-2
210 Seiten

Komik gehört zu den selbstverständlichsten und beliebtesten Merkmalen fast aller Gattungen der Kinder- und Jugendliteratur; es gibt in ihr ebenso viele Formen und Techniken des Komischen wie in der Literatur für Erwachsene. Aber wie verhält es sich mit der Vermittlung von Komik beim Fremdsprachenlernen? Schließlich sind alle Formen von Komik – von der Situationskomik bis hin zur Ironie – oft kulturspezifisch geprägt und daher nicht immer problemlos interkulturell verständlich. Generell gilt, dass das Verstehen von Komik mit historischer, geographischer und kultureller Distanz zunehmend schwierig wird.
Der vorliegende Sammelband ist aus der zweiten Tagung der „Arbeitsgemeinschaft für die interdisziplinäre Erforschung der Kinder- und Jugendliteratur" (AIDEFF) hervorgegangen, die im September 2016 stattfand. Neben zwei umfangreichen Basisbeiträgen, die das Thema „Formen der Komik in der Kinder- und Jugendliteratur" aus literaturwissenschaftlicher und fremdsprachendidaktischer Perspektive beleuchten, untersuchen elf Artikel Primärtexte in englischer, französischer, spanischer, russischer und deutscher Sprache, diskutieren Fragen ihres Einsatzes im Fremdsprachenunterricht und geben konkrete fachdidaktische Hinweise.

***

Ulrike Titelbach (Hrsg.): Mehr Sprachigkeit. Unterrichtsvorschläge für die Arbeit mit mehrsprachiger Literatur in der Sekundarstufe. – Wien: Praesens 2021 (Kinder- und Jugendliteratur im Sprachenunterricht 7).
ISBN 978-3-7069-1129-0
294 Seiten

Der Sammelband Mehr Sprachigkeit bietet zunächst fundierte literaturwissenschaftliche Analysen mehrsprachiger Literatur. Die Autorinnen und Autoren der Beiträge greifen dabei etwa auf ideologiekritische Analysezugänge zurück (Postkoloniale Theorie, Linguizismuskritik, Gender Studies, ...). Ein weiterer Fokus liegt auf der literaturdidaktischen Betrachtung der vorgestellten Werke. So entwickelt beispielsweise Heidi Rösch ihren Ansatz des sprachaufmerksamen und textadäquaten Umgangs mit literarischen Texten hier zur Literature und Language Awareness (LitLA) weiter. Die Genrevielfalt der Texte, die untersucht werden, ist groß und reicht von Bilderbüchern, Lyrik und Essays bis hin zu dramatischen Werken und Romanen. Vorgestellt werden plurilinguale Texte von Lilly Axster und Christine Aebi, Sarah Crossan und Brian Conaghan, Adrien Fink, Tomer Gardi, Gerhart Hauptmann, Werner Laubscher, Antonia Michaelis, Walter Moers, Marie Sellier und Diagne Chanel, Michael Stavarič, Renate Habinger und Feridun Zaimoglu. Mit Andrea Grill kommt schließlich eine mehrsprachige Autorin auch selbst zu Wort. Zahlreiche Unterrichtsvorschläge zur spezifischen Arbeit mit den vorgestellten Texten runden den Sammelband ab. Sie knüpfen vielfach an curriculare Vorgaben an und geben somit praxistaugliche Anregungen für die Arbeit mit mehrsprachiger Literatur in der Sekundarstufe.